탐구히스토리

형평의 연구

17·18세기 유럽 정치사상을 중심으로

차하순 지음

衡平의 研究

車河淳

탐구당

다시 내면서

약 40년 전에 이 책은 『형평衡平의 연구 : 17·18세기 유럽 정치사상을 중심으로』라는 제목으로 출판되었다. 당시에 우리 사회에는 '형평'이란 학계나 전문가에게는 물론이거니와 일반인에게는 흔히 쓰이지 않은 개념이었다. 다만, 일부 철학자, 특히 윤리학자를 비롯한 학계 또는 법조계에서 주목하는 정도였다. 그러나 어느 순간부터는 점차 '형평'이란 용어가 쓰이기 시작하고, 특히 언론계의 주목을 받아 신문 잡지에서, 또 보도에서 자주 언급되기도 하였다. 그런데도 이와 정반대로 나의 저서 『형평의 연구』는 절판되다시피 되어 시중의 서점에서도 눈에 띌 수 없게 되었다. 무슨 까닭인지 출판사에서 책을 더 이상 찍어내기를 원치 않았다. 몇몇 현직 법관은 내게 직접 전화를 걸어와 책을 구할 수 없노라 하소연하는 일도 있었다.

책이 나온 후 3년쯤 지난 1986년 9월 『형평의 연구: 17·18세기 유럽 정치사상을 중심으로』는 대한민국 학술원에서 제31회 학술원상을 받는 영광을 누리게 되었다. 이는 나에게 큰 용기와 아울러 학문적 확신을 주었다. 책이 나올 당시에 형평에 관한 나의 연구는 주로 정치사상사적 고찰이 줄거리를 이루고, 형평 사상의 이른바 총론 격에 불과하였다. 따라서 현실적 문제와 구체적 사례에 관해서는 아직도 연구의 여지가 많이 있었다. 정치·사회 문제에서 형평 개념을 어떻게 구체적으로 다루어야 할 것인가에 관해 문제가 산적해 있었다. 이에 관해서 나는 동료나 후배 학자들이 이 문제를 상세히 다루어주기를 기대하였다. 그러나 기대만큼 후속 연구나 논의는 거의 이루어지지 않았다.

그런 가운데서도 형평 또는 형평성이란 용어는 우리 사회에서 거의 상식화되었으며 일반인에게도 회자하는 용어가 되었다. 그러나 이에 비해 올바른 이해보다는 잘못된 선입관의 영향을 받은 오해가 더 많아진 것도 사실이다. 그 가운데 가장 두드러진 것이 공정公正이나 공평公平 혹은 평등과 똑같은 개념 혹은 이에 부수된 개념이라 여기는 오해다.

형평 또는 형평성은 한마디로 말해 자유·평등·정의의 세 개념이 종합된 것이라 할 수 있다. 바꾸어 말해 형평은 '정의의 원칙과 일치한 평등'이나 '자유로운 권리의 정당한 행사'를 말한다. 이에 반해 정치사상적 모델은 단순한 평준화平準化, 만인의 동등한 평등을 추가해 왔으며 현실적으로 법적·정치적·사회적 실천에서도 이를 추구하려는 경향이 강하였다.

그러나 현실은 어떠한가? 사회적 지위 혹은 사태의 긴급성에 따라서는 만인의 동등한 평등은 추구되지 않으며 또 추구할 수도 없다. 구체적인 예를 들면, 공무 수행 중인 대통령은 교통신호를 무시하고 주행할 수 있지만, 일반인은 교통신호를 무시하면 법을 위반한 것이 된다. 이는 얼핏 당연한 것 같지만 만인이 자유롭고 평등하다고 하는 민주주의 원칙과는 상반되는 것이다. 그렇다면 이는 어떻게 합리화되는가?

또 다른 예가 있다. 동일 죄과에 대해서도 그것에 대한 처벌 수위는 다르다. 어떤 사람은 나라에 공훈을 세웠다는 이유로 감형되거나 사면되는 경우가 있다. 각자는 기능과 필요 또는 기여도에 따라 다른 사회적·법적 대우를 받는다. 그렇다면 이러한 평등에 기초한 불평등이나 혹은 불평등 속의 평등이라는 사회적 관계는 어떻게 합리화될 수 있는가? 여기에 형평 또는 형평성이 합리화되는 근거가 있다. 일찍이 18세기에 볼테르는 "추기경과 요리사는 같을 수 없다."라고 갈파한 바 있다. 이는 '기계적 평준화'를 비판한 말이다. 형평은 이념이나 정치체제와 상관없이 사회의 기본 원리라 할 수 있다. 공산주의는 무너지고 민주주의가 수정되는 새로운 세기에서 정의로운 사회에서라면 형평이 정치·사회적 원리로 정책화되어야 한다고 확신하게 된다.

오래전에 선보인 이 책이 다시 세상에 나오게 된 이유는 여럿 있겠으나 가장 큰 이유는 주로 한자에 대한 과다한 사용 때문이다. 혼동을 피하려고 혹은 각별한 의미가 있는 한자는 따로 표시하기로 하였다. 그 밖에는 몇몇 자구字句를 비롯해 소소한 표현을 바꿨을 뿐 내용에는 큰 차가 없다.

다만, 책 속에 나오는 '호상互相주의'또는 '호상정의互相正義'란 단어에 관해 독자의 주의를 환기하고자 한다. '호상'이란 표현은 일견 우리에게는 생소한 표현이다. 그러나 이 책에서 굳이 이 말을 고집하게 된 이유는 영어의 'mutual'과 'reciprocal'을 차별화하고자 한 데 있다. 후자의 경우 corresponding, correlative 등의 뜻이 더 강하게 표현되었다고 생각된다. 일부에서는 '호혜互惠'라는 역어를 선호하는 예도 있는데 'reciprocal'에는 '혜택' 뿐 아니라 '불이익'도 주고받는다는 뜻이 내포되었다고 보아 '호상'이라는 단어를 그대로 쓰기로 한다.

나의 책은 형평의 개념과 역사에 관한 일종의 총론에 불과하다. 이 개정판을 계기로 각론적인 논의가 활발해지기를 다시 한번 기대해 본다.

여러 어려운 사정에도 불구하고 선뜻 이 책을 부활·출판해 주신 탐구당 홍정수 사장에게 깊은 감사의 말을 전하고 싶다. 또한 편집과 수정에 관련한 여러분들에게 사의를 표하는 바이다.

2022. 6
차하순

서문

이 책은 1966년경부터 시작된 본인의 형평의 연구를 마무리 지은 것이다. 그만한 시일이 걸린 결과로서는 만족스러운 것이 되었는지 걱정스럽다. 형평 개념은 계속 연구되어야 할 문제이며 그 점에서 이 저서는 아직도 미완성의 상태에 있다고 할 것이다. 그러나 본인은 착상 당시의 창의성을 살려야 하겠다는 일념으로 이 책을 세상에 내놓고 토론을 유발하는 계기가 되기를 바란다.

이 저서는 착상된 이래로 상당한 시일이 흐른 탓도 있어서 많은 학자들과 기관의 도움을 받게 되었다. 그러므로 여기서 약간 번거롭긴 하지만 그중 특히 두드러진 경우라도 명기하여 고마움를 표하지 않는다면 도리에 어긋난다고 생각된다. 스티븐 툴민Stephen Toulmin, 존 패스모어John Passmore, 하인츠 루바슈Heinz Lubasz, 데이빗 버코위츠David Berkowitz 등 교수들은 저술의 초기 단계에서 저자에게 매우 유익한 조언을 해주었다.

1969년 여름 영국 문화원(British Council)은 케임브리지 대학교와 옥스퍼드 대학교에서의 필사본 조사를 뒷받침했으며, 1978~79년 풀브라이트 교육 위원회(Fulbright Educational Commission)는 시카고 대학교와 코넬 대학교에서의 연구 활동을 지원해 주었다. 서강 대학교는 주요 연구를 수행할 때마다 편의를 본인에게 제공하였다. 이상의 교수들과 기관에 깊은 사의를 표하는 바이다. 각별히 특기해야 할 것은 1965~69년의 윈 국제 펠로우십 프로그램(Wien International Fellowship Program)의 후원이며 이 기회를 빌려 브랜다이스 대학교 당국에 감사한다. 매우 중요하고 희귀한 17·18

세기의 사료 및 그 밖의 문헌은 보스턴 아세네움(Boston Athenaeum), 보스턴 시립 도서관(Boston City Library) 및 Goldfarb(Brandeis), Widener(Harvard), Regenstein(Chicago), Olin-Sang(Cornell) 등 각 대학 도서관에서 조사할 수 있었으며, 도와준 직원들의 친절에 감사드린다.

끝으로 이 책의 출판과 교정에 있어서 배려와 노고를 아끼지 않으신 일조각의 한만년 사장을 비롯하여 편집부의 직원들에게 감사드리는 바이다.

1983년 6월
차하순

차 례

I. 형평의 개념

1. 형평이란 무엇인가?

형평이란 동등한 자유(equal liberty)와 합당한 평등(just equality)을 의미하며 기본적으로 정의[1]와 밀접한 관련이 있는 관념이다. 이 관념이 중요한 이유는 그것이 우리가 가장 소중히 여기는 자유와 평등의 가치관을 종합하는 단일 관념이라는 데 있다. 1789년 프랑스의 국민의회에서 채택된 '인간과 시민의 권리 선언'은 지금까지의 모든 평등주의 운동의 기본 선언으로서 그 이래로 여러 나라의 역사에 커다란 영향을 끼쳤는데 그 제6조에서 우리는 다음의 글을 읽을 수 있다.

> 법은 모든 사람을 보호하고 처벌함에 있어서 같다. 모든 시민은 법 앞

---

1) 우리말의 '정의'는 영어 및 프랑스어의 justice의 역어이다. 그러나 이 유럽어의 어원은 법이나 권리를 의미하는 라틴어 *jus, ius*에 있다. 한편 독일어의 'Recht'는 정의·권리·법 등을 다 같이 함축한 말이다. 또한 영어의 righteousness, 독일어의 Gerechtigkeit, 영어의 justness도 정당함, 공정·공평·타당·합법·적절(적당)·합당 등을 의미하지만 사실상 정의라고 국역될 수 있다.

이 책에서 사용되는 정의라는 우리말에는 유럽어의 justice, Recht, righteousness, Gerechtigkeit, justness 등이 다 함께 함축된 것으로 이해되어야 한다. 이 점에 독자의 각별한 유의를 환기시키고 싶다.

에 동등하므로 덕성이나 재능 외에 아무런 차별을 받음이 없이 각자의 능력에 따라 공직·직위·임용에 대한 자격을 가지고 있다.

여기서 말하는 평등은 사법적 평등, 권리의 평등, 기회의 평등이다. 그러나 현실을 주의 깊게 관찰하면 우리는 이 세 가지 평등이 상충하거나 또는 평등 아닌 사실상의 '차등'을 허용하고 있음을 알 수 있다. 그러므로 차원을 달리하는 평등의 원리가 상충하지 않는 사회생활이 올바르게 이루어지기 위해서는 형평의 원칙이 그 기준으로서 고려되지 않으면 안 된다.

또 자유는 어떠한가? 홉스Thomas Hobbes(1588-1679)는 자유를 '내가 하고 싶은 것은 무엇이든 할 수 있는 권리'라고 규정하였다. 그러나 남도 나와 똑같이 이러한 자유를 행사한다면 어떻게 되는가? 그때에는 자타가 함께 파멸하고 싸움과 혼란이 있을 뿐이다. 그러므로 홉스는 이 점을 깨닫고 이와 같이 말하였다.

> 남들이 또한 그러할 (그러한 권리를 행사할) 경우 평화와 자기방어를 위해 그가 필요하다고 생각하는 한, 사람은 모든 사물에 대한 이 권리를 쾌히 포기해야 한다. 그리고 남이 자기에게 허용하는 만큼의 자유를 남에게 행사하는 것에 만족해야 한다.[2)]

즉, 홉스는 자기 자신을 지키면서 평화로운 사회생활을 하기 위해서는 필연적으로 "남이 자신에게 하도록 허용하는 정도의 같은 자유를 남으로부터 바라는 데 만족하지 않으면 안 된다"고 결론지었다. 이 경우도 앞서의 평등의 경우와 같이 상충하는 자유가 있음을 말하는 동시에 '자기만의 자유'

---

2) "Leviathan," *The English Works of Thomas Hobbes of Malmesbury*, ed. Sir William Molesworth (London, 1839~1845), Vol. III, p.118. 이하 *Works*로 약기함.

는 존재할 수 없고 나와 남과의 동등한 자유가 존재할 뿐임을 말한다. 따라서 여기에서도 형평의 원칙이 그 기준으로 고려되어야 할 것이다.

다음으로 생각되어야 할 것은 과도기적 사회에서의 형평 원리이다. 여러 가치가 변화하고 특히 경제적 급변을 겪고 있는 사회에서는 형평은 하나의 기본적인 정치적 원리로서 확립되어야 한다.[3] 이러한 사회에서는 흔히 인간적인 기본 가치가 존중되지 않는 경향이 있다. 인간적 가치가 무시되는 사회는 사회적 복리가 어느 한 계층에 편중되고 있는 무질서한 사회이다. 거기에는 압제壓制하는 소수의 행복은 있어도 통치를 받는 다수의 행복은 억압되어 있다. 도덕은 문란하고, 공정한 행위 교환이 이루어지지 않은 사회이다. 이러한 사회에서는 실정법은 자연 정의의 정신, 즉 형평에 비추어 바로 잡혀야 한다. 형평의 정치적 의미에 관해 언급한 현대의 한 역사가는 평등의 기원이 형평에 있다고 간주하여 "자연 정의(natural justice)가 실정법을 수정하고 또한 실정법이 새로운 사회적 요청에 부응할 때의 주요 수단 중 하나가 형평 개념"이라고 지적하면서 형평은 '평등의 법적·정치적 개념을 다리 놓는 주요한 연결점'이라고 말하였다. 이어 그는 "모든 사람이 동등자로서 대우받아야 할 법 원리가 존재한다는 신념은 인간 사회의 운영 이념(operative ideal)으로서 평등의 기초 그 자체가 되는 것"이라고 강조하였다.[4]

형평[5]은 이와 같이 변화하는 가치관에 대응하면서 사회적 질서를 바로

3) "기본적인 새 문제들이 나타남으로써 과도기에 있어서는 형평에 더 자주 호소하게 됨을 곧 알 수 있다. 그러한 때는 하나의 가치 척도가 다른 척도에 의해 대치되는 시기이다."이어 페럴먼Perelman은 이렇게 계속한다. "꼭 같이 형평에 대한 호소는 경제적·재정적 혼란의 시기에 이루어지게 마련이다. 그러한 때는 기존의 규칙이 존재하는 여러 조건이 크게 바뀌었으므로 이미 채택된 규칙과 현 상황 하에 채택될 규칙 간의 괴리가 너무나 크고 명백한 시기이다"(Charles Perelman, *The Idea of Justice and the Problem of Argument*, tr. John Petrie, 1963, p.35). 이하 Perelman으로 약기함.

4) David Thomson, *Equality* (1949), pp.26–27.

5) 형평을 정의와 혼용한 사람들은 정의와 형평의 구별을 반대하였다. 제레미 벤담Jeremy

세우는 정의의 정신이다. 그러나 원래 정의, 그 자체에는 일도양단의 엄격성이 있다. 그것은 본질적으로 타협을 받아들이지 않는 정신이다. 이러한 '순수 정의' 혹은 형식 정의는 추상적이며 현실 대응 능력이 약한 경우가 많다. 우리가 변화하는 현실의 실제 문제에 부딪쳤을 때 극과 극의 대립은 중화되고 법의 형식적 엄격성은 완화되어야 할 필요가 있다. 정태적이며 형식적인 순수 정의[6]는 하나의 이상에 불과하며 그것이 형평 정신에 입각할 때 비로

Bentham이나 터커Abraham Tucker(1705-1774)가 그중 한 예이다. One man, one vote의 기계적 정치 평등의 원칙을 주장했던 벤담 자신은 다음과 같이 논평하였다.

Legislators have frequently shown a disposition to promote equality under the name of equity, a word to which a greater latitude has been given than to justice. But this idea of equity, vague and half-developed, has rather appear an affair of instinct than of calculation (*The Theory of Legislation*, Ogden ed., p.109).

터커도 형평이 새롭고 낯선 말이라고 지적하고 정의라는 용어 속에 포함되어 사용되어야 한다고 말하였다(A. Tucker, *Works*, 29: Divine Justice, p.412).

여기서 아울러 강조하여 밝혀둘 점은 필자는 형평을 순전히 사법적 개념으로 본 연구에는 당면의 관심을 두지 않는다는 것이다. 형평의 사법적 개념은 로마법에 기원이 있으며 유스티니아누스 황제의 『로마법 대전(*Corpius Juris Civilis*)』(534)은 로마법적 형평에 대해 실례를 보여주고 있다. 영미법상의 형평이 로마법에서 유래하느냐, 않느냐에는 논의의 여지가 있을 줄로 안다. 그러나 소수의 선구자, 예컨대 브랙턴Henry de Bracton(c 1210-c. 1268)을 뒤따라 저메인Christopher St. Germain(1460?-1540)은 형평법에 체계를 부여하여 이후 세기 동안 영국 형평법의 발전에 영향을 주었다. 그렇지만 형평의 실제적인 케이스를 다루는 데 주역을 담당한 것은 대법관청재판소(Chancery)였다. 1500년대 이후 3세기 동안 한편으로는 플로던Edmund Plowden(c. 1517-1585), 헤이크Edward Hake(fl. 1560-1604) 등과 같은 형평법학자들이 있었으며 다른 편으로는 코크Edward Coke(1552-1634), 하드윅 백작Lord Hardwicke(1690-1764) 같은 형평법관들이 나왔었다. 시일의 경과에 따라 use, trust 등과 같은 재산법(property law) 등은 영국 형평법의 중요한 문제로 간주되기에 이르렀다. 그러나 19세기 후반에 형평법 관할권이 영국의 일반 법정 속에 정식으로 흡수되었으며 미국의 경우도 이 예를 뒤따랐다.

1909년 발간된 일련의 강의에서 근대법의 한 분야로 형평을 체계적으로 논술한 사람은 법제사가 메이틀랜드Frederic Maitland(1850-1906)였다. 이 이래로 스넬Wilhelm Snell(1789-1851), 에버쉐드Reymond Evershed(1899-1966), 스토리Joseph Story(1779-1845), 비스팜George T. Bispham(1838-1906) 등과 같은 법조인들은 형평을 순수한 사법적인 견지에서만 다루어 왔다.

6) Eguene Dupréel, *Traitéde Morale* (Brussels, 1932), 2 vols. Eng. tr. Vol. II,p. 491. Dupréel은 순수 정의의 경직성에 관해 이렇게 말한다. "자선이나 순수성과 같은 기타의 이상과 동일 차원에 놓일 때에는 독특하고 유별난 '정의의 이상'은 존재하지 않는다. 수많은 형태의 정의의 이상이 있으며 그중 어느 것도 '순수 정의', 즉 정의 그 자체일 수는 없는 내용을 갖고

소 현실적 적응이 가능한 경우가 많다. 예컨대 법으로 정해진 규정과 여론 간의 차이가 크게 벌어졌을 때 우리는 형평 정신에 호소하는 이외에 더 좋은 다른 방법이 없다. 폴란드 출신 법철학자 페럴먼Charles Perelman; Chaïm Perelman(1912-1984)은 이 점에 관해 다음과 같이 설명하고 있다.

> 사회생활을 함에 있어서 우리는 끊임없이 정의와 형평 간에 왕복운동이 계속되는 광경을 볼 수 있다. 법이나 규칙을 수행하는 경우, 상당수의 사람들이 중요성을 부여하고 있는 본질적 특성, 즉 우리가 여론이라 부르는 것을 전혀 고려하지 않을 경우에 우리는 형평에 호소하게 된다. 이러한 등한시된 특성을 감안하여, 부분을 형성하고 있는 사람들에게 적용된 법률 또는 정의의 공식에 의해 규정된 취급에서 너무나 큰 차이가 있다는데 우리는 노여움을 느낄 것이다. 이러한 지나친 차이를 줄이기 위해 우리는 형평에 호소하기를 바랄 것이다. 다른 한편으로는 이것이 대중의 감정을 매우 적절히 표현하고 있는 한, 우리는 법률의 문구 그대로를 고수하게 될 것이다.[7)]

형식화된 법은 변화하는 현실적 상황에 따라 야기되는 사회적 요청을 받아들이지 못할 정도로 경직되어 있는 경우가 많다. 이러한 형식 정의는 어쨌든 기존의 법을 지키는 것을 의미한다. 그리하여 형식 정의는 그 경직성 때문에 실질 정의의 요건에 맞지 않는 모순이 야기되면 형평의 원칙에 호소하게 된다. 바꾸어 말해서 형평은 형식 정의를 보완하는 목발로 적용될 수 있다. 그러므로 형평은 "동일한 본질적 범주의 부분을 이루는 존재들을 지

있다. 그것은 어떤 다른 형태의 도덕적 포부로 환원될 수 있는 '일종의 이상'에 불과하다. 이것이야말로 '정의의 이상이 특정 이상에 부여된 하나의 양상, 즉 어떤 가변적인 양상으로 항상 남아 있는 이유이다.' 정의란 우리가 선하다고 인식하는 것에 붙인 찬사이다."(같은 책)

7) Perelman, p.35.

나친 불평등으로 취급하지 않는 성향"을 갖고 있으며, "완전 평등, 즉 형식주의가 어떤 적용 사례에서 상충되는 둘 또는 그 이상의 본질적 특성들을 동시에 고려한다는 사실 때문에 성립하지 않을 될 경우에 생기는 불평등을 감소시키는 경향을 가지고 있다."[8]

정의는 본질적으로 올바른 사회 질서를 의미한다.[9] 그러므로 정의에 입각한 질서라면 모든 사람에게 만족과 행복감을 줄 것이다. 즉, 정의는 한마디로 '사회 전체의 행복'을 뜻한다. 그리하여 정의에 대한 갈구는 곧 행복에 대한 갈구와 같다. 정의는 사회적 관계를 지배하는 규칙이며 이 규칙의 준수 여부는 사회 성원의 행복의 척도가 된다.

정의는 크게 사회정의(공정의)와 개별정의(사정의)로 나누어질 수 있다. 사회정의는 공공질서와 관련된 정의로서 배분 관계를 지배하며, 개별정의는 사회 성원의 사적인 교환 관계를 지배하는 정의이다. 그 어느 쪽이든 행위의 결과를 판별하는 원칙이다. 일반적으로 정의는 사람의 행위 상태 등에 적용될 수 있는 관념이다.[10] 즉, 우리는 정의로운 사람, 정당한 행위, 합당한 상태를 생각할 수 있다. 정의로운 사람은 정의를 판별할 능력을 가지고 있고, 그 능력에 따라 행위하는 사람이다. 또한 그는 합당한 상태를 결과하도록 행위하려고 한다. 물론 정의로운 사람이라도 항상 정의를 행하지는 않으나 비교적 정의에 대한 덕성을 두드러지게 갖고 있다고 볼 수 있다.

어떤 사람에게 정의감이 강하다든지 또는 어떤 사람이 정당한 행위를 한다는 것은 그의 이성이 정상적이며 보통 수준으로 발달된 '도덕적 존재'임을 가리킨다. 정의는 이성 있는 개인(혹은 집단)이 이성적 행위를 존중할 때 비로소 성립될 수 있는 가치관이다. 이 점에서 그것은 1차적으로 인간의 속

---

8) 같은 책, p.32.

9) Hans Kelsen, *What Is Justice?* (1960), p.2.

10) David Miller, *Social Justice* (1976), pp.17~18.

성이며 자질이다. 정의를 깨닫고, 또 실천에 옮길 수 있는 것은 '이성 있는 존재로서의 인간'이다. 그러나 정의에 대한 의식은 하나의 전제일 뿐이며 그것만으로써는 정의가 실현될 수 없다. 정의를 지키고 수호하려는 의지가 수반되지 않고 부정에 대한 투쟁의 결의가 없다면 정의는 단순한 추상적인 관념에 불과하다. 이와 같이 이성과 의지는 정의의 조건이다. 이성은 정의에 대한 판별을 가능케 하고, 의지는 그 실천을 가능케 할 것이다. 이성과 의지는 사람에 따라 정도의 차이가 있으므로 정의로운 사람은 고차적인 덕성의 소유자라고 생각될 수 있다. 따라서 홉스가 올바르게 지적한 바와 같이 우리는 '사람의 정의(justice of men)' 대신 '행위의 정의(justice of actions)'를 고려해야 한다. 바꾸어 말해서 문제가 되는 것은 이 사람이 정당하다, 저 사람이 정당하지 않다고 할 것이 아니라, 그 사람이 한 행위가 정당한가, 아닌가의 여부이다. 이것은 결국 결과의 정의(즉, 밀러가 말하는 '상태의 정의')[11] 이며, 결과의 정의에서 비로소 정의는 '객관화'될 수 있다.

형평은 배분配分과 교환에서 논의될 수 있는데, 그 특성은 첫째로 각자에게 자기 자신의 것을 주어야 한다는 배분정의, 둘째로 동일한 경우는 동일하게, 동일하지 않은 경우는 동일하지 않게 취급해야 한다는 비례 평등, 셋째로 그대가 남(들)으로부터 당하고 싶지 않은 것을 남(들)에게 하지 않아야 한다는 상호 불간섭의 원칙, 넷째로 남을 해치지 않는 범위에서 그대가 하고 싶은 일을 마음대로 할 수 있는 양보적 자유 등에 있다. 교환과 배분에서의 형평을 다음의 〈표1〉로 나타내면 이해에 도움이 될 것이다.

형평은 자연적 평등을 손상함이 없이 동시에 상이한 인간관계로부터 일어나는 비례적 정의를 합리화한다고 결론지을 수 있다. 조건의 평준화는 평등의 필요한 전제이긴 하지만 충분한 전제는 아니다. 바꾸어 말하면 조건의 평준화는 올바른 비례를 달성하기 위한 수단이다. 교환정의나 비례 평등은

11) 같은 책.

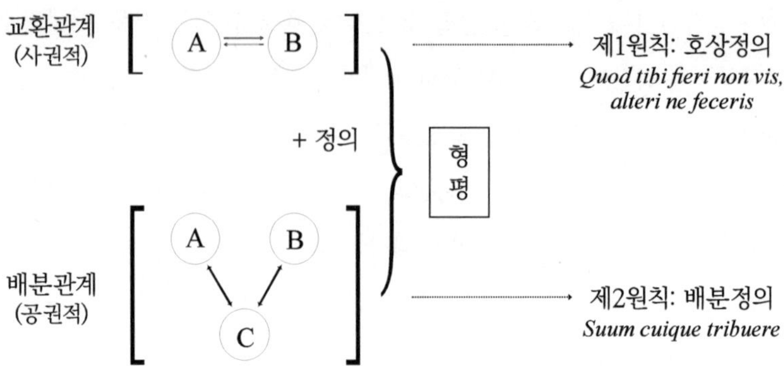

〈표1〉

대인 관계에서 유래하는 개인적 기능의 차이를 인정하며, 각자에게 필수적인 다른 요소들 — 공적·필요·일·임무 혹은 이런 요소들의 복합 — 을 인정하는 것이다. 형평이라는 단일적 표현으로 파악된 평등 이론은 17~18세기의 근대적 자유주의의 사상적 기초를 결정하는 데 중요한 역할을 했을 뿐 아니라 유럽의 민주주의 성립에 큰 영향을 미쳤다.

2. 형평의 원칙

형평은 인간의 사적·공적 관계에 적절하고 합당한 질서를 부여하는 원리이며 개인이든 집단이든 행위 주체가 준수해야 할 행위 규칙이다. 확실히 우리의 사회생활에는 한편으로 개인적이며 사적인 교섭 관계가 있고 다른 한편으로 좀 더 공적이며 사회적 의미를 지닌 활동 분야가 있다. 전자는 이른바 개별 정의 혹은 사정의私正義, 후자는 사회 정의 혹은 공정의公正義의 지배를 받는다. 개별 정의는 주로 개인과 개인 또는 개인으로 간주될 수 있는 법인체 혹은 그 밖의 개별 집단이 상호 간에 갖는 사권私權적 관계를 지배한다(단체 간의 일이라 하더라도 마치 개인 상호 간의 일처럼 생각될 수 있다).

사적 생활 영역과 관계되는 개별 정의는 엄밀히 말해서 두 부분, 즉 호상정의互相正義와 교환정의로 나누어 생각될 수 있다. 먼저 호상정의(reciprocal justice) 내지 교환정의(commutative justice)는 개인과 개인 혹은 집단과 집단이 동등한 입장에서 행위를 교환할 때 고려되어야 할 형평이다. 그것은 각자가 행동할 수 있는 행위의 범위를 규정한다는 점에서 자유의 원리와 관련되지만 특히 모든 행위의 평등과 관련되는 것이다. 동등한 권리(자유)를 가진 사람들끼리는 대등한 행위를 교환할 수 있으나, 이 대등한 행위 교환이 이루어졌다고 해서 반드시 결과의 평등'이 실현되었다고 볼 수는 없다. 예컨대 계약 당사자 중 어느 한쪽이 득을 보고 다른 쪽은 손해를 입을 수 있는데 행위 교환 중에 있을 수 있는 잘못으로 인한 피해는 물론 배상되어야 한다.[1] 여기서 보상정의(rectificatory justice)가 문제되는데 이는 형법으로뿐 아니라 민법으로 그 피해를 정하고 보상하는 것이다. 시카고 대학의 맥키언Richard McKeon(1900-1985) 교수는 이에 관해서 구체적으로 자발적 거래(voluntary transactions)와 타의적 거래(involuntary transactions)에서 생긴 부정이나 피해를 다 같이 바로잡아 놓는 것이라고 말하였다. 이와 같이 볼 때 전자에는 예를 들면 매매·자금·예금·사채가 포함되며, 후자에는 절도·강간·독약 사용·매음·암살 등의 음성적 범죄와 폭력 행사·투옥·살인·강도·상해·폭언·학대 등의 폭력적 범죄가 포함된다. 그러므로 호상정의는 비교적 일정하고 평등한 원칙 위에서 이루어지지만 보상정의는 산술적 비례에 따라서 피해와 보상을 측정하여 형평을 회복하는 것이다.[2]

사회 정의는 공권적 관계를 지배하는 원리로서 특정 집단(사회)과 그 구성원 간에 사물이나 행위를 주고받는 관계를 규정하는 것이다. 공공생활의

1) Pierre de Tourtoulon, *Les trois justice* (1932), pp.48~49.

2) Richard Mckeon, "Justice and Equality," in *Nomos VI: Justice*, eds. C.J. Friedrich and J.W. Chapman (1963), p.55.

영역을 지배하는 사회 정의는 어느 집단(혹은 국가)에 소속된 성원이 그 집단으로부터 당연히 받아야 할 권리·혜택·복지 또는 이익 그리고 거꾸로 그 집단에 대해 기여해야 할 협동·직책·임무 또는 부담 등을 규정하는 원리이다. 그러므로 사회 정의도 두 부분, 즉 복리의 균분 및 의무의 균담 등으로 구분하여 생각될 수 있다. 독일 철학자 피퍼Josef Pieper(1904-1997)는 전자를 배분정의(jus distributiva), 후자를 일반정의(jus generalis)라고 칭하고 있다.[3] 그러나 복리(권리)거나 부담(의무)이거나 간에 구성원들 사이에 균등 배분되는 기본 정신에 비추어 본다면 이 구분은 모호해질 것이며, 그러므로 차라리 배분정의라고 총괄하여 명칭하는 편이 더 적절하리라 생각된다. 배분정의에서 문제되는 것은 한마디로 '자기 몫' 또는 '지분'이라고 표현될 수 있다. 우리는 사회(가족으로부터 국가에 이르기까지의 모든 소속 집단)에 대해 갖는 부담이건 복리건 간에 일괄하여 배분정의의 대상이라고 말할 수 있다. 예를 들면, 학회는 회칙에 따라 회원에게 발표의 기회, 연구 프로젝트의 배정 및 그 밖의 회원의 권리를 '형평하게' 배분해야 하며 회원 간의 권리 주장에 상충하는 경우 적절한 위원회를 통해 조정해야 한다. 그 대신 회원은 학회에 대한 여러 의무, 즉 회비 납부·회의 참석 등을 비롯한 그 밖의 부담을 성실히 수행해야 한다. 마찬가지의 경우가 사기업에서도 발견될 수 있다. 회사원은 회사를 위해 근무 및 그 밖의 임무를 성실히 수행해야 하며, 회사는 의료 보험·상여금·연금·유급 휴가 등 복지를 '형평하게' 배분해야 한다. 이 경우에 사칙이나 회사 규정은 '형평을 잃은 법'이 되어서는 안 된다.

3) Josef Pieper, *Über die Gerechtigkeit*, Eng. tr, *Justice* (1955), p.50 f; p.121. 그는 일반 정의를 구성원 개인이 해야 할 사회에 대한 의무, 그리고 배분정의를 사회가 실시할 구성원 개인의 복리에 관한 정의라고 본다. 이것을 도표화하면 옆과 같다.

형평은 개별 정의와 사회 정의를 포괄하는 개념으로서 우리의 사회생활의 사적私的 영역과 공적公的 영역을 다 같이 지배하는 행위 규칙이다. 형평을 지키는 원칙으로서 첫 번째는 '남을 나 자신과 동등하게 대하고 또한 합당하게 상대하라(제1원칙)'는 명제이며, 두 번째는 '각자의 것은 각자에게 귀속시켜라(제2원칙)'는 명제이다.

형평 제1원칙은 다음과 같은 구체적인 지시의 말로 바뀔 수 있다.

당신 자신이 인간인 만큼 다른 사람도 인간이란 사실을 인식하라.
당신의 동등자가 당신에게 하지 않기를 원하는 것을 당신은 그 사람에게 하지 말라.
당신의 동등자가 당신에게 해주기를 원하고 있는 바와 같이 그 사람에게 행하라.
당신 자신이 수행할 마음가짐이 되어 있는 것만을 당신의 동등자에게 요구하라.
당신의 동등자를 취급하는 바와 똑같이 당신이 취급받는 것에 동의하라.
당신과 동등한 모든 사람에게 당신이 행하기를 바라는 그런 식으로 행동하라.[4)]

이러한 호상정의는 일찍이 고대 그리스의 철학자들에 의해 거론되었으며 다시 로마의 법학자들에게 계승되었다. 로마 법학자들은 형평(aequitas)[5)]을 '자기의 동료와 평등해질 수 있는 인간의 자질'이라 규정하였다. 그것은 중세의 자연법론자, 예컨대 토머스 아퀴나스의 사상에서도 엿보이며 17세기

4) Perelman, p.64.

5) 라틴어의 aequabilitas(평등)는 aequitas(형평)와 상호 교환하여 사용될 수 있다. 사실상 평등 그 자체를 말하는 aequus의 형용사가 명사화한 것이 aequitas이다(D.D. Raphael, *Problems of Political Philosophy*, 1970, p.172).

에 이르러 그로티우스를 비롯한 다수의 사상가들에 의해 논의되었다. 홉스는 그의 평등관을 이러한 호상정의의 원리에서 발견하여 무슨 권리든 "사람은 자기 자신에게 허용할 때에는 그와 똑같은 것을 타인에게 허용해야 한다"고 말하고[6] "어느 사람이든 그가 대하는 사람의 입장에 자기 자신을 두고 생각하고 또 상대방을 이쪽 입장에 놓고" 생각해야 한다고 주장하였다. 그는 형평을 가리켜 '자연적 평등을 허용하는 인간의 습관'이라고 정의하였다. 마찬가지로 17세기 중기의 한 문서에 의하면 형평의 황금률은 "어떠한 자의적인 힘으로, 한 사람이 타인을 강제로 지배하거나 자신의 동포보다도 더 나은 것을 차지하지 못한다"는 것이었다.[7]

또 다른 예를 들면 뉴턴 물리학의 열렬한 지지자이며 자연교론자 중 한 사람인 18세기의 클라크Samuel Clarke(1675-1729)는 형평을 나와 남과의 관계의 정당성 여부를 규정하는 법칙이라고 보고, 그것은 "모든 사람을 대할 때, 같은 사정에 놓여 있다면 남이 나에게 대해 주리라고 마땅히 기대할 수 있도록 하는 행위 규칙"이라고 강조하였다.[8] 이 규칙은 교환·매매·계약 등에서 예시되는 사권 행위와 관계가 있다. 왜냐하면 교환적 관계는 근본적으로 동등한 입장에서 동등한 권리 주장을 당사자 쌍방이 서로 양해함으로써 성립되기 때문이다. 홉스는 이러한 교환적 관계에 관해서 신약信約(covenant)이라는 개념으로 설명하였다. 그는 말하기를 모든 매매에 있어서 만일 산 물건이 그 대가와 일치(동등)하지 않을 경우, 그럼에도 매도인과 매수인이 판단한 값에 관해 둘 다 만족한다면 쌍방에 아무런 피해(injury: 홉스는 이 말이 in jus, 즉 '비권리'란 말에서 유래했다고 보고 그것을 부정의

6) Thomas Hobbes, "Philosophical Rudiments Concerning Government and Society: Philosophical Elements of a True Citizen-Liberty," *Works*, Vol. II, Ch. III, 14, p.39.

7) "More Light Shining in Buckingham-shire (1649)," by an anonymous writer, in *The Idea of Equality*, ed. G.L. Abernethy (1959), p.119.

8) Samuel Clarke, *Discourse Concerning the Unchangeable Obligations of Natural Religion, and the Certainty of Christian Religion* (1711), p.67.

(injustice)와 동일시함)가 없다고 하였다.[9] 이러한 교환적 권리 또는 법적 권리를 홉스는 '나무랄 데 없는 자유(blameless liberty)'라 말하고 라이프니츠는 '엄격한 권리(jus strictum)'라 칭하였다.

17세기의 일부 사상가들이 교환적 권리를 엄밀히 사법적인 것으로 보고 법의 엄격한 집행을 통한 계약권의 평등이라고 간주한 것과는 달리 그로티우스나 푸펜도르프는 한걸음 더 나아가 교환적 권리에 도덕성을 부여하려고 하는 데 비해 라이프니츠에 있어서는 이 단계는 자연권의 첫 번째의 단계인 '엄격한 권리'가 두 번째의 단계인 '형평'으로 넘어가는 것이라고 생각하였다. 헨리 모어는 교환적 관계에서의 권리가 상호 계약의 법적 수행에 의해 확인되는 것이라고 보았으나, 그 권리가 행위 결과에 대한 도덕적 책임을 지는 데까지 이르는 것으로 생각하였다. 그러므로 호상정의는 사법적 평등 문제에 국한되는 것이 아니라 행위의 윤리성까지도 문제 삼게 되는 것이다. 예를 들면 응급 환자가 의사를 찾았을 때 의료와 수가酬價를 맞바꾸는 교환적 관계에서 의사가 환자에게 치료비 지불에 대한 증거 제시를 고집하여 치료를 지연시킨다면 이 행위는 평등 원리와는 일치하지만 정의 원리에 맞지 않는다. 그러므로 형평을 기하기 위해서는 평등하고 동시에 정의롭지 않으면 안 된다. 여기에 모어가 지적하는 도덕적 정당성(moral probity)이 고려되어야 할 소지가 있다. 모어는 말하기를 우리는 될 수 있는 대로 상호 간에 도와야 하며, 비록 모든 계약은 준수되어야 하지만 남에게 해를 끼치면서까지 우리 자신의 이익을 취해서는 안 된다고 하였다.[10] 형평은 '평등하며 정의로운 어떤 것'으로 성립되며 그때 비로소 그것은 단지 '정의로운 어떤 것'보다 더 월등한 것이 된다.

---

9) Hobbes, "De Corpore Politico," *Works*, Vol. IV, Ch. 3, p.98.

10) Henry More, *Enchiridion Ethicum*, Eng. tr. *An Account of Virtue: Or, Dr. Henr. More's Abridgement of Morals* by Edward Southwell (1690) (1930 ed.), pp.124~125. 이하 More로 약기함.

형평 제1원칙은 간단히 말해서 서로 '동등하고 올바르게 상대해야 한다는 것을 지시하고 있다. 남이 나에게 해주었으면 하는 것을 내가 남에게 함으로써 이 원칙은 지켜질 것이다. 이 원칙의 원천인 성서聖書에는 이를 뒤집어 '남이 나에게 하지 않기를 바라는 것을 남에게 행하지 말라(quod tibi fieri non vis alteri ne faceris)'고 적혀 있다. 그러므로 이러한 동등한 행위 교환에는 적극적인 면과 소극적인 면이 있다. 전자는 내가 상대방으로부터 '바라는 것'을 그에게 행하는 것이며, 후자는 내가 상대방으로부터 '당하지 말기'를 원하는 것을 역시 그에게 하지 않는 것이다. 또 이것을 각각 적극적 평등과 소극적 평등이라 칭할 수 있다.

먼저 적극적 평등은 상호 선행을 의미하며 도덕철학자 코크번Catharine Cockburn(1679-1749)이 주장한 "다른 사람이 나에게 하는 것과 같이 내가 다른 사람에게 한다"는 사회생활의 기본 규칙을 가리킨다.[11] 이 경우 코크번이 사회적 덕성의 총화라 부른 적극적 평등은 겸애적 정의(altruistic justice)가 되며 샤프츠베리Antho- ny-Ashley cooper, 3rd Earl of Shaftesbury(1671-1713)의 용어를 빌리면 '평등한 애정(equal affection)' 또는 '우애적 평등(fraternal equality)'이 된다. 상호 선행에 관한 원칙을 풀이 하면 자기 자신이 대접 받기를 원하는 만큼 상대방을 대접하는 일, 타인에게서 받으리라 기대하는 동일한 선을 타인에게 행하는 것, 내가 스스로에게 원하는 것을 남에게 베풀 것 등은 적극적인 호상정의에 속하는 일들이다. 그것은 단순히 남에게 손해를 끼치지 않으려는 소극적인 태도가 아니라 적어도 동등한 차원에서 서로 '최선'을 다하려는 적극적인 태도이다. 라이프니츠도 같은 관점에서 말하기를 진지한 사람이라면 단지 남이 자기를 해치지 않는다는 것에 만족하지 않으며 또한 단순히 비참을 회피하는 데 그치지 않고, 한걸음 더 나아가 적극적으로 행복을 증진하기 마련이라고 하였다. 그는 형평과 선행善行

---

11) (Mrs.) Catharine Cockburn, *The Works of Mrs Catharine Cockburn* (1751), 2v.

을 연결시켜 사랑한다는 것은 남의 행복을 자신의 행복으로 간주하는 것이라고 강조하였다.[12)]

정치이론의 다른 분야에서와 같이 우애적 평등의 개념은 아리스토텔레스에까지 소급된다. 아리스토텔레스는 그의 『윤리학』에서 개인의 행복을 '가장 완전한 의미의 우정의 한 요소를 구성한다고 보이는' 정의와 긴밀한 관계가 있다고 말했는데,[13)] 이러한 필리아(philia)론은 17세기에 부활된 것처럼 보인다. 자연법에 대한 해석에서 컴벌랜드는 인간의 지복至福한 상태는 '자애(benevolence)'이며 그것이 '커다란 보편적인 도덕적 명제'라고 칭하였다.[14)] 로크도 유사한 견해를 내놓았는데 그는 후커Richard Hooker(1554-1600)에 동조하여 평등은 인간 상호 간의 사랑의 기초인 동시에 서로 지켜야 할 여러 의무의 근원이며 또한 자연 상태는 사랑과 형평, 자애와 정의의 원리에 입각하고 있다고 논하였다.[15)]

자기애가 사회의 기초라는 홉스의 주장이 17세기 사회 이론에서 결코 무시된 것은 아니지만 우리의 일반적 통념과는 달리 그 주장은 큰 설득력을 가지지 못하고 도리어 겸애의 원리는 많은 사상가들의 호응을 받고 있었다. 컴벌랜드나 라이프니츠에 의하면 형평은 사회의 공동선의 원리이며 샤프츠베리에 의하면 우애의 원리였다. 이러한 형평 개념은 인간성에 내재한 겸애적 면뿐 아니라 프랑스 혁명의 표어인 박애에서 표현된 사회 심리적 단합을 설명해 준다.

이와 대조적으로 17세기의 독일의 법학자인 푸펜도르프는 '상호 무해'의

12) *Leibniz: The Monadology and Other Philosophical Writings*, ed. Robert Latta (London, 1898), pp.288~291.

13) *Nicomachean Ethics* VIII, 1:1155a 28 f.

14) Richard Cumberland, *De legibus naturae*, Eng. tr. *A Philosophical Inquiry into the Laws of Nature* by John Towers (Dublin, 1750), p.309. 이하 Cumberland로 약기함.

15) John Locke, *The Second Treatise of Civil Government*, ed. Thomas I. Cook (1947), Ch. II, 6~8, pp.123~124.

원칙을 주장하였는데 이것이 바로 호상정의의 소극적 면이다. 즉, 이점에서 소극적 평등은 불간섭 내지 불가해不加害를 의미한다. 그것은 서로 상대방에게 손해를 입히지 않고 또 남의 일에 참견하지 않는다는 '최소한의 할 일'을 가리키는데, 푸펜도르프는 이 최소한의 평등을 인간의 '절대적 의무'중 하나라고 간주하였다. 남에게 좋은 일은 못할망정 남의 일을 방해하지 않으며 남에게 적선은 못할망정 남의 일에 간섭하지 않는다는 것이다. 그는 이 원칙이야말로 인간이 상호 간에 피해를 회피할 수 있는 좋은 방법이 되며 또한 손해를 끼쳤을 경우에는 적절한 보상을 지시해 주는 기준이라고 생각하였다. 푸펜도르프가 이 명제를 인간의 기본적 의무라고 간주한 이유는 대체로 사람들은 피해를 보지 않으려고 생각하는 이외에 다른 더 큰 요구를 하지 않는 법이기 때문이다.

이러한 손해의 상호 회피는 그로티우스 이래로 푸펜도르프·로크에 의해 주장되고 라이프니츠의 '불가해(neminem laedere)'의 명제에서 확인될 수 있다. 로크가 말한 "아무도 생명·건강 및 자유와 소유에 있어서 타인을 해치면 안 된다"는 것은 바로 자유의 소극적 본질을 언급한 것이라 해석된다. 그러나 이러한 소극적 자유조차 보존되지 않고 침해되는 경우 어떻게 되는가? 한 마디로 적절한 보상이 뒤따라야 한다. 만일 어떤 사람이 남에게 피해를 주었다면 법은 피해에 대한 적절한 보상을 보장해야 한다. 이것이 바로 그로티우스의 보상과 전쟁의 이론인데, 그는 손해와 침범이 사회적 기초를 파괴하는 것이라 간주하고 그 시정을 위한 두 단계의 조처 — 즉, 보복과 전쟁 — 를 거론하였다.[16] 푸펜도르프는 그로티우스의 입장을 부연하여 만일 실제로 피해 받은 사람이 그 손해를 감당하지 않을 수밖에 없다면 상호 무해의 원칙은 아무런 소용이 없다고 주장하였다. 그는 피해의 의미를 확대

16) Hugo Grotius, *De jure belli ac pacis libri tres* (1625), Eng. tr. *The Law of War and Peace* from the revised 1646 edition by Francis W. Kelsey and others, (1925), Bk. III, Ch. I, ii, 2 & 3, pp.599~600.

하여 신체·명예를 비롯해 덕성까지도 포함하는 것으로 해석하였다. 푸펜도르프는 그로티우스의 보복의 이론에 찬성하여 만일 보상이 적절히 이루어지지 않는다면 과격한 조처가 불가피하며 전쟁조차도 당연히 합리화된다고 시사하였다.[17] 그리하여 상호 무해란 공식은 피해의 보상 내지 시정是正이란 아리스토텔레스적 교정 정의의 개념으로 발전한다.

호상정의의 전제는 인격의 상호 인정이다. 자기가 인간인만큼 남도 인간이란 점을 인식함이 필요하다. 모든 평등한 대인 관계는 각자가 남을 동등한 인격 소유자(sovereign)로 대우함으로써 비로소 성립된다. 17세기의 정치철학자 로크는 말하기를 "모든 사람은 공통된 인간성의 세계에 속해 있기 때문에 어느 누구도 남을 파멸케 할 권한이 부여된 주종 관계를 갖고 있지 않다"고 하였다. 이어 그는 자연 상태(즉, 자연권이 부여된 상태)에서 모든 권리와 관할권이 상호 교환적인 것이므로 누구도 남보다 더한 것을 차지할 수 없다고 강조하였다.

동등한 인격의 존중은 입장 교환율 내지 전위轉位(transposition)의 규칙에 의해 뒷받침된다. 이 규칙을 가리켜 "저울을 바꾸어 보는 것 이외의 아무것도 아닌 것"이라고 말한 홉스는 정의에 도달하는 최선의 방법은 "누구나 자기가 상대하는 사람의 입장에 서보고 또 그를 자기 입장에 서게 하도록 하는 것"이라고 주장하였다. 후에 라이프니츠도 같은 법칙에 대해서 언급하기를 행위의 적適·부否를 결정하기 위해서는 "당신 자신을 남의 입장에 놓아보라. 그러면 무엇이 옳은 일인가, 아닌가를 알 수 있는 참다운 관점에 서게 될 것이다"라고 하였다.

그러면 형평의 제2원칙인 배분정의는 어떠한가? 이 원칙은 '각자가 자기

17) Samuel Pufendorf, *De jure naturae et gentium libri octo* (1672), Eng. tr. *On the Law of Nature and Nations* by C.H. Oldfather and W.A. Oldfather from 1688 (Amsterdam) edition (1934), Vol. II, Bk. II, Ch. V, 3, p.267. 이하 *De jure naturae*로 약기함.

의 것, 자기의 몫을 차지해야 한다.'는 뜻을 담은 로마 법학자들의 격언인 '각자의 몫은 각자에게로(suum cuique tribuere)'에서 그 유래를 찾을 수 있다. 배분정의는 좀 더 부연하면 다음과 같은 표현들에서 설명될 수 있다. '동일 범주에 속해 있는 사람들에게 각각 동일한 권리와 대우를 보장할 것', '모든 사람에게 각각 응분의 적절한 방법으로 해당 보수를 줄 것', '모든 사람에게 공정하게 선한 것과 선하지 않은 것이 고루 미치도록 할 것' 등이다. 배분정의로서의 형평은 이와 같이 주는(베푸는) 사람과 받는 사람의 관계를 지배하는데 특히 사회와 그 사회를 구성하는 성원들 간에 존재할 수 있는 공권적 관계를 지배하는 원리이다. 이 원리에 의해서 사회나 정부 또는 국가가 그 성원이나 국민에게 무엇을 어떻게 배분할 수 있는지의 문제가 제기된다. 그리고 이 배분의 대상에는 권리와 함께 의무도 포함되어 있다. 바꾸어 말해서 국가는 국민 각자에게 공평하게 복지의 혜택을 주어야 하며 동시에 국민 각자는 그 혜택에 비례하여 자신에게 할당된 의무를 이행해야 한다.

고대 로마의 격언 "suum cuique tribuere" 중 'suum'은 '자기 자신의 것'을 의미한다. 17세기 영국의 케임브리지 플라톤학파의 헨리 모어는 suum을 법적 의미의 권리와 같다고 보았는데 좀 더 넓게는 관습이나 국가 제도에 의해 각자에게 귀속케 된 모든 것(속성)[18)]을 의미한다고 생각하였다. 이 모든 것이란 그 소유주의 인품·자질·덕성, 즉 넓은 의미의 인격과 관계가 있다. 예를 들면 가난한 사람이 정직한 인품을 갖고 있다면 자선을 받아야 할 일종의 권리를 가지며, 또 어떤 사람이 합법적으로 근면하게 일해서 물건을 얻었다면 그는 당연히 그 물건의 소유주인 것이다. 그리고 suum을 (1) 주관적 권리 (2) 개인적 자질 (3)자유 (4) 재산 등을 의미한다고 본 법철학자 투르

18) 이 모든 것을 모어는 'property'란 말로 나타냈기 때문에 'suum'은 재산권을 의미하기에 이르렀다. 모어는 사람에게 본래 있는 성질을 'property'라고 보는 동시에 그 성질로 인해 얻는 것의 소유까지를 의미하였다.

툴롱Pierre de Tourtoulon(1867-1932)은 cuique가 형평적 정의를 가리킨다고 생각한다. 왜냐하면 '각 개인은 정의롭기 위해서는 자기 자신에 대한 것과 꼭 마찬가지로 타인에게 정의를 요구하게 되기 때문이다.[19]

tribuere는 각자의 소유가 남의 소유와 충돌하지 않고 적절하게 귀속되어야 함을 의미한다. 만일 제각기 차지해야 할 것의 귀속에 말썽이 생기고 이해관계에 충돌이 일어날 경우 그러한 분쟁 또는 피해로 인해 깨어진 균형은 회복되어야 하며 응분의 보상이 이루어져야 할 것이다.이 경우 조정 역할을 맡는 제3자의 존재가 있어야 한다. 이 조정을 위해서 정부가 수립된다. 즉, 정부는 이 균형을 유지하기 위해 세워졌으며 그 규칙을 위반하는 구성원은 누구나 거기서 제외시킬 권한을 갖는다.[20] 그러므로 '각자의 몫은 각자에게 돌린다.'는 원리는 결국 공권 — 헨리 모어의 이른바 정치적 신의(political probity)에 입각한 위정자의 정의 — 과 관련되는 것이다. 누구든지 '공적' 지위, 즉 '배분적' 지위에 있을 경우 그는 모든 성원에게 각자의 권리를 향유하도록 해야 한다. 이와 같은 배분적 지위에 있는 사람은 당사자 두 사람 사이에 일어나는 문제를 정의의 원리에 비추어 적절히 판시判示하는 제3자이다. 이와 같은 이유에서 홉스는 형평을 조정자의 정의라고 해석하였다. 홉스가 말하는 절대적 조정자는 평등한 개인들의 전쟁이라는 자연 상태로부터 '계약에 의해 성립되는 사회 상태'로 이행할 때 출현하게 된다.[21]

이와 같이 조정자의 정의라는 특성 때문에 형평 원칙은 사회 공권과 관계가 있다. 라이프니츠에 의하면 자연권의 제2단계인 형평은 각자가 누구에

19) Pierre de Tourtoulon. *Philosophy in the Development of Law*, tr. by Martha Mac. Read (1922), pp.495~497.

20) Locke, *The Second Treatise*, Ch. I, 3; Ch. II, 8 & 10; *A Letter Concerning Toleration* (1955 ed.), p.17.

21) Hobbes, "Leviathan," *Works*, Vol. II, Part I, Ch. 15.

게나 공평히 할 것을 요구하는 법률과 관계가 있다.[22] 역사적으로 고찰할 때 헌법의 자유는 정의에 입각한 배분에 그 근거를 두고 있는데, 배분정의는 세 가지 특징을 가지고 있다.

(1) 집단의 성원은 모두 동등한 권리를 갖는다. (2) 불평등은 성원 모두의 편의와 이익을 기준으로 해서 정해지지 않는 한, 그것은 부당하고 자의적인 것이다.[23] (3) 지위·능력·일(작업)·필요 등에 따라 각자는 받아야 할 복리의 '자신의 몫'을 배정받는다. 집단 중 가장 큰 집단, 궁극적으로는 나머지 집단들을 포섭하는 집단이 국가이며, 국가는 가장 보편적인 배분정의의 조정자이다.

국가는 그 규칙을 위반하는 자를 처벌하며 억제하는 권한을 행사하여 각자에게 응분의 대우와 권리를 배분한다. 배분을 담당하는 국가는 형평원칙에 입각하여 응분의 상벌·임명·이익·부담·의무 등을 배당해야 한다.[24] 국가는 '법적 질서를 통한 강제 조직'을 유지할 목적을 갖는다. 그 목적에 따라 국가는 모든 영토 내 거주민에게 그 적용을 어쩔 수 없이 받아들이게 하는 법적 강제를 부과시키게 된다.[25] 간단히 말해서 국가는 법을 위해 존재하며 법에서 또는 법을 통해 존재하는 '법 그 자체'라고 말할 수 있다.[26]

그러나 법 자체가 옳은지, 아닌지가 여기서 문제가 된다. 만일 옳지 않다면 무엇으로 알 수 있는가? 옳지 않은 법은 악법이다. 그것은 국민의 복종을

---

22) *Leibniz: The Monadology and Other Philosophical Writings*, pp.289~290.

23) John Rawls, "Constitutional Liberty and the Concept of Justice," in *Nomos VI: Justice*, eds. Carl J. Friedrich and John W. Chapman (1963), p.125.

24) 조정과 배분을 하는 것이 반드시 국가나 정부가 아니라 회사·정당·학회 및 그 밖의 집단이나 기관일 수도 있다. 소속원은 공평한 이익과 복지의 배당을 받아야 하며 또한 해당된 부담과 기여를 수행해야 한다.

25) Ernest Barker, *Principles of Social and Political Theory* (1961), p.4.

26) 같은 책, p.89.

요구할 수 없으므로 폐기되어야 한다. 한마디로 이 법은 형평에 반하고 있다. 법이 형평을 유지하려면 '내재적인 정의라는 비인격적 힘'을 가져야 한다. 즉, 법은 선포되어 있다는 사실과 상관없이 또는 그 사실을 초월해서 '그 자체가 옳고 바르다'는 하나의 도덕적 가치와 내적 힘을 함께 가져야 비로소 지속적인 복종을 요구할 수 있는 근거를 가진다. 외적 힘은 법이 선포됨으로써 갖는 효력이며 내적 힘은 법이 형평 정신과 일치함으로써 갖는 가치이다. 법이 이러한 내적 힘, 즉 형평을 상실할 때 자의적이며 탄압적인 것이 되고, 그 사회는 폭정이며 항상 반항적 요소를 안고 있는 사회가 된다.

영국의 정치철학자 바커Ernest Barker(1874-1960)의 말과 같이 국가가 '법 그 자체'라 한다면 이러한 내적 힘, 즉 형평 정신과 모순되지 않도록 주권이 행사되어야 할 것이다. 법이 사람들의 국가 생활에 질서를 부여하기 위해 존재하는 만큼 국가는 개인들에게 기여와 책임, 복리와 부담을 배분함에 있어서 형평을 잃지 않는 법을 제정해야 하며 정의에 입각한 법의 운영을 실시해야 한다. 국가는 조정 역할, 즉 배분정의의 수행자이다. 그리고 국가가 하는 실제적인 감시자의 역할은 항상 도덕적 힘에 의해 뒷받침되어야 한다. 국가는 적절한 기관을 통해 정당한 방법으로 국민 각자에게 공평하게 혜택과 희생을 배분하고 있는가? 국가는 이 배분이 의존하고 있는 법이 소수의 자의에 의해 편파적으로 적용되고 있지는 않는가? 국가는 항상 적절한 조정과 감시를 계속하고 있는가? 이러한 문제들은 법의 운영에 있어서 끊임없이 반성되어야 할 근본적인 문제이다. 비록 정부는 국민에게 법을 일방적으로 선포하고 국민의 복종을 강요할 수는 있으나, 만일 불의의 법, 형평을 잃은 법이 강행된다면 마음속에서 우러나오는 국민의 충성을 얻지 못할 것이다. 그러한 정부는 그것이 의지하는 권력 기구를 오래 유지하기 어려울 것이다.

공동선의 배분에서 문제가 될 것은 '각 성원 상호 간에는 평등의 원칙이 지켜질 수 있는가?', '만일 완전 평등이 지켜질 수 없다면 어떠한 근거에서인가?'등이다. 주로 정의를 배분적 관점에서 논한 롤스John Rawls(1921-2002)는 『정의론』에서 배분정의가 무엇보다도 평등 원칙에 입각해야 한다는 것, 그리고 동시에 차등적 배분이 불우한 계층에 유리하게 돌아가는 한, 합리화된다는 것 등을 주장하였다. 그의 말을 직접 인용하면 다음과 같다.

> 사회의 모든 1차적 이익 — 자유·기회·수입·재부 및 자존심의 근거 — 은 이런 이익의 전부 내지 일부의 차등 있는 배분이 가장 불리한 사람들의 이익이 되도록 동일하지 않게 배분되는 것 이외에는 평등하게 배분되어야 한다.[27)]

그리하여 롤스는 여기에 관한 두 원칙을 제시하였다. 즉, 제1원칙(평등 원칙) — 각자는 남의 자유와 부합하는 가장 기본적 자유에 대한 평등한 권리를 가져야 한다. 제2원칙(불평등 원칙) — 사회적·경제적 불평등은 (a) 마땅히 모든 사람에게 이로운 것이어야 하며(가장 불리한 계층에게 이로운 것이어야 하며) (b) 동시에 만인에게 개방된 지위와 직장에 부대附帶되는 것으로 정해져야 한다는 두 원칙을 제시하였다.[28)]

이와 같이 배분정의는 양면성을 가지고 있다. 하나의 관념 속에 평등과 불평등의 두 원리가 공존하고 있다. 이른바 각자의 몫을 각자에게 돌린다는 것은 기계적 평준화가 아니다. 사회의 전체 복리에 대한 각자의 몫(권리나 의무)은 '합리적' 불평등일 수밖에 없다. 여기에서 각자는 제각기 능력·직능·작업·기여·필요 등에 준해서 자신의 몫을 받게 된다. 그러나 이러한 불평등은 보편타당한 기준에 의한 것이 아니라면 그것은 부당하고 자의적

27) John Rawls, *A Theory of Justice* (1971), p. 303.

28) 같은 책, p.15; p.60.

인 것이다.[29]

그렇다면 불평등의 보편타당한 합리화는 어디에서 찾는가? 결국 공동선共同善의 문제에 귀착될 것 같다. 공동선의 배분은 각자가 얼마나 공동선에 기여했는가에 달려 있다. 공동선을 이룩함에 있어서 각자가 하는 상이한 역할과 서로 다른 기여는 각자의 대우를 결정할 것이다.[30] 컴벌랜드는 말하기를 각 개인이 전체의 복리를 위해 한 일, 예컨대 수입이나 책임의 분담은 어떤 비율 또는 비례를 지켜야 한다고 하였다.[31] 이 비례에 관해 홉스도 언급한 바 있었으나 그 근본에 있어서는 컴벌랜드와 전혀 달랐다. 홉스는 배분정의를 동등자에게 동일물을 준다는 원칙이라고 해석하고, 만일 일정량의 물건을 많은 사람에게 분배할 때에는 그 분배는 사람 수에 비례해야 한다고 주장하였다.[32] 거기에 비해 홉스의 정치론에서는 어느 경우이든 모든 사람이 동등하고 또 평등하게 계산되어야 한다는 것을 강조한다.[33] 이러한 단순 소박한 평준화에 대해서 케임브리지 플라톤학파는 이견을 제시하였다. 모어는 정의를 '비례의 평등'이라 보고 복리와 부담의 배분은 그 개인이 공헌·업적 등에 비례해야 하며 상이한 개인들에게 합법적이면서도 동시에 차등을 둔 권리 부여가 필요하다고 주장하였다. 모어는 아리스토텔레스와 같이 명예와 공로는 기하학적 비례를 따라 안배되어야 한다고 보았으며[34] 모어와 동시대의 독일의 푸펜도르프는 비슷한 생각을 가지고 있었다. 푸펜도르프에 따르면 공동선의 분배 몫과 의무는 일이나 봉사의 양 및 다른 성원과 비교해 사회로부터 받는 복지 등을 계산하여 그 결과에 비례하여 결

29) John Rawls, "Constitutional Liberty and the Concept of Justice,"in *Nomos VI: Justice*, p.125.

30) C. Bouglé, *Les idées égalitaires* (Paris, 1925), p.145.

31) Cumberland, p.538.

32) Hobbes, "De Corpore Politico," *Works*, Vol. 1, Ch. 4, p.104.

33) Hobbes, "Philosophical Rudiments," *Works*, Vol. II, Ch. III, 13: p.39.

34) More, pp.125~126.

정되어야 한다는 것이었다.[35)]

비례 원칙에 관해서는 인격적 요소를 고려하는 것, 즉 아리스토텔레스적 '인물 존중'의 문제가 남게 된다. 근세 초의 여러 사상가들은 모든 인간이 최선을 다해 경쟁에 임하는 조건을 평준화할 것을 역설했으나, 그럼에도 불구하고 이러한 평준화라는 1차적 전제를 바탕으로 한 개인의 자질·직책·기능 등을 고려한 것이다. 푸펜도르프는 이른바 '수준 높은 예우'라는 특별 대우에 대한 기준으로서 탁월한 능력과 가치 있는 업적을 열거하였다.[36)] 라이프니츠의 주장도 이 점에 비추어 주목할 만하다. 그는 자연권의 제1단계로서는 개인들의 상이성을 고려하지 않는 '엄격한 권리'를 인정했으나 좀 더 고차적인 단계로서 공정의를 가리키는 형평은 개인의 공로·능력 등에 따라 결정된다고 생각하였다. 라이프니츠에 따르면 자연권의 제2단계에서는 분명히 불평등한 것을 동등하지 않은 사람들에게 주는 '비율의 평등'이 있다고 단정하고 이것을 기하학적 평등이라고 칭하였다.[37)]

개인의 공로·능력·필요 등은 어떤 때에는 잠재적이며 어떤 때에는 상황적인 것이므로 일정한 한계 내에서 개인이 주장하는 권리와 공동 재산을 보호하기 위한 사회의 권리 사이에 충돌이 일어날 가능성이 있다. 이 경우 일정한 한계란 무엇이며 사회의 보호란 어떤 근거에서 타당한가? 17세기의 유럽 정치사상에서는 개인의 이익에 앞서 공동선을 더 중시하는 경향이 있었다. 예를 들면 컴벌랜드는 한 개인이 전체의 복지를 증진하는 최선의 노력을 기울이는 한계 내에서 개인의 이익이 주장되어야 할 것이라고 말하였다. 이 말을 합리화하기 위해 그는 '사회 동업론'을 제시하였다. 사회의 모든 성원이 다 같이 동업자라는 생각에서 부분과 전체의 구성이 질서와 조화에

35) Pufendorf, *De jure naturae*, Bk. I, Ch. VII, 9, p.119.

36) 같은 책, Bk. VIII, Ch. IV, 3, p.1230.

37) *Leibniz: The Monadology and Other Philosophical Writings*, pp.289~290.

입각한다는 관념 또는 각 성원의 이해가 사회 전체의 이해와 일치한다는 관념 등이 사회 동업론에서는 잘 표현되었다. 동업체인 사회에서는 각자가 자신의 소유를 가지고 참여하는 것이다.[38] 각자의 참여는 개인의 입장·능력·조건·자질 등에 비례하며 또한 공동선의 분배도 일정한 비율을 유지하게 된다. 컴벌랜드가 착상한 사회 동업론은 푸펜도르프에 의해서 더 논리적 발전을 보았다. 푸펜도르프는 사회가 성원 상호 간의 계약과 비례적 참여로 성립된다고 생각했는데, 이 계약이 곧 사회 동업을 위한 계약이다. 즉, 사회 동업은 성원이 '비율에 따라(pro rata)' 이익을 분배할 목적으로 물심 양면에서 서로의 능력을 합치려는 계약이다. 만일 어느 한 성원의 몫이 다른 성원의 몫보다 크다면 그것을 양자의 공로와 보수 사이의 비율을 유지하기 위한 '상대적 평등'의 원칙 때문이란 것이다.[39] 이러한 사회 동업론은 18세기에도 계속되어 결국 프랑스 대혁명의 여러 제도에 반영되었다. 1789년에 선포된 문서에서 그 예를 찾을 수 있는데 공공복리의 관점에서의 차등·능력과 재능에 따른 공공 기능에 대한 참여 등이 규정되었던 것이다.

사회정의를 지배하는 형평은 일률적인 평준화가 아닌 이른바 비례평등이다. 그러므로 여기에서는 평등과 불평등이 획일적으로 거론될 수 없고 몇 가지 기준에 따라 경우마다 평등하게 혹은 불평등하게 처리되는 것이다. 그러나 동일 범주에 속한 동등한 사람들에게 부담과 복리가 배정될 때 어디까지나 그 취급은 공평에 바탕을 두어야 함은 물론이다.

3. 평등의 문제

38) Cumberland, p.538.

39) Pufendorf, *De jure naturae*, Bk. I, Ch. VII, 9, p.119~120.

평등이란 무엇인가? 그것은 (불평등과 마찬가지로) 동일 부류에 속한 두 사람(혹은 집단) 간에 성립하는 배분정의이다. 그것은 비교적이며 상대적이다. 평등은 일차적으로 동일 범주의 내적 비교'이다. 예를 들면 (아래 표에서) 회사원 A와 관리 B는 좀 더 큰 범주인 봉급생활자(W)란 부류에 속하며 그 관점에서 비로소 평등한 대우를 주장할 수 있을 것이다. 그러나 만일 봉급자라는 범주를 생각지 않는다면 A는 회사원, B는 매니저라는 전혀 분리된 상이한 집단에 소속되며 양자 간의 동등한 비교는 사라지고 만다. 그 대신 A는 같은 회사원 A', B는 같은 매니저인 B'와 동일한 범주를 이루어 단지 A와 A', B와 B' 간의 비교만이 가능하다. 이런 실례는 얼마든지 있다. 건축 불황기의 도장공과 동한기의 빈농이 동등한 고려의 대상이 된다면 그들이 다 같이 실업 인구라는 동일 부류에 속하기 때문일 것이다. (이렇게 볼 때 고전적인 계급관, 나아가서는 계급 불평등은 너무나 단순주의적 생각임을 알 수 있다).

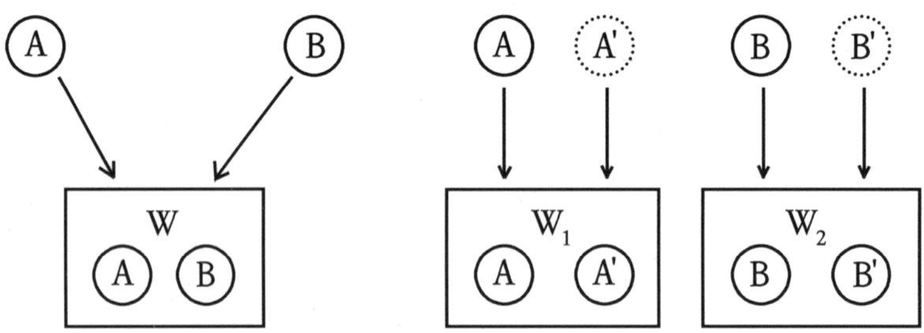

이와 같이 평등은 같은 무리[群]이나 부류에 속해 있거나 같은 처지 또는 입장에 놓여 있거나 또는 같은 필요를 느끼고 있거나 간에 어쨌든 '동일 범주'를 필요·충족의 조건으로 전제하고 있다. 여기에서 동일 범주라 함은 소속의 동가성同價性을 의미한다. 이러한 소속의 동가성은 수평으로 혹은 수직으로 얼마든지 늘어나며, 수직적인 정점에는 인간성 내지 인류 사회라는 큰 집합체가 있게 된다. 회사원 A와 회사원 A'의 예를 들면 둘은 같은 대학 교육 과정을 마친 동일 연수의 경력을 갖고 있다는 점에서 그들이 소속하는 동일 부류를 '수평으로' 하나 더 생각할 수 있다. 여기에 대해 회사원 A와 매니저 B는 봉급자라는 좀 더 다른 '수직으로' 높여진 부류에 속한다고 볼 수 있다. 궁극적으로는 모든 사람은 '독립 인격자(sovereign)'또는 '도덕적 존재(moral person)'라는 점에서 동일한 자연관을 향유하는 전 인류 사회라는 큰 집합체에 속하고 있다. 각자는 소속된 집합체를 어떻게 설정하는가에 따라 자신의 평등의 공정성, 즉 형평을 논할 수 있다. 서로 소속이 다른 집합체는 평등의 기준을 다르게 설정할 수 있다. 평등이란 '…으로서'의 평등을 의미한다. 회사원 A와 매니저 B는 '봉급생활계층으로서' 서로 평등한가를 논할 수 있으며, 이 경우 비로소 A와 B는 같은 소속 집단을 이루면서, 비교가 가능하다. 그러나 회사원 A와 노동자 C는 근무 시간, 노동량, 일의 종류 등의 동등이나 동일성을 주장할 수 없다. A와 C의 평등은 둘이 다 같이 도덕적 존재이며 인류 사회의 일원이라는 동일 소속에 비추어 보아 비로소 가능하다. 간단히 말해서 평등은 1차적으로 특정 사회 내의 동일 구성원 간에 생기는 교환정의이다. 평등은 소속 집합체의 최소 단위를 기준으로 한 평등으로 시작하여 점차 중간적 집합체를 기준으로 한 평등이 문제되고 다시 순차적으로 상위의 좀 더 큰 규모의 집합체의 소속 성원으로서의 평등이 문제될 수 있다. 그리하여 최종적으로는 한 인간으로서 주장하는 기본적 자연권인 평등이 문제되는 것이다.

그러나 같은 특정 사회에 속한 성원이라 해도 모두 평등하게 대우받을 수 있는가? 이론적으로나 실제상으로 동일 성원이라 해도 그들 간에 일률적인 평등은 이루어지지 않는 경우가 흔히 있다. 그렇다면 같은 소속의 사람들이 왜 같은 대우를 받지 못하는가? 그리고 동등한 대우를 받지 못하는 근거는 무엇이며 또 어떻게 합리화되는가? 예를 들면 같은 학력과 경력을 가진 동일 회사의 사원 A와 B는 봉급과 직위에서 차이가 생기게 되었다. 얼핏 보건대 평등의 원칙이 깨진 것이다. 그러나 설사 이것이 '정당한 근거', '수긍할 만한 이유', '합법적 절차'에 의한 것이라 해도 여전히 시정되어야 하는 것인가? 우리는 여기서 다음과 같은 구체적 상황을 생각할 수 있다. 다른 유자격 사원들과 함께 치른 A와 B의 승진 시험 성적에 관해서 A는 월등했으며, 그 밖에 출근 상황이나 근무 성적 등 평가에서도 B보다 더 좋은 판정을 얻었다. A와 B에 대해 동일 내지 유사한 조건 아래 같은 종류의 일을 맡겨본 결과 A는 B에 비해 더 능률적인 결과를 냈다. 그 밖에 A는 B에 비해 회사에 대한 헌신, 일에 대한 적극성 및 임무 수행에 대한 열성을 보였다. 이와 같은 요인들을 회사의 인사 위원회에서 종합하여 회사는 A에 대한 승진과 우대를 결정하게 되었다. 이 결정은 '차등'이 정당하고 합법적이라는 사실을 예시해 주는 것이다.

여기서 지적해야 할 것은 첫째로 '나는 평등하다'는 말은 나는 '누구와' '무엇에 관해서' 평등하다는 의미로 사용되고 있다는 사실이다. 둘째로 '나는 차별받고 있다'고 해도 '정당한 근거'에 의해서 '합법적 절차'에 따른 경우라면 그 결과의 불평등은 공정하고 형평에 입각한 것임을 인정해야 한다는 사실이다. 한마디로 평등이 '형평하게' 유지될 때 비로소 진정한 배분정의는 성취되는 것이다. 하트는 배분정의가 근본적으로 형평과 같다고 주장한다. 그에 의하면 정의가 여러 가지로 적용될 때 그 바탕에 깔려 있는 일반 원리에 의하면 부담과 복리의 배분이 상대적으로 불평등할 경우가 있다는 것이다. 그러므로 형평에 의해 균형이나 비례를 회복시키려는 것이다.[1)] 페럴먼도 비록 형평이 1차적으로는 형식 정의의 보충물이라고 생각하면서도 그것이 평등의 유지에 불가결하다고 보았다. 그는 형평이 "동일 범주의 부분을 형성하는 존재들을 지나친 차등으로 대우하지 않으려는 경향을 갖는

1) H.L.A, Hart, *The Concept of Law* (1964), p.154.

다"라고 말하였다.[2)]

한편 완전 평등의 입장에 의하면 국가는 모든 법인(legal persons)을 상하의 등급을 매기지 않고 동등하게 대하는 것, 즉 '법의 눈으로는' 평등하게 다루어야 하는 것이다. 여기서 법인이라 함은 회사와 같은 법인체를 가리키는 것이 아니라 하나의 법적 요소로서의 개인을 가리킨다. 바커의 말을 빌리면 "각자는 하나의 인간이며 다른 사람들과 마찬가지로 인간이기 때문에 동등한 입장을 가지며 국가라는 기구 하에 하나의 법적 요소로서는 동등하게 계산된다."[3)] 평등관은 근대의 종교개혁 이래로 강력히 주장되어 왔으며 지도적 사상가들에 의해 이론화되었다.[4)] 법적 능력의 수행에서 서로 동등한 법적 인격을 소유한다는 것은 각자의 동일한 인생의 출발점을 의미한다. 바꾸어 말해 법적 인격의 평등은 '하나의 출발점으로서 국가가 우리에게 보장한 동등한 조건'이며 롤스의 이른바 '원래의 위치'이다.[5)] 전통적인 자연법론에 의하면 이것은 동일한 자연권을 소유하고 있는 자연 상태이다.

그러나 이 상태에서 각자는 자신의 목적에 관해 확실치 않고 서로 자기 발달을 위한 이해와 행위의 능력을 달리하고 있다. 잠재력이 상이한 '도덕적 인격'은 외적인 법적 인격과 대조된다. 이 상태에서 사람은 정신적으로 '정상'이며 신체적으로 '보통'이지만 이 표준은 단지 중간치를 말하고 있는데 불과하다. 정신적으로나 신체적으로 상이하게 개발할 수 있는 잠재력의 차이가 있다. 지능·판단력·용기·냉정·기억력·이성의 차이 그리고 연령과 건강의 차이 및 남녀의 성별 등 자연적 조건의 차이가 있으며, 그것은 각자의 사회생활에 영향을 끼칠 가능성이 없지 않다. 사실상 역사적으로 이러한 자연적 조건에 의한 차등이나 우대가 제도화된 바 있다. 20세기가 되기

2) Perelman, p.32.

3) Barker, *Principles*, p.151.

4) Sanford A. Lakoff, *Equality in Political Philosophy* (1964), p.9.

5) John Rawls, *A Theory of Justice*, pp.11~22.

까지 여성의 참정권은 보류되어 왔으며 현행 세계 각국의 참정권은 대부분 18~20세 이하에게는 허용되지 않고 있다. 서양의 고전 고대의 국가에서는 40세 또는 60세 이상 고령자에게만 원로원 의원이 되도록 한 것은 연령에 의한 차등의 제도였다. 17~18세기의 유럽 사회운동에서는 백치 혹은 정신 이상자를 자연권의 향유 자격자로서는 결격자라고 규정한 것은 이성의 발달 상태에 따른 차등 통용의 관념에서였다. 일부 유토피아론자들은 판단력·용기 또는 지혜 혹은 연령에 따라 지배 내지 지도자의 자격을 한정시키려 하였다.

현실적으로 사회적 평등은 조건부이며 동시에 복수複數적이다. 개인마다 사회적 성공도가 다르며 또 사회적 위치에 차이가 생기고 공개적이며 공공의 차별과 차등은 법으로 뒷받침된다. 또한 각자는 재부를 통한 사회적 기여, 공직公職을 통한 공적, 문화적 공헌 등에 있어서 서로 다를 수 있으며, 국가는 누진 과세·포상 서훈·감형 등과 같은 제도적인 차별을 시행하는 것이다. 그러므로 역사적으로 평등주의는 한편으로 정치적·법적 평등을 목표하면서도 다른 한편으로 실제적 차등을 허용하는 양면성을 갖고 있었다. 거기에는 항상 복수성 또는 조건부적 성격이 있었다.

역사적으로 평등주의 운동은 넷으로 구분될 수 있다. 첫째로, 정치적 평등이며 표결의 평준화를 통한 참정권의 확대를 그 목적으로 한 것이었다. B.C. 5세기부터 2세기까지 계속된 로마 평민의 참정권 운동이 이를 예시한다. 둘째로, 사법적 평등이다. 수메르인의 고대법에서는 귀족과 평민 간에 재판과 형벌의 차등이 있었으며 프랑스 대혁명 전의 앙시앵 레짐에서도 법은 차별 적용되고 있었다. 근대 시민 혁명이 성취한 것 중 하나는 '법 앞의 만인의 평등'이었다. 셋째로, 기회의 평등이다. 즉, 누구에게나 원하기만 한다면 경쟁의 자유를 부여하려는 것이다. 이 원칙에 의하면 누구에게나 자연적 및 후천적 능력의 발휘가 허용되며 어떠한 외적 제약도 이 능력이 발휘

될 수 있는 기회를 막지 못하며 '재간껏 출세하게 내버려 두는 것'을 의미하는 것이다. 1789년 8월 27일의 프랑스의 권리선언 6조에 "모든 시민은 법 앞에 평등하므로 덕성과 재능 외에 아무런 차별을 두지 않고 각자의 능력에 따라 공직·직위·임용에 대한 동등한 자격을 부여한다."고 천명하고 있다. 넷째로, 경제적 평등이며 재부財富나 수익의 분배상 공평을 의미한다. 경제적 평등은 질서가 확립된 사회에서 공동선을 각 성원에게 적절히 균분하는 것을 목적으로 하는 것이다. 사회는 이 원칙을 충족시킬 수 있는 기본적인 사회 제도가 서 있어야 할 뿐 아니라 사회 성원에게 형평 정신이 편재遍在해야할 것이다.

이상과 같이 평등주의 운동의 양상을 살펴볼 때 17~18세기의 시민혁명의 시기 또는 민주주의의 고전적 시기에는 기껏해야 정치적 평등 내지 사법적 평등의 실현을 목표로 했을 뿐이며 그것조차 매우 불완전한 형태에 불과하였다. 그러나 그 후 산업혁명을 거치면서 사회 구조가 복잡해지고 과학기술과 생산 양식이 발달함에 따라 평등은 단순히 법조문에 의해서는 실질적으로 달성되기 어렵게 되었다. 특히 19세기 이후로 사회 구조의 변화, 사회력 균형의 파괴, 산업주의의 팽창 등의 요인으로 평등의 의미는 크게 달라졌다.[6]

17~18세기의 근대적 평등주의는 이론상으로나 실제상으로 역사적 상황의 제약을 받았다. 당시 가장 진취적이었던 영국과 프랑스의 사회이론은 그 자체 내에 이념적 한계성을 내포하고 있었다. 이 한계성이 그 이후의 평등주의 운동의 방향을 결정해 놓았다. 프랑스 대혁명 전까지의 평등사상은 근본적으로 사회적 '현상 유지'를 바랐던 보수적인 사회 세력에 의해 주장되었다. 만일 당시의 평등사상이 지배층에게 과격한 인상을 주었다면 그 사

6) R.H. Tawney, *Equality* (1964), p.91f. Lakoff는 평등주의의 기원을 플라톤까지 소급하여 그 역사를 자유주의적 평등, 보수주의적 평등, 사회주의적 평등으로 삼분하였다. 그러나 좁게는 이 세 종류의 평등주의가 다 같이 19세기적 운동이라고 보고 있다.(Lakoff, pp.8~11).

상이 기존의 정치 질서를 전복할 것이라고 생각되었기 때문이며, 결코 그것이 철저한 평등을 주장했기 때문은 아니었다. 그들은 모든 계급의 평등을 요구한 것이 아니라 시민 계급의 참정권, 즉 귀족과 대등한 정권의 분여分與를 요구한 데 불과하였다. 모든 사회 세력의 평준화가 아니라 마땅히 인정되어야 한다고 생각된 시민의 평등이 그들의 목표였다. 18세기를 통해 '과격한' 민주주의의 주장자들이라 하더라도 내심으로는 '입헌·계몽' 군주제 이상의 것을 바라지 않았다. 그들은 오히려 사회계급의 필요성을 강조하기까지 하였다. 모어·컴벌랜드·해링턴 그리고 홉스와 로크를 포함한 17세기 사상가들은 물론이거니와 볼테르·몽테스키외·엘베시우스·돌바크 등 18세기의 사상가들은 현대 기준에 비추어 보면 한결같이 사회적 차별주의자들이라는 명칭을 받아 마땅할 것이다. 17~18세기에 지배적인 이른바 조건부 평등은 간단히 말해서 '사람은 자연법 앞에서는 평등하지만 실정법 앞에서는 반드시 평등하다고 볼 수 없다'는 요지였다. 프랑스 대혁명을 겪은 인물 중에는 "사실상의 평등(de facto égalité)은 하나의 망상(chimera)에 불과하며 차라리 우리는 조건부 평등에 만족하는 것이 좋다"[7]고 믿는 사람이 적지 않았는데 이 견해는 혁명 전의 계몽사상가들에게 보편적인 것이었다. 예를 들면 볼테르는 『철학사전』에서 추기경과 요리사 간에 존재하는 불평등이 당연한 것이라고 주장하였다. 그는 추기경의 요리사가 자신의 위치에 머물러 있어야지 만일 추기경의 주인이 되는 것은 전 인류 사회가 전복되지 않는 한, 있을 수 없다고 말하면서 '평등은 있을 수 있는 일 가운데 가장 자연스러우면서도 가장 망상적인 것'이라고 선언하였다. 볼테르의 이 선언은 그의 개인적 견해라기보다 차라리 18세기의 대부분의 사상가들의 견해를 대변했다고 보아야 한다. 20세기에도 이러한 평등관은 실제로 존속되어 있

7) Pierre Sylvain Maréchal, *Manifeste des Égaux* (1796) in Victor Adrielle, *Histoire de Gracchus et du Babouvisme* (Paris, 1884), Vol. I, p.197.

다. 예컨대 바커가 평등은 "프로테우스 신과 같은 변화무쌍한 관념이며 그것은 모양을 변화시키고 쉽사리 새 형태를 취한다"라고 말하는 것에서도 알 수 있다.

어쨌든 평등에 대한 복수주의複數主義적 태도는 근대 시민 혁명 특히 프랑스 대혁명이 지향한 평등주의의 내용을 제한하였다. 볼테르를 비롯한 대부분의 계몽사상가들이 추종한 바 있는 로크의 견해는 이 점에서 커다란 영향력을 행사한 것 같이 생각된다. 그는 말하기를 평등은 인간이 자신의 이러 혜택을 '똑같이 갖고' 태어남을 뜻하지 않고 그 혜택을 '똑같이 요구할 자격을 갖고' 태어남을 뜻한다고 하였다. 로크는 평등을 동일 부류이면서도 '동일 계급(same species and rank)'에 국한시켜야 한다고 결론지었다.[8)]

17세기의 자연법론과 사회 계약은 특권적인 부르주아 상층이 특권적인 수혜 독점 계급에 대항하기 위해 활용한 논리라고 볼 수 있다. 부르주아 계급은 자체의 불만인 불평등을 자유와 평등의 보편성을 내세워 합리화하려고 하였다. 앙시앵 레짐 아래서 사회의 전반적 모순은 장기간 누적되었고, 하층 시민에게까지 어려움을 겪게 하였지만 그 중 특히 스스로 깨달음이 가장 높은 교양 있는 부르주아 상층이 인류의 이름으로 자신들의 권익을 찾으려고 하였다. 이와 같은 역사적 조건에 비추어 볼 때 17~18세기의 정치적 이념인 완전한 평등은 애당초 가공架空의 논리적 구성물이라고 규정되고 사회생활에 적용되는 실제상의 상대적 평등이 강조되었다. 이러한 근대적 평등주의의 한계는 이론적으로 타당한 것으로 보였으며, 또 평등의 제도화에도 거의 정직하게 반영되었다. 프랑스 대혁명이 지난 1세기 후 역사가 브라이스James Bryce(1838-1922)는 "계급이 완전히 없어지고 누구나 평등을 용

8) Ritchie는 이러한 로크의 주장을 반박하여 "무엇이 계급(물론 그것은 자연적 계급이어야 하는데)의 동일성을 결정하는가?" 그리고 "서로 다른 부류는 서로 계급이 다르다고 주장해도 괜찮은가?"라고 반문하였다. 로크의 부류나 계급에 관한 언급은 평등의 상대성을 설명하는 것이라고 해석되어야 할 것이다(D.G. Ritchie, *Natural Rights*, 1924, p.246).

인하게 된다 해도 여전히 사회에서의 층차層差(grades)와 차등差等(distinctions)의 존속은 막을 수 없다"[9]고 잘라 말하였다. 브라이스의 말은 평등주의의 역사적 배경으로 보아 당연한 결과로 인정받을 수 있으나 그렇다고 해서 불평등과 차별이 민주주의 사회가 추구할 가치관이 될 수는 없다. 다만 브라이스의 층차나 차등이 타당한 근거를 갖고 있으며, 또 보편적으로 받아들여질 성질의 것인가 하는 문제는 해결되어야 한다.

평등은 자유와 정의의 교집합交集合의 부분을 갖고 있으므로 형평과의 밀접한 관련에서 고려되지 않을 수 없다.[10] 자유는 행위(사고를 포함)에 외적 장애를 받지 않은 상태이며 이 상태에서 사람은 원칙적으로 자기가 하고 싶은 것은 모두 할 수 있다. 여기에 대해 평등은 어떠한가? 자유의 개념을 통해 평등은 이렇게 생각될 수 있다. 평등은 특정의 제한 조건이 없는 한, 어느 한편의 사람이 다른 편의 사람과 동일한 자유를 동일 방법에 따라 향유하는 상태이다. 이 상태에서 사람은 원칙적으로 자기가 하고 싶은 것이라 해도 남이 하고 싶어 하는 것과 서로 충돌되지 않는 한에서만 할 수 있다. 이 점에서 사람은 누구나 자기 자신과 마찬가지로 남도 똑같은 동등한 자유를 갖고 있다는 것을 깨닫게 된다. 이 경우 자유는 평등에 의해 한정되고 있으면서도 평등은 바로 이 자유에 의해 보장되고 있는 셈이 된다.

그런데 문제는 모든 사람이 다 같이 '기계적으로', '정확히', '수학적 의미에 있어서' 동등한 양의 자유를 향유하는가?라는 의문이다. 여기서 우리는 볼테르가 예로 든 추기경과 요리사 간의 평등을 놓고 재고할 필요가 있다. 요리사가 추기경과의 평등을 주장한다면 (번갈아 요리한다든지 하는 것) 왜 잘못인가? 어떤 점에서는 양자가 평등하지만 동시에 다른 어떤 점에서는

9) James Bryce, *The American Commonwealth* (1908), Vol. II, p.752.

10) Rawls는 정의의 개념이 자유·평등 및 유용한 봉사에 대한 보수의 개념과 관련된다고 보았다(John Rawls, "Justice and Fairness," in *Justice and Social Policy*, ed. F.A. Olafson, 1961, p.82).

양자가 불평등할 수밖에 없지 않은가? 만일 요리사가 직능의 차이 때문에 차별받아야 한다 해도 그것은 평등의 문제라고 논할 수 있는가? 일반적으로 불평등한 두 사람을 동등하게 대우한다면 형평의 원칙에 어긋나지 않는가? 아리스토텔레스는 동등한 사람을 서로 동등하게, 동등하지 않은 사람은 서로 동등하지 않게 취급하는 것이 정의라고 보았다. 사람은 적절한 관련 요인(relevant factors)이 없는 한, 예외 없이 공평하게 취급되어야 한다.

관련 요인이란 무엇인가? 그것은 직위·능력·공적·일·필요 등이다. 즉, 어떤 사람이 다른 사람보다 더 월등한 대우를 받아야 한다면 그 이유는 타당하고 합법적인, 형평한 관련 요인에 입각해야 한다. 그 사람은 남보다 더 공적 중요성을 띤 직위를 갖고 있거나, 능력이 더 있거나, 사회적 공헌이 더 크거나, 일을 더 열심히 했다거나, 더 많은 고려의 여지가 있는 필요(생활의 곤란, 많은 부양가족 등)가 있거나 해야 할 것이다. 이러한 관련 요인을 고려하지 않는 단순한 기계적 평준화는 정의의 원칙에 어긋날 것이다. 왜냐하면 시지윅Henry Sidgwick이 일찍이 지적한 바와 같이 이상적인 의미에 있어서 정의는 권리와 자유, 부담과 혜택을 '정당하게' 배분하는 것을 의미하기 때문이다. 그에 의하면 배분정의는 단지 '자의적 차등(arbitrary inequality)'을 배제하려는 것에 불과한 것이다.[11]

자의적 차등을 배제하는 기준에는 주관적인 것과 객관적인 것이 있다. 주관적인 기준은 "일정한 물리적 환경에 처한 사람이 향유하는 복리의 기준 혹은 일정한 혜택이나 희생을 감수하는 그 당사자의 중요성이 그러한 물질적 환경이나 그러한 혜택 또는 희생을 전적으로 그 당사자의 기호나 관심이란 관점에서 평가함으로써 산출되는"[12] 기준이다. 간단히 말해서 혜택이

11) Henry Sidgwick, *The Methods of Ethics*, in Olafson, ed., *Justice and Social Policy*, p.15.

12) T. M. Scanlon, "Preference and Urgency," *The Journal of Philosophy*, Vol. LXXII, No. 19. (Nov. 1975), p.656.

나 희생은 당사자의 주관적 요인에 의해 판별되는 기준이다. 여기에는 개인이 좋아하는가, 않는가의 개인적 선호가 크게 작용한다. 객관적 기준은 "당사자의 기호와 관심과 관계없이 독립적인 개인의 복리 수준의 평가 기초를 마련해 주는 기준이며, 이 기준은 설사 이러한 평가가…문제가 되는 개인의 선호와 충돌한다 하더라도 그것이 맞을 가능성을 높여 줄 것이다."[13] 물론 객관적 기준이라 해서 완전히 개인의 선호를 무시하는 것은 아니며 또한 공리성이나 만족도의 균등 배분이란 점에서 타당한 기준이 되어야 할 것이다.

자의적 평등을 배제하는 것, 즉 형평에 입각한 배분원칙은 페럴먼에 의해 다음과 같은 다섯 가지의 공식으로 표현될 수 있을 것이다.[14] 첫째, '동일 범주의 동일 성원에게 동일한 것을!' 이것은 동일 범주에 속한 성원들에 동등한 대우를 함을 의미한다. 둘째, '동일한 공과에 대한 동일한 상벌을!' 이것은 공적(merits)이나 과실(demerits)을 감안한 응분의 대우를 의미한다. 공적이라 함은 사회 또는 집단에 대한 봉사나 공헌이며, 과실은 고의든 무의식적이든 간에 공동체에 대해 해악이나 손실을 끼친 것을 말한다. 공적과 과실에 따라 각자는 보상을 받게 마련인데, 전자의 경우 보수 또는 포상의 형식이 되며, 후자의 경우 그것은 인책 또는 처벌의 형식이 될 것이다. 셋째, '수행된 일에 따른 대우를!' 그것은 지식의 전문성, 기술의 수준이나 정밀도, 업무의 수행량 또는 생산의 결과 등에 비례하여 거기에 상응하는 대가를 지불하는 것을 의미한다. 넷째, '필요의 긴요도에 따라서!' 이것은 각자의 필요가 다르고 그 충족이 긴급과 완만한 정도를 고려한다는 것을 의미한다. 구체적으로는 부양가족수, 구휼의 필요, 질병이나 신체장애 유무, 교육 지출 등의 요인들이 지적될 수 있다. 제도적으로는 사회 보장제, 도덕적

---

13) 같은 책의 인용문, p.658.

14) Perelman, pp.17~29. Perelman은 여섯 가지 공식을 말하고 있으나 여기서는 다섯으로 줄였다. 6번째의 공식은 '각자에게 법적 권리를 주라'는 고전적인 cuique suum의 재진술이다.

으로는 자선(good will)이 이러한 배분원칙을 수행하는 기능을 하고 있다. 다섯째, '지위에 따라서!' 군대의 하사관과 장교, 관청의 상하 직위, 회사나 기업체의 사장과 직원 등 지위의 계단이 있으며 거기에 따라 권리와 책임, 권한과 부담이 배분된다. 본래 지위는 사회 계급에 의한 구분 및 기능의 차이에 의한 일의 분화 등으로 양분될 수 있는데 여기서는 후자를 가리키고 있다. 이 공식은 본질적으로 동일 집단에 속한 성원들 중에서 직위의 중요도에 따라 특전과 부담을 갖게 됨을 의미한다. 그러나 이상과 같은 배분 공식은 실제 문제에서 어떻게 구체적으로 적용되는가? 또한 '수량적 기호로써' 계산이 가능한가? 등의 어려운 문제가 남아 있다.

더욱이 다섯 가지의 공식은 현실적으로 상호 병립이 가능치 않은 경우가 많다. 예를 들면 5인 가족의 가장인 근로자 A와 좀 더 헌신적인 독신 근로자 B의 경우에는 필요와 공과라는 두 원칙은 서로 충돌한다. 그 어느 쪽에 더 큰 고려를 하며 더 많은 수당을 지급하는가에 관한 공정한 산출은 쉽지 않다. 실제로 정의를 적용하는 경우 어떤 요인이 우선해야 하는가는 결정을 요하는 중요한 문제이다. 이러한 우선의 문제는 정의 개념의 본질적인 부분이다. 이 우선은 타당한 윤리적 기준을 설정해서 해결되어야 할 것이다. 정의의 기준은 복수적이며 상충적이다. 예컨대 밀러에 의하면 '권리의 정의'(각자에게 자신의 권리를 주는 것)는 '공과의 정의'(각자의 공과에 따라 주는 것)와 충돌한다. 그리고 '권리의 정의'는 '필요의 정의'(각자의 필요에 따라 주는 것)와 충돌한다. 그에 의하면 권리와 공과, 권리와 필요는 '우발적으로' 상호 충돌하며 공과와 필요는 '필연적으로' 상호 충돌한다는 것이다.[15)]

그리하여 상이한 배분원리를 조정하고 모순 없는 평등을 유지하기 위해서 형평 원리가 강조되어야 한다. 평등과 차등 혹은 평등의 2원성은 정치

15) Miller, pp.27~28.

적·법적 평준화에도 불구하고 합리화되지 않을 수 없는 것이다. 17~18세기의 사상가들이 정치적 평등을 주장했을 때는 개인 각자의 사회적 기능의 수학적 동일치를 의미한 것이 아니라 오히려 사회적 다양성을 주장한 것이었다. 그들은 사람이 도덕적으로는 동일치를 갖지만 기능적으로는 상이하다고 역설하였다. 자유로운 인간 개인은 자신의 의사 결정에서는 독립적이며 대등하지만 사회적 기능의 수행에서는 상보적이며 동등하지 않다는 것이다. 평등의 2원성이 뒤에 남기고 있는 문제는 평등과 차등이 어떻게 정당하고 보편적 근거를 갖는 것이 될 수 있는가 하는 것이다. 평등이란 기초적 원리 위에 차등이 세워진다. 평등의 전제에서 차등이 합리화된다면 그 근거는 타당성이 있어야 하며 동시에 차등의 근거가 되는 비율은 공정해야 한다. 벤과 피터스는 이점에 관해 간단명료하게 설명하고 있다. 정의란 하나의 '비례 감각'을 요하며 수긍할 만한 관련성 있는 상황적 차이점만이 적당한 차등을 합리화할 것이다.[16)]

적절하게 할당된 몫의 개념은 두 각도에서 고찰될 수 있다. 첫째로 각자는 자기가 하는 일의 종류와 결과에 따라 그만큼의 대우를 받는다는 것, 즉 '공동선에 대한 각자의 지분'이 있다.[17)] 둘째로 각자는 자기가 할 수 있는 능력에 비례해서 그만큼 전체에 봉사한다는 점이 지적될 수 있다. 즉, 그것은 한마디로 '공동선에 대한 각자의 기여'이다. 적당한 비율의 누진 과세는 빈부에 따른 담세 능력을 고려하였으므로 배분정의의 형평을 기한 것이다. 예컨대 고소득 미술가가 작품한 점에 몇 백만 원대의 수익을 올리면서도 면세 혜택을 받고 있는 반면, 박봉의 신입 사원은 꼬박꼬박 근로 소득세를 공제해야 한다는 것은 과세의 형평을 명백히 어기고 있는 것이다.

17세기 영국의 케임브리지 플라톤학파에 속한 철학자 모어는 배분정의를

---

16) S.I. Benn and R.S. Peters, *The Principles of Political Thought* (1966), p.131.

17) C. Bouglé, *Les idées égalitaires* (1925), p.145.

'비례의 평등'으로 보았다. 혜택과 부담은 공과의 비례를 공정한 방법으로 결정해야 한다는 것이다. 역시 17세기의 자연법 학자 푸펜도르프에 의하면 공동선의 지분(권리와 의무)은 개인 각자의 일과 봉사 및 상대적인 혜택과 복지 등을 가감 합산한 결과 비례적으로 결정되어야 한다고 믿었다. 그는 사회를 하나의 동업으로 보았는데 따라서 사회 구성원은 비율(pro rata)에 따라 이익 분배의 목적으로 물적·정신적 능력의 단합을 계약한 것이다. 그러므로 만일 어느 한 구성원의 몫이 다른 구성원의 것보다 더 크다면 그것은 양자 간에 존재하는 '비교적 평등' 때문이다. 이러한 관념은 프랑스 혁명을 통해 제도화되기까지 하였다. 1789년의 문서에 의하면 '사회적인 차등이 공공 이익에 입각한 것이라면 가능하다(les distinctions sociales ne peuvent être fondées que sur l'utilité commune)'고 선언되고 있다. 또한 공공 기능에 대한 시민의 참여는 능력(leur capacité)에 따라 또는 덕성이나 재능(leur vertus et leur talens) 에 따라 인정된다고 하였다.

평등은 자연적 평등을 손상시킴이 없이 동시에 비례적 평등을 합리화하고 있다. 맥키언의 말을 다음에 인용하기로 한다.

> 배분정의는 재산·명예 및 그 밖의 소유물을 그 사회의 여러 기능이나 기구에 참여하는 사람들에게 나누어 주는 것을 말한다. 그것은 기하적 비례를 설정해서 사람들의 차이와 기능을 고려하며 또한 공과의 정도는 정부나 헌법의 형태에 따라 달라진다.[18]

자연적 평등이 깨지는 것은 개인마다 필요나 공과가 다르기 때문이다. 롤스는 '가장 불리한 사람들의 최대 이익'을 위해서는 사회적으로나 경제적으로 평등이 깨어지는 것이라고 당연시 하였다. 불평등은 권세나 재부를 소

18) McKeon, 같은 책 인용문, p.55.

유한 유리한 사람들 때문에 성립될 뿐 아니라 사회적으로 힘이 약하고 경제적으로 가난한 사람들에게 더 큰 복리를 배당함으로써 성립된다. 그렇다면 가장 유리한 사람의 이익이나 가장 불리한 사람의 이익이 다 같이 보장되려면 어떻게 되어야 하는가? 잃은 균형이 회복되는 것, 즉 어떠한 이유에서든, 어느 계층에 의해서든 파괴된 평등은 다시 수립되는 것 — 그것이 해결책이다. 평등과 비례는 형평의 원리 속에 조화되고 있다.

4. 호상 (교환) 정의의 특성

개인 A와 B의 행위 교환을 지배하는 교환정의(iustia commutativa)[1]는 동등한 동료로서 상호 교섭 관계를 규정하므로 호상정의(reciprocal justice)라 명칭될 수 있다. 이 정의는 이미 앞에서 상술한 바와 같이[2] 소극적 면과 적극적 면을 갖고 있다. 즉 우리가 하는 행위 교환이란 "내가 상대방으로부터 '당하지 말기'를 바라는 것을 그에게 하지 않는 일"과 동시에 "내가 상대방에게 '바라는 것'을 그에게 행하는 일"로 되어 있다고 생각된다. 소극적 호상정의는 한마디로 상호 불가해의 원칙이다. 그것은 서로 상대에게 손해를 주지 않은 한도 안에서 행위를 주고받는 사회생활의 기본 태도이다. 이에 대조적으로 적극적 호상정의는 '내가 남에게 해주기를 바라는 만큼 남에게 좋은 일을 한다'는 최선을 목표로 한다. 이러한 선행의 교환은 본질적으로 사회생활의 기본 덕성이며 프랑스 혁명 등에서 내세운 '동료적 평등(fraternity)'이라 볼 수 있다. 그러므로 적극적 호상정의는 좀 더 부연의 여지가 있는 것으로 생각된다.

---

1) 2절 형평의 원칙 중 각주 3) 참조.

2) 2절 형평의 원칙 중 제1원칙 참조.(pp.21~27)

타애 원리의 기원은 역시 성서(Matt. vii:12; Luke vi:31; Tobias iv:16)에 있다(Quod ab alio oderis fieri tibi, vide ne tu aliquando alteri faceris). 거기에는 "그러므로 무엇이든지 남에게 대접 받고자 하는 대로 너희도 남을 대접하라" 또는 "남에게 대접 받고자 하는 대로 너희도 남을 대접하라"등의 충고가 있다. 이러한 성서의 충고는 17~18세기 사상가들의 평등론에 큰 도움을 준 것이 분명하며, 예컨대 홉스는 그의 정치론의 도처에서 신·구약을 폭넓게 인용하였다. 18세기 영국의 자연교론자이며 뉴턴학파였던 클라크는 형평을 논하면서 남과의 관계에서의 정당성 여부를 규정하는 법칙이라고 간주하고 "사람을 대할 때, 같은 사정에서라면 남이 나를 대해 주리라고 의당 기대할 수 있다"고 말하였다.

인간 행위의 동기를 자애에서 찾는가, 아니면 타애에서 찾는가에 관한 논쟁의 역사는 결코 짧지 않다. 고대 그리스의 철학자들에게까지 거슬러 올라가지 않는다 하더라도 자애론의 극단적 형태는 르네상스 시대의 마키아벨리에서 발견된다. 그에 의하면 인간 행위의 동기는 자기를 사랑하는 것, 자기 이익을 추궁하는 것에 있으며, 모든 사회 성원 각자가 자신의 이익을 충실히 추구할 때 사회의 공동선은 차라리 증진된다는 것이다. 한마디로 이는 자기 이익의 합계는 공동선이 된다는 결론이다.

그럼에도 자애설과 함께 타애설도 18세기의 정치·사회사상의 주요한 흐름을 형성하고 있었다. 개인의 이익이 행위의 동기임을 부정하지 않고 개인의 이익이 진정 달성되려면 사회의 공동선을 고려하지 않을 수 없다는 것이 이 설의 입장이었다. 그 이유는 사회의 공동선이 증진되면 궁극적으로 개인의 이익도 증가된다는 것이었다. 자애가 자기 보존의 원리라면 타애는 나와 남과의 관계를 유지하는 원리이다. 이는 모든 사람의 복지와 행복을 증진하려는 보편적 사랑 또는 우애의 원리이다. 버틀러·허친슨·샤프츠베리

등 영국의 모랄리스트들이 이 경향을 대표하고 그것은 루소[3] 혹은 유럽 대륙의 기타 사상가들에게 커다란 호소력을 가진 견해였다. 프랑스 혁명 후의 급진주의자인 바뵈프는 서로서로 사랑한다는 것, 또는 '다른 사람이 당신에게 하기를 원치 않은 것을 행하지 말아야 한다는 것'[4]은 불변의 진리라고 강조하였다. 이러한 타애의 원리는 떨어져 있는 여러 분리된 개인들을 하나의 정치적 집단으로 집합케 하는 자유롭고 자발적이며 열정적인 융합[5]을 의미하는 것이다. 샤프츠베리의 영향을 받은 프랑스의 대표적인 계몽사상가 중 한 사람인 돌바크는 타애의 원리에 관해 이와 같이 말하였다.

> 호의(bienveillance)와 친절(bienfaisance)은 우리의 동류同類를 사랑하고 그들에게 선행을 하라고 하는 정의에서부터 유래한다. 그 목적하는 바는 우리가 서로 만났을 때에 그들에게서 애정을 원하는 데 있으며, 또한 우리 자신에게 해주기를 바라는 것만큼 그들에게 행하는 데 있다. 사람들의 애정이나 선행을 얻기 위해서는 형평(équité)은 우리가 상대방에게 애정을 표시하고 그들에게 선행을 해야 함을 요구하고 있다.[6]

샤프츠베리는 사람의 자연스러운 감정으로서 이기심 혹은 자애를 들었

---

3) 루소의 정치론의 핵심도 결국 사회애(social affection)라고 보는 견해가 있다(Bertrand de Jouvenal, "Rousseau," in Maurice Cranston, ed., *Western Political Philosophers*, 1964, p.68).

4) Victor Advielle, *Histoire de Gracchus Babeuf et du Babouvisme* (Paris, 1884), Vol. I, p.181.

5) R.R. Palmer, "Man and Civilization: Application of Individualim in the French Revolution", K.R. Konvitz and O. J. Murphy, eds., *Essays in Political Theory* (1948), p.132.

6) *Système social ou princips naturels de la morale et de la politique* (Paris, 1795), Vol. I, p.135.

으나 가장 자연스러운 것은 역시 전 인류와 사회를 위한 감정이라고 단정하였다. 이성 있는 사람은 전체의 선과 공익을 생각할 수 있는 능력을 갖는다고 그는 보았다. 나이 어린 시절에 로크의 훈도를 받은 샤프츠베리는 이성을 인간의 기본적 자질이라고 보았지만 '공공복리의 관념'을 가장 고차원의 자연감정이라고 생각하였다. 그에 의하면 공동 이익이나 사회에 대한 사랑은 공동 권리에 대한 정당한 관념에서 나오는 일종의 개명開明(civility)이며 동류 간의 자연적 평등에서 기인하는 것이기도 하다.[7] 개인의 이익이란 결국 전체의 행복에 의해 보장되는 것이다. 같은 영국의 모랄리스트인 버틀러도 이 점에서 샤프츠베리와 같은 의견이었다. 그는 자애가 사회애와 모순이 안 될 뿐 아니라 자기만족과 박애가 다 함께 올바른 사회적 행위를 보장하는 것이라고 단정하였다.[8] 샤프츠베리는 우애 사상이 평등과 밀접함을 역설하여 인도주의적 고려가 사회생활의 기본이 된다고 보았다. 그에 의하면 전체에 대한 개인의 위치와 역할을 무시한, 지나친 경쟁과 이기심은 이성 있는 존재로서는 악하고 부자연스러운 것이라 하여 홉스의 자연 상태하의 자유 관념을 비판하였다.

우애 또는 동료적 평등은 프랑스 혁명 시기를 통해 사람들의 마음속에 확고히 자리 잡았다. 박애(fraternité)·유대감(solidarité)·단체정신(esprit de corps) 등은 사회생활의 기초를 굳게 다져주는 협동의 원리일 뿐 아니라 국제 간 지원이나 협력을 가능케 하는 원리로서 프랑스 혁명기에 사용되기 시작하였다.[9] 1792년 9월 21일에 시작된 국민 공회가 11월 19일과 12월 15일 두 차례에 걸친 대외 홍보의 포고령에서 박애의 이름으로 프랑스 혁명 정신의 전파 내지 '혁명의 국제화'를 선포하였다. 제1차 홍보 포고령(박애령)에서

---

7) *Characteristics*, I, Treatise II: Sense Communis, pp.80~81.

8) Joseph Butler, *Three Sermons Upon Human Nature*, ed. Thomas B. Kilpatrick (Edinburgh, n.d.), pp.61~63.

9) Barker, p.161. f.n.

"자유를 회복하고자 하는 모든 국민에게 '박애와 원조'를 제공할 것을 프랑스 국민의 이름으로 국민 공회는 선포하노라"고 밝혔으며 제2차 홍보 포고령(2조)에서도 역시 박애의 이름으로 대외 원조를 제의하였다.

바커는 박애를 협동이나 유대의 원리라고 말하고 그것을 사회 성원 간에 자신의 개인적 발전의 조건이 되는 여러 권리를 배분하는 경우 국가가 설정한 제3의 원리라고 규정하였다.

> 이(박애)는 개인 생활의 공동 배경이며 바탕으로서 모두에게 필요한 물질적·정신적 공동 시설(예컨대 하수도에서부터 도서관이나 미술관에 이르기까지)을 모두를 위해 마련해 주고 모두에게 배분해 주는 원리이다. 우리 모두는 개인적으로 스스로를 위해 자유와 평등을 필요로 한다. 마찬가지로 우리 모두가 집단적으로는 공동 복리를 위한 공동 시설을 필요로 하는 것이다.[10)]

박애는 자연스러운 감정이다. 샤프츠베리의 지적처럼 이성을 가진 보통 사람이라면 전체의 공동선(공익)을 고려할 능력을 가진 사람일 것이다. 정의를 사회생활의 기본 원리로 본 라이프니츠의 논리에 의하면 사람은 자기 자신을 사랑하는 존재이지만 그렇다고 해서 그것 때문에 사람들이 서로 떨어져 고립을 지킬 수는 없다는 것이다. 사람은 자기 자신을 올바르게 사랑할 줄 안다면 남도 존중하게 된다는 것이다. 즉, 남을 위한다는 것은 궁극적으로 자기 자신을 위하는 것이 된다. 그러므로 자애와 타애는 분리된 양극이 아니라 기본적으로 동일한 기반 위에 입각한 원리이다. 세상의 기본 단위는 개인이며 자아이다. 본능적으로 사람은 자기 자신의 이익과 안전을 위해 몰두한다. 그러나 그 반면에 세상은 무수한 자아로 형성되어 있다. 그리

10) 같은 책, p.142.

하여 자기의 이익을 추구하려면 결국 '또 다른 하나의 자아'(alter ego)의 이익과의 평등을 생각지 않을 수 없다. 그러므로 박애를 동료적 평등이라 부르는 것이다. 자신의 동료 혹은 동등자를 형평하게 다루는 것은 결국 자신의 복리를 위함이다. 라이프니츠는 이와 같이 말하였다.

> 각자는 남에게 가능한 한 선을 행하여 남의 행복을 통해 자기의 행복을 증진한다. 그리하여 한마디로 말하면 엄격한 의미의 권리는 불행을 피하는 데 그치지만 좀 더 높은 의미의 권리는 행복을 지향하는 것이다.[11)]

타애에 관한 논리는 근대적 개인주의의 성장을 방해하지 않았다. 왜냐하면 진정한 개인주의라 한다면 결코 반反사회적일 수 없기 때문이다. 개인주의는 이기심과 다르다. 이기심은 철저한 배타성에 바탕을 두고 있으나 개인주의는 나와 남과의 동등한 인격을 인정하는 바탕 위에 서 있는 것이다. 역설적으로 말하면 철저한 개인주의자는 박애나 우애 혹은 단결 정신을 발휘할 수 있다. 오직 불완전한 개인주의, 즉 이기심만이 '자기'를 중심으로 한 행위 밖에 하지 않는다. 이기심은 고립되어 있으며 분리된 개인을 만들지만 개인주의는 동등한 자유, 즉 형평을 행위 원리로 인식하는 개인을 만들고, 결국 서로 부담을 주지 않는 개방된 사회를 이루는 개인을 만든다. 그러므로 적극적 선행이나 박애라 해서 '개인을 무시한' 자선을 의미하는 것이 아니며 대등한 행위 교환을 할 수 있는 '성숙된' 개인들에게 필요한 호상정의의 형평을 의미한다.

---

11) *Leibniz: The Monadology and Other Philosophical Writings*, ed. R. Latta (1898), p.292.

II. 고전적 의미의 형평: 고대에서 16세기까지

1. 아리스토텔레스의 정의론

형평에 관한 고전적 견해를 처음으로 체계적으로 논한 사람은 아리스토텔레스였다. 비록 전래해 온 단편적 자료를 종합한 것이라고 하지만 그의 형평사상은 후세의 형평사상에 지울 수 없는 영향을 미쳤다. 아리스토텔레스의 정치사상의 기본 특징은 논리와 정치의 결부, 중용론, 자연의 개념 등에 있는데, 특히 사회의 자연발생론이라든지 인간의 자연적 불평등은 계속적인 논의의 대상이 되었다.

인간이 정치적 동물(zoon politikon)이라고 한 그의 말에는 첫째로 인간에게는 자연적으로 사회성, 즉 본능적 군취성群聚性이 있어서 설사 방치한다고 해도 사회생활이 자연발생적으로 이루어진다는 뜻이 담겨 있고, 둘째로 자연발생적 사회야말로 인간을 완성시킨다는 의미가 함축되어 있다. 인간은 사회생활을 통해서만 잠재하고 있는 자연적(본래적) 성향을 발달시키며, 따라서 만일 사회생활을 영위하지 않는 사람들이 있다면 문명인이라고 보기 어렵다. 여기서 아리스토텔레스가 말하는 사회는 '정치적 사회'를 의미하며 구체적으로는 폴리스를 가리킨다. 그리하여 폴리스는 그리스인과 비

그리스인(barbaroi)을 구분하는 기준이 된다. 그리스인은 태어나면서부터 폴리스에 소속되어 있고 거기서 교육받고 폴리스의 법과 질서를 지키면서 일생을 마친다. 어느 개인이라도 폴리스를 떠나서는 성인 시민으로서 완성되지 않는다. 그리스 시민은 민회民會에 참여하고 배심원이 되며 원로원에 들어감으로써 자질을 발휘하고 그 과정에서 인격적 성장을 경험한다.

그러므로 아리스토텔레스에 의하면 자연은 세 양상, 즉 (1) 본래의 잠재적인 것 (2) 궁극적 목적 (3) 그리고 이 목적을 향해 가는 과정 등을 의미한다. 그리스 시민은 태어면나서 폴리스라는 목적을 향해 자신의 능력을 발휘하여 공헌하는 것이며 그것이 바로 '자연'의 완성을 의미하였다. 이러한 '자연'의 완성의 대열에서 빠진 사람이 있다면 그것도 역시 자연의 원리에 따른 것이다. 그러므로 아리스토텔레스에게 주인과 노예, 남자와 여자, 지배자와 피지배자, 헬레네인과 바르바로이 등의 구분은 '자연'의 소산물이었다. 다스리는 자와 다스림을 받는 자 사이의 주종 관계 또는 불평등은 자연적으로 결정되어 있다. 후세까지 논쟁을 자아내는 아리스토텔레스의 자연적 불평등론은 가정 내의 서열, 시민과 비시민 간의 우열, 주인과 노예의 계급을 합리화한 것이다.[1] 그는 일벌이 태어날 때 정해지는 것과 같이 남에게 봉사와 예종隸從을 바쳐야하는 사람은 자연적 자질과 능력으로 결정되어 있다고 보았다.

윤리와 정치의 밀접한 연관성은 고대 사상가들이 역설하는 바였는데 그것은 국가를 도덕적 실체로 보았다는 점 및 윤리나 정치가 다 같이 선(또는 행복)을 추구하는 지식[2]이라 믿은 점에 근거하였다. 아리스토텔레스는 바로 이 관점에 따라 정의의 관념을 윤리적 덕성이라고 보았는데 거기에는 그

---

1) *The Politics of Aristotle*, Eng. tr. Ernest Barker (1964), Bk 1, 5: 1254 b 3~30. 이하 이 판에 의거한다.

2) *Nicomachean Ethics*, Eng. tr. H. Rackham (1934), Bk 1, 2: 1094 b; Bk 1, 3: 1094 b 16~19. 이하 N.E.라 한다.

리스인 특유의 사회관이 반영되었다고 볼 수 있다. 그리스인은 오늘날의 우리와는 달리 국가와 사회, 국가와 법, 법과 도덕을 일치시켜 생각하고 그 결과 정의와 덕성이 일치하는 것으로 보았다. 근대적 정치사상에 의하면 정치와 도덕의 분리가 합리적인 것이라고 주장되어 왔다. 그러나 마키아벨리 이래로 이러한 주장에도 불구하고 17~18세기의 정치사상에서는 정치와 도덕의 밀접한 관계가 역설되었는데 엘베시우스나 돌바크 등은 윤리정치(éthocratie)란 말로 이를 표현하였다.

한편 플라톤과 아리스토텔레스에게는 '올바르다는 것', '정당한 것', '정의' 등이 매우 광범한 의미의 도덕적 관념으로 취급되고 있다. 사실상 그리스어의 dikaiosune는 영어·프랑스어의 justice와 근본적인 차이를 나타내고 있다. 오늘날의 justice는 1차적으로 사법적·행정적 기능을 행사함에 있어서 나타나는 자질을 의미한다. 예를 들면 'just judge(올바른 판사)'는 공정하게 판결하는 사람이다. 그러나 그리스인의 경우 재판관에게 옳다(정의)의 개념을 적용시킬 뿐 아니라 피고에게도 적용시킨다. 그리스인은 피고를 옳지 않은 사람, 즉 부정의(injustice)의 사람이라고 말했는데 왜냐하면 그는 도덕에 어긋나는 행위를 하였기 때문이다. 물론 오늘날 우리는 피고가 부정의를 행했다고 볼지는 모르나 그 이유로서 그의 행위가 부도덕한 것이라고 말하지는 않는다. 그는 단순히 법을 어긴 것이다. 이와 대조적으로 그리스인에게 법은 곧 도덕이므로 법을 어긴 것은 도덕을 어긴 것이며, 따라서 옳지 않은(부정의의) 행위를 한 것이라고 간주되었다.

윤리성과 관련하여 정의 개념이 매우 넓은 의미를 가진다는 점은 그리스인의 관념에 특유한 점이었다. 정의를 일반적인 윤리적 성향과 관련지은 점은 그리스인과 현대인의 차이라고 할 수 있다. 오늘날 우리는 어떤 사람이 스스로 마땅히 할 일을 맡은 대로 수행한다면 그를 가리켜 '올바른'(정의의) 사람이라고 말하지 않지만, 그리스인에게는 바로 이런 사람이 '올바른'(정의의) 사람인 것이다. 그리하여 플라톤은 정의를 규정하여 "어떤 사람이 특정의 행위를 하지 말아야 한다는 신념에 따라, 욕심이나 이익으로서는 가능할지도 모를 그 행위를 삼가는 성향"이라고 말하였다.

이러한 바탕 위에서 아리스토텔레스는 선덕으로서의 정의와 악덕으로서의 부정의를 논하였다. 그는 정의가 궁극적으로 사회적 유대이며 국가의 기본이라고 간주하고 도덕을 사이에 두고 법으로 직결된다고 보았다. 그리스 철학자들에게는 사회는 근본적으로 윤리적인 것이므로 어떤 사람이 사회 안에서 생활한다면 그는 곧 윤리성, 즉 덕성을 지녀야 하는 것이다. 즉, 인간의 사회(그리스에서는 곧 폴리스)생활은 도덕적(윤리적)인 생활을 의미하는데 이때 가장 중요한 덕성 중 하나가 정의이다. 정의는 사회생활을 영위하는데 필수적인 윤리적 덕성인데 그것은 곧 국가(폴리스)의 법을 지키려는 성향 및 자질이며, 동료시민이나 이웃과 공평하고 정당한 평등 관계를 유지하려는 정신이다.

국가를 '윤리적 사회'라고 간주함으로써 정의와 법과 덕성의 3자가 일치하게 되는데 이 점에 관해서 영국의 정치학자 바커Sir Ernest Barker(1874-1960)는 이와 같이 말하고 있다.

> 국가가 윤리적 사회가 되지 못하면 정의와 덕성과의 일치도 더 이상 존속하지 않는다. 정상을 벗어난 국가의 시민이 여전히 그 국가의 법을 지키는 한 올바르다고 말할 수 있을는지 모른다. 그러나 올바른 대신에 덕성스럽다고 할 수는 없다. 왜냐하면 그가 따르는 법이 상도에 어긋나기 때문이다. 도덕국가의 모범시민은 올바른 사람이어야 하고 이런 국가에서는 올바르다는 것이 덕성스러운 것이다. 정상을 벗어난 국가의 모범시민이 되는 것은 역시 올바른 일이지만, 올바르다는 것이

덕성스러운 것은 아니다.[3]

국가가 도덕국가 또는 윤리적 사회일 때 시민이 법을 지키는 것은 완전하고 보편적 요청에 응한 일반정의이다. 법이란 일단 제정되어 실시되면 거기에 무조건 복종하는 소크라테스적 정신은 모든 덕성의 합산이며 완성된 정의이다.[4] 이 경우 올바르다는 것은 곧 법적인 것을 말하며, '올바른 사람은 준법적인 사람'이고 "법적인 것은 또한 도덕적인 것이며 준법적인 사람은 덕성 있는 사람인데, 왜냐하면 법은 도덕률과 동일한 것이기 때문이다."[5]

반면에 정의가 대인관계에서만 수행되는 것이라면 그것은 아리스토텔레스의 부분部分정의 또는 개별정의이다. 이 경우 자기 자신까지 포함한 부분사회와 관련되는 것이며 바커가 정확히 지적하는 바와 같이, 국가란 '동등자들(equals)의 모임'이란 개념으로서 평등원칙에 의해 유지된다.

올바르다는 것은 평등하다는 것을 의미하며 올바른 사람이라면 남들이 취하는 것 이상의 것을 자신이 취하지 않는 사람이라야 한다. 이와 같이 생각할 때 각 개인은 자신의 몫(due)을 차지해야 하며 또한 각 성원 간의 적절한 비례를 유지하도록 자신과 남을 다루어야 한다.[6]

그러므로 아리스토텔레스의 정의는 이중적 의미가 있다. 한편으로는 준법이며 다른 한편으로 형평을 가리킨다. 올바른 사람이라면 법에 따르고 그 점에서 완전무결한 덕을 행하는 사람이며, 또 다른 한편으로 그는 남들을 공평하게 다루어 '이웃과의 관계에서' 덕을 행하는 사람이다. 그리스인에게는 정해진 규칙(즉, 법)을 지킨다는 것은 시민으로서 해야 할 무조건의 의무였다. 준법 시민은 도덕사회에서 완전한 자격을 갖춘 사람이며 그 의미

3) E. Barker, *The Political Thought of Plato and Aristotle* (1959), p.337.

4) N.E. V, 1:1129 b 25~35.

5) Barker, *Political Thought*, p.338.

6) 같은 책.

에서 올바른 사람이다. 그는 완전무결한 정의를 실천하는 셈이다. 한편, 올바른 사람이라면 자신의 동료시민이나 이웃 또는 그 밖의 사람과 선린善隣 관계를 유지하여 상호 간에 공평하고 적절한 교제를 하는 것을 의미한다.

그러나 정치학이나 윤리학의 저술에서의 아리스토텔레스의 정의론이 주로 상대적인 인간관계와 상호교섭에 초점을 맞추어 전개된 것은 사실이다. 즉, 아리스토텔레스는 플라톤의 경우와 대조적으로 국법을 지키는 보편적인 전체정의보다는 차라리 부분정의를 상론하였다. 부분정의는 구체적으로 배분配分과 교환[7]의 측면에서 시민의 실생활에 적용된다. 그것은 집단과 개별 성원 또는 성원 상호 간의 교섭관계를 지배하는 원리이다. 즉, 그 집단이 한편으로는 기여의 정도에 따라 성원에게 관직 및 그 밖의 포상을 주고 다른 한편으로는 한 성원이 다른 성원의 영역으로 침범하지 못하도록 막아 주는 것을 의미한다.

> 한마디로 그것은 각 개인의 영역을 다른 사람으로부터 보장해 주며 동시에 각 개인에게 전체의 일부분으로서의 그의 적절한 위치를 확보해 주는 것이다.[8]

먼저 배분정의로 말하면 그것은 정치적 공동체 내에서 각 개인이 자신의 정당한 지위와 당연한 몫을 차지하게 하는 원칙이다. 여기에서 '몫'이라는 관념은 중요하다. 후의 로마의 유스티니아누스 법전의 suum cuique tribuere의 suum처럼 '몫'은 그리스의 국가관과 관계가 깊다. 앞에서 지적한 바와 같이 국가는 동등자들의 모임으로서 각자가 함께 평등하게 참여하는 도덕적 실체이다. 각자의 몫은 '전체에 대한 자신의 권리'를 가리키며 다른

---

7) E. Barker, *Principles of Social and Political Theory* (1961), pp.168–169.

8) Barker, *Political Thought*, p.339.

한편으로 '다른 개인들에 대한 자신의 권리'를 가리키는 이중의 의미를 갖고 있다. 전체에 대해서 시민은 공동체의 목적에 필요한 무엇인가를 바치는 것, 바꾸어 말해 부·재력·능력 등을 공동체에 기여하는 것이다. 그리고 공동체는 기여와 공헌을 받는 대신 무엇인가를 개인들에게 배분해야 한다. 예컨대 아리스토텔레스는 관직, 재정적 지원 등과 같은 유형적인 것과 명예와 서훈 등과 같은 무형적인 것을 배분 대상에 포함시켰다. 특히 그는 공적 지위와 임관任官을 말했는데 유스티니아누스 법전에서는 좀 더 광범한 일반적 권리를 의미하였다. 공동체, 즉 국가는 각 시민에게 그 기여도에 따라 포상을 비례적으로 배당하는데, 치우치거나 모자람이 없이 억울하지 않게 하는 것이다. 여기서 비례정의의 개념이 개입한다. 즉, 기여가 큰 사람에게는 포상을 더 많이 주고 기여가 적은 사람에게는 포상을 덜 주는 것을 의미한다. 일견 이것은 불평등인 것 같지만 이와 같이 비례를 지키는 것이야말로 진정한 평등에 이르는 길이다.[9] 이에 관해서는 다시 후술하기로 한다.

다음으로 교환적 의미의 정의가 있다. 집단의 구성원 간에 서로 상대방에 대해 동등한 권리를 가지며 모든 거래나 관계교섭에 있어서 자신이 얻는 것 이상의 것을 상대방에게 주지 않으며 또한 상대방이 이득을 볼 경우 손해를 입지 않아야 하는 것이다. 이 점에 관해서도 바커의 말을 직접 인용하는 것이 이해하기 쉬울 것 같다.

> 〔그러나〕 언제나 한 사람이 가해하고 또 이득을 보는 한편 다른 사람은 피해를 보고 손실을 입는 일이 허다하다. 그리하여 한 사람이 자기가 가져야 하는 것 이상을 가지게 되며 다른 사람은 소유해야 하는 것을 잃을 때는 계속적으로 평등이 침범당한다. 만일 그 집단이 평등원칙을 계속 충실히 고수하려고 한다면 상실된 균형을 회복하지 않으

9) 같은 책.

면 안 된다. 즉, 침범자로부터 그의 부당이득을 빼앗아 피해자에게 그가 절대로 잃어버리면 안 되는 것을 찾아 되돌려 주어야만 한다. 쌍방이 본래 소유해야 하는(더 하거나 덜 하지도 않은) 모든 것을 가지는 동등한 입장에 있도록 해 주어야 한다.[10]

여기에는 매매·대차 등과 같은 자발적 행위 및 강도·강간 등과 같은 의사에 반해 행해진 행위 등이 포함되며, 이 때의 정의는 권리의 상실을 회복시키는 원리이다. 나중의 유스티니아누스 법전에서 말하는, 즉 '남에게 해를 입히지 말라'(alterum non laedere)는 원칙과 같다.

아리스토텔레스의 또 다른 논점은 형평(epieikeia)에 집중되고 있다. 형평을 최고의 의미에 있어서의 정의라고 규정한 그는 매우 독창적 논리를 전개하였다. 그는 형평을 기능적 면과 내용적인 면의 둘로 나누어 설명한다. 기능적인 면은 이른바 '법 정태학에 대비되는 법 동태학'으로서 법적 정의의 교정을 의미한다. 예컨대 법이 그 형식면에서 미처 다스리지 못한 것을 해결한다든지 혹은 법적 정의가 상황에 따른 융통성 있는 적용을 통해 적절히 자체 조정이 되어야 하는 경우가 있다. 이 경우 형평은 수정 및 보완의 수단으로 작용한다.[11] 바꾸어 말하면 우리는 형평 정신에 입각하여 법을 형식적으로 다루지 않고 실질적으로 다루어 정의를 세우지 않으면 안 된다. 동태적인 형평이 법 시행의 엄격함에 대한 교정 수단이 된다는 의미에서 아리스토텔레스적인 형평은 로마법정관(praetor peregrinus)이 시민법의 조문 그대로의 적용을 완화한 것처럼 '공평하고 동시에 자비로워야 한다'(aequum et bonum)는 원칙의 근원이 되었다. 그것은 또한 어느 의미에서는 영국 관습법의 형평의 선구 형태였다.

---

10) 같은 책.

11) N.E. V, 10: 1137 b 30.

다음으로 아리스토텔레스는 형평의 내용적 면을 논하면서 형평이 곧 가장 진정한 정의의 실현이라고 보았다. 법적 의미의 정의는 항상 '정의로운'(옳은) 것과 일치하지 않는다.[12] 아리스토텔레스는 법의 정의가 항상 형평하다고 보지 않았으며 법이 지시하는 바를 형평의 원리가 바로잡아 줄 때 비로소 진정한 정의로운(옳은) 것이 된다. 설사 법적 정의와 형평이 다같이 도덕적으로 선한 내용을 담는 경우라 하더라도 항상 형평은 법의 정의보다 더 선한 것,[13] 즉 우위의 기준을 마련하는 것이다. 형평은 적절과 공평을 목표로 하며 궁극적으로는 올바른 법 내지 진정한 정의를 목표로 한다. 간단히 말해서 형평은 정당할 뿐 아니라 '정당한 것'보다 더 우월하다고 할 수 있다.[14] 형평을 기하기 위해서는 무엇이 공정한가를 바르게 판단 내리는 비판정신 또는 이른바 공감적 이해가 따라야 한다.[15]

아리스토텔레스의 형평은 그의 중용에 연결된다. 그의 중용 관념은 정치·사회 또는 윤리에서 뿐 아니라 심지어 과학사상에 이르기까지 모든 체계의 기초가 되고 있다. 아리스토텔레스에 의하면 모든 정치제도 가운데 중용을 대표하는 것이 최선이다. 예컨대 국가를 보위하는 것도 사회계급 중 '중간' 계급이다. 간단히 말해 선덕은 두 극의 중간이다. 그러므로 정의의 참다운 위치는 한편으로는 '합법적인 것(nomion)'과 다른 한편으로는 '평등한 것(ison)'의 조화를 이루는 형평에 있다.[16] 형평은 '과욕'의 반대이며 과도와 부족의 중간이다. 즉, '공평하고 동등한' 중간 상태는 형평스러운 것이다. 바꾸어 말해서 형평은 개인들 간의 관계에서 사물의 적절하고 마땅한 분배

---

12) N.E. V, 9:1136 b 33 f.

13) N.E. V, 10:1137 b 1~35.

14) N.E. V, 10:1137 b 20~35.

15) N.E. VI, 11:1143 a 19~24.

16) N.E. V, 1:1129 a 3~5.

로 이루어진 그러한 공정한 평등이다.[17)]

비례의 문제는 아리스토텔레스의 정의관에서 매우 중요하다. 그는 올바른 것이 곧 비례적인 것이라 하고 비례를 깨는 것은 올바르지 않은 것이라고 말하였다.[18)] 비례는 정의와 부정의의 기준이 되므로 이 경우의 정의를 비례정의라 할 수 있다. 비례의 산출에는 두 가지 방법이 있다. 즉, 수량적 비례(quantitative proportion)과 등위적 비례(coordinate proportion)가 있는데, 전자는 기하학적 비례 또는 산수수열 등에서 예시되며, 후자는 관계·업적·봉사 등에 따라 정해지는 비례이다. 비례의 기준이 어떻게 선정되는가는 사회체제, 즉 민주제이거나 과두제에 따라 각각 상이할 수 있다.[19)] 수량적 비례는 단순한 논리에 불과하며 등위적 비례 속에 포함시킬 수 있다. 아리스토텔레스가 수량적 비례를 예시한 것은 그 자신의 논리를 좀 더 구체적인 것으로 표현하려고 한 것 같다. 아리스토텔레스의 비례의 관념은 부분(개별)정의에 관련되며 배분·보상·교환이라는 사회적 행위에서 상론되고 있다.

아리스토텔레스의 배분정의의 특성은 (1) 개인과 국가와의 관계를 지배하는 권리와 의무 (2) 개인은 납세자보다는 '주주'의 입장으로 사회를 구성하고 있다는 점 (3) 투표권보다는 관직 피임권과 관련이 있다는 점 등이다. 배분정의에 의해서 명예·칭호·재부·특권 및 그 밖의 공동체 내에서 나눌 수 있는 것은 무엇이든지 배분해야 한다.[20)] 이 원칙에 따라 어떤 시민이 어느 특정의 소유권의 유무를 결정하며 심지어 시민의 위계와 위신 또는 포상까지도 결정한다.

---

17) N.E. V, 3:1131 a 10~29. 일부 학자들(예 Sidgwick, Rawls)은 정의를 공평(fairness)과 동일시하고 있는 반면 다른 학자들(예, McKeon)은 평등과 동일시한다.

18) N.E. V, 3:1131 b 16~24.

19) N.E. V, 3:1131 a 25~29.

20) N.E. V, 2:1130 b 30~35.

배분정의의 관념은 누차 지적한 바와 같이 국가는 동등한 주주(시민)들의 모임으로서 한편으로는 주주들의 공헌을 받아들이고 다른 한편으로는 관직·영예 등을 배분한다는 관념과 관계가 있다. 시민은 국가로부터 혜택을 입고 권리를 주장하며 또 국가에 대해 부담을 지고 의무를 수행한다. 배분은 중재역·분배역 또는 조정역을 맡는 존재를 전제로 하는 정치적 의미의 정의에 따른다. 그것은 하나의 전체로서의 사회 및 그 구성원인 시민과 관계가 있으며 시민개인의 기여도와 수혜하는 복리의 한계를 규정한다.

한계는 기준과 관련이 있다. 예컨대 '각자에게 그 업적에 따라 포상한다'는 것은 업적이라는 기준을 설정하는 것이다.[21] 민주사회에서는 자연적 자유가 배분기준이 되며 그것은 태어날 때 개인 각자가 서로 동등한 사람이라는 사실을 가리킨다. 그러므로 민주제에서는 임관되는 사람들은 상호간에 인간적 차이는 없고 다만 피임의 관직의 종류에 차이가 있을 뿐이다. 그리하여 관직 수여와 관련해 민주사회에서는 "정확히 같은 양의 관직을 배분 하는경우, 그리고 각 시민이 받는 양에 단순한 등식이 성립 하는경우 공정하다."[22] "따라서 모든 관직 피임자는 서로 동등하다고 가정할 수 있으므로 민주주의는 '사람'을 고려하지 않으며 사람의 차이를 고려하지 않고 단지 수여하는 물건이나 관직을 고려할 뿐이다."[23]

그러나 과두제에서는 그 기준이 다르다. 그 사회에서는 국가란 '기여자들의 모임'이라는 개념에 입각하고 있기 때문에 기준은 기여도의 다과에 있다. 더욱이 기여자 중에서는 더 크게 기여한 사람과 덜 기여한 사람과의 사이에는 배분의 정도에 차이를 둠으로써 거기에는 일견 불평등의 원칙이 지배한다. 그러나 아리스토텔레스의 의견에 따르면 과두제의 이러한 불평 등

21) N.E. V, 3:1131 a 24~28.

22) Barker, *Political Thought*, pp.345~346.

23) 같은 책, p.345.

은 근본적으로 보아 비례평등, 바꾸어 말해서 비례의 평등이라는 것이다.[24] 간단히 말하면 민주주의와 과두제의 차이는 전자가 기계적 평준화를 지향하는 대신 후자는 비례평등을 목표로 한다는 점에 있다.

> 과두제는 수령하는 사람과 분배되는 양을 함께 고려하면서 수령인의 업적에 따라 수여물을 할당한다. 거기에 반해 민주제는 단지 분배되는 물건을 고려하며 이를 동등한 양으로 나누어 수여한다.[25]

이상과 같이 보았을 때 아리스토텔레스의 배분정의의 비례는 사람과 사물(또는 관직·영예 등)에 관한 균형을 목적으로 하였다. 그러나 아리스토텔레스에게는 배분의 기준으로서 공동체의 기능 수행상의 능력(즉, 정치적·행정적 능력 혹은 전문지식 등)이 되어야 한다는 명확한 주장은 없는 것 같다.[26]

비례는 민법상의 계약행위와 형법상의 피해에 바커의 말을 따르면 적용되며 피해에 대한 보상과 관계가 있다. 이것은 공동체의 정치적 기능과는 상관이 없고 바커의 말을 따르면 개인의 '침범된, 중단된 평등(a violated and interrupted equal- ity)을 회복하는 것'과 관계가 있다.[27] 아리스토텔레

24) 같은 책, p.346.

25) 같은 책.

26) 아리스토텔레스의 배분정의에 현대국가의 공무원제도에 나타난 행정영역까지 포함시킬 수 있을는지 모른다.(Richard McKeon, "Justice and Equality, *Nomos VI*: *Justice*, eds. C.J. Friedrich and J.W. Chapman, 1963, p. 56f; David Thomson, *Equality*, 1949, pp.13~15) 바커는 관직에 취임하는 자격을 재력이나 그 밖의 업적에 두지 말고 '관직 수행능력'에 두어야 한다고 생각하는데 아리스토텔레스의 경우는 '도덕적 성격이란 능력'에 두었으며 '도덕적 예지(moral wisdom)', 즉 원칙에 비추어 스스로를 다룰 수 있는 자기통제력이라든지 타인을 인도하여 도덕적 습성을 갖도록 하는 덕성과 동일시하였다(Barker, *Political Thought*, p.348).

27) Barker, *Political Thought*, p.343.

스가 『윤리학』에서 보상정의라 말한 것은 개인간의 거래에서의 손실과 잘못을 교정함을 가리킨 것인데 공동체의 정치적 기능과 관련 있는 배분정의와 대조적이다. 보상정의에 관해 그는 세 가지를 설명하고 있다. 첫째로 보상정의의 목적은 자발적 거래(계약 등) 및 사기·폭력 등과 같은 비자발적 거래(범죄나 불법행위 등)의 경우 당한 피해를 보상하는 것이다.[28] 둘째로 법적 보상은 산술적 비례에 따른다.[29] 셋째로 보상정의는 사법적 집행과 관계가 있고 국가의 중재적 기능에 의존한다. 교란된 상황을 바로잡고 균형을 잃은 평등을 회복하는 것은 중재자나 조정자 또는 재판관의 역할이다.[30] 국가의 관심사는 "피해자에게 침범당한 영역에 대한 그의 '권리'를 보장해 주고 침범자에게는 그가 공격해 들어간 영역에 대해 존중할 '의무'를 강제하는 것"[31]이다.

배분정의가 공과(merits)나 업적에 의해 결정되는 데 반하여 보상정의는 공과·업적은 물론이거니와 문벌·인품 등을 가리지 않고, 그 대신 단지 '일어난 결과'만을 고려할 뿐이다. 예를 들면 점잖고 선한 시민이 우발적으로 사람에게 손해를 입힌 경우와 악한 사람이 선량한 시민을 사기했을 경우를 가리지 않는다. 즉, 보상정의의 원칙은 관련인들을 완전한 동등자로 취급할 따름이며 가해자와 피해자가 어느 쪽인가를 가려낼 뿐이다.[32] 한마디로 보상은 단지 피해 그 자체만을 고려할 뿐이다. 국가의 개입, 즉 재판관의 '평등화'의 노력(무너진 평등을 회복하려는 행위)은 피해 때문에 생긴 부당한 불평등을 대상으로 한다. 사법기관은 A가 B에게 해를 끼침으로써 A, B 간에 유지되는 동등한 균형 관계가 깨졌기 때문에 법의 집행을 통해 그 균형을

28) N.E. V, 2:1131 a 1~10.

29) N.E. V, 4:1132 a 1~10.

30) N.E. V, 4:1132 a 20~25.

31) Barker, *Political Thought*, p. 343.

32) N.E. V, 4:1131 b 25~1132 a 6.

회복하려고 한다. A는 B로부터 무엇인가를 부당하게 얻었으며, 따라서 B의 영역을 침범하였고 B는 무엇인가를 상실했으며 자신에게 속한 영역을 침범당하였으므로 이러한 득실과 침범의 상태는 바로잡혀져야 한다. 아리스토텔레스는 이러한 교정은 득과 실의 중간이라고 보았다.[33]

보상정의의 기초는 가해자와 피해자의 동등한 인간성(personality), 도덕적 존재로서의 동등한 자격에 있다. 피해자의 권리는 그가 하나의 존재로서 일정 범위의 행동반경을 갖고 있다는 사실에서 나온다. 이에 관해 바커의 말을 인용하면 다음과 같다.

> 가해자가 그 영역(행동반경)을 존중할 의무가 있다는 것은 그가 공동체의 한 성원이며, 각자가 나름대로 영역을 주장하는 것이 사실상 남의 영역을 인정하는 것이며, 따라서 스스로에게 이러한 권리를 인정할 의무를 부과시키고 있다는 사실에 입각하고 있다.[34]

그러므로 보상정의는 배분정의와 마찬가지로 개인과 개인이 서로 동등한 지위와 인격을 갖고 있다는 관념을 바탕으로 한다. 그러므로 국가가 보상문제에 개입한다는 것도 모든 공동체 성원에게 피해자의 그러한 권리를 인정시키기 위한 것에 불과하며 그것은 또한 가해자에게 그런 인식을 심어주려는 것이다. 그로써 공동체 성원들의 권리와 의무는 명시되며 확립된다. 아리스토텔레스는 배분의 경우와 마찬가지로 '동등위자들의 모임'으로서의 공동체 또는 정부를 통해 평등원리를 실시하는 공동체를 생각했는데[35] 바로 여기에 사법기관의 존재 이유가 있다고 보았다.

---

33) N.E. V, 4:1132 a 17.

34) Barker, *Political Thought*, p.344.

35) 같은 책.

평등과 비례는 교환관계에도 적용되고 있다. 아리스토텔레스도 교환관계에 적용되는 정의는 배분이나 보상과 다른 제3의 정의로 보았으며,[36] 윤리학에서는 단지 물품교환이라는 경제적 관계에 국한시켰으나 정치학에서는 좀더 광범하게 행위일반의 호상관계를 논하였다. 교환정의는 상업적 거래에서의 공정한 교환을 규정할 뿐 아니라, 정치적인 집단생활에서의 개인 각자의 행위를 규정한다. 『정치학』에서 아리스토텔레스는 "폴리스의 복지는 성원 각자가 다른 사람들로부터 받는 것과 동일한 양의 것을 주는 것으로 이루어진다."[37]고 말하였다. 우정友情을 평등으로 간주한 피타고라스학파에 동조하여 "각자는 자기 자신의 선과 복리를 차지하면서도 동시에 상대편에게 선과 복리의 동등한 몫을 돌려주기를 원하는 것이다"[38]라고 그는 주장하였다. 그러나 상호교환에 입각한 관계에 있어서는 성원 상호 간을 결속시키는 유대는 주고 받는 것이 정확한 동등물이 아니라 비례에 바탕을 둔 교환이라는 원칙을 지킨다는 데 있다.

마지막으로 아리스토텔레스의 정의론에서 주목할 것은 사회적 감정이다. 그는 『니코마코스의 윤리학』 권 8과 권 9에서 사람들을 하나의 사회의식으로 묶어 놓는 유대감(philia)에 관해 상술하고 있다. 정의가 시민의 결속에 필요한 도덕적 의식임은 틀림없으나 정의에 추가할 것이 있다면 그것은 '화목'이라는 말로 표현되는 공동유대감이다. 그것으로써 시민은 서로 따뜻한 느낌을 가지고 서로를 위하게 되고 선의나 우애 또는 조화를 이룰 수 있다. 그러므로 이 감정은 가족·국가·클럽·동업자 간에 다 필요하다. 아리스토텔레스는 말하기를 "가장 완전한 의미의 정의는 우정의 한 요소를 구성하는 것으로 간주된다"고 하였다.[39]

36) N.E. V, 5:1132 b 22~25.

37) *The Politics of Aristotle*, ed. Ernest Barker (1962), II, 2:1161 a 29~32.

38) N.E. V, 5:1132 b 31.

39) N.E. VIII, 1:1155 a 28.

유대감 또는 우애는 아리스토텔레스가 자연발생적인 사회성을 논한 그의 사상의 근본과 관계가 있다고 생각된다. 홀로 있기를 원한다면 누구나 행복을 얻기 어렵다. 왜냐하면 사람은 자연적으로 사회적·정치적 존재이며 그의 본성이 남과 어울려 살도록 되어 있기 때문이다.[40] 또 그는 말하기를 인간은 본성상 그 자신과 비슷한 존재와 동유의식과 우애를 나누려는 성향을 갖고 있다고 하였다. 그러므로 설사 국가가 없다 해도 동류의식은 있으며, 따라서 상호 행위의 규칙이라 할 정의가 존재한다. 왜냐하면 사람들을 결합시키는 유대감으로 인해 인간은 자신에 대해 하는 것처럼 똑같이 친구에게 하기 때문이다. 누구든지 자신의 존재가 바람직한 것이라고 인식하는 만큼 친구의 존재도 바람직하다고 인식한다.[41]

공정한 대인관계에도 여러 종류가 있듯이 '유대감'에도 여러 종류가 있다. 사람들을 집단으로 결합시키는 원리는 우리가 남들에게 요구하는 것과 꼭 같은 방식으로 남들에게 행동해야 한다는 형평의 원리이다. 이와 같이 유대감이란 평등의식에 입각하고 있다. 유대감이나 우애로 뭉쳐 있는 사람들은 남으로부터 동일물을 받으며 상호간에 동일물을 원하거나 동일물을 교환한다.[42]

유대감의 개념이 넓은 의미의 사회관계에서 사용되기 때문에 그것은 비단 평등뿐 아니라, 불평등의 경우도 포함한다. 예컨대 후자의 경우를 논한 아리스토텔레스는 각별히 예종隸從에 바탕을 둔 사회관계를 생각했는데 예종은 쌍방 간의 불평등에 입각한 특수한 관계로서 쌍방 가운데 그 어느 한 쪽이 다른 쪽에 대해 우월성을 유지할 때 생긴다. 이러한 불평등의 관계에서 생길 수 있는 유대감은 예를 들면 아버지-아들·남편-아내·지배자-피지

40) N.E. IX, 9:1169 b 17~19.

41) N.E. IX, 12:1171 5 32~35.

42) N.E. VIII, 6:1158 b 1~3.

배자 간에 있는 감정이다.[43] 이때 양자를 결합시키는 사랑은 비례적이라 할 수 있다. 더 낫고 유용한 쪽이 더 많은 사랑을 받아야 한다. 즉, 사랑은 양편의 진가(또는 장점)에 비례하며, 또 비례 할 때 비로소 어떤 의미에서는 평등이 성립되는 것이다.[44] 그러나 양편이 각각 덕목이나 특성 혹은 기능이 상이하므로 주고받는 사랑도 상이하다.[45] 아리스토텔레스의 경우에는 philia가 정의와 긴밀한 관계를 가지는 것으로 설명되고 있다. 그는 양자의 차이를 설명하면서 정의에 서는 일차적으로 업적에 비례하는 평등이 고려되는 반면 유대감에 서는 일차적으로 수량에 비례하는 평등이 문제되는 것임을 지적하고 있다.[46] 즉, 유대감의 경우에 평등은 각자가 자신이 받아야 할 것과 치러야 할 것을 비례적으로 수행 함으로써 달성된다고 볼 수 있다.

사회학적 용어인 유대감은 보통 우정이라고 달리 번역되고 있으나 그보다 훨씬 더 광범한 뜻을 내포하며 진정한 친구들 간의 우정으로부터 국가사회와 같은 결사에 이르기까지 확대 적용될 수 있는 개념이다. 아리스토텔레스는 이러한 광범한 의미에서 우정이 공동체를 구성하는 것이라고 믿었다.[47] 이 유대감의 관념은 17~18세기의 애타주의적 주장과 관련되어 주목할 만하다.

비례평등은 아리스토텔레스의 정치와 법 개념의 핵심이었다. 사람은 자기가 받는 것에 비례해서 되돌려준다는 원칙은 사회생활의 기본이다. 아리스토텔레스에 의하면 사람들에게는 악에는 악으로 갚고 선에는 선으로 갚는 경향이 있다는 것이다. 그 이유는 악에 대해 악으로 갚지 않으면 사람은 노예로 전락해 버리기 때문이며 선에 대해 선으로 갚지 않으면 상호 간의

43) N.E. VIII, 7:1158 b 11~17.

44) N.E. VIII, 7:1158 b 20~28.

45) N.E. VIII, 7:1158 b 18~19.

46) N.E. VIII, 7:1158 b 29~33.

47) N.E. VIII, 9:1159 b 29~30; N.E. VIII, 12:1161 b 11.

기여가 없기 때문이다. 또 상호 간의 기여가 없으면 사람들을 서로 뭉치게 할 수 없다.[48] 비례평등은 사사로운 거래 또는 개인적인 행위뿐 아니라 정치적 정의와 같은 공권적 행위에도 관계된다.

아리스토텔레스의 정치론의 한계는 불가피하게 그리스 문명의 본질로부터 유래한 것이었다. 폴리스(도시국가)는 그리스인의 생활 중심이며 또 자랑이기도 하였다. 그리스인과 주변 민족과의 구별은 실재했으며, 또 심각하였다. 그리스인의 긍지는 시민 각자가 교대로 통치술을 직접 익히며 관직에 취임할 수 있는 책임에 근거한 제도를 갖고 있다는 사실에 있었다. 아리스토텔레스는 그리스인의 이러한 일반적 태도를 대변한 것뿐이었다. 아리스토텔레스에게는 자유 시민계급이 지배층을 이룬 폴리스가 자연스러운 집단형태라 생각되었다. 폴리스는 사회학적으로 '우리라는 집단(we group)'이라 할 수 있는 시민공화국이었다. 하나의 가족이 자기보존이란 자연스러운 욕구로 인해 존재하는 것 같이 폴리스도 사람의 자연스러운 충동의 결과였다.[49]

그러므로 아리스토텔레스는 국가가 일차적으로 가정家庭으로 구성되어 있다고 간주하였다. 사회생활의 기본단위인 가정을 분석하는 것으로 그의 『정치학』을 시작하였다. 그에 따르면 가정은 노예와 자유민으로 구성되고 주인과 노예의 자기보존을 위해 결합된 결과이다. 그는 이 결합을 지배요소와 피지배요소의 자연적 결합이라고 생각하였다.[50] 가정의 주인이 곧 그리스 시민권자로서, 정치참여를 하는 존재인 것이다.[51]

아리스토텔레스가 제시한 인간본성론은 노예제의 주장과 함께 세계를 포섭할 수 있는 보편성을 그리스인이 결여했다는 점에 약점을 갖고 있다. 그

48) N.E. V, 5:1132 b 31.

49) *Politics* I, 2, 5~8:1152 b.

50) *Politics* I, 2, 2:1152 a.

51) *Politics* II, 2, 3~7:1161 a ~ 1261 b.

러나 그의 정의론은 인간관계의 본질을 정확히 파악한 것이었으므로 후세의 정치사상에 영향을 끼쳤다고 생각된다. 심리적 결속의식인 유대감은 일차적 집단을 지배하는 감정, 즉 '여러 개성들의 융합'[52]을 가리키며 일대 일의 일상적인 접촉이 빈번한 사람들 사이의 동료 의식이다. 그러나 아리스토텔레스는 유대감을 좀더 광범히 적용될 수 있는 사회 심리로 생각하였다.

그에 의하면 '노예로서의' 노예의 우정이 아니라 '인간으로서의' 노예의 우정이 인정되는데, 그 이유는 전자는 단순한 살아 있는 '도구'에 불과하며 따라서 도구와는 아무런 법과 계약의 준수가 문제가 되지 않는 반면, 후자는 법과 계약이 가능한 존재이기 때문이다.[53] 법과 계약의 관념을 함께 할 수 있는 존재들 간에는 항상 정의 관념이 공통적으로 있게 마련이다. 아리스토텔레스의 사회는 다양한 기능을 인정한 사회였으며 그 기능에 따라 각자의 지위가 역시 정해져 있는 사회였다. 그러나 어떠한 경우든지 인간의 존엄성은 인정되어야 한다.[54] 이 존엄성이 탄압정치의 사회보다는 민주사회에서 더 보장된다는 그의 견해[55]에는 현대적 감각이 풍기며, 인간관계에 대한 이러한 철학적 이해는 아리스토텔레스의 이론에 지속적인 생명력을 부여한다고 생각되는 바이다.

2. 키케로의 정의와 평등

---

52) Charles H. Cooley, *Social Organization* (1909), p.23.

53) N.E. VIII, 11:1161 b 1~10.

54) *Politics* I, 13:1260 a 아리스토텔레스에 의하면 가족의 성원들은 "반드시 각기 '도덕적 선'에 대한 자기 몫을 담당해야 하지만, 그러나 다같은 방식으로서가 아니다. (남녀 간에) 각자는 다만 자기의 책임수행에 요구되는 정도에 따라서 몫을 담당하게 된다."

55) N.E. VIII, 11:1161 b 5~10.

법과 정의에 관한 아리스토텔레스의 이론은 키케로의 저작에서 예증되는 바와 같이 로마시대의 윤리론에 계승되었다. 자연의 개념은 키케로 Marcus Tullius Cicero, 106~43 B.C.의 사회철학의 핵심이다. 그가 "자연과 더불어 최선의 삶을 산다(ex natura vivere summum bonum)"[1]라고 말했을 때 자연이란 말은 사물의 질서 및 올바른 이성의 법을 의미하였다. 자연은 인간 행위의 지침이며 정의와 선의 진정한 표준이다. 키케로는 자연과 이성과의 연결을 강조하여 '참다운 법은 자연과 일치하는 올바른 이성'[2]이라고 말하였다. 또한 그에게 자연의 법은 보편적이며 불변하고 항구적인 것이다. 그는 다음과 같이 말하였다.

> 로마와 아테네에서 서로 다른 법은 없으며 현재와 미래에서 서로 다른 법이 없다. 다만 하나의 영구한 불변의 법이 모든 민족과 시대를 통해 유효할 뿐이다. 그리하여 하나의 주인, 하나의 지배자, 즉 신이 있으며 신은 자연법의 공포公布자요, 그것을 시행하는 재판관이다.[3]

이러한 자연에 대한 일반적 관념에 입각하여 키케로는 국가, 사회정의 및 평등의 개념을 수립하였다. 그는 『법률론』에서 모든 법률의 배경에는 자연의 보편적 원리가 존재한다고 말하고 이어 정의는 하나이며 모든 인간사회를 구속하는 공통의 것이라고 지적하면서 '그것이 하나의 법이요, 명령과 금지에 적용되는 올바른 이성'[4]이라고 역설하였다.

먼저 그는 국가가 인간생활의 자연적 형태라고 주장했는데 이 점에서 아리스토텔레스와 같았다. 사회는 자연스러운 하나의 제도이며 그 보존을 위

1) *De Legibus*, Eng. tr. Clinton W. Keyes (1928), I, xxi 56.
2) *De Re Publica*, Eng. tr. Clinton W. Keyes (1928), III, xxii, 34.
3) *De Re Publica* (Keyes), III, xxii, 34.
4) *De Legibus* (Keyes), I, xy, 42.

해서 사람들은 모든 지혜를 다해야 하는 것이다. 그는 말하기를 인간의 덕성은 결코 신성에 접근하지 않는 것인데 국가의 기초 내지 그 보존에서 예증되는 바라고 하였다.[5]

키케로는 국가의 질서의 원칙을 정의에서 구하여 국가가 하나의 유대이며 정의를 기초로 하는 결합체라고 보았다. 그 목적과 방법이 무엇이든 간에 국가는 인간의 우연한 결합으로 이루어지는 것이 아니다. 국가에 대한 이러한 정의는 정의의 본질과 밀접한 관계가 있다. 바커에 의하면, 원래 그리스어나 라틴어에서 정의는 단합·결합 또는 적합성을 의미하였다. 라틴어의 jungere나 그리스어의 zeugnunai는 정의의 어원이며 위의 뜻을 갖는다. 이 말들을 인도-유럽어원으로 거슬러 올라가면 jug에 이르게 되는데, 그것은 영어의 yoke에 함축된 의미를 가진다. yoke는 물론 '얽매놓다' 또는 '결합시키다'를 뜻하는데 로마인은 법·권리·정의를 가리키는 jus를 '유대'의 뜻으로 사용하였다. 그것은 jus ammicitiae(우정의 유대) 또는 jura necessitudinis(친척의 유대) 등에서 예증된다. 바커의 견해를 직접 인용하면 다음과 같다.

> 일차적으로 정의는 여러 관계의 올바르고 적합한 질서라는 공동의 유대에 의해 사람들을 함께 결합시킨다. 그러한 관계에서는 각자가 그 질서 속에서 자신의 위치를 차지하고 당연한 자리를 얻는 것이다(suum cuique). 각자는 그 질서를 지배하며 형성하는 일반적 권리에 대한 자기의 몫으로서의 권리를 갖는다.[6]

마찬가지로 키케로에 의하면 국가는 정의와 법에 바탕을 두고 수립되어야

5) *De Re Publica* (Keyes), I, vii, 12.

6) Barker, *Principles*, p.168.

하며 모든 시민의 공동복지를 증진하기 위해 존재해야 한다.[7] 자연 상태를 단순히 벗어나기 위해서만 국가를 형성하지 않으며 처음부터 '정의로운 사회 건설'을 목표로 국가를 형성하는 것이다. 설사 정부체제는 상이할 수 있을지라도 국가의 기초는 정의라는 유대이며, 공동선이란 유대임에는 틀림없다. 이런 뜻에서 키케로는 공동복리를 의미하는 공화국(commonwealth)을 생각했으며 그것은 정의(iuris societus)와 공동선을 위한 동업同業을 합의한 결과이므로 인민의 관심거리가 된다. 아리스토텔레스가 정치적 정의를 가리켜 공동이익을 증대하는 경향을 갖는다고 생각한 것처럼 키케로는 각 개인의 이익을 모든 공동체(정치적 공동체)의 이익과 동일시하였다.[8] 사람은 자연의 명령에 따라 동포의 이익을 증진하도록 원하며 자연의 법은 또한 자신의 이웃에 악을 행하지 않도록 금지한다.[9]

정의와 효용성과의 관계에 대해서 키케로는 정의가 편리에 입각해 있다는 카르네아데스Carneades(214?-129? B.C.)의 주장을 비난했으나 이 양자 간의 긴밀한 상관성을 인정하였다. 카르네아데스는 제3의 아카데미아의 창시자, 즉 아카데미아의 창시자이며 그는 강한 회의론의 영향을 받은 철학자였으나 철학적으로는 확률이론을 제시한 학자였다. 키케로는 정의와 편의의 상호연관에 대한 이유로서 사람은 모두 편리한 것을 얻으려고 애쓰며 어쩔 수 없이 편리함에 이끌려지게 된다는 사실을 지적하였다.[10] 그러나 키케로는 효용이 결코 정의의 기초가 될 수 없으며, 또한 정의로부터 분리된다면 아무것도 편리하다고 할 수 없다고 단정하였다. 그의 결론에 따르면 정의와 효용 사이의 긴밀한 관계는 인정하지만, 효용이나 편리함이 결코 정의의 기준

7) *De Re Publica* (Keyes) I, xxv, 39.

8) *De Officiis*, Eng. tr. Walter Miller (1913), III, vi, 28.

9) *De Officiis* (Miller), III, y, 21~25; III, vi, 27~28.

10) *De Officiis* (Miller), III, xxviii, 101; III, xxi, 83.

이 될 수 없다는 것이었다.[11)]

국가가 자연스러운 형태라고 주장한 점에서 키케로는 아리스토텔레스와 비슷하지만, 그의 합의설은 후세의 계약이론에 접근하고 있다. 바꾸어 말해 국가 그 자체는 자연스러운 형태이지만 사람들이 단순히 모이기만 하면 국가가 되는 것은 아니다. 자연법에 맞는 집단으로서 국가를 생각할 수 있으나 그렇다고 해서 아무런 노력이 가해지지 않고 만들어지는 '군중'은 아니다. 즉 국가가 자연적인 집단형태이긴 하지만 결코 자연발생적인 것은 아니다. 키케로는 법과 권리에 관한 공동합의에 의해 국가가 형성되며 또 그 동기는 상호이익(utilitiatis communione)을 증진하는데 있다고 주장하였다. 키케로는 첫 번째의 3두정치 시대에 쓴 『공화국론(*De Re Publica*)』에서 다음과 같이 말하였다.

> 그렇다면 공화국(res publica)은 모든 인민의 일(res populi)이다. 그리하여 인민은 아무렇게나 모인 사람들의 집단이 아니라 상당한 수의 사람들이 법과 권리에 관한 공동합의에 의해서 또 상호이익에의 참여를 위한 욕구에 의해서 함께 모인 집단이다.[12)]

『공화국론』에서 국가의 정의는 res publica와 res populi를 일치시키고 있는데 이 점에서 키케로는 그 이전의 고대 사상가들보다 좀 더 현대적 감각에 호소하고 있다고 생각된다. 그에 의하면 국가란 일정한 목적 아래에 조직화된 사회이며, 거기서 행해지는 일들이 사람들의 공동관심사가 될 때 비로소 '공화국(res publica)'이 된다. 따라서 공화국의 목적은 질서·권리·상호

---

11) *De Officiis* (Miller), III, xxxi, 110.

12) 라틴 원문에는 이렇게 적혀 있다. Res publica, res populi, populus autem non omnis hominum coetus quoquo modo congregatus, sed coetus multitudinis juris consensu et utilitiatis communione societus. (같은 책)

이익을 도모하는 것이며, 이 목적이 사회정의에 맞는가의 여부는 '인민이 결정할 문제(res populi)'이다.[13]

국가관에서 아리스토텔레스와 상이한 키케로는 평등문제에서도 의견을 달리하였다. 키케로는 모든 인간이 동일하게 규정될 수 있을 뿐이라고 말하면서 인간의 자연적 평등을 주장하였다. 사람은 다같이 이성을 공유한다는 점에서 같고 지식을 얻을 수 있는 능력에서 동등하다.[14] 키케로에 의하면 어느 하나의 사물이라도 다른 사물과 똑같은 복사물이 없지만, 사람의 경우는 이와 달리 모든 사람은 다같은 사람이다. 물론 외모나 성품으로 보아 사람은 자기 자신과 똑같은 사람을 찾을 수 없으나 이성과 정의감을 갖고 있다는 점에서 모든 사람은 똑같다는 것이다.[15]

키케로의 평등관은 스토아 철학의 영향을 받은 것으로 자연법 개념에 입각해 있다. 그의 자연법의 정의는 약 1600년 후 로크에 의해 거의 그대로 받아들여졌는데 직접 키케로의 말을 인용하면 다음과 같다.

> 참다운 법은 자연과 일치한 올바른 이성이다. 그것은 보편적으로 적용되는 것으로 항구불변이다. 자연법은 명령에 의해 의무를 다하도록 독려하며 나쁜 짓을 못 하도록 금령을 내리는 것이다. 그리하여 헛되이 선인에게 명령이나 금령을 내리지 않을 것이며 악인에게도 아무런 효과는 보지 못할 것이다. 이 자연법을 뜯어고치려는 것은 죄가 되며 또한 부분적으로나마 철회하려는 의도는 받아들여질 수 없고, 전적으로 폐기하는 것은 있을 수 없다. 원로원이나 로마 인민이라도 자연법이 우리에게 부과한 의무를 풀어놓을 수 없으며, 자연법의 해설

13) Lee Cameron McDonald, *Western Political Theory* (1968), p.86.

14) *De Legibus* (Keyes) I, x, 29~30.

15) *De Legibus* (Keyes) I, xii, 33.

이나 주석을 우리 자신 이외의 다른 사람에게서 구할 수 없다. 로마의 법과 아테네의 법이 다르지 않으며 현재의 법과 미래의 법이 다르지 않을 것이며 영원불변의 하나의 법만이 모든 국가와 모든 시대에 유효하다. 우리를 다스리는 하나의 주인, 하나의 지배자, 즉 신이 있을 뿐이다. 왜냐하면 그는 이 '자연'법의 제정자요, 공포자요, 또한 집행자이기 때문이다.[16)]

이러한 자연법의 이론에 의하면 우선 사람들은 인격·시대·지위 고하를 막론하고 '하나의 법'을 가지고 있다는 데서 평등하다. 인간은 공통적인 본성에 기반을 두고 있기 때문에, 그리고 '하나의 지배자'인 신의 주권에 의해 효력이 발생되고 있기 때문에 평등하다.[17)] 사람은 법 앞에 평등하며 또 신 앞에 평등하다.

다음으로 지적될 것은 자연법과 이성, 올바른 이성 또는 최고의 이성과 긴밀한 관계를 가진다는 점이다. 키케로에 의하면 인간은 '자연으로부터 이성이라는 선물을 받았기 때문에' 평등하다는 것이다. 이성은 자연을 알며 또 자연법을 인식할 수 있는 힘이다. 자연법을 인식한다는 것은 사물의 선악이나, 정·부정을 판별한다는 것이며, 따라서 인간은 정의감을 갖고 있다는 점에서도 평등하다. 이리하여 이성은 '올바른 이성'을 의미하며 그것은 곧 법이요, 또 정의이다. 키케로는 마지막의 미완성 저작인 『법률론』에서 자연법과 이성 간의 연결을 역설하였다. 거기서 그는 법이 명령과 금지를 가리키는 자연적인 최고이성이라든지 신의 궁극적인 마음(이성)만이 행위에 대한 지시를 내릴 수 있다고 말하였다.[18)]

---

16) *De Re Publica* (Keyes) III, xxii, 33.

17) A.P. d'Entrèves, *Natural Law: A Historical Survey* (1965), p.22.

18) *De Legibus* (Keyes), I, vi, xii; II, iv.

여기서 이성은 인식능력뿐 아니라 도덕적 능력을 말한다.[19] 키케로의 평등은 도덕적 행위를 할 수 있는 인간의 내재적 능력에 관한 것이다. 키케로의 평등이 사회적·정치적 평등까지를 목표로 하지 않았다고는 하지만 자연법에 입각한 그의 평등관은 고대 정치론과 근대 정치론의 분기점이 되는 중요한 것이었다.[20] 비록 키케로는 고대 사상가들의 공통의 노예제 찬성에 기울어지고 민주제를 최악의 정치형태로 비난하였지만,[21] 정치적 참여에 대한 권리를 자유와 동일시한 점은 역시 주목되지 않을 수 없다. 만일 자유가 모든 시민에게 동등하게 향유되지 않는다면 그것은 전혀 자유라고 할 수 없다. 키케로에 의하면 자유는 모든 시민이 정치적 권력이나 선거에서 동등한 몫을 갖는 정치체제에서만 존재한다는 것이다.[22]

이미 지적한 바와 같이 키케로의 평등론은 간단하지 않다. 관련 대목을 직접 인용하면 다음과 같다.

> 자유인민이 매우 사랑하는 법적 권리의 평등한 향유는 유지될 수 없다. (왜냐하면 설사 자유롭고 제약받지 않는다 해도 인민 그 자신들이 다수의 개인에게 매우 많은 특권을 부여하며 사람들 간에 현격한 차등 대우를 하고 그들에게 명예를 부여하기 때문이다.) 그리하여 이른바 평등은 '참말로 가장 형평하지 못한 것이 된다(aequabilitas, iniquissima est).' 똑같은 명예가 최고의 사람과 최하의 사람에게 수여될 경우 — 모든 나라에는 어디든지 이 두 유형의 사람들이 있기 때

19) Paul E. Sigmund, *Natural Law in Political Thought* (1971), p.22.

20) R.W. and A.J. Carlyle, *A History of Medieval Political Theory in the West* (1903), Vol. I, p.8. 그러나 키케로가 나라 안에서의 시민 상호 간의 평등한 권리를 논한 대목은 있다(*De Re Publica* I, xxxii, 49).

21) *De Re Publica* (Keyes), III, xxxiii; xxxv.

22) *De Re Publica* (Keyes) I, xxxi, 47; xxv, 39.

문에 — 그 때에는 바로 이와 같은 공평은 '가장 형평치 못한 것이 된다(aequitas iniquissima est)'. 그러나 이것은 최우수 시민에 의해 통치되는 국가에서는 일어날 수 없다.[23)]

여기서 지적되는 것은 '불형평한 평등(aequabilitas iniquissima)'과 '기계적인 평준화(aequitas iniquissima)'를 키케로가 다같이 배격했다는 사실이다. 만일 특정인에게 특권·차등 예우 등을 준다면 자연적 평등의 원칙에는 어긋나는 처사이지만 그 반면 업적이나 기여도에 상관하지 않고 누구에게나 동등한 대우를 한다면 이는 형평의 원칙에 벗어나는 것이다(aequabilitas est iniqua, cum habet nullos gradus dignitatis).[24)]

키케로는 혼합체제(군주제·귀족제·민주제의 혼합)를 가장 높이 평가하였다.[25)] 흥미 있는 것은 혼합체제의 성립 근거를 '공포恐怖'에서 찾았다는 점이다. 여러 사람들간이나 여러 계급 간에 스스로의 힘을 믿지 않고 서로 상대편을 무서워하게 되면 하층민과 강자 사이에 일종의 묵계가 성립된다고 키케로는 지적하였다.[26)] 그러나 키케로는 민주제를 시민이 정권에 자유로이 참여할 수 있는 경우로 보았다. 그러면서 설사 민주사회에서조차 평등은 불공평하다고 보고 아리스토텔레스의 비례정의를 찬성하였다. 키케로는 그리스적 기원이 있는 격언을 만들었는데 '각자에게 자신의 몫을 주라'는 이 격언은 라틴어로 'suum cuique tribuere'로 표현되었다.

한편 아리스토텔레스는 『정치학』에서 우애 내지 협동을 유대감(philia)론에서 언급했는데 키케로도 인간의 사회성과 자연적 결합을 들어 우애의 원

23) *De Re Publica* (Keyes) I, xxxiv, 53.

24) *De Re Publica* (Keyes) I, xxvii, 43.

25) *De Re Publica* (Keyes) I, xxix, 45.

26) *De Re Publica* (Keyes) III, xiii, 23.

칙을 확인하였다.[27] 그는 인간의 사회적 덕성이 본래 동포를 사랑하는 자연스러운 성향에서 유래한다고 보았으며 또한 그 성향이 정의감의 바탕이 되는 것이라고 주장하였다.[28] 인간의 사회성은 아리스토텔레스와 스토아학파에 의해 주장되었는데 키케로의 경우도 사회·법·국가의 기본으로 강조되고 있다. 그는 사회조직의 원리를 정의 및 인간본성과 일치시킬 필요가 있다고 생각하였다. 정의가 자연에 내재한다고 말한 키케로는 인간이 평등하고 개인과 개인 사이에는 하등의 차이가 없으며 자기 자신을 사랑하는 만큼 남을 사랑하는 법이라고 논하였다.[29]

신이 인간 세계에 수립한 이 우애라는 유대는 재산이든, 인신人身이든, 영혼이든 간에 자신의 이익을 위해 타인에게 손해를 가하는 것이 '자연'에 어긋난다는 것이다. 정의가 자연에 내재한다 함은 자연이 움직이는 이치를 보고 스스로 선악을 깨달으며 또 자기 자신과 남과의 만남을 알게 된다는 것이다. 인간이 남들과 사랑하며 손을 맞잡고 살아가면서 같은 목적을 위해 자기의 몫을 다하는 것은 자연의 법이다. 사회 또는 국가의 형성은 모든 사람이 일종의 동업자로서 각자의 몫을 성취함으로써 가능하며 그 점에서 형평은 항상 행위의 기준이 된다.

키케로의 이론은 폴리스로부터 '대세계(civitas maxima)'로의 이행을 반영한 것이었다. 도시국가의 이념은 세계제국 내지 모든 인류의 세계라는 이념으로 대치되었다. 활동무대는 소지역적 성격이 강한 분립적인 폴리스로부터 각종 문화와 민족이 뒤섞인 규모가 큰 국가로 옮겨지는 역사적 과도기였다. 키케로의 인간성론이나 자연법 사상은 이 시대적 추세를 배경으로 하였다.

---

27) *De Legibus* (Keyes) I, x, 29; I, xii, 33; *De Re Publica* I, xxv, 39.

28) *De Legibus* (Keyes) I, xv, 43.

29) *De Legibus* (Keyes) I, xii, 34.

사람은 여러 사람 사이에 있을 때 오히려 독립된 존재 단위로 부각될 수 있다. '신성한 존재(homo sacra res homini)'라 불리는 인간의 존엄성은 스토아 철학의 특성 중 하나였다. 이는 모든 사람에게 이성이 부여되었고, 따라서 평등하다는 사상적 발전이었다. 그리스의 주지주의, 즉 지식이 모든 윤리의 기본이며 이성이 덕성과 일치한다는 사고를 답습한 키케로는 인간의 자연적 평등론을 주장하여 후세의 정치사상에 영향을 끼쳤다. 그러나 키케로의 평등론은 본질적으로 절충적인 사회동업론이다. 그는 개인적 이해나, 사회적 충동을 고려하면서 능력이 상이한 사람들이 합의하여 만든 계획적 조직이 곧 국가라고 생각하였다. 이는 근본적으로 자본이나 노력을 출자한 동업적 조직과 같은 것으로 각자의 적절한 지위와 능력에 비례하는 사회정의에 입각한 것이었다.

3. 중세의 형평이론

키케로의 이론은 상이한 사회적 기능에 기인하는 불평등을 동업이란 개념으로 합리화했으며, 또한 '각자의 몫은 각자에게로(suum cuique tribuere)'란 명제로 표현하였다는데 그 의의가 있다. 그의 평등론이 로마법학 체계에 영향을 끼쳐 만민법에 편입되는 성과를 거두었다. 보편주의에 입각한 자연법 사상은 『로마시민 법전』에 기여한 로마법학자들 및 스토아 철학을 사도 바울의 가르침에 적용한 교부철학자들을 거쳐 중세법학으로 연결되었다. 그리하여 중세의 정치이론은 이러한 두 집단에 의해 대표되는 사상체계에 기초하고 있으며 거기에 덧붙여 게르만 민족의 전통과 관습을 받아들여 종합한 것이었다.

울피아누스Ulpianus(170?~228)와 같은 로마법학자들에게는 법은 단순히 어느 특정 사회의 규칙으로라기보다는 차라리 정의 및 선의 항구적 원리로 인식되었다. 그러므로 옳은 법은 지역과 시대를 초월하여 우리에게 아무도 해치지 말고 각자가 자기의 몫을 받을 것을 의미한다. 고대의 법사상은 유스티니아누스 법전에 충실하게 계승되었으며 거기에서 정의는 '일반적인 옳은 질서를 부여하려는 항속적 의지(constans et perpetua voluntas suum cuique tribuendi)'라고 규정되었다. 이 법전에서 '법'은 '승인된 시행 법률 속에 나타난 올바른 질서, 즉 정의의 외적 표현'이라고 보고 그 세 주요 명제를 (1) 자기 분수에 맞게 살 것(honeste vivere), (2) 남을 해치지 말 것(alterum non laedere), (3) 남의 처지와 권리를 실질적으로 존중할 것(suum cuique tribuere) 등에 있다고 주장하였다.[1)]

정의의 외적 표현이 법이라면 거꾸로 자연법의 정신은 형평이다. 로마법학에서 법은 항상 '선하고 형평한 것(bonum et aequum)'이다.[2)] 자연의 법은 이성의 법이며 인간과 사물의 '합리적인' 본성과 조화되고 그 때문에 인간 이성으로 이해될 수 있는 법이다. 이러한 관념은 소포클레스의 『안티고네(*Antigone*)』, 아리스토텔레스의 『수사학』에서 비롯된 이래로 제논과 스토아학파에 의해 발전되고 로마법학자들에게 계승되었다.

그렇다면 형평이란 무엇인가? 그것은 사물에 대해 본질적으로 공평하고 합당한 해석을 내리는 일이다. 성문법은 조문 그대로 적용하는 데서 불가피하게 엄격해지게 마련이지만 그렇기 때문에 '최고법은 최고불법(summum ius summa injuria)'이라는 결과가 빚어지게 된다. 로마 시대에는 이러한 폐단을 바로잡기 위해 법무관(praetor) 제도가 확대되었다. 법무관은 법의 근본정신에 비추어 실제적 사례를 융통성 있게 다루었다.

로마법에 내포된 또 다른 정의에 의하면 형평이란 한 사람이 다른 사람과

1) Barker, *Principles*, p.168.

2) A.P. d'Entrèves, *Natural Law*, p.19.

동등해지려는 성향이라는 것이다. 이 성향이 의지로 표현되면 곧 정의(iustitia)라 할 수 있으며, 바꾸어 말해서 형평과 일치하여 실행하려는 의지意志가 곧 정의이다. 정의에 대한 주의론적(voluntarist) 입장은 11세기의 볼로냐학파로 계승되었다. 이 학파의 정의定義에 의하면 정의는 모든 사람에게 그 자신의 몫을 주려고 하는 일정불변의 의지 내지 정신적 습관이다. 법의 합리성을 주의론적으로 해석한 것은 중세 법사상의 특징으로서 거기에는 카논법을 통해 내려온 로마법의 영향이 작용하였다. 로마법에서 이른바 '대세계'의 이념과 자연적 평등이 구체화되었다.

다른 한편으로는 키케로가 초기 중세의 저술가들에게 끼친 영향은 그리스도 교회의 가르침 속에 편입되었다. 그리스도교는 중세의 법사상을 지배한 기본 관념, 즉 (1) 절대적 의미의 입법자로서의 초속적인 신, (2) 국법을 초월하는 것으로서의 그리스도교적 인성, (3) 인류구원의 제도로서의 교회 등의 관념을 제시하였다.[3] 모든 인간이 본성상 평등하다는 키케로의 이론은 사도들의 가르침과 일치하였다. 인간 평등 문제에 대한 사도 바울의 태도는 모든 사람이 적어도 윤리적·정신적으로 평등하다는 신념에 바탕을 둔 것이었다.

평등은 모든 사람이 형제라는 생각및 각자의 행위가 형평 원칙의 지배를 받는다는 생각이 둘을 기둥으로 하였다. 예컨대 『로마서』 13장 7절에는 "모든 자에게 줄 것을 주되 공세貢稅를 받을 자에게 공세를 바치고 국세를 받을 자에게 국세를 바치고 두려워할 자를 두려워하며 존경할 자를 존경하라"는 말이 있는데, 이것은 단순한 권위에 대한 복종이 아니다. 피치자로서 해야 할 의무를 다하며 나아가서는 '모두에게 그들의 몫을 주라'는 배분원칙의 제시인 것이다. 이와 같이 볼 때 그리스도교의 평등은 한편으로는 만민동포사상에 바탕을 두고 있으면서도 다른 한편으로는 오래전부터의 비례정

3) Heinnich A. Rommen, *The Natural Law*, Eng. tr. Thomas R. Hanley (1964), P.34.

의를 바탕으로 하는 윤리였다.

락탄시우스Lactantius(250~325)는 아프리카 태생으로 그리스도교적 세계관을 조직적으로 기술한 초기 교회의 웅변가였다. 그의 『하느님의 제도(*Institutiones divinae*)』(307~310)는 7부로 나뉘어 있는데 주로 그리스도교의 반대자를 공격하기 위한 것이었다. 그는 정의의 본질을 경건(pietas)과 형평(aequitas)의 개념에서 논하였다. 그에게 있어서 형평은 일찌기 키케로가 평등(aequabilitas)이라 칭한 것과 같은데, 이는 어느 한 사람을 자신의 동포(동료)와 동등하게 다루려고 하는 성향을 의미하는 것이다. 인간을 만들고 숨 쉬게 한 신은 만인이 평등하기를 바라고 모두가 덕성스럽기를 원한다. 그러나 락탄시우스는 끝에 가서는 그리스도교를 믿는 사람들 사이에도 계급과 조건의 차이가 있음을 시인하였다. 후기의 교부들, 예컨대 아우구스티누스에서도 현실적인 불공평한 상황과 대비되는 이러한 내재적 평등은 거의 그대로 인정된 것으로 생각된다.

다른 교부들과 마찬가지로 아우구스티누스(354~430)는 사람이 자연적으로 사교적 존재이며 원래 평등하게 만들어졌다는 견해를 갖고 있었다. 그의 정의론은 본질적으로 스토아 철학, 특히 키케로의 사상에 입각하였다. 인간 진보를 위한 자연적 수단으로서 사회가 조직되었다고 간주한 아리스토텔레스와는 달리 아우구스티누스는 인간과 인간 사이의 예속관계가 죄에 대한 벌이며 보상으로 생긴 것이라는 의견을 갖고 있었다. 국가와 같은 조직사회는 강제력을 가진 정부 및 국민에게 행사하는 권한을 소유한 인위적 기구이다. 그것은 어느 면에서는 처벌을 행하는 기구이며 어느 면에서는 보상적인 기구인 것이다.

중세를 통해 자연적 평등론은 근본적으로 변하지 않은 가운데 그대로 존속된 한편 노예제도 역시 보편적으로 인정되었다. 한편으로는 인간의 평등이 영구적이며 불가양의 것이라고 주장되었으나 그 반면에, 다른 한편으로는 노예제가 생활을 보존하고 질서를 유지하는 수단으로 필요하다고 믿어졌다. 인간 평등은 기본적인 이념이긴 하지만 노예는 기율적 의미를 갖는 방편적인 것으로 인정되었다. 그러므로 아리스토텔레스 이래의 노예제의 주장은 중세에 그대로 계속되었으며, 자연 평등과의 역설적인 타협도 동시에 그대로 유지되었다. 10세기부터 13세기에 이르기까지의 정치이론은 대체로 유스티니아누스 법학의 재도입에 의존하는 경향이 있었다. 중세의 교회법은 신성한 자연법 아래에서 모든 사람이 자유롭다고 선언하면서도 실제적 필요때문에 노예제를 옹호하였다. 교회법 관계자들의 말에 의하면 노예해방은 신이 인정하는 바이며 덕성스러운 것이지만 그럼에도 불구하고 실제로는 노예는 성직서임의 대상이 될 수 없었다.

자연법이 신법神法이라는 주장은 교회법의 가장 중요한 기본원리였다. 교회법에 의하면 신은 곧 형평 그 자체이다. 바꾸어 말하면 형평은 일차적으로 신법적 정의이며 신이 그 유일하고 완벽한 집행자이다. 정의는 원래 신의 본질이며 신만이 선악과 정·부정을 판별한다. 따라서 형평은 먼저 신에게 찾을 수 있다. 모든 사람에게 각자의 '권리(ius)'를 주려는 것은 곧 신의 뜻이다. 왜냐하면 인간에게 그들이 필요로 하는 것을 찾도록 하고 소유하게 하며 사용하는 것 힘을 주는 것은 지복의 창조주인 신이기 때문이다. 또한 신은 인간에게 상호 간에 필요한 것을 주도록 명령하고 동시에 동료가 이를 향유하는 것을 훼방하지 않도록 금하고 있기 때문이다.[4)]

13세기에 토마스 아퀴나스St. Thomas Aquinas(1225?-1274)는 아리스토텔레스의 정치학을 재발견하였다. 그는 국가가 하나의 자연의 제도 – 즉 항상 인간 생활의 유기적 전체의 부분을 이루는 것 – 라고 말하고, 인간 진보를 위한 정상적 수단이라고 인정하였다. 아퀴나스는 사물들을 자체의 목적으로 지향하는 여러 가능한 모든 법의 형태를 생각하였다. 성문화된 법과 실

4) Carlyle, vol. II, pp. 7~9.

제 상황의 상충에서 사람들은 법조문을 문자 그대로를 따라 판단하지 말아야 하며 항상 입법자가 달성하고자 원하는 형평원칙으로 되돌아가야만 한다. 아퀴나스는 또한 만일 정의가 존재하지 않는다면 국가가 성립될 수 없으며 법도 있을 수 없다고 확언하였다. 국가의 목적은 정의의 달성에 있으며 정의는 모든 합법적인 정부에 대해 필수적이다. 그렇다면 아퀴나스의 법관념은 첫째, 법이 이성의 표현이라는 것, 둘째, 법의 목적이 정의에 있다는 것 등 두 원칙에 입각해 있다. 그리하여 그는 법의 합리성을 인식하고 동시에 법의 윤리성을 강조한 중세적 법사상을 대표하게 되었다.

근본적으로 로마법학자를 따른 아퀴나스는 정의란 각자에게 자신의 권리를 되돌려 주는 항구불변의 의지라고 규정하는 한편, 아리스토텔레스의 정의론을 채택하였다. 그는 평등을 호상정의와 배분정의의 관점에서 보았는데 전자는 남에게 주는 만큼 정확히 같은 것을 되돌려 받는 것에서 예증되며 후자는 일반적 관습이나 군후君候의 칙령으로 두 사물이 동등한 것으로 인정되는 것에서 예증될 수 있다. 한편으로 그는 교부들과 같이 인간의 영적 생활이 자율적이며 결과적으로 세속 정부와 관계없는 자유로운 것이라고 믿는 반면에, 다른 한편으로 그의 사회이론은 인간본성이 자연적으로 상이하다는 아리스토텔레스의 사고를 바탕으로 하였다. 그 결과 그의 사회철학은 사회유기체론과 계층사회를 합리화하며 당시 중세 사회에 현존하는 불공평한 사회 조건을 옹호하는 듯한 인상을 주고 있다.

그러나 아퀴나스의 이론은 상업과 도시의 발달에 의해 수정되지 않을 수 밖에 없었고, 또 도시민의 대두는 형평에 대한 새로운 해석의 여지를 만들어 놓았다.[5] 14세기에 이르러 법의 직접적 원천이 형평이며 법은 형평의 외적 표현에 불과하다는 생각이 나오게 되었다. 중세법 사상가 울먼Walter Ullman(1910-1983)에 의하면 형평은 법의 근인으로 작용하며 정치 및 법제의

5) L.T. Hobhouse, *Liberalism* (1964), p.13.

영역에서 기타의 중요한 기능을 수행하는 것으로 간주되기에 이르렀다는 것이다.[6] 그리하여 플라톤학파인 루카스 드 페나Lucas de Penna (c.1325-c1390)와 같은 후기의 법학자는 법과 형평을 동일시하여 개인들에게 권리의 평등을 부여한다는 의미로 보았다. 더욱이 사회적 유대를 무너뜨릴지도 모를 각종의 이해의 충돌을 서로 조화·타협시키는 적절한 수단이 되는 것은 평등을 바탕으로 한 법이라고 그는 주장하였다.[7]

한편으로 법적 의미의 형평은 15~16세기에 그 기술적 세부를 명확히 드러내게 되었다. 저메인Christopher Saint-Germain(1460?~1540)은 후의 영국법의 형평 관념에 영향을 미친 학자로서 1518년의 『신학박사와 법학생』이란 저술에서 형평이 "행위의 모든 특별한 사정을 고려하는 옳은 증인이며 또한 자비심이란 부드러움으로 완화된 것"이라고 정의하였다.[8] 역시 16세기 말의 헤이크Edward Hake(fl. 1560~1604)도 형평을 '일반법 내지 법의 일반성을 수정하는 수단'[9]이라고 보았다.

퓨리턴파인 헤이크는 법관이나 성직자를 포함한 당시 사회의 부패를 공격한 대화형의 풍자 작품 『Powles Churcheyarde로부터의 뉴스(*News out of Powles Churcheyarde*)』로 유명하였다. 그는 법률학회의 하나인 그레이즈 인(Gray's Inn)에 있었던 적이 있는 법률가로서 형평의 연구서인 『*Epieikeia*』에서는 형평을 재판관의 정의라 보는 대신 법 그 자체에 본래 속해 있는 정의라고 보았다. 헤이크에 의하면 형평은 첫째, 일반적으로 제정된 법에 관해 마련된 수정 수단이 되며, 둘째, 재판관이나 법주석자가 아니라 법 자

6) Walter Ullman, *Medieval Ideas of Law* (1946), p.43.

7) 같은 책.

8) Saint-Germain, *Two Dialogues in English between a Doctor of Divinity, and a Student in the Laws of England* (1518) (London, 1709), Ch. xvi, p.52.

9) E. Hake, *Epieikeia: A Dialogue on Equity in Three Parts* (1603), ed. by D.E.C. Yale (New Haven, 1953), p.8.

체의 적정성이라는 것이다. 중요한 점은 정의는 재판관의 덕성이지만 형평은 법의 덕성이라는 것이다.[10] 이 말은 재판관이 법조문을 형식적으로 적용시켜 판결을 내릴 가능성이 있으므로 법의 정신인 형평원칙은 항상 망각되지 않아야 한다는 것을 의미한다. 16세기 영국에서는 형평 적용의 판례를 대법관(Chancellor)에게 맡겨졌는데, '신의 사랑과 자비로운 길에 따라서' 실시되었으므로 그는 '독실한 신앙', '이성', '두터운 양심' 등으로 판결에 임하였다.[11] 영국의 형평제도는 대체로 엘리자베스 1세 시대(1558~1603)에 성립되었으며, 대법관은 국왕법정에서 형평 판례를 다루는 중심 역할을 담당하게 되었다.

그리하여 사법상 형평은 영국에서 대법관의 관할을 강화하기 위해 내놓은 이론에서는 더욱더 엄밀한 전문적 개념이 되어 갔다. 법의 축조적 적용을 확대 혹은 완화하는 의미의 형평은 지나치게 엄격하거나 지나치게 준엄한 법 적용에서 올지도 모를 부작용을 교정하는 수단이었다. 간단히 말해서 영국법에서의 형평은 (로마법에 그 기원이 있는가의 여부의 논쟁에는 상관없이) 로마법에서 말한 '최고법은 최고불법'이라는 원칙에 입각해 있음은 사실이다.

4. 종교개혁 시대의 형평 개념

아퀴나스로 대표되는 중세의 사회계층론은 프로테스탄트 개혁자들에 의해 무너지기 시작하였다. 루터는 종교적 성직자 신분이 일반 신도보다 우월하다는 것을 부정하고 정신적 문제에서 누구나 동등한 위치에 있다고 주

10) 같은 책, pp.10~11.

11) H. Lévy-Ullmann, p.278.

장하였다. 또한 루터는 그리스도교도들의 자유와 복종과 같은 이원적 덕성을 강조하면서도 종교개혁에서의 세속 군주 제후의 지지를 호소하고 정신적 문제에서 교황청의 권위를 거부하였다. 영적 실천에 있어서 모든 직업의 사람은 모두 동등하다는 관념, 모든 그리스도 교인이 동등한 영적 존재라는 관념, 모든 그리스도교인이 성서해석과 교회조직에의 참여에서 다같은 하나의 목회자라는 관념 등은 한마디로 서양의 평등사상을 크게 신장시키게 되었다[1]. 이 점에서 루터의 프로테스탄트 개혁은(그 자신이 원했든 안 했든) 정치권력의 불평등에 항거하는 자유주의 운동의 방향으로 진전을 보게 되었다.

그러나 루터의 정치사상은 근본적으로 중세의 사고의 연속이었다. 신이 곧 형평하다는 것 및 죄 많은 속세에 대한 필수적인 구원의 기관으로서 신이 세속정부를 임명하였다는 것 등 루터의 생각은 중세의 테두리에 속한 것이었다. 프로테스탄티즘이 초래한 평등이나 자유의 관념은 루터에게는 (다른 프로테스탄트 지도자의 경우와 같이) 애당초부터 정해 놓은 이념은 아니었다. 오히려 루터 스스로가 놀라움과 두려움으로 자신의 개혁이 진전되는 것을 바라보았다. 왜냐하면 그의 근본적인 생각은 아퀴나스와 같은 사회유기체적 계층론이었다. 그러므로 1525년 영주권에 대항하는 혁명적 운동을 농민들이 전개하였을 때 그는 그들의 무분별을 나무라고 영주층에게 강력한 대책을 요구하게 된 것은 당연한 논리적 귀결이었다. 그는 세속적 정치질서에서 계급적 불평등의 필요를 인정했으며 자연적 평등이란 단지 내세의 영적 세계에서 가능할 뿐이라고 주장하였다. 그러므로 루터는 반항의 문제에 관해서는 농민전쟁의 지도자인 뮌저Thomas Münzer(1489?-1525)와 날카로운 대립을 보였다. 영국 정치사상가 피기스J.N. Figgis(1866-1919)는 루터의 태도에 대해 아래와 같이 썼다.

---

1) Lakoff, pp.28~30.

> 1525년 농민전쟁에 관해 우리가 명심해야 할 것은 루터가 한번도 공공연한 저항의 권리를 인정하지 않았다는 것이다. 그가 탄압적인 제후들을 비난하고 어느 정도의 동정을 농민에게 보인 초기의 태도는 농민의 불평 사항을 시정하려는 한가닥 희망을 비친데 불과하였지, 그 이상은 아니었다. 만일 이때의 그의 태도가 후에 취한, 학살을 사주한 격한 태도가 아니었다고 해도 그는 결코 권력에 대한 반항이 합법적이라고 농민들이 생각하게 놓아두지는 않았을 것이다. 이론에는 아무런 변동이 없었고 단지 동정의 정도가 약간 바뀌었을 뿐이었다.[2)]

그러나 뮌저는 저항권과 평등에 관해 루터와 달랐다. 처음에는 루터파로 개종하여 성서와 교회사에 정통하게 된 그는 점차 재세례파再洗禮派로 기울어지면서 루터와 심한 의견의 차를 보였다. 그는 루터를 허위의 교리를 가르치는 거짓말쟁이로 비난하고 초기 그리스도 교회가 지향한 원초적 평등을 설교하였다. 그는 재산의 공유제를 주장하였을 뿐 아니라 정치권력 참여의 평등을 역설하고 정치권력의 부당한 행사에 대한 반항을 촉구하였다.[3)]

16세기 후기 이후 프로테스탄트 저술가들이나 가톨릭 사상가들에게는 다같이 고대사상으로의 복귀 현상이 나타났다. 아리스토텔레스에 대한 유능한 주석가인 수아레스Francisco Suarez(1548-1617)는 키케로의 의견과 동일한 평등관을 가졌다. 그는 입법권이 한 개인에 있지 않고 공동체 모두에 있다고 생각하였다. 그 이유는 모든 사람이 날 때부터 자연적으로 자유롭고 그 때문에 누구든지 '본성적으로' 남에 대한 통치권이나 지배권을 가질 수 없기 때문이다. 『법률론(*Tractatus de Legibus ac Deo Legislatae*)』(1613)에

2) J. N. Figgis, *Political Thought from Gerson to Grotius: 1414~1625* (1960), p.74.

3) Lakoff, pp.49~50.

서 표현된 그의 생각은 분명히 아리스토텔레스의 자연적 지배론에 대한 반론이다. 정치권력이 직접 신으로부터 기원한다는 설을 부인하고 합의에 의해 성립된다는 그의 주장은 이른바 계약론의 역사에서 주목되는 바이다. 정치권력으로 조직된 공동체는 공통의 합의合意 및 하나의 정치 목적을 추구하는 특수한 의도에 의해 단합된 공동체라는 것이었다. 그에 의하면 공동체야말로 모든 정치권력의 궁극적인 근원이며 또한 법의 근원이란 것이다. 더욱이 수아레스의 새로운 관점은 만민법을 합의 또는 관습에 입각한 것으로 간주한 그로티우스의 견해를 선행하였다는 사실에 있었다.

수아레스와 동시대인인 영국의 후커Richard Hooker(1554?-1600)는 사회를 법에 의해 단합된 소산으로 보았다는 점에서 키케로와 같은 생각을 가졌다. 후커는 인간의 자연적인 사교성(natural sociability)을 믿었는데 그에 의하면 사회의 두 기둥은 '첫째로 모든 사람이 사교적 생활과 친구(fellowship)를 얻기를 원하는 상호의지(mutual inclination)', 둘째로 이와 같이 함께 산다는 결합의 방식에 관해 '명시 또는 암묵의 합의를 본 질서' 등이다.[4)]

후커는 그의 저술을 엘리자베스 시대의 청교도의 좁은 견해를 반박하기 위해 발표했으나 실상 그의 견해는 자연권 사상 특히 로크의 정치사상에 영향을 끼친 것이었다. 합의는 사회의 구성 목적에 유효하고 타당한 합리화를 해줄 뿐 아니라 사회구성원에게 평등의식을 부여한다. 그는 말하기를 합의가 없다면 "한 사람이 다른 사람에게 주인 행세를 한다든지 심판자의 구실을 할 아무런 이유가 없다."[5)]고 하였다. 그는 계약에 의한 합의가 정치적 공동체를 체결하기 위해 사람들 사이에서 체결되는 것이라고 주장하였는데, 이는 바로 우리가 홉스와 로크 등 사회계약론자들에게서 찾을 수 있

---

4) R. Hooker, *of the Laws of Ecclesiastical Polity* (Bks. I-V, 1594~1597; Bks VI-VIII, posth, 1648) (1954) vol. I, p.10.

5) 같은 책, p.4.

는 주장이다.

17세기의 근대적 정치이론이 전개되기까지의 사회원리는 정치권력의 도덕성을 강조하는 것이었다. 바꾸어 말해 정치권력의 기능은 정의와 '곧은 행위(righteousness)'를 유지하는 것이며, 그 실현이 법을 통해 되며, 따라서 법은 가장 우월한 존재이다. 그리하여 정의와 법을 준수하기 위해 군주와 인민은 다같은 동등한 의무를 가지며 또한 그 의무의 수행을 합의함으로써 양자의 상호관계가 유지된다. 그리하여 이 관계는 궁극적으로는 형평으로 귀착된다. 왜냐하면 법이나 권리란 의미를 가진 정의의 근원은 형평에 있기 때문이다. 중세의 문헌에서는 '신이 곧 형평 그 자체이다' 또는 '형평은 신의神意이다'라는 말들이 발견되는데 그것은 절대 정의正義는 신에게만 가능하다는 것을 의미한다. 중세의 형평은 그 밖에도 한 시민이 다른 동료시민과 동등해지고 싶어 하는 정신을 가리키는 것이었다. 이 경우에 동등이란 1대 1의 기계적 평등이 아니라 각자의 처지에 따라 서로 상대방의 필요를 보완한다는 점에서 동등인 것이다. 사회나 국가란 각자가 기여하고 봉사를 상호 교환시켜 주는 장으로서 농민과 장인은 물자를 공급함으로써, 성직자는 종교적 업무를 수행함으로써, 지배자는 통치를 통해서 각자는 서로 동등한 입장에 서는 것이다. 각자는 자신의 위치에서 행위하며 계급이나 개인의 상호 간의 관계는 모두 '각자에게 그 자신의 것을 주라'는 이른바 배분정의에 입각하지 않으면 안 된다.[6)]

성 아우구스티누스는 신이 만물을 창조하였고 만물의 계서階序를 정해 놓았다고 말하였는데, 이것은 중세와 같은 정태적 사회를 통해 계속된 생각이었다. 위로는 군주·성직자·귀족, 아래로는 장인·농민이 각각 자신의 상호의무를 수행하고 그리하여 모든 인간관계는 '각자에게 자신의 것을 주라'는 정의의 원칙에 입각하지 않으면 안 된다는 생각은 지배적이었다. 그리

---

6) Frederick B. Artz, *The Mind of the Middle Ages*, 3rd ed. rev. (1980), p.289.

고 같은 그리스도교의 가르침에 따라 모든 사람은 서로 남을 형제처럼 동등하게 다루어야 하였다. 그러므로 중세의 사회론은 계층과 형제애를 함께 합리화하는 것이었다. 그리하여 아퀴나스의 문제는 항상 정의론을 중심으로 제기된 것이었다. 그의 배분정의의 원리에 의하면 각자는 이 세상의 물건을 나누어 가질 자격이 있는 것이었다. 그러나 그의 가격이론에서는 교환정의에 의하여 정가를 매기는 결정요인으로서의 '만인의 절대 평등'이 요구되는 것이었다. "정의가 요구하는 바는 물품과 서비스의 가격은 항상 그 가치와 맞먹는 것이 되지 않으면 안 된다. 이리하여 낮은 값밖에 받지 못할 물건을 비싼 값에 판다면 부당하다".[7)]

끝으로 사법적 의미의 형평을 생각할 수 있다. 이 경우 형평은 성문법을 문자 그대로 이른바 축자逐字적으로 적용함으로써 생길 수 있는 가혹성을 시정하는 기능을 발휘한다. 법률을 조문의 문구, 그대로 적용하면 본래의 입법정신에서 벗어나거나 신축성(현실 적응력)을 상실하는 경향이 생긴다든지, 혹은 본래의 목적과 의도한 범위를 다루지 못하게 되는데, 이때에는 입법 취지와 배경 또는 현실적 필요에 따라 수정·보완하지 않으면 안 된다.

근세 이전의 형평 개념은 이상과 같은 세 면에서 고찰될 수 있는데 그 특성은 17~18세기 이후에 이르러서도 크게 달라지지는 않았다. 다만 좀 더 구체적으로 예증되고 논리적으로 철저함을 기하는 방향으로 나아갔을 뿐이었다. 17~18세기의 정치사상 속에서 아리스토텔레스의 비례정의와 키케로의 자연평등이 병존하였다. 이 이중성은 당시의 중요한 사회적 목표가 기득권과 기성 신분을 '무효화'시키는 데 있지 않고 단지 사회적 배분관계의 불균형을 시정하려는 데 있었기 때문이었다. 프랑스 대혁명조차 기득권을 무효화시키지는 못했으며, 19세기 중기 이후에 이르러 비로소 '사회적 의미의 평등'이 주목의 대상이 되었다. 그러므로 17~18세기의 계몽사상가들의 노

7) 같은 책, p.292.

력은 당시의 기준으로 보아서는 매우 공격적인 것이었지만 현대의 기준으로는 여전히 중세 이래의 '보수적'인 노선에 서 있음에 불과하였다.

그렇지만 르네상스 이후의 유럽 사회가 신분 이동이 상대적으로 활발해지던 시대에 들어선 것은 틀림없었다. 시민계급, 특히 도시민의 상층은 교육·지식·문화·경제력 등에서 실질적인 사회세력을 형성하고 단지 정치적 소외와 좌절만이 그들을 변화의 방향으로 움직이게 하는 계기가 되었다. 신분 이동은 귀족들에게도 나타났다. 전통과 역사를 자랑하는 대검帶劍귀족은 좀 더 적극적인 주권에 의한 보호에 의지하려고 하고, 반면 법복法服귀족은 기득권 옹호를 위해서는 왕권에의 도전도 서슴지 않았다. 그러므로 이러한 시대에서는 시민층의 요구거나 귀족층의 도전이거나 간에 다같이 자기중심적 주장이 자연권리론에 의해 포장되게 마련이었다. 부르조아 계급이 특권층의 특권을 반대할 때는 만인의 자연적 평등을 주장했지만 무산소시민층이 평등한 정권 참여를 요구해 오면 아리스토텔레스 이래의 전통적인 비례정의를 내세웠다.

다른 한편 귀족계급은 왕권의 전제에 대항하는 수단으로 자유라는 자연권을 내세웠으나 부르조아 계급의 평등 요구에 대해서는 역시 낡은 비례적 배분의 원칙을 주장하였다. 그러므로 귀족 출신의 계몽사상가인 몽테스키외나 돌바크의 경우, 평민 출신의 계몽사상가인 볼테르나 루소의 경우 본질적으로는 의견 차이가 있을 수 없었다. 따라서 17~18세기의 평등 개념이 갖는 이중성은 내재적인 것이라고 생각된다. 17세기의 평등이론은 각자가 자신의 사회적·정치적 기능 때문에 일정한 사회적 지위에 놓여 있다는 가정 또는 사회조직 속에서 하는 각자의 역할이 이익이든 부담이든 간에 배분관계에서 얻게 되는 몫을 결정한다는 가정을 바탕으로 하고 있었다. 이 경우 평등은 배분정의란 명분에 따라 기여도와 배분도의 상관관계를 결정하게 된다. 정의를 가늠하는 법칙은 '각자의 공과에 따라 정한다'는 것이다.

그리고 행위 혹은 사물의 교환이 개인이나 집단 간에 행해지는 경우 정의는 '동등한 자유의 교환', 즉 '남으로부터 받은 만큼 남에게 준다'는 원칙이 된다. 이 점에서 정의는 사회적 복합체 속에서 각자가 '같은 바탕', 동등한 평가 기준에 입각해야 한다는 것이다.

형평이 정치학적 개념으로 전환된 것은 자연법 개념의 본질에 변화가 생긴 네덜란드의 휴머니스트 법학자 그로티우스Hugo Grotius; Huig de Groot; Hugo de Groot(1583-1645)의 사상에서일 것이다. 이 변화는 자연법이 형이상학적 개념으로부터 합리적 개념으로 이행한 것을 말한다. 그로티우스가 『전쟁과 평화의 법』의 권두에서 내린 자연법의 정의는 다음과 같다.

> 자연법(ius naturale)은 올바른 이성(recta ratio)의 명령으로서 우리의 합리적·사회적 성격과 일치 여부에 관계없이 하나의 행위가 내재적으로 도덕적 기초 내지 도덕적 필연성을 갖고 있음을 가리킨다. 그리하여 결과적으로 이러한 행위는 자연의 창조자인 신에 의해 금지 혹은 명령되는 것이다.[8]

그로티우스는 아직도 중세 후기 스콜라학파와 유사한 점들을 갖고 있었으나, 그럼에도 줄구하고 그는 여러 면에서 근대적 자연법 개념에 이르는 전환점을 만들었다. 스콜라학파에서는 법과 도덕을 긴밀히 연관시켰으나 그로티우스는 '사회성'이란 관점에서 법을 보았으며 '법은 사회적 욕구의 결과'라고 생각하였다.[9] 그러나 그로티우스의 강조점은 법의 합리성을 추구하는데 있었다. 그는 엄밀한 논리에 따라 합리적인 법체계를 도출할 수 있

8) Rommen, p.70.

9) Rommen, p.72.

다고 믿었다.[10)]

한편 그로티우스는 후술하는 바와 같이 권리를 소극적 개념으로 파악하여 '권리는 옳지 않은 것이 아닌 것'이라는 명제를 내놓았는데 그것은 평등과 자유의 소극적 면을 가리킨 것이었다. 평등은 '엉뚱한 차별'에 의한 대우를 부정하지만 그로티우스의 생각을 확대한다면 정당한 근거가 있는, 적절한 절차에 따른 차별대우는 합법적인 것이 된다. 그러므로 정의의 본질은 한편으로 엉뚱한 불평등을 해소해야 하는 반면, 다른 한편으로 '공정하며 또 마땅한 이유가 있는 차등'을 인정하는 이중적 과제를 안게 되는 것이다.

그로티우스는 자연법 전통에 합리성을 부여하려 한 점에서 하나의 근대적 전환을 마련했으며 형평 개념도 17세기 이후에는 정치적 의미로 해석되기 시작하였다. 형평은 각 개인의 적법적 차등을 합리화하는 비례평등 및 개인 간의 행위교환의 자유를 정당화하는 호상정의互相正義로 표현되었다.

10) Rommen, p.73.

III. 17 세기의 형평이론

1. 17 세기 사회사상의 특성

로크를 분수령으로 자연법은 법의 '규제'에서 권리의 '주장'이라는 측면이 더 중요시되기에 이르렀다. 그러나 아직도 평등은 근본적으로 사실의 기술에 불과한 느낌이 없지 않았다. 즉, '모든 사람이 태어날 때부터 평등하다'라는 명제는 '상태의 묘사'일 뿐, '평등해야만 한다'는 적극적인 당위론으로 발전될 것으로 기대되었다. 자연법 개념에 이러한 근대적인 전환점을 가져온 그로티우스조차도 기술한 바와 같이 권리의 소극적 종을 고려했는데 그것은 평등에 대한 조심스러운 주장이었다고 볼 수 있다. 그로티우스가 시작한 이러한 논의는 17세기의 사상가들에게 계속 유지되었다. 홉스와 로크, 샤프츠베리와 라이프니츠 등에서 이 경향은 뚜렷이 남아 있었는데 홉스와 로크는 '동등한 자유'로서, 샤프츠베리는 상호교섭의 기본의무로서, 라이프니츠는 호상정의로서 평등을 고찰하였다.

17세기의 사회이론의 출발점은 자연관에 있었다. 자연의 법 및 자연적 권리는 각별히 홉스와 로크의 이론적 기초였다. 자연법은 단순한 '통제의 원리'가 아닌 '해방의 원리'가 되었다. 로크 이후에는 '자연 상태'는 "낡은 봉건적·교회적 질서의 잔재적 제약에 반대하여 새 지배계급의 개인적 자유와 재산에 대한 귀중한 권리를 그들이 옹호할 수 있는 수단으로 사용되기에 이르렀다."[1]

그러나 자연권리론이 사상사가 윌리Basil Willey(1897-1978)의 말과 같은 '해방의 원리'가 되기 위해서는 한두 차례의 혁명을 거쳐야만 하였다. 자연은 아직도 유럽 지성에 대해 '통제의 원리'로 작용하고 있었다. 로크는 혁명을 불가피한 현상이라고 간주하지 않았으며, 반항권의 발동조차 반드시 바람직한 것이라고 믿지 않았다.[2] 그러므로 로크도 역시 국가가 전복 대상이 되어서는 안 된다는 널리 통용된 당시의 관념에 동의하고 있었다. 다만 그는 자연권에 입각한 개인의 자유와 평등을 '하나의 역사적 사실'처럼 설명하려고 시도하였고, 계몽을 통한 올바른 정치와 이른바 최대다수의 행복이 국가를 존립시키는 강력한 근거가 된다는 것을 확신하였다.

'인간의 자연', 즉 인간본성에 대한 체계적 분석은 홉스와 로크에 의해 처음으로 철저히 시도되었으며, 그것은 인간과 사회에 관한 연구의 근대적 출발점을 마련하였다. 이 두 사상가는 인간본성이란 말을 자주 끄집어내기 시작했으며 그 후의 사상가들, 예컨대 루소·흄·벤담·칸트 등이 더욱더 체계적으로 고찰하였는데 이러한 인간본성 관념은 정치·경제·도덕의 여러 분야에서의 사고의 단위가 되기에 이르렀다.

17세기 이후의 약 1세기 동안 정치적 논의가 특히 활발했던 데는 그만한 이유가 있었다.[3] 먼저 유럽의 각 지역에서 이미 헌법이 채택되어 실제로 운용됨으로써 그 장단점이 노출되었으며, 이 때문에 정치 이론적인 분석·비

---

1) Basil Willey, *The Eighteenth Century Background* (1961), p.17.

2) Martin Seliger, "Locke's Theory of Revolutionary Action," *Western Political Quarterly* XVI (1963), pp.567~568. 로크의 혁명권 문제에 관해서는 재고의 여지가 있고 동시에 그의 이론이 명예혁명의 합리화라는 전통적 견해도 검토의 대상이 될 만하다.

3) G.N. Clark, *The Seventeenth Century* (1961), p.215.

판·재검토가 필요하게 되었다고 볼 수 있다. 최고의 헌법 전통을 가진 영국조차도 17세기의 내란(청교도 혁명)을 겪는 동안 헌정상의 시련에 직면했으며, 유럽에서 입헌적 실험에서 제일 뒤떨어진 독일 지방에서조차 여러 가지 실제적 방도를 모색하고 있었다. 예를 들면 법학자 푸펜도르프는 30년전쟁 후의 혼란을 수습하는 관점에서 그의 두 번째의 저술인 『독일 제국의 헌법(*De statu imperii germanici*)』(1664)을 발표하여 독일의 장기적 숙제인 황제권과 제후권 간의 갈등 해소를 위한 헌법적 방안을 제시하였다.[4)]

다음으로 전통적인 정치이론을 실제로 뒤엎은 정치적 혁명이 여러 차례 일어났다. 가장 대표적인 것이 명예혁명인데 로크가 통치론을 통해 전통적인 주권론인 가부장설을 내놓은 필머Sir Robert Filmer(c. 1588~1653)의 견해를 공박하였다. 그것은 절대주권이 가부장과 같은 왕에게 있다는 견해로서 17세기의 절대주의에 대한 이론적 근거가 된 이론이었으나 로크는 여기에 대해 왕권에 제한을 가하는 의견을 제시하였다. 그러나 명예혁명은 '영국적인 것'으로 시작하여 '영국적인 것'으로 끝났다. 이와 대조적으로 1776년의 아메리카 혁명은 영국 대의제에 대한 식민지인의 비판이라는 영국적 명분에서 시작한 것이 사실이었으나 궁극적으로는 자연권의 확대 적용의 문제로까지 확대되었다. 명예혁명의 경우 평등과 자유는 '휘그 유산층'의 재산권을 옹호하는 것이었는 데 비하여 아메리카 혁명의 경우, 자연권에 대한 주장은 모든 기존 정권의 폭정에 대한 인민의 항거라는 관점에서 표출되었다. 어쨌든 이 혁명들은 극소수의 자유를 다수의 자유로 확대하고 가부장적 주권론을 주권재민설로 발전시키는 토대를 만들어 놓았다.

17세기 이후 약 2세기 동안 홉스·로크로부터 벤담·밀에 이르기까지 정치사상을 지배한 것은 기계론적 국가관이었다. 돌이켜보면 17세기 이전까

4) 전문가나 사상가들에 의해서 헌법적 논의는 계속되었는데 18세기에도 그 시도는 계속되었다. 프랑스 혁명 직전에 루소는 자신의 지론에 입각하여 폴란드와 코르시카의 헌법을 기초하였다.

지는 유기체로서의 국가의 관념이 오랫동안 정치이론가들의 마음을 사로잡고 있었다. 그것은 고대 그리스의 고전적 이론에서 시작하여 중세를 거치는 동안 그리스도교적 사회계층론과 일치하여 일관성 있게 군림하였다. 그러나 17세기의 정치철학자들은 상이한 이론적 토대 위에서 당시의 자연관에 맞는 기계론적 국가관을 수립하였다.[5] 이때의 자연관에 의하면 자연은 하나의 '거대한 기계'이며 인간은 물론이거니와 사회나 국가까지도 그 부분일 뿐이라면서 모두 자연법칙의 지배를 받는다는 것이었다. 비록 신은 처음에 이 거대한 기계를 만들었으나 일단 움직이기 시작한 이 기계는 자체를 지배하는 법칙을 따를 수밖에 없다는 것이었다.

17세기의 사회사상은 정치적 현상황을 타파하여 스스로의 이익을 추구하려는 부르주아 계급의 시도에 의해 제한받지 않을 수 없었다. 이 계급은 자체의 규범에 따라 기성 사회질서를 비판했으며, 그 질서의 파괴를 통해 계급적 자유가 실현될 수 있다고 믿었다. 그러므로 그들이 사회에 부정의가 만연되고 있다고 생각했다면 그 부정의를 감당하는 사람들이 바로 그들 자신이라고 믿었기 때문이며, 불평등을 규탄했다면 그 규탄의 이유는 바로 그들 자신이 정치참여의 기회를 얻지 못하고 있기 때문이었다. 그러므로 부르주아 계급이 특권계급에 대한 대항의 명분인 만인의 보편적 자유·평등은 다만 차용한 데 불과하였다. 좀 더 너그럽게 해석해서 그들은 나머지 비특권 인구를 대변하여 불평등을 규탄했던 것이다. 혁명의 쟁점이 사회적 복리와 권익의 배분문제로까지 확대됨에 이르러 그들은 능력과 공적·기여·공헌에 입각한 배분정의를 강조하게 되었다. 이리하여 부르조아적 사회이론은 평등과 정의와 자유를 다각도로 제약하는 것이 되었다.

한편 형평 개념을 살펴보면 중세적 신성神性은 사라지고 '세속화'되었다.

---

5) 17세기 이후에도 유기체적 국가관이 자취를 감춘 것은 아니었으며 그 형태와 내용을 달리하여 루소를 거쳐 헤르더·헤겔에까지 이어졌다.

중세사상에서는 형평은 신에 귀착되었으며 모든 정의의 원천이 신의 섭리에 있다고 생각되었으나 근대적 이론에 의하면 형평은 인간의 정의, 즉 사회생활에서 실현되어야 할 덕목이라고 간주되기에 이르렀다. 궁극적으로 정의와 자유가 신의 심판으로 결정된다는 중세적 종말론은 더 이상 정치이론에서 큰 설득력을 발휘하기 어렵게 되었으며 신성에 귀착시키는 중세적 형평 개념은 자연법 이론이 강해짐에 따라 점차 힘을 잃게 되었다. 자연법 이론에 의하면 인간본성은 이성理性과 조화되어 있어 자연법을 이해할 수 있으며 결국 인간은 사회생활의 자유를 자연법에 따라 향유한다는 것이었다. 이러한 사상적 근거에 따라 형평은 사회생활의 원리로서 인간 행위의 기준이 되었다.

17세기의 정치이론의 새로운 점은 방법론의 변화에서 볼 수 있었다. 사회연구는 자연과학의 영향을 받아 '정밀과학'의 이상을 추구하게 되었다. 마치 자연현상이 수학적 사고에 입각한 정확한 공식에 따라 다스려질 수 있는 바와 같이 인간사도 역시 정연하게 또 완벽하게 통제될 수 있으리라고 믿어졌다. 이러한 방법론적 유사성은 특히 수학적 방식을 도덕과 법의 분야에 적용함으로써 나타났다. 즉, 그것은 홉스의 정치학, 스피노자의 윤리학, 그로티우스의 법학, 라이프니츠의 철학 등에서 예증되었다. 푸펜도르프도 인간의 사회적 행위에 대한 법적 분석이 수학적 분석과 유사한 방법으로 될 수 있다고 믿었다. 물론 수학적 비유는 전혀 새로운 것이 아니었다. 예컨대 아리스토텔레스는 윤리학에 수학 개념을 도입한 바 있으며, 특히 정의를 비례의 개념으로 설명하려고 하였다.

그러나 고대와 근대 간의 근본적 차이는 고대 철학자가 윤리학에서 완전무결한 증명을 기대하지 않은 반면, 근대적 전통에 의하면 관념은 분석되어 자명한 명제로 환원되고 그 타당성이 증명된다는 식이었다. 예컨대 홉스는 기하학에서와 같이 분명하고 정확한 방법을 적용함으로써 '정치의 과학'을 수립하려고 하였다. 그는 사회를 연구하는 과학이 이른바 '일종의 심리적 기하학'에 입각되는 것이라고 믿었다. 같은 예를 로크에게서도 볼 수 있다. 1690년에 출판된 『인간 이해理解 논고』에서 그는 도덕이 과학적으로 규명될 수 있음에 관해 다음과 같이 쓰고 있다.

> 나는 수학에서와 같이 이론의 여지가 없는 필연적인 논리적 귀결에 의해 자명한 명제로부터 정·사의 표준이 설정될 수 있으리란 것을 의심치 않는다. 그것은 다른 어떠한 과학에 대해서 와 같이 동일한 정도의 객관성과 관심을 기울이는 사람에게 해당되는 말이다.[6)]

그러나 17세기에는 정치사상이 세속화와 수학화란 특성에도 불구하고 고전이론의 전통은 유지되고 있었다. 아리스토텔레스의 정치철학과 스토아파의 사상은 각별히 사회정의의 문제에 영향을 미쳤으며 일반적으로 도덕과 정치의 이론에도 영향을 끼쳤다. 물론 고대의 유산은 제한된 범위에서 받아들여진 것이었으며, 시대의 현실적 요구와 변화에 따라 조정되어야 할 성질의 것이었다. 그럼에도 불구하고 17세기 사상가들은 고전적 이론이 내세운 기본적 명제를 자신의 사회이론에 편입시켰으므로 흔히 추론되고 있는 것보다는 더 심각하게 우리는 근대사상에 끼친 고전적 영향을 느낄 수 있다.[7)]

정치와 윤리를 결합시킨 아리스토텔레스의 관점은 17세기를 거치는 동안에 더욱 중요하게 인식되었으며, 18세기 중기의 독일 출신 프랑스 철학자

---

6) John Locke, *An Essay Concerning Human Understanding*, ed. Fraser (1959), Vol. II, Ch. IV, iii, 18, p.208.

7) Paul O. Kristeller, *Renaissance Thought* (1961), pp.24~27. 크리스텔러는 '플라톤의 부활기'라 할 르네상스 시대에서도 아리스토텔레스의 전통이 단절되지 않았음은 물론이거니와 그것이 17세기까지 지속되었다고 강조하고 있다.

돌바크Paul-Henri Thiry, Baron d'Holbach(1723-1789)의 이른바 '윤리정치(éthocratie)'의 관념에서 두드러진 예증을 볼 수 있다. 예컨대 돌바크는 아리스토텔레스와 마찬가지로 정의가 사회생활에서의 모든 적절한 행위를 규제하는 하나의 윤리적 덕성이라고 간주하였다. 도덕이나 윤리의식이 자유와 평등의 정치적·법적 의미를 넘어선 도덕적 의미를 한정시킨다는 것이었다. 아리스토텔레스는 어떠한 실정법 체계도 윤리성이 결여될 경우 완벽한 것이라고 할 수 없다고 강조했는데,[8] 그와 마찬가지로 근대 사상가들도 형평을 도덕의 영역에까지 확대시켜 생각하였다.

그로티우스·푸펜도르프·라이프니츠 등은 권리를 '도덕적 속성'으로 보았는데, 이것은 정치적 사실을 도덕적 관점에서 보려는 노력을 단적으로 증명하고 있다. 그로티우스는 권리를 가장 넓은 의미의 도덕적 행위의 '규칙'이라고 간주했으며 라이프니츠도 역시 권리를 하나의 '도덕적 힘', 정의를 '정신적 성향을 지배하는 덕성'이라고 규정하였다. 그들에게는 남에게 해로운 일을 하지 않고 자신의 주장하는 바를 차지하는 행위를 다스리는 규칙은 법적 강제 명령인 동시에 도덕적 계율이다.

도덕이 자연질서에서 유래한다는 고전적 견해는 케임브리지 플라톤학파에 의해 전개되었다는데, 이 학파의 사상가들은 '사물의 본성' 그 자체 내에 정·사 및 선·악이 내재한다고 주장하고 모든 현실적 제도는 항구 불변한 도덕률에 의존한다고 강조하였다. 17세기 영국 펄학자 컴벌랜드Richard Cumberland(1631/1632-1718)는 이 견해를 지지하여 주장하기를 어떤 형평원칙은 '자연의 빛에 의해(by the light of nature)' 잘 알려져 있기 때문에 전혀 창의력이 없는 사람이라 해도 반대할 수 없는 명백한 것이라고 하였다.

17세기에 이르러 자연법 관념과 함께 키케로의 평등론이 분명하게 나타났다. 키케로의 자연평등의 관념은 홉스의 자연권 주장에서 철저를 기하게

8) H.A. Rommen, *The Natural Law*, tr. T.R. Hanley (1964), p.18.

되었는데, 같은 생각이 푸펜도르프나 로크에게도 나타나 있다. 자연법의 혁명적 전환은 권리 관념에 있었다. 즉, 17세기 사상가들에 의하면 권리는 객관적인 것으로부터 주관적인 것, '행위의 규칙(norma agend)'으로부터 '행위의 능력(facultas agenti)'으로 바뀌는 인식상의 변화가 있었던 것이다. 종래까지 라틴어의 ius에 내포된 두 의미, 즉 법과 권리가 이제 17세기의 주도적 정치철학자들, 예컨대 홉스·푸펜도르프·로크 등에 의해서 명백히 분리되었으며, 권리는 곧 자유라는의 뜻으로 이해되기 시작하였다. 로크는 권리를 '우리가 한 사물을 자유롭게 사용하는 것'이라고 보고, 법을 '특정 행위의 강제 또는 금지'라고 구분했는데,[9] 이 구분이야말로 곧 근대적 정치이론의 출발점이었다.

그러나 특이한 것은 권리가 소극적인 것과 적극적인 것으로 나뉘어 졌고 더욱이 근대사상에서는 소극적 의미의 권리 개념이 주로 지배적이었다는 사실이다. '소극적 권리'는 '자의적 또는 합리화될 수 없는 불평등의 제거에 대한 소극적 요구'이다.[10] 그것은 타당한 이유가 발견되지 않는 한, 불평등이 인정될 수 없는 상태를 의미하며 뒤집어 보면 합리적인 불평등이라면 허용될 수밖에 없는 상태를 가리킨다. 한마디로 말해 '피해로부터의 자유'이다. 여기에 반해서 '적극적 권리'는 홉스나 스피노자의 경우에서와 같이 힘(power)과 동일시되는 관념이며, 그것은 '사실상의 권리(factual rights)'를 의미한다. 19세기 영국의 법학자인 오스틴John Austin(1790-1859)은 권리의 대상을 획득할 힘이 결여될 경우 권리는 있을 수 없다고 논하면서 그러한 힘은 '상응의 의무(correlative duty)'를 이행하도록 하는 '강제력(coercive sanction)'의 행사에서 비롯된다고 지적하였다. 그러나 역사적으로 보면 권리가 적극적인 의미의 '힘'으로 파악되기 전에 소극적인 의미인 '불평등의 결여'

9) John Locke, *Essays on the Law of Nature*, ed. W. von Leyden (1954), p.109; p.121.

10) D.D. Raphael, *Problems of Political Philosophy* (1970), p.184.

로 인식된 것이 사실이었다. 근세 초의 평등은 법적 불평등을 제거하려고 하고 특권을 뒤엎어 놓는 수단이었으며 경제사가 토니R.H. Tawney(1880-1962)가 바르게 지적한 것처럼 당초부터 적극적이라기보다 소극적인 의미로 제시되었다.[11] 예를 들면 그로티우스는 권리란 부정의한 어떤 것을 하지 않도록 삼가는 것, 즉 남을 해치지 않는 올바른 행위를 의미한다고 보았다.[12] 평등한 권리란 양자 간의 동등한 자유를 의미하는 것인데, 그것은 사람이 남을 해치지 않는 일정 범위에 자신의 자유를 한정시킬 때 보장될 수 있는 것이다. 그로티우스의 주장과 같이 모든 인간은 피해로부터 해방되는 자유를 가지며 그럼으로써 자신의 권리와 남의 권리가 서로 충돌하지 않을 수 있다. 권리는 이 경우 자기가 원하는 것을 무엇이나 할 수 있는 것이 아니라 차라리 각자가 옳지 않은 것을 삼가는 것을 의미한다.

근대적 평등주의가 지향하는 바는 모든 사람이 정치적 기능에 함께 참여하고 각자가 자신의 자질을 발휘할 수 있는 동등한 기회를 갖게 하려는 것을 목적으로 하였다. 그럼에도 불구하고 평등주의가 전제로 한 것은 정의로운 사회에서는 비례평등이 필요하며 '합법적이며 합리적'인 차이가 불가피하다는 것이었다. 이와 같은 역설적인 이중성은 형평이라는 단일개념으로 수렴될 수 있었다. 톰슨David Thomson이 지적한 바와 같이[13] 역사적으로 평등의 기원이 된 형평은 단순히 평등한 것을 의미하지 않고 평등하면서도 동시에 정당한 것을 의미하였다. 이 개념은 17세기의 사회사상에서 체계화되고 교환과 배분이란 사회적 여러 관계에 따라 자세하게 논의되었다.

11) R.H. Tawney, *Equality* (1952), p.106.

12) 이러한 권리는 홉스의 이론에서는 의무관념과 긴밀한 관계가 있다. Howard Warrender, *The Political Philosophy of Hobbes: His Theory of Obligation* (1957), pp.18~26.

13) David Thomson, *Equality* (1949), p.25.

2. 그로티우스의 자유론 — 피해로부터의 자유

여러 국가의 상호관계에 관한 법률에 관해 언급하면서 그로티우스는 1625년에 "지금껏 아무도 그것을 광범하고 조직적 방식으로 다룬 적이 없다. 그러나 인류 전체의 복지를 생각하면 이 일이 완성되어야 할 필요가 있다"라고 기술하였다.[1] 그는 인류의 명분에 의해 자극받고 후세의 저술가들이 자주 인용하는 놀라운 법학 체계의 저술에 착수하였다.

그로티우스Hugo Grotius(Huig de Groot, 1583-1645)는 지금의 네덜란드의 델프트에서 태어나 어려서 신동이란 칭송을 듣고 일찍부터 고전작가들의 작품을 탐독하고, 그 밖에 수학·철학·법학 등을 익혔다. 11세에 레이던 대학에 입학하여 공부를 마친 1년 후 그는 15세(1598년)에 주프랑스 외교사절을 수행하며 프랑스 체재 기간에 그는 오를레앙 대학에서 법학박사 학위를 수여받고 탁월한 법률가로 인정받았다. 한편 그는 30세 전후에 고전고대의 저작을 편집·번역하여 고전학자로서 명성을 떨쳤다. 사법 및 외교의 분야에서 여러 직책을 맡은 후 그는 정치적 분쟁에 관련되어 1618년 종신형을 선고받았으나 1621년에 탈옥하여 프랑스의 루이 13세의 궁정으로 망명하였다. 망명 중인 1625년 자신의 최대의 저술인 『전쟁과 평화의 법』을 내놓았는데 여기서 그는 전시와 평화시의 법의 지배를 역설하였다. 따라서 이 저술은 당시의 유럽의 정치정세를 직접적으로 반영한 산물이라 할 수 있다.

이 책의 초판이 발행된 때부터 1634년 그로티우스가 주프랑스 스웨덴 대사로 파리에 돌아올 때까지의 기간은 이른바 30년전쟁(1618~1648)의 한가운데에 해당한 때였다. 이 전쟁은 세속적 이유와 종교적 동기가 함께 얽

---

1) Hugo Grotius, *De jure belli ac pacis libri tres* (1625) Eng. tr. *The Law of War and Peace* from the revised 1646 edition by Francis W. Kelsey with the collab. of Arthur E. R. Wright (Indianapolis and New York, 1925), Prolegomena, 1, p.9. 이하 *belli ac pacis*라 약기함.

힌 동란이었는데, 결과적으로 사해동포주의라는 그리스도교적 명분이나 전쟁의 잔혹성을 크게 완화시키지 못하였다. 그로티우스의 지적과 같이 신법이든 인간의 법이든 마치 모든 범죄나 범법이 거침없이 행해져도 아무런 제재가 가해지지 않은 실정이었으므로 법의 존중이란 하등 기대될 수 없는 상황에 놓여 있었다.[2] 그로티우스는 1645년 독일 북동지방의 로슈톡에서 사거했는데 고국에 대한 통한은 자신이 죽기 전에 직접 쓴 비명에 잘 표현되었다. 즉, "여기에 네덜란드에 의해 투옥·추방된 휴고 그로티우스가 누워 있도다. 그는 위대한 스웨덴 왕국의 대사였느니라." 그러나 그는 스웨덴 대사가 아닌, 네덜란드의 한 많은 망명 정치가도 아닌, 비코의 말과 같이 전 인류의 위대한 법학자였다.

그로티우스의 기념비적 저술인 『전쟁과 평화의 법』[3]은 아리스토텔레스·키케로·세네카 및 로마 법학자들을 비롯해 그리스도교 저술가들의 고전적 자료에 크게 의존하고 있음에도 불구하고 이른바 소극적 의미의 권리 개념과 형평에 입각한 보상정의론이라는 점에서는 족히 현대적 관심을 끌 만한 것이다.

무엇보다도 그로티우스의 체계는 자연법 관념에 입각하고 있다는 점이 주목된다. 그가 자연법을 의지意志의 구현이라기보다 이성의 소산으로 보았다는 것은 자연법에 대한 합리주의적 해석을 의미하며 이러한 시도는 그 후의 사상가들이 널리 받아들이는 바가 되었다. 자연법에 대한 합리주의적

---

2) 같은 책, Prolegomena, 28, p.20.

3) 이러한 주저 이외에도 그 밖의 법학 저술이 있다. 『해양의 자유(*Mare liberum*)』는 1608년 11월 처음 차명 출판된 것인데 그 부제가 표시하는 바에 의하면, 그것은 「동인도 무역에 참여하는 네덜란드에 귀속되는 권리」를 논하고 있다. 이것은 초기 미발간 논문인 『약탈법(*De jure praedae*)』의 제12장이었다. 『약탈법』은 그가 헤이그에서 변호사 개업을 하고 있을 1604~1605년의 겨울에 쓰여진 것이었다. 1602년 네덜란드 루버스타인에 투옥 중 그로티우스는 『네덜란드법 입문』을 썼는데, 이것은 1631년 발간되었다. 그것은 그 이래 1세기 반 동안 네덜란드의 각 대학에서 널리 교과서로서의 명성을 떨쳤다. 그로티우스는 또한 종교 문제에도 깊은 관심을 갖고 있었는데, 그것은 『그리스도교의 진리』(1627)에서 충분히 반영되었다.

해석은 이른바 주의론主意論을 극복할 목적으로 도덕적 필연과 수학적 필연을 구별 지었다. 그로티우스에 의하면 자연법은 불변이며 심지어 신에 의해서도 변경될 수 없는 '올바른 이성의 명령'이었다.[4] 이는 어떤 행위가 합리성을 갖는가 아닌가에 따라 도덕적으로 타락했다든지 또는 도덕적 필연성을 갖는다든지를 판가름해 주는 법이라는 주장이었다.[5]

그로티우스에 의하면 인간은 무엇이 합리성을 갖는가, 즉 무엇이 이성과 일치하는가를 판별하는 능력을 가지며 무엇이 즐거우며 무엇이 불쾌한가를 분별하는 힘을 가지고 있다.[6] 그러면 행위의 옳고 그름은 어떻게 판별되는가? 그것은 그 행위가 합리적으로 사회생활의 필요에 대응하는가의 여부에 따라 결정된다. 어떤 개인 또는 민족이 단순히 직접적이며 자기중심적인 이익과 합치되는 행위를 할 때 그 행위는 도덕적 우위를 주장할 성질의 것일 수 없다. 즉, 그로티우스는 공리功利나 편익이 정의의 기본이라고 주장한 고대 그리스의 카르네아데스Carneades(BC214-129/128)의 견해를 반대하였다. (물론 그로티우스는 공리성이 정의에 이르는 계기가 되리라는 것을 부정하지는 않았는데[7] 이 점에서 키케로와 의견을 같이 한 셈이었다.[8]) 법은 상호의 의무수행[9]을 규정하며 그 근원은 편익에 있지 않고 사회계약에 있다. 그로티우스에 의하면 사람들은 상호의무의 수행을 확실하게 할 방법으로 시

---

4) *belli ac pacis*, Bk. I, Ch. I, x, 1, p.38.

5) 같은 곳.

6) 같은 책, Prolegomena, 9, p.13.

7) *belli ac pacis*, Prolegomena, 16, p.15 참조. 물론 그는 편의라는 요소를 경시한 것은 아니었다. "자연법은 편의를 강화시킨다. 왜냐하면 자연의 주인[神]은 개인으로서의 우리가 약하며 따라서 적절히 살기 위해서는 필요한 많은 사물을 결핍하고 있기 때문이다"라고 그는 말하였다.(같은 곳)

8) Cicero, *De Officiis*, tr. Walter Miller (1913 Loeb Classical Library) Bk. III, xxi, & xxxviii.

9) 같은 책, Prolegomena, 10, p.13 참조.

법市法을 갖게 되었으며,[10] 이러한 시법은 결정 사항에 동의할 것을 약속함에 따라 제정되었다.[11] 이와 같이 의무의 수행을 목적으로 사회는 형성되며 또 법이 제정된다.

그런데 선의 증진을 위한다는 점에서는 의무의 수행은 덕성의 발휘와 같지만 행위자의 관점에서 보면 대상이 다르다. 베이컨은 비록 의무와 덕성 간의 상호연관을 인정하긴 했으나 의무가 사회의 선을 목표로 하는 반면, 덕성은 개인의 선을 목표로 한다고 보고[12] "의무란 말은 남을 위한 마음의 준비가 된 사람에게 적절한 말이며 그에 비해 덕성이란 말은 그 자신을 위해 마음의 준비가 된 사람에게 적용될 수 있다"[13]고 말하였다. 그로티우스도 의무로부터 덕성을 분리시킨 점에서는 베이컨과 같았는데 그는 남의 소유물을 그에게 귀속시키고 또 남에 대한 우리의 의무를 수행하는 것이 정의의 본질이라고 주장하였다.[14]

그로티우스는 사회를 자연적인 것이라 본 점에서는 아리스토텔레스나 키케로와 같은 입장을 취하였다. 인간의 두드러진 특성은 '사회를 향한 억누를 수 없는 욕구'에 있으며 다른 동물보다 우월할 수 있는 이유가 그 점에 있다는 것이다. 그리고 인간은 '지능'을 소유하는 만큼 조직적이며 질서 있는 사회생활을 영위하게 된다. 그는 전前정치사회로서의 자연 상태를 생각했는데 이 경우 그 상태는 '자연적으로 결합된 상태'를 말하는 것이다. 그러므로 더닝William A. Dunning(1857-1922)이 지적한 바와 같이 그로티우스의 생각에 의하면 사회(societas)는 인간의 자연적 본능의 소산이지만 국가(civitas)는

10) 같은 책, Prolegomena, 15 & 16, pp.14~15.

11) 같은 책, Prolegomena, 15, pp.14~15.

12) Francis Bacon, *The Advancement of Learning*, ed. William Wright (1900), Bk. II, p.197.

13) 같은 곳.

14) *belli ac pacis*, Prolegomena,10, p.13.

계약에 의해 형성된 것이었다.[15] 그리하여 인간사회의 모든 성원은 각자의 보존이 곧 전체의 복지와 연결되며 일치하고 있기 때문에 사회계약의 기본 정신에 입각하여 상호 간에 해를 끼치지 않도록 삼가야 한다. 왜냐하면 사회가 형성되면 그로티우스의 이른바 '순수 자연법(merum ius naturae)의 지배 상태'(후의 홉스의 자연 상태)가 끝나고 공공의 평화를 보존하기 위해서 폭력이 억제되어야 하기 때문이다.[16] (물론 이 억제는 주권의 확립을 통해 실현된다.) 사회는 이와 같이 상호피해의 억제를 목적으로 형성되었으며 만일 사회의 모든 성원이 서로 근신하고 상대방을 선의로써 지켜주지 않으면 그 사회는 유지될 수 없다.[17]

그로티우스는 개인의 사회적 관계를 (1) 평등의 관계 (2) 우열優劣 관계로 나누고 그 관계에 따른 두 형태의 정의를 고찰하였다. 먼저 동등자 간에서는 정의는 평등의 권리 또는 평등의 법이란 관점에서 논할 수 있다. 즉, 동등한 입장에 놓인, 도덕적으로 독립한 사람들은 상호관계를 맺음에 있어서 무엇보다도 상호침해를 회피해야만 할 것이다. 여기서 그는 동등자를 형제·동료시민·친구·동지라고 보았다. 다음으로 우열의 관계를 본다면 다스리는 자와 다스림을 받는 자 사이에 존재하는 위계位階의 정의는 우위권 또는 지배의 법이란 관점에서 문제 되는데 위계는 구체적으로 부모와 자녀, 주종主從, 군신 또는 신인神人 간의 관계에서 발견되는 것이다.[18]

그러면 그로티우스의 권리 개념은 어떠한가? 그는 자신의 이론 전개를 통해 적극적 권리와 소극적 권리로 나누고 있는데 이미 지적한 바와 같이 이

---

15) William A. Dunning, *A History of Political Theories: Ancient and Medieval* (1910), p.180.

16) 같은 책, pp.180~181.

17) *belli ac pacis*, Bk. I, Ch. I, iii, 1, p. 34. Grotius는 동등자의 관계를 소질·능력·장단점 등에 따라 더 세분하였다(같은 책, p.35).

18) 같은 책, Bk. I, Ch. I, iii, 2, p.35.

러한 이분법은 사상사적 중요성을 지니고 있다. 적극적 권리란 자신이 원하는 것을 무엇이든 할 수 있는 권리를 의미하며 소극적 권리는 '옳지 않은 것'을 행하지 않음으로써 보장되는 권리이다. 그로티우스는 권리(ius)를 '옳은 것'을 행하는 것과 동일시하여 '부정不正한 것이 아닌 것'을 행함으로써 얻는 것이라고 주장하였다.[19] 이런 관점에서는 권리는 마땅히 취득되어야 할 '힘'이라기보다는 행위의 '규칙'이며 또한 법과 동일한 의미를 가진다. 다만 우리는 권리를 통해서 남과 '도덕적 평등'을 성취할 수 있으며 이 점에서도 그것은 법과 같은 개념이다. (그로티우스는 도덕적 평등을 완전한 평등 및 불완전한 평등으로 나누었는데 여기에 관해서는 후술할 것이다.)

이와 같이 보면 그로티우스의 권리는 행위 가능성의 극대화를 말하는 것이 아니라, 도리어 행위의 적절성과 한계를 말하는 것이므로 그것은 일반적으로 자유보다는 형평과 더 긴밀한 관계가 있다. 그로티우스는 초기의 저술에서 형평에 관해 말하기를 "논쟁의 여지 없는 분명한 법에 규정된 바에 따라 자기 자신의 권리를 행사하는 사람은 마땅히 기만이나 사기를 꾸미지 않으며, 사실상 아무에게도 해를 끼치지 않는다고 생각되는 그런 사람이다"[20]라고 하였다. 이러한 전제에 모든 사람이 각자 자신의 이익을 위해 남과 결합할 수 있다는 것은 '최고법과 형평'에 일치한다.[21]

이러한 초기의 입장은 후의 『전쟁과 평화의 법』에서도 다시 확인되고 있다. 그로티우스는 정의를 (1) 모든 사람이 제각기 남에게 속한 것을 손대지 말아야 한다는 원칙 (2) 더 크게는 하나의 전체로서의 사회가 침해되지 않아야 한다는 원칙 등의 두 측면에서 보았다.[22] 그는 말하기를 정의는 타인

---

19) 같은책, p.34.

20) Hugo Grotius, *Mare liberum* (1608) Eng. tr. The Freedom of the Seas by Ralph von deman Magoffin (New York, 1916) Ch. XII, p.69.

21) 같은책, p.69 & p.71.

22) 같은책, Prolegomena, 44, p.25.

에게 속해 있는 것을 삼가는 데 있으며, 해를 가해 오지 않는 사람에게 해를 끼치지 않는 데 있다고 하면서 또한 정의란 우리가 차지했었을지도 모를 타인의 것을, 그로 인해 생겼을지도 모를 이익과 함께 상환하며, 약속이행의 의무나, 우리의 잘못으로 생겨난 손해를 갚아주는 것, 또는 공과에 따라 상벌을 과하는 것 등 — 즉, 한마디로 보상정의를 의미한다.[23] 따라서 거꾸로 말하면 부정의란 남에게 속한 것을 불법 점유하는 행위를 가리킨다.[24] 정의로운 사회는 나와 남 사이에 피해와 가해加害가 없는 사회이며 거기에서는 한마디로 호상적 자유(reciprocal freedom)가 보장된다. 이러한 호상적 자유가 '동등하고 올바른' 조건으로 유지되지 않을 경우 싸움은 불가피하게 뒤따를 것이다. 사적인 싸움이든 공공연한 충돌이든 간에 전쟁의 원인은 다름 아닌 '불형평'인데 그로티우스는 이것을 그의 논리적 출발점으로 삼았다. 그에 의하면 자유는 자치권·독립자주권[25]으로서 모든 민족과 국가에 속한 자연권인데 그것은 인간적 계약 의무에 선행하는 자연권이다.

그로티우스는 권리에 관해 다음의 두 가지 점을 강조하였다. 첫째로 각자는 남이 그를 대해 주었으면 하고 원하는 바와 같이 남을 대하는 한, 그는 행위의 자유를 향유하는 것이다. 더욱이 모든 사람은 다 같이 침해당하기를 피하려는 욕구를 갖고 있으므로 '침해로부터의 동등한 해방', 즉 나에게 해를 가해 오지 않는 사람에게는 똑같이 그에게 해를 입히지 않도록 노력하는 것은 행위의 기본적 규칙이 되어야 한다. 이 목적을 위해서는 해로운 결과를 예기케 하는 행위를 취하면 안 된다는 것, 그리고 부당하게 소유한 것은 원소유자에게 되돌려 주어야 한다는 것, 자신의 잘못으로 생긴 손실은 정당하게 배상되어야 한다는 것 등이 지켜져야 한다. 둘째로 권리는 매

---

23) *belli ac pacis*, Prolegomena, 8, p.12.

24) 같은 책, Prolegonena, 44, p.25.

25) 같은 책, Bk, II, Ch. XXIV, vi, 1, p.573.

우 넓은 의미로 파악되었다. 즉, 법적 의미뿐 아니라 도덕적 의미로 파악되었다. 이 점에서 권리는 옳은 일을 해야 한다는 의무를 규정하는 도덕적 행위의 규칙과 긴밀한 연관을 가진다.[26)]

그로티우스의 법 관념은 그만큼 '윤리정치'와 관계되는 것이다. 권리는 정의뿐 아니라 그 밖의 모든 덕성의 본질에 속한다. 그로티우스의 의견으로서는 단순히 옳은 행위일 뿐 아니라 '적절한' 행위를 하게 하는 의무를 우리에게 부과하는 근거가 된다는 것이다. 왜냐하면 자신의 행위에 관한 우리의 권리는 정의라는 자연적 의무에 따라 남과의 관계에서 제약받기 때문이다.[27)] 바꾸어 말하면 권리란 '사람에게 어떤 특전特典을 갖게 하거나 특정의 행위를 하게 하는'[28)] 목적으로 '부여된' 도덕적 자질에 불과하다.

그로티우스의 권리 개념에서 특이한 것은 완전권리와 불완전권리로 나눈 그의 구분이다. 권리가 완전한 도덕적 성질을 띠고 있는 경우 그로티우스는 이를 '힘(facultas)'이라 불렀으며 엄밀한 법적 규정에서 유래한 '원래의 권리'라고 칭하였다. 그러나 이에 대해서 권리가 불완전하면 '적성敵性(aptitudo)'이라 칭할 수 있는데 그것은 넓게 보아 도덕적 적성이라고 볼 수 있다. 간단히 말해 권리는 법적 권리와 도덕적 권리가 있는데 후자는 밀J.S.Mill이 말하는 개성적 자유와 관계가 있다. 밀은 말하기를 "합당한 명분 없이 남에게 해를 끼치거나 해를 끼치지 않을 수밖에 없는 행위는 무엇이든지 기분이 좋지 않긴 하지만 억제되지 않으면 안 된다"라고 하고 따라서 이 점에서 개인의 자유는 제약받지 않을 수 없다고 강조하였다.[29)] 그로티우스에게 힘은 실제적인 힘이며 그것이 잠재적인 능력인 적성과는 구별되지만, 이 양자는

---

26) 그로티우스에 대한 주석가인 Thomas Rutherforth (1712~1771), *Institutes of Natural Law* (1756), Vol. I, p.27 참조.

27) *belli ac pacis*, Bk. I, Ch. I, ix, 1, p.38.

28) 같은 책, Bk. I, Ch. I, iv-viii, pp.35~36.

29) John Stuart Mill, *On Liberty* (Liberal Arts ed., 1956), p.68.

정의와의 관계에서 볼 때에는 반드시 분리될 필요가 없다. 동등자 간의 정의는 엄격한 권리에 입각하여 평등하게 적용되는 '완전 정의(iustitia expletrix)'인데 이 경우에는 사람과의 관계보다 행위의 상황을 고려하게 된다. 바꾸어 말하면 상황적 요인이 평준화된 후에야 비로소 행위에 관한 평등 여부가 판별될 수 있다. 예컨대 기회의 평등은 사람과 관계없는 상황적 요인의 평준화를 의미한다. 그러나 그로티우스의 이른바 '귀속 정의(iustitia attributrix)'[30]는 '사람'을 고려하게 된다. 즉, 어떤 특정인의 사회적 기능이 공동선이나 정치적 명분에 크게 기여하는 경우 그의 권리는 배분정의의 관점에 따라 결정된다. 이 경우에는 단순히 상황적 요인을 고려하는 것만으로는 충분치 않으며 당사자의 업적이나 개인의 장점을 고려해야 한다.

그러므로 배분정의의 경우는 상황적 요인의 평준화뿐 아니라 관계의 상이성을 고려해야 한다. 그리하여 그로티우스에게는 이른바 '동등한 자유'란 평등의 원칙을 파괴하지 않고 개인 각자의 능력이 충분히 발휘되는 것을 의미하며 결과적으로 단순히 평등함뿐 아니라 '평등하고 적절함', 즉 형평을 의미하였다. 이러한 '동등한 자유'는 행위에 대한 상황적 조건을 비단 '형식적으로' 평준화할 뿐 아니라 또한 기능·관계·자질에 비추어 본 상호 간의 '적절성'을 고려함으로써 달성될 수 있다. 그러므로 형평은 남의 권리를 침해하지 않으면서도 주장할 수 있는 각자의 권리의 한계를 정해주는 기준이다.

권리에 대한 소극적 해석으로부터 '공동선에의 기여에 대한 보답'으로서의 정의의 적극적 개념이 도출된다. 그로티우스는 계약이나 관직 임명의 경우를 예시하여 모든 계약에서 자연 정의는 조건의 평등[31]을 요하므로 쌍방에게 정보에 대한 동등한 접근과 그 활용이 허용되어야 할 뿐 아니라 당사

---

30) *belli ac pacis*, Bk. I, Ch. I, vii-viii, pp.36~37.

31) 같은 책, Bk. II, Ch. XII, viii, & ix, 1, pp.346~347.

자들에게 '합의의 자유'가 완전히 보장되어야 한다.[32] 이러한 조건의 평등을 위해 쌍방 중 어느 쪽도 '올바르고 정당한 것' 이외의 어떠한 조건도 요구해서는 안 된다.[33]

공무원의 임명의 경우에 관해서도 유사한 논리가 적용될 수 있다. 그로티우스에 의하면 공무원은 공공선의 관점에서 적재적소의 원칙에 따라 임명되어야 할 뿐 아니라 동시에 경합자 간에 자유로운 경쟁이 이루어져야 한다고 주장하였다. 즉, 기회는 모든 사람에게 동등하게 부여되어야 한다. 왜냐하면 어떤 사람이 관직에 대한 특별한 자격을 갖지 않는다 하더라도 무가치하지 않은 사람이라면 누구든지 다른 사람들과 똑같이 성취를 위한 평등한 권리를 갖고 있기 때문이다.[34] 국가 편에서 볼 때에는 자격이 갖추어진 인물을 적소에 임명할 의무는 엄격히 지켜져야 한다. 부적당한 임명 때문에 야기되는 모든 있을 수 있는 손실 — 그것 때문에 국가 및 사회일반에 끼치는 물질적·행정적 손실에 대해서는 임명권자가 솔직이 책임져야 한다 — 은 보상되어야 한다. 즉, 부적당한 인물의 공직 임명은 즉시 철회되고 적재적소의 원칙에 따라 재임명되어야 하며, 동시에 그 사람 때문에 개악改惡된 행정이나 그 밖의 나쁜 결과에서 유래하는 피해는 원상복구되어야 한다. 그로티우스에 의하면 만일 누구든지 이러한 권리, 즉 공직피임被任의 권리(기회의 평준화)가 폭력이나 사기행위로 방해받는다면 그가 추구하고자 한 관직에 대해서가 아니라 기회에 대한, 있을 수 있는 해악과 손실은 추산推算·보상되어야 마땅한 것이다.[35]

끝으로 그로티우스는 형평과 법이 상호 연관된다고 주장하였다. 여기서 제기될 수 있는 근본 문제는 법이 형평한가의 여부에 관한 것이다. 법은 과

32) 같은 책, Bk. II, Ch. XII, x & xi, 1, pp.348~349.

33) 같은 책, Bk. II, Ch. XII, xi, 1, p.349.

34) 같은 책, Bk, II, Ch. XVII, iii, 1, p.431.

35) 같은 곳.

연 변화하는 현실에 대응하는 신축성을 갖고 있는가? 법의 교정 수단으로서 형평이 그 기능을 발휘할 수 있는가? 현실에 대응하는 법에 관해서 그로티우스는 아리스토텔레스의 의견에 동의했는데 각양각색의 인간 교섭 관계가 일반적인 법칙으로 묶이기 어렵기 때문에 입법은 반드시 상황에 따라 변화해야 한다고 말하였다.[36] 입법자가 내다보지 못한 점들은 형평에 입각하여 해결되어야 하는데, 왜냐하면 형평은 법의 정신이며 '악을 예방하고 피해를 교정해야 할 모든 일반적인 법의 의도'[37]를 의미하기 때문이다. 그것은 정의의 보완물 — 이른바 '정의의 목발' — 이며 법의 조문을 문구 그대로 좇아가는 것이 해롭고 불공평해지는 것을 막을 수 있다. 결과적으로 법적 표현을 엄격하게 해석함으로써 생기는 불평등과 부당성은 형평에 비추어 바로 잡힐 수 있다.

예컨대 만일 계약조건이 불평등하고 부당하다면 그것은 형평에 따라 '사후에(ex post facto)' 보상되어야 한다. 그로티우스가 말한 바와 같이 모든 계약에 있어서 쌍방이 동등하고 정당한 이익을 취한다는 것은 통상적인 규칙이며 또 되어야 하는 것이다.[38] 같은 형평 정신에 따라 약속은 특별한 상황에서는 부분적으로 수정되거나 혹은 전적으로 파기破棄될 수 있다. 예를 들면 동맹국에 지원을 약속한 통치자가 국내에서 반란의 위험을 제거하기 위해 병력을 필요하게 되면 이 필요가 계속 긴박한 한, 그의 약속이행은 면제될 수 있으며 이 경우 형평 정신에 의거해서 약속은 파기될 수 있다.[39] 즉, 돌발적 사태나 부득이한 상황의 발생은 약속의 의무에 신축성을 부여하며 그 합리화는 형평에서 찾을 수 있다. 형평을 기능적으로 본 그로티우스는 전통적인 '최상법이 최상불법(summum jus summa injuria)'이라는 관념을

36) Aristotle, *Nicomachean Ethics*, Bk. V, Ch. 10: 1137b 20~22, p.142.

37) *belli ac pacis*, Bk. II, Ch. XVI, xxvii, 1, pp.425 ~ 426.

38) 같은 책, Bk. II, Ch. XVI, xxii, 1, pp.349~350.

39) 같은 책, Bk. II, Ch. XVI, xxvii, 1~3, p.426.

적용하였다.

그러면 조정자의 정의로서의 형평을 그로티우스는 어떻게 생각하였는가? 일찍이 아리스토텔레스가 형평을 재판관의 정의라기보다는 조정자의 정의로 보았는데 그로티우스도 여기에 동조하여 재판관은 법조문의 문구에 얽매여 있는데 반해서, 조정자는 법의 힘보다 더 광범한 재량을 갖고 있으며, 그런 까닭에 알맞은 타당한 무게가 있는 형평에 근거하여 조정이 성립될 수 있다.[40] 그러나 권리침범에서 생긴 '불형평'은 어떻게 바로잡힐 수 있는가? 그로티우스에게 정의는 보복의 법이기도 하였다. 그것은 옳지 못한, 부당한 침해로 인해 발생한 득실의 불균형을 시정하기 위한 법이다. 불법적으로 남에게 넘어간 자기의 소유물을 되찾거나 손해를 회복하는데 거의 동일한 값의 물건을 차지해야 할 권리는 누구에게나 있으며 그것은 자연권의 일부이다. 이런 류의 회복은 평등을 되찾고 침해된 정의를 바로잡기 위한 유일한 수단인 것이다.[41]

그로티우스가 생각한 보상정의의 원칙은 전통적인 법 격언인 '각자에게 마땅한 몫을 주라'는 것이다. 그로티우스는 침해 또는 침범을 사회의 기간을 파괴하는 것으로 간주하고 그 교정을 위해 두 가지 조치를 제안하였다. 즉, 배상과 처벌(또는 전쟁)이다. 배상에 관해서 그는 "배상이 현재의 우리의 것 혹은 과거로부터 내려온 우리의 것과 관계가 있으며, 그것은 재산적 이익과 관련된 행위 및 어떤 개인적 행위 등의 근원이 된다"[42]라고 주장하였다. 그리하여 "다른 사람의 재산에 의해 자신의 가난함을 충족시키려는 사람은 (그가 취한 재물에 대해) 보상해주거나 가능하다면 소유주에게 같은 값의 물건을 주어야 하는 것이다."[43] 이와 같이 하여 손해에 대한 청구권

40) 같은 책, Bk. II, Ch. XVI, xxvii, 1~3, p.426.

41) 같은 책, Bk, III, Ch. I, ii, 2 & 3, pp. 599~600.

42) 같은 책, Bk. II, Ch. I, ii, 1, p. 171; Rutherforth, 같은 책 Vol. I, pp. 399~469.

43) *belli ac pacis*, Bk. II, Ch. II, ix, 1, p. 195.

은 당연한 권리로서 합리화된다.

그러나 적절한 방법에 따라 배상되지 않는다면 싸움은 불가피하다는 것이 그로티우스의 입장이다. 그에 의하면 배상이 뒤따르지 않을 경우, 전쟁은 우리의 인명과 재산을 지키는 행위일 뿐 아니라[44] 침범에 대한 처벌이기도 하다는 것이다. 물론 전쟁은 인간 이성의 본질과 반대될 경우 부당한 것이며 오직 생명의 보존과 질서 회복을 목적으로 할 때만이 정당할 뿐이다. 전쟁의 개념은 넓은 범위에 걸친 것이며 이성과 인간의 자연적 사회성에 비추어 볼 때 시민법 및 형법과 긴밀한 관계가 있고 더욱이 국제법과 관계가 깊다.

그로티우스는 두 가지의 경우 전쟁이 고려될 수 있다고 보았는데, 첫째로 침해에 대한 보상, 둘째로 처벌행위 등으로써 전쟁이 합리화된다. 물론 그로티우스는 처벌의 방법으로 오직 전쟁만이 있다고 보지는 않았고, 도덕적 의미의 처벌, 즉 사악한 행위를 함으로써 받는 수난의 고통까지를 고려한 것으로 보인다.[45] 그는 또한 처벌에 있어서 피타고라스적 원리, 즉 받은 침해에 정확히 비례하는 처벌이라는 생각을 인정하였다.[46] 그는 말하기를 누구든지 저지른 악에 비례해서 고통을 받아야 한다는 것은 자연의 원리에서 보면 부당하지 않다고 하였다.[47] 범법과 처벌의 동등성, 즉 비례적 보복은 정의의 기본임에는 틀림없다. 그로티우스는 비례적 처벌에 관한 법학자 베카리아Cesere Beccaria(1738-1794)의 원칙을 제시하면서 극단적인 경우에도 공포적 수단을 행사하기보다는 먼저 온건한 방법을 쓰는 것을 천거하고 있다.[48] 보복은 복수가 아니라 처벌에 그쳐야 하는 것이기 때문이다. 그렇다

---

44) 같은책, Bk. II, Ch. II, i, 2, p. 186.

45) 같은책, Bk. II, Ch. XX, i, 1, p. 462.

46) 같은책, Bk. II, Ch. XX, xxxii, 1, p. 498.

47) 같은책, Bk. I, Ch. II, v, 3, p. 58.

48) 같은책, Bk. II, Ch. XI. xvi, 1, p.740.

면 형평은 침해사항을 바로 잡는 데 있어서 적절함과 성실성을 요구한다. 단지 자연법만을 근거로 한 것이든 또는 소유권·계약·법령 및 그 밖의 인위적인 것에 의해 귀속이 강화되든 간에 사람은 본래의 권리를 회복하기 위해서는 적절함과 성실성을 필요로 하는데 이것이 곧 형평이다.[49]

그로티우스는 권리를 힘의 확대라기보다 차라리 힘의 한계란 관점에서 생각하였다. 권리는 단지 '부당하지 않은 행위'를 할 수 있는 자유이며 만일 그것조차도 남과의 관계에서 침해 문제를 일으키게 되는 경우에는 적절한 보상까지를 보장할 수 있어야 하는 것이다. 그는 이러한 권리를 형평 개념에서 전개하였다. 형평은 근본적으로 나와 남이 동등한 행위의 한계를 가지고 있다는 사실을 인식하는 데서 실현된다. 그에게는 상호 간 침해를 삼가는 것, 즉 '피해로부터의 자유'는 개인의 사회생활에서든 혹은 국가 간의 관계에서든 법의 기원이었다.

3. 양보적 자유와 전위— 홉스의 형평론

1588년 스페인의 무적함대가 영국을 침공해 올 즈음 남잉글랜드 윌셔Wiltshire의 맘스버리 교구 목사 사택에서는 아들을 조산했는데 이에 관해 홉스는 "어머니는 쌍둥이를 낳으셨는데 그것은 나 자신과 공포였다"고 술회하였다. 이와 같이 조산한 근대 정치사상사의 특이한 인물인 홉스Thomas Hobbes(1588-1679)는 자신의 이론을 통해 지속적인 영향을 미치게 되었다. 홉스는 젊은 나이에 옥스퍼드 대학을 떠나 명문 카벤디쉬Cavendish 가의 가정교사가 되었다. 그 사이에 그는 유럽 여행을 자주 함으로써 경험을 쌓았고 고전연구에 몰두하게 되었다. 이때 파리에서 우연히 알게 된 유크리데스 기

49) 같은 책, Bk. II, Ch. XVII, ii, 1, p.430.

하학은 홉스의 사상에 결정적인 전환을 마련하였다. 뿐만 아니라 그는 자연계의 운동에 보편성이 있다는 사실을 알고 큰 감명을 받아 모든 사물의 원인이 운동의 상이성에 있다고 믿게 되었으며 한걸음 더 나아가 이 원리에 의해 물질의 본질(*De corpore*), 인간의 본질(*De homine*) 및 국가의 본질(*De cive*) 을 추구하여 저술을 출판하게 되었다.

홉스가 본격적인 저술 활동을 통해 정치론을 발표한 것은 그의 50대와 60대에 해당하는 1640년대와 1650년대에 이르러서였다. 우선 1640년 그는 심리학·윤리학·철학의 요점을 담은 『법의 기본요소(*Elements of Law*)』를 부분적으로 완성하였다.[1] 영국 내란이 일어나자 유럽으로 피해 간 홉스는 11년간 파리에 살았는데, 1651년 『리바이어던(*Leviathan*)』을 출판하여 망명 중인 영국왕 찰스 2세의 노여움을 샀다. 여기서 제시된 그의 정치철학은 청교도혁명과 같은 유혈 반란에 대한 반발의 표현이라고 생각될 수 있다. 그는 혼란과 전쟁을 싫어했으며, 어떠한 형태이든 기성 권위에 대한 반란에는 반대하였다. 개인은 이러한 정치적 혼돈 속에서는 죽음의 공포에 직면하게 되는데, 인생의 참목적은 죽음을 피하고 생명을 보호하기 위한 데 있다는 것이다. 죽음으로부터의 해방이 모든 인간 행위의 동기라고 본 홉스의 이와 같은 인간성 분석은 각자의 자기 보호를 위해 리바이어던(거대한 괴수)과 같은 강력한 국가의 지배를 합리화하게 되는 결론에 도달하였다.

1640년대의 영국 정치사정에 비추어 보면 홉스는 자신의 정치이론에 세 가지를 기대하고 있었다.[2] 첫째로 그의 주장이 안정을 위한 정치이론으로 역할하는 것이었다. 즉, 기존의 모든 정치적 논쟁에 종지부를 찍는 이론이

1) 후에 두 부분으로 나누어 『인간본성론(*Human Nature*)』과 『정체론(*De Corpore Politico*)』으로 출판되었다. 『정부론(*De Cive*)』(1642)은 후에 『정부 및 사회의 철학적 기본(*Political Rudiments Concerning Government and Society*)』이라는 영어판 제목으로 출판되었다.

2) J.W.N. Watkins, "Hobbes," in Maurice Cranston, ed, *Western Political Philosophers* (1964), pp.46~48.

었다. 물론 이러한 그의 기대는 어긋났다. 왜냐하면 그의 저술이 케임브리지 플라톤학파를 비롯한 영국의 지식인들은 물론 유럽 각국의 학자들의 맹렬한 비판과 그에 따른 논쟁을 불러일으켰기 때문이다. 그의 체계는 극소수의 옹호자들을 제외하고는 동시대인을 비롯해 그 이후의 약 1세기 동안 많은 사람의 공격을 받았다.[3] 둘째로 홉스는 어떠한 형태의 국가이든 간에 단일주권자의 수중에 정치권력이 집중되어야 한다고 생각하였다. 그는 이를 위해서 군주가 제일 바람직한 것으로 생각했으나 그럼에도 불구하고 군주권 그 자체가 그의 이론의 핵심적 요소는 아니었다. 그에 의하면 주권자가 누구든 (왕이든, 또는 협의체든, 혹은 집단이든) 전원일치에 의해 주권행사가 획일화되어야 한다는 것이었다. 그럼에도 그는 20세기의 전체주의자들과 같이 주권자가 인민의 내면 생활의 구석구석까지를 지배해야 한다고는 보지 않았다. 셋째로 주권자의 법이 부정不正일 수 없다는 명제가 지적될 수 있다. 주권자의 법이 곧 정의와 부정의, 선과 악을 규정하는 것이다. 자연 상태에서 인간은 늑대와 같은 전투적인 존재이므로(omni contra omnes lupus) 각자는 최고의 중재자인 주권자에게 자신의 권리를 무조건 양도하여 법과 질서에 의한 안정을 향유하게 된다는 것이다.

그는 1651년 런던으로 돌아왔다. 이때 청교도혁명은 영국의 군주제에 종말을 가져왔고 새 체제는 홉스의 절대국가론을 지지하였다. 왕정복고 후 그는 궁정에 영입되었으나 흑사병과 런던 대화재를 전후한 당시의 긴장된 사회 상태는 홉스의 무신론적 경향을 받아들이기 어려운 것이었으며, 그러므로 그의 저술의 출판은 금지되었다. 76세의 홉스는 『철학자와 영국 법학도 간의 대화』를 저술했으며, 그것은 1681년 사후 출판되었다. 그는 80대에 이

3) Samuel I. Mintz, *The Hunting of Leviathan* (1962), p.147. D'Entrèves도 이에 동의하고 있다. "17~18세기의 대다수의 자연법학자들은 자연법에 반대되는 '자연권'이란 홉스의 무정부적 개념을 받아들이지 않았을 것이다. 그들에게는 자연법은 자연권의 필수적인 전제조건이었다."(D'Entrèves, *Natural Law*, 1965 edition, pp.59-61).

르러서도 자신의 전기적 산문을 썼고 호메로스의 두 서사시를 번역하는 정력을 과시했으며, 1679년 91세의고령으로 별세하였다. 그는 자신의 비명碑銘에 '여기에 진정한 철학자의 묘석이 있다'고 적기를 원했으나 그 대신 실제로는 '정의의 인물이며 국내외로 유명한 학자'라고 쓰여졌다.

홉스는 사회계약론·자연권·절대왕권에 관한 대변자로서 연구된 반면에, '조정자 정의'의 개념으로서의 그의 형평관은 그다지 큰 관심을 끌지 못하였다. 그럼에도 홉스의 형평관이 그의 정치철학의 기본인 자연이나 계약개념과 긴밀한 관계가 있으므로 우리는 일단 이를 고찰하지 않을 수 없다.

홉스는 무엇보다도 먼저 '인간의 자연(본성)'[4]을 분석함으로써 자신의 정치철학을 체계화하였다. 그것은 아리스토텔레스 이래 르네상스에 이르는 오랫동안 서양 사상사에서 일관성 있게 취해진 방법이었으나 홉스는 그 방법을 독특한 '원인적 정의(causal definition)'[5]에 따라 전개시켰다. 그는 어떤 사물의 전체를 이해하기 위해서는 부분에 대한 지식이 선행되어야 한다고 주장했는데 "그 이유는 전체의 원인은 부분들의 원인으로 복합적으로 이루어져 있기 때문이다."[6] 그러나 부분이란 무엇인가? 그것은 사물 자체의 부분이 아니라 그 본성의 부분이다. 사람의 경우를 예를 들면 머리·어깨·

4) 홉스의 *Leviathan*의 서두는 인간의 본성의 분석이었으나 그것은 삼부작(Tripos)에서도 마찬가지이다. 삼부작은 제1부 *Human Nature*, 제2부 *De Corpore Politico*, 제3부 *Of Liberty and Necessity*이다. 이 가운데 제1부 *Human Nature; or the Fundamental Elements of Policy*는 홉스의 자연법과 국가들 간 법의 기본이 된다.

5) Ernst Cassirer는 이것을 genetic or causal definition이라 가리키고 홉스가 그 개념을 파악한 최초의 근대적 논리학자라고 보았다. '발생적 정의定義'내지 원인적 정의는 다음과 같이 설명될 수 있다. "어떤 개념을 설명함에 있어서 그 개념의 속성을 추상적으로 또 유리해서 정의 내리는 것은 만족스럽지 않다. 그보다도 차라리 그 개념이 유래한, 전체를 지배하는 내재적 법칙을 관찰하여 이 법칙 내에서 전체의 진정한 본성을 밝힌다. 이 방법은 개념이 '무엇인가'를 알 뿐 아니라 '왜' 그런가를 알게 된다."(E. Cassirer, *The Philosophy of the Enlightenment*, 1962, p.254).

6) *Elements of Philosophy, The English Works of Thomas Hobbes of Malmesbury*, ed. Sir William Molesworth, Vol. I. (London, 1839) (Scientia Verlag Aalen,Germany, 2nd repr., 1966), p. 7. 이하 텍스트의 사용은 이 판에 의거했으며, 이하 *Works*로 약기함.

팔이 아니라 음량音量·운동·감관·이성이다. 어쨌든 홉스의 인간본성 또는 자연에는 두 양상이 있다.

첫째로 인간본성은 본능적 욕구 및 내재적 능력의 합산으로서 모든 사람은 이 점에서 동가적同価的인 존재이다. 설사 신체적인 면에서도 서로 다를지 모르나 정신적인 능력까지 아울러 계산한다면 사람은 누구나 같다. 예를 들면 몸이 작은 사람은 꾀가 많은 법이라 신체적 결함은 정신적 힘으로 보완되는 것이다.[7] 둘째로 인간본성은 인간의 자연 상태이다. 자연 상태란 사람에게 두려운 마음을 갖게 하는, 정치권력이 결핍된 전쟁 상태이며 여기서는 만인들이 서로 헐뜯고 싸우는 동물적인 심정을 드러낸다. 서로의 능력은 같고 욕심도 비슷하므로 양보가 없는 극한 상황에 놓여 있다. 홉스의 말을 직접 인용하면 다음과 같다.

> 이상과 같은 능력의 동등에서부터 목적 달성을 위한 희망의 동등이 생긴다. 그러므로 만일 두 사람이 함께 향유할 수 없는 동일 물건을 원한다면 이 경우 그들은 서로 적이 된다. 그리하여 주로 자기보존이라는 목적(때로는 쾌락만을 추구하는 것이긴 하지만)을 달성하기 위해서는 서로 상대방을 파멸시키며 정복한다. 그리하여 이로부터 나오는 결론은, 단 한 사람의 혼자의 힘 밖에 두려워할 것이 남아 있지 않을 때는 침범이 자행된다. 만일 어느 한 사람이 곡식을 심고 씨 뿌리고 집 짓고 편리한 자리를 차지한다면 다른 사람들은 힘을 합쳐 이

7) 홉즈는 인간의 능력을 신체적 능력과 정신적 능력으로 대별하였다.

전자 { nutritive, motive, generative }　후자 { cognitive(imaginative, or conceptive), motive }

("Human Nature," *Hobbes' Tripos, Works* IV, p. 2) 그러나 다른 곳에서는 인간의 능력을 ① 신체적 힘, ② 경험, ③ 이성, ④ 감정 passion 등 넷으로 요약하고 있다(*Philosophical Rudiments concerning Government and Society, Works* II, p.1; "De Corpore Politico," *Hobbes' Tripos, Works* IV, p.81).

> 사람의 노동의 결실뿐 아니라 그의 생명 혹은 자유를 빼앗으려고 할 것이다. 그 다음에는 침입자 스스로가 다른 사람에 의해 비슷한 위험에 부닥치게 될 것이다.[8)]

이와 같은 침입과 정복의 연쇄적인 순환 때문에 사람은 누구나 할 것 없이 자기보존과 자기방어를 위해 타인을 불신하게 되며 남과 어울리는 즐거움이 없고 단지 큰 비극만이 있다. 이와 같은 만인에 대한 만인의 전쟁 상태에서는 아무런 부정不正이 있을 수 없는 결과가 나오며 그의 말대로 "정正과 사邪, 정의와 부정의는 설 자리가 없다. 공통 권력이 없는 곳에 법이 없으며 법이 없다면 부정의도 역시 없다.[9)] 폭력과 사기만이 범람하고 나의 것과 남의 것의 구별이 없다. 공통의 권력이 수립되기 이전의 상태에서는 사람은 모두 무엇이든 차지할 수 있는 무한한 권리가 부여되고 있으므로 인간은 이 점에서 늑대와 같다. 이러한 상태는 도덕이나 정의와 관계가 없다. 왜냐하면 각자는 자연이 명령하는 대로 자신에게 좋은 것을 추구하기 때문이다. 사회가 형성됨에 이르러 비로소 정의 개념이 서는데 그것은 사회계약이 바로 정의의 원천이기 때문이다. 그러나 계약은 강제력이 없이는 지켜지기 어려우며, 따라서 지키지 않을 경우 무서운 처벌이 집행되어야 하는데, 이 목적으로 국가가 수립되지 않을 수 없다.

홉스의 사회는 자연적인 전쟁 상태를 극복하기 위함이요, 평화를 찾고 자기방어를 하기 위함이다. 평화 추구는 '옳은 이성의 명령'[10)]인데 거기에

---

8) *Leviathan, Works* III, p.112.

9) 같은 책, p.115.

10) 홉스의 이성의 개념은 주의가 필요하다, 그가 바른 이성(right reason), 참다운 이성(true reason) 이라고 말할 경우 John Locke와 같이 무오류無誤謬의 이성을 의미하지 않고 그 대신 사람이 자신의 행위의 이해득실을 따지는 타산(ratiocination)을 의미한다. 그의 말을 빌면 이성은 '올바른 추리推理에 의해 참다운 원리로부터 모아진 진리'이다(*Philosoplical Rudiments Concerning Government and Society, Works* II, pp.15~16). 간단히 말하면

따라 사회는 형성된다. 각자가 가진 자연 상태에서의 무한권리는 포기하거나 또는 양도되는데 이러한 '권리의 상호양도'가 곧 계약(contract)이다. 그러나 권리의 상호양도만으로는 아직 정부가 수립되지 않고 신약信約(pact, covenant)에 의해서 비로소 가능하다. 그러면 계약과 신약은 어떻게 다른가? 우리가 계약을 맺는 경우 어떤 때는 계약 내용의 이행을 일정 기간 어느 한쪽 사람에게 신탁하는 수가 있다. 예를 들면 A가 신축 중의 집을 B에게 매도했을 경우, 가옥 명도 시에 하자 없는 완공건물을 인도하기로 했다면 홉스의 논법에 따라 A는 B에게 가옥 매도에 관한 단순한 계약이라기보다 신약을 맺은 것이다. 간단히 말해서 계약은 즉시 이행이 가능한 경우이며 신약은 신용으로써 나중에 이행하겠다는 약속을 의미한다.[11] 이 구별에 의하면 사회 형성은 권리의 상호양도가 즉시 성립하기 때문에 계약이며, 정부 수립은 주권자의 권한 행사를 믿고 맡기기 때문에 신약이다.[12]

홉스의 계약설이 절대군주론으로까지 발전하게 된 것은 그의 신약 개념 때문이다. 사회의 형성은 자연 상태에서 죽음의 공포를 벗어나기 위함이었는데 그런 목적을 위해서는 정치권력이 강력할수록 좋다. 상호투쟁의 암담한 상태를 벗어나기 위해서 각자는 권리를 포기하여 주권 수립을 신약한 이상 그 포기는 절대적이며, 무조건이어야 한다. 왜냐하면 주권 수립의 신

Hobbes 의 이성은 추리·계산·타산 등의 의미가 있으므로 Locke의 이성과는 달리 자연법의 정신, 사물의 본성 혹은 이른바 자연의 빛을 의미하지 않는다.

11) But the act of two, or more, mutually conveying their rights, is called a contract. But in every contract, either both parties instantly perform what they contract for, insomuch as there is no trust had from either to other; or the one performs, the other is trusted; or neither perform. Where both parties perform presently, there the contract is ended as soon as it is performed. But where there is credit given, either to one or both, there the party trusted promiseth after-performance; and this kind of promise is called a covenant. (*Philosophical Rudiments, Works* II, p.20)

12) 이러한 구분을 지었는데도 불구하고 홉스는 대부분의 계약론자들과 같이 사회계약과 정부계약의 이중적 절차를 인정하지 않았다. 즉, 인간이 자연상태를 벗어나기 위해 사회계약을 맺는 것은 혼란을 피하고 평화를 찾기 위한 주권자를 갖게 된다는 것을 그는 의미하였다.

약이 모호하면, 달리말해 각자가 자기 자신의 권리를 여전히 유보한다면 공포를 완전히 벗어난 것이 아니며, 따라서 이 상황에서는 진정한 평화가 없다. 서로의 눈치를 살피면서 다시 상대방을 쓰러뜨릴 기회를 엿보게 되는 불안정한 상태에 있다고 볼 수 있다. 그러므로 평화를 확실하게 하기 위해서는 신약을 확실하게 하는 것이며, 신약을 확실하게 한다는 것은 수립된 주권자에 대한 절대적인 복종을 의미한다.

다음으로 홉스의 절대군주제의 합리화는 주권자를 중재자로 보았다는 점에서 발견될 수 있다. 주권자의 중재적 역할은 다음과 같이 설명될 수 있다. 자연 상태에서 사회로 이행할 때 A와 B는 동일 조건에 따라 휴전하는 상호관계에 있었다. 그러나 이러한 행위 교환의 관계에 입각한 평화는 믿음직하지 않으므로 A와 B는 제3의 중재자인 C에게 자신의 권리를 함께 포기하는 것이다. 바꾸어 말하면 A와 B는 제3자의 입장에 있는 주권자라는 한층 강력한 권력자에 복종함으로써 A와 B 사이의 평화는 보장된다는 것이다. 즉, 교환관계에 입각한 쟁의爭議는 배분관계에 입각한 강권발동과 밀접한 관계가 있다. 예를 들어 설명하면 다음과 같다. 자연 상태에서의 각 개인은 쌍둥이 형제와 같아서 누가 더 나은 데가 없는 '난형난제', '막상막하'이기 때문에 늘 싸움이 그치지 않는다. 어린 형제가 서로 상대방을 건드리지 않고 음식물을 똑같이 나누어 먹기로 하고 싸움을 중지했으나 문제는 그들이 본질적으로 같은 입장에 놓여 있고 또 같은 능력을 갖고 있으므로 상대방을 불신하고 기회가 닿는 대로 더 많은 것을 차지하려고 할 것이다. 그러므로 당초의 싸움 상태로 되돌아가지 않기 위해서는 부모와 같은 제3자의 중재와 조정 내지 강력한 통제력을 바라게 될 것이다. 이에 부모는 이러한 입장에서 형제의 싸움을 재발시키지 않기 위해서 강권을 발동하지 않을 수 없다. 홉스의 논법에 따르면 형제는 부모의 정의와 법과 주권에 대해서 신약을 맺고 복종하기로 했다고 해석될 수 있다. 부모의 권한이 미약하게 발동되거나 혹은 형제가 부모의 주권에 절대 복종을 하지 않을 경우 혼란과 충돌은 끝나지 않는다는 것이다.

이와 같은 신약의 내용으로 보아서 분명한 것은 홉스가 권리보다 의무를, 자유보다 법을 궁극적으로 강조하기 위하여 자연 상태에서의 개인의 무한 권리의 충돌을 설명했으리라는 점이다. 따라서 그의 사회계약론은 실상 정부계약론이라 할 수 있다. 그것은 지배와 피지배, 통치자와 피통치자의 절대적 관계를 설명하고 지배와 복종, 우월적 주권과 거기에 대한 절대적 의무를 합리화하기 위한 것으로 생각된다.

그러나 돌이켜 보면 자연 상태의 개인의 자유와 평등이 전적으로 동등한 교환적 관계에 있다는 것은 사회생활의 실제에서 계속되는 것임은 명백하다. 그러므로 홉스는 주권자와 피지배자와의 배분적인 관계를 제외한 일반적인 대인관계에서는 여전히 입장의 상호치환置換을 강조하였다.

그로티우스는 일찍이 권리를 소극적으로 파악했는데 홉스의 권리 개념은 어떠한가? 한마디로 홉스야말로 권리를 가장 적극적인 의미로 이해한 최초의 근대 정치학자였다. 그는 권리와 법 사이의 뚜렷한 구별을 인식하여 '법(lex)'이 인간 행위에 대한 계율·규칙임에 반해서 '권리(jus)'는 행위의 자유 또는 하지 않을(불행위不行爲의) 자유라고 정의하였다. 홉스에게 권리는 우리 자신의 자연적인 힘 또는 능력을 행사할 수 있는 '나무랄 데 없는 자유'[13]이다. 인간은 '흔히 그가 하고자 하는 능력의 일부를 빼앗는'[14] 외적 장애물이 없는 상태를 누릴 권리를 가진다.

일반적으로 홉스의 자유는 제약 없는 방종으로 인식되지만 사실은 그의 개념에는 두 측면이 있다. 첫째로 자기가 원하는 것을 무엇이든지 할 수 있

13) Tomas Hobbes, *De Corpore Politico; or the Elements of Law, Moral and Politics, Works* IV, Pt. 1, Ch. II, 6, p.83.

14) Tomas Hobbes, *Leviathan, or the Matter, Form, and Pover of a Commonwealth Ecclesiastical and Civil* (1651), *Works* III, Pt. 1, Ch. 14, p.116.

는 권리로서의 자유, 둘째로 남들을 해치지 않는 범위 안에서 자신의 권리를 행사하는 자유이다. 후자는 남이 가진 동등한 권리와의 충돌을 피하기 위해 자신의 자유를 유보하지 않을 수 없는 일종의 소극적 권리이다.

그로티우스가 시사한 바와 같이 이러한 권리는 자유 그 자체의 내재적 제약에서 유래한다. 바꾸어 말해서 자유란 원래 사회의 다른 성원이 가진 권리와 충돌하지 않는 것이어야만 한다. 홉스 자신의 논리에 의해서도 이 점은 명백하다. 왜냐하면 "모든 사람이 각자 무엇이든 자기가 좋아하는 것을 행할 권리를 갖는 경우 언제까지나 전쟁 상태에 있게 마련이기 때문이다."[15] 결국 각자는 자신의 권리를 불가피하게 다시 조정하지 않을 수 없으며, '남이 나에게 허용하는 만큼의 자유를 남에게 행사함에 만족해야 한다.'[16] 여기에 '양보적 자유'라고 일컬어질 수 있는 홉스의 형평관념이 표현되고 있다. 그는 남이 나에게 해주었으면 요구하는 것은 무엇이든 남에게 행하라는 복음서의 법을 말했는데(마태복음 7:12, 누가복음 6:31) 그것은 또한 '남이 그대에게 행함을 원하지 않는 것을 남에게 행하지 말라'는 뜻이 되기도 한다. 이와 같은 양보적 자유를 위해서는 나와 남의 입장을 바꾸어 보며 또한 '기준(scales)'을 한쪽에서 다른 한쪽으로 옮겨 놓아야 할 것이다.

입장의 상호치환 내지 전위轉位(transposition)는 홉스의 사회철학에서 중요한 부분이며 사회생활에서 자유롭고 평등한 교섭을 보장하는 원리로서 제시되었다. 전위는 사람이 행위 또는 불행위를 통해 남에게 해를 끼치고 있는가, 아닌가를 판별하는 기준이 된다. 내가 남의 입장에 서보고 또 남을 나의 관점에서 보도록 하는 끊임없는 반성을 통해서 사회생활은 공정하고 형평한 것이 된다. 홉스는 전위 원리에 관해 다음과 같이 말하고 있다.

15) 같은 책, p.118.

16) 같은 곳.

즉, 사람은 누구나 자신과 상충하는 다른 사람의 입장에 스스로가 위치한다고 가정함이 필요하다. 그리고 또한 그 사람을 자신의 입장에 바꾸어 놓아보는 것이 필요하다. 그것은 이른바 천칭을 서로 바꾸는 것 이상의 아무것도 아니다. 왜냐하면 모든 사람에 욕심과 감정은 그 자신의 천칭을 더 무겁게 하지만 이웃의 다른 사람의 천칭을 무겁게 하지는 않는다. 그리하여 이 법칙은 이러한 옛적부터의 말씀, 즉, *남이 나에게 하지 말았으면 하는 것을 남에게 하지 말지어다*에서 잘 알려져 있고 표현되어 있다.[17)]

이러한 전위는 아무리 "무지하고 교육받지 않은 사람이라도 아주 쉽게 알 수 있는 유일한 법칙"이며 "그가 남에게 지금 하고 있는 행위가 자연법에 따라 하고 있는지, 아닌지를 의심날 때는 자기 자신을 남의 자리에 있다고 가상하면 이해할 수 있게 될 것이다."[18)]

이와 같이 홉스는 내가 남에게 어떤 행위를 취하는 경우(action) 또는 마땅히 취해야 할 행위를 하지 않을 경우(불행위, inaction; omission)에 서로의 입장을 바꿔 본다면 그 정당성 여부가 가려진다고 생각하였다. 행위와 불행위의 구별은 키케로에 의해 행해진 바 있는데 그는 우리가 무엇인가를 행하거나 혹은 행하지 않거나를 함으로써 정당할 수도 있고, 또 부당할 수도 있다고 지적하였다. 홉스는 행위 또는 불행위에 관한 명령은 자연법에서 찾을 수 있다고 보고, 자연법이란 본래 '부단한 생명의 보존을 위해 행하거나 또는 행하지 않거나 해야 될 그런 사항들'[19)]에 대한 일반 규칙이다. 하기로 또는 하지 않기로 계약에 의해 약속한 것을 하지 않거나 또는 하거나 한

17) *De Corpore Politico, Works* IV, Pt. 1, Ch. IV, 9, p.107.

18) Tomas Hobbes, *Philosophical Rudiments Concerning Government and Society: Philosophical Elements of a True Citizen-Liberty, Works* II, Ch. III, p.45.

19) 같은 책, p.16.

다면 그 사람은 해를 끼치는 것이 된다. 홉스는 "신약의 파기 또는 위반은 우리가 해害(injury)라고 말하는 것으로서, 부당하다(unjust)고 칭하는 어떤 행위 혹은 불행위로 인한 것이다"[20]라고 말하였다. "왜냐하면 양도되거나 포기된 행위 또는 불행위는 이미 권리를 상실했기 때문이다."[21] 이와 같이 행위·불행위는 약속의 이행이나 위반에서 초래되는 정의·부정의와 관계가 있다.

한편 전위의 개념은 자유와 긴밀한 관계가 있으며 궁극적으로는 상호 간에 동등한 양보를 요구하는 자유로 발전하였다. 먼저 홉스는 자유를 의지의 자유보다도 행위의 자유로 보았는데, 즉 그것은 '뜻하는 바를 행위하는 능력이나 힘'이다.[22] 자유의 실현은 그 실현을 방해하는 조건이 없어야 하므로 홉스는 행위가 이루어지기 위한 '외적 장애물이 없는 상태'를 필수적으로 수반하는 것이라고 규정하였다. 그의 말을 인용하면 다음과 같다.

> 타당한 의미의 자유 혹은 해방은 반대물의 결핍된 상태를 말한다. 반대물이란 운동에 대한 외적 장애가 없음을 의미한다. 그리하여 이것은 합리적 존재뿐 아니라 비합리적 존재나 무생물에까지 적용된다. 무엇이든 간에 일정 공간 내에서만 움직이도록 얽매여 있거나 둘러싸여 있고 또 그 공간이 어떤 외부 물체의 반작용으로 결정되고 있을 경우 우리는 그것이 더 이상 나아갈 수 있는 자유가 없다고 말한다. 그러므로 모든 살아 있는 존재들이 투옥되거나 벽이나 쇠사슬로써 억류되어 있다면 역시 자유가 없다. 물이 좀 더 넓은 공간으로 퍼져나갈 수 있는 것인데도 방수제防水堤나 그릇에 갇혀 있을 경우 우리는

---

20) *De Corpore Politico, Works* IV, Pt. 1, Ch. III, 2, p.95.

21) 같은 책, p.96.

22) *Elements of Philosophy, Works* I, p.409.

그것이 그런 외적 장애가 없는 것처럼 움직이는 자유가 없다고 말한다.[23]

그렇다면 홉스의 자유는 정치적으로 어떤 의미를 갖는가? 첫째로 그는 자유를 의무와 동일시하였다. 본래 주권을 세울 때는 각자가 완전히 동의하여 신약에 응한 것이므로, 주권자에게 복종하는 것은 각자의 의무이며, 동시에 자유로운 행위이다.[24] 둘째로 교환적인 대인관계에서 자유는 입장교환의 원칙에 입각한다.

주권은 자연의 무질서를 극복하기 위해 세운 것이므로 각 개인이 거기에 복종함으로써 평화가 유지된다. 주권의 수립은 곧 법의 수립이므로 주권에의 복종은 법에의 복종을 의미한다. 따라서 법이 정해 놓은 테두리에서 각 개인의 자연권이 보장되는 것이다.[25] 그는 다음과 같이 말한다.

> 자유란 말로 내가 뜻하는 바는 다음과 같다. 즉, 자연법에 비추어 합법적인 것은 아무것이나 필요 없이 금지당하지 않는다는 것이다. 이를테면 국가의 복지를 위해 필요한 것 이외에는 자연적 자유에 대한 아무런 제약이 없다는 것이다. 그리하여 선의의 사람은 스스로 깨닫기 전에는 마치 함정에 빠지는 것처럼 법의 위험에 빠져들지 않을 것이다.[26]

---

23) *Leviathan, Works* III, p.196.

24) 같은 책, p.203. "For in the act of our submission, consisteth both our *obligation*, and our *liberty*."

25) *Philosophical Rudiments, Works* II, pp.178~180.

26) *De Corpore Politico, Works* IV, p.215. 홉스는 '자유가 끝나는 데서 의무가 시작된다' 고 말하여 자유와 의무의 분기점이 신약에 있다고 생각하였다. "Promises therefore, upon consideration of reciprocal benefit, are covenants and signs of the will, or last act of deliberation, whereby the liberty of performing, or not performing, is taken away, and consequently are obligatory. For where liberty ceaseth, there beginneth

국가의 공공복리에 어긋나지 않는 한 개인에게는 이사의 자유가 있으며 투옥·구금되지 않을 인신의 자유가 있고, 상거래·노동·의식衣食의 자유가 있다. 주권자 역시 자연법에 역행하는 법령을 공포한다든지, 자의로 사람의 행위를 구속하면 안 되는 것이다. 이와 같은 국가 권력에서 개인의 자유는 궁극적으로는 언제나 복종의 의무가 강조되는 성질의 것이다. 그리하여 홉스는 자유를 죽음에의 공포를 벗는 것과 동일시했는데 주권자 없이 자유를 유지하려는 것은 죽임을 당하게 될 것임을 의미한다고 역설하였다.

> 공포와 자유는 표리일치한다. 그것은 마치 어느 한 사람이 배가 가라앉는 것을 두려워하여 자기의 짐을 바닷속에 던져 넣었을 때 그가 자진하여 한 짓이며 그가 원치 않았다면 거부했었을 수도 있는 경우와 같다. 그러므로 그것은 자유로운 행동이다.……그리하여 일반적으로 사람들이 국가 내에서 하는 모든 행위는 법이 무서워 행위자가 삼가는 자유에서 나온 행위이다.[27]

다음으로 문제되는 것은 교환관계에서의 개인 상호 간의 자유이다. 자연상태에서 개인의 자유는 무한하고 자기방어를 위해 모든 수단을 다 할 수 있는 자유가 누구에게나 있다. 그러면 신약을 통해 국가를 수립한 후, 개인 상호 간의 교환적 자유는 어떠한가? 정치적 조직인 국가는 개인 각자에게 적절한 몫을 차지하게 하는 형평한 배분정의를 실현할 것이다. 그리고 개인과 개인 간에는 입장의 상호치환 원칙에 따라 각자는 "남이 나에게 하도록 내버려 두는 정도의 같은 자유를 남으로부터 바라는 데 만족하지 않으면

---

obligation."(De *Corpore Politico, Works* IV, pp.90~ 91).

27) *Leviathan, Works* III, p.197.

안 된다."[28] 그러나 남이 그 자신의 권리를 어느 정도 양보 내지 포기하지 않으면 나도 그렇게 할 이유가 없다. 왜냐하면 첫째, 평화란 A와 B 사이에 서로 같은 정도의 양보를 통해 같은 권리를 동시에 포기하는 데서 성립되기 때문이다. 둘째, 자유란 A와 B 사이에 상대방이 싫어하는 것이나 또는 상대방에게 피해를 주는 것을 행하지 않으면서 서로 상대방의 입장을 이해하는 행동 원리에 입각하는 것이기 때문이다.

홉스가 주장한 개인 상호 간의 동등한 자유는 필연적으로 평등의 문제에 닿게 된다. 그런데 그의 평등관은 역시 인간의 본성론에서 출발하고 있으므로 우리는 다시 그 본성론을 논하지 않을 수 없다. 인간의 자연적 사회성에 관한 아리스토텔레스의 주장을 정면으로 공격한 홉스는 인간이 집단생활을 하는 것은 불가피한 필요성 때문이라고 주장하였다. 그 필요성 이란 무엇인가? 사람들은 정의를 집행하기 위해 또는 상호 간의 이익을 도모하기 위해 사회를 '인위적으로' 꾸미기로 합의한 것이었다. 이에 관해 홉스는 다음과 같이 말한다.

> 시민사회는 단순한 집합체(meetings)가 아니라 결합체(bonds)이며 그 결성을 위해서 약속과 계약이 필요하다. 그러므로 모든 사람은 어려서 태어났으므로 사회(생활)에 부적합하다는 것이 명백하다. 사람은 자연에 의해서가 아니라 교육에 의해서 사회에 적합하도록 만들어진다. 더욱이 비록 사람이 사회를 원하는 상태로 태어났다고 한들, 그것 때문에 사회에서 생활하기에 적합하도록 태어났다고 말할 수는 없

28) "From this fundamental law of nature, by which men are commanded to endeavour peace, is derived this second law; that a man be willing, when others are so too, as far-forth as for peace, and defence of himself he shall think it necessary, to lay down this right to all things; and be contented with so much liberty against other men, as he would allow other men against himself."(*Leviathan, Works* III, pp. 117~118).

다. 왜냐하면 원한다는 것과 원하는 것에 적합하도록 능력을 가지고 있다는 것과는 다르기 때문이다.[29]

자연으로부터 사회로 이행하더라도 자연법은 모든 사람에게 자연적 평등의 인지認知(acknowldgment)를 명하며, 또한 '평화 상태를 성취하기 위해서는 남이 보유해도 좋다고 생각지 않는 권리를 누구나 보유해서는 안 되는 것'이다.[30] 평화를 원한다면 특정의 자연권을 포기해야 하며 "원하는 것을 모두 행하는 자유를 가질 수는 없다."[31] 홉스는 20여 개의 자연법을 열거했으나, 자연법은 한 마디로 '우리가 해주기를 원하는 것을 남에게 행하는 것'을 지시하며, 따라서 자연법의 정신은 입장의 상호치환에 의한 평등정신이다. 『리바이어던』에 의하면 공포公布할 필요조차 없는 명백한 한 줄의 자연법은 "그대가 남에게서 당함이 부당하다고 생각하는 것을 남에게 행하지 말라"[32]는 것이다. 홉스는 그가 열거한 열 번째의 자연법에서 형평을 다음과 같이 정의하고 있다.

> 열 번째로 자연법은 다음과 같이 명령한다. 즉, *모든 사람은 권리를 나누어줌에 있어서 스스로 다른 사람에게 자신과 평등하다는 것을 보여야 한다*. 앞의 (아홉 번째의) 법에 의해 다른 사람들에게 허용하는 것보다 더 많은 자연법이 있다고 우리는 생각해서는 안 된다. 우리는 원한다면 적은 권리를 취할 수 있다. 왜냐하면 그것은 때로는 겸손을 논하는 것이기 때문이다. 그러나 만일 언제든지 우리가 남들에게 권리를 나누어주는 것에 문제가 있다면 이 법에 의해서 우리는 누구

29) *Philosophical Rudiments, Works* II, Ch. 1,2, fn p.2.
30) *Leviathan, Works* III, p. 141.
31) 같은 곳.
32) 같은 책, p.258.

보다도 어느 한 사람에게 더 많이 또는 더 적게 혜택을 주지 않도록 금지되고 있는 것이다. 왜냐하면 누구보다도 어느 한 사람에게 혜택을 줌으로써 이러한 자연적 평등을 지키지 않는 자는 그가 낮추어 평가하는 사람을 나무라는 결과가 되기 때문이다. 그러므로 무엇보다도 나무라는 것이 자연법을 어기는 것이라고 선언될 것이다. 이 계율의 준수는 '형평'이라 불리고 있다.[33]

여기서 홉스는 권리의 동등 배분을 형평이라고 보았으며, 인종·계급·신분·재산 및 그 밖의 욕심이나 친소 등을 고려치 않는 만인 평등의 정신을 강조하였다. 상호치환의 평등은 『리바이아던』이나 『철학 입문(*Philosophical Rudiments*)』 등 주저에서 자주 성서를 전거로 들어 언급하고 있다.

그러한 동일한 형평에 입각해서 모든 사람에게 내려진 명령에 의하면 스스로 받고자 원하는 권리를 똑같이 다른 사람들에게 주어야 한다는 것이다. 이 형평 원칙은 모든 그 밖의 법칙을 내포하고 있다. 형평 원칙은 모세가 정해 놓은(레위기: Levit. xix: 18) 법과 같은 것이다. 즉, *그대는 그대 자신과 같이 이웃을 사랑하라.*······그러나 우리 자신과 같이 이웃을 사랑한다는 것은 우리가 스스로에게 부여되기를 바라는 것을 그에게 주는 것 이외에 다름이 아니다.[34]

남을 나 자신과 같이 사랑하고 남이 나에게 해주었으면 하는 것을 남에

33) *Philosophical Rudiments, Works* II, Ch. III, 15, p.57.

34) *Philosophical Rudiments, Works* II, p.57. 형평 개념의 규정은 단순치 않다. 배분정의로서의 형평 이외에 홉스는 인간의 평등에의 지향성으로서의 형평을 논하고 있는데, 여기서도 이 후자의 뜻으로 사용되고 있다. 즉, 형평은 "우리 자신과 남들에게 자연적 평등을 허용하는 습성(the habit by which we allow equality of nature)"이다. (*De Corpore Politico, Works* IV, p.110).

게 행하기 위해서는 어떤 방법이 있는가? 자연법을 실행에 옮기고 있는가? 우리의 행위가 자연법과 일치하는가? '정당한 자연법적인 행위가 아닌가를 모를 때' 홉스는 다음과 같은 전위의 원칙을 제시하고 있다.

> 즉, 어떤 사람이 상대방에게 어떤 행위를 하는 경우 그것[그 행위]이 자연법에 의한 것인가 아닌가 하고 의심될 때는 그 자신이 상대방의 입장에 있다고 상정하면 된다. 여기에 항상 그에게 특정 행위를 하도록 하는 마음의 동요가 이제 상대방의 기준에 비추어져서 그의 행위를 그만큼 하지 않도록 한다. 이 법칙은 쉬운 것일 뿐더러 *quod tibi fieri non vis, alteri me faceris*란 예로부터 내려오는 말로서 유명하다. 즉, 그대가 *그대 자신에게 행하지 않았어야 한다고 바라는* 것을 남에게 하지 말지어다.[35)]

이리하여 형평은 양심이며 '마음의 법정(internal court)'이며 일반 법정(external court)을 능가하는 자연법의 시금석이다.[36)]

홉스의 평등론은 기계적인 평준화를 지향하기 때문에 일반적으로 인간성의 획일성을 전제로 했다고 보기 쉽지만 사실상 이와는 반대로 개성의 다양성을 인정하였다는 것이 그 특징이다. 근세 초의 사상가들, 예를 들면 그로티우스는 인간의 다양한 개성을 바탕으로 사회의 유지와 발전이 있다고 확신하였다. 그는 사회가 그 성원의 상호 근신과 선의로 지켜지는 하나의 유기체적 전체라고 말했으며, 사람의 취향이나 감정을 각양각색의 건축물과 비유하였다. 홉스도 이와 비슷한 견해를 표현하고 있다.

---

35) *Philosophical Rudiments, Works* II, Ch. III, 26, pp.44~45.

36) 같은 책, p.46.

> 사람들에게는 사회에서 생활하기 위한 성향의 다양성이 있다. 이 다양성은 그들의 감정의 다양성으로 인한 것이며, 재료와 모양이 다르기 때문에 건축물에 사용되기 위해 모아진 석재石材와는 다르다.[37)]

이와 같은 다양성을 전제한 홉스는 아리스토텔레스의 자연적 불평등론을 비판하고 자연적 차이를 부정하였다. 설사 사람들 간에 내적 덕성에 있어서 자연적 차이가 있다고 해도 뛰어난 덕성을 가진 자와 자치능력이 없는 어리석은 자의 기준은 객관적으로 일치할 수 없는 것이다. 왜냐하면 인간은 자연적으로 모두 제각기 남이 나를 다스릴 만큼 적어도 나도 남을 다스릴 능력이 있다고 자기 자신을 생각하기 때문이다.[38)] 사람이 자기 자신이 남과 똑같은 능력을 갖는다고 생각하는 것은 자연의 이치이다. 인간성의 법은 '모든 사람이 각자 남을 자기의 동등자로 인정해야 한다'는 것을 명하며, 홉스는 이 법의 위반을 '교만' 또는 '탐욕'이라고 부르고 더 정확히는 침해侵害라고 부른다.[39)] 사람들 간에 있을 수 있는 차등은 전적으로 사회적인 것이다. 그것은 자연법이 아니라 실정법에서 정해진 상호 합의의 결과이다. 홉스는 "두 사람 중 누가 더 가치 있는 존재인가, 아닌가 하는 문제는 자연 상태가 아니라 사회 상태에 속한다"고 말한다.[40)] 그러므로 "현재 있는 불평등, 예컨대 재부·권력·문벌·출신에서 오는 불평등은 시민법에서 유래한 것이다"라고 덧붙였다.

홉스는 정의를 논하면서 행위의 정의[41)]만을 문제 삼기로 하고 그것을 다

37) 같은 책, Ch. II, 9, p.36.

38) *De Corpore Politico, Works* IV, Pt. 1, Ch. 4, p.104.

39) 같은 곳.

40) *Philosophical Rudiments, Works* II, Ch. III, 13, p.38.

41) 그는 '정의로운 사람(just man)'과 '정의로운 행위(just action)'의 차이를 말하여 정의로운 사람이 항상 정의로운 행위를 하는 것은 아니라고 주장하였다. 정의로운 사람은 정의로운 행위를 할 성향이나 성격 또는 감정을 가진 사람을 가리키는데 정의로운 사람이라 하더라도

시 배분정의와 교환정의로 나누었다. 그는 아리스토텔레스가 말한 산술적 비례의 교환정의와 기하적 비례의 배분정의의 관념에 반대했는데 아리스토텔레스의 경우 교환된 물건이나 배분의 불평등이 부정의不正義를 이루지 않으며 단지 사람과 사람 간의 불평등한 우열이 부정의의 근원이 되고 있기 때문이다. 예를 들면 매매에 있어서 그 가격이 본래의 가격과 달리 매겨져 흥정되었다고 하더라도 매도인이나 매수인이 다 같이 아무런 해를 입지 않는다. 즉, 가격의 부동不同 내지 불평등은 하등의 부정의를 이루지 않는다.[42)]

그러면 부정의는 어떻게 성립되는가? 홉스는 '신약을 맺은 당사자 간에 어느 한쪽이 신약을 위반하여 손해를 입힌 것'을 부정의라고 규정한다. 한마디로 '신약 위반으로 인한 손해'는 부정의이며, 따라서 예를 들면 어떤 사람이 그의 주인에게 복종하겠다는 신약을 맺은 후 주인이 그에게 제3자에게 돈을 주라고 하였고 그도 약속했는데 그대로 이행하지 않았을 경우 비록 이 불이행이 제3자에게 손실을 끼친다 하더라도 실상 손해는 주인에 대해서 뿐이다. 왜냐하면 그는 다만 주인과 신약을 맺었을 뿐이며 그 밖의 다른 사람과는 맺지 않았기 때문이다. 이 논법에 따라 교환정의를 본다면 매매에서 가격의 부동이나 차액 이윤 자체에 부당함이 아니라 양자 간의 계약의 수행 여부에 있다. 매매는 판매자와 구입자가 합의하여 계약한 이상, 물건값의 합당·부당은 문제 밖의 일이다. 왜냐하면 홉스에 의하면 정당함이란 양자가 값을 평가하고 서로 동의했으므로 그 어느 쪽이든 피해를 받지 않은 것이 되기 때문이다.[43)]

배분정의가 기하적 비례가 아니라 엄밀한 평등 원칙에 입각해 이루어져

부정의한 행위를 할 수도 있다는 것이다. 이렇게 보면 사람이 정의롭다고 말할 때는 그 사람의 행위가 유해한가, 아닌가를 논하는 것이며 결코 그 사람의 성향과 관계시켜 논하지 않는다. 거꾸로 정의로운 행위가 반드시 정의로운 사람에 의해서만 행해지지는 않을 것이다(*De Corpore Politico, Works* IV, Pt. 1, Ch. 3, p.97).

42) 같은 책, p.98.

43) *De Corpore Politico, Works* IV, Pt. 1, Ch. 3,5, p.58.

야 한다는 이유는 홉스의 논리에 따르면 혜택의 배분이 모든 사람을 균등하게 취급함을 전제로 해야 하는 것이기 때문이다. 홉스는 배분정의를 평등과 관련시켜 말하기를 "우리는 모두 자연적으로 평등하기 때문에 만일 계약에 의해서가 아닌 한, 누구나 남보다 더 많은 권리를 차지할 수는 없다"[44]고 하였다. 배분정의는 모든 사람에게 개인차 없이 혜택과 명예를 평등하게 부여하는 원칙으로서 거기에 따라 조정자(또는 중재자)는 '동등자에게는 동등한 것(aequalia aequalibus)'을 주는 일, 즉 무슨 권리든 자신이 보유하는 것은 똑같이 남에게도 보유토록 해야 하는 원칙이다.[45] 사회생활에서는 '인격의 평등(equality of persons)'이 인정되어야 하며, 누구에게나 다같이 평등한 권리 또는 권력이 부여되어야 한다.[46]

일단 이러한 평등이 기본 원칙으로 정립된 후에는 비례가 고려의 대상이 된다. 만일 모든 사람에게 다 같이 돌아갈 혜택이나 이익이 충분하지 않을 경우 어떻게 되는가? 홉스는 이 경우에 대상자의 수에 비례한 배분은 일정하므로 그것을 '비례적 배분(proportionalia proportionalibus)'이라 부른다.[47] 그러나 이 비례적 배분도 결국 평등 원칙에서 벗어난 것이 아닌데 그 이유는 "어떤 사람이 모든 대상에게 똑같이 갖도록 할 때 그가 하는 배분은 대상의 수만큼의 동일 비례를 따라 이루어지기 때문이다."[48]

이미 지적한 바와 같이 홉스는 정의를 단순히 비인적非人的 결과나 사물에 국한시키려고 하였는데, 이것은 아리스토텔레스의 견해와 반대되는 것이었다. 아리스토텔레스는 배분정의를 '사람의 정의'로 보고 그것이 사람에 따

44) *Philosophical Rudiments, Works* II, Ch. III, 6, p.34.

45) *De Corpore Politico, Works* IV, Pt. 1, Ch. 4, 2, p.104.

46) *Philosophical Rudiments, Works* II, Ch. III, 14, p.39.

47) *De Corpore Politico, Works* IV, Pt. 1, Ch. 4, 2, p.104.

48) 같은곳.

라 다른 내용을 가진다고 생각하였다.[49] 이에 대하여 홉스는 배분이나 교환이거나 간에 전적으로 인적 요인을 배제하고 순전히 '행위의 정의'를 다루려고 하였다. 간단히 말해서 그는 '사람에 대한 고려'를 제외하고 지위의 고하·문벌·재부 등에 관계없이 사람보다도 행위의 객관적 결과를 평가하려던 것이었다. 오랫동안 고대사회에서는 저지른 범죄, 빚어진 결과 그 자체보다도 누가 그 범죄를 저질렀는가, 누가 그 결과를 빚었는가에 따라 결과가 평가되고 형벌이 결정되었다. 그리하여 고대에서는 귀족과 노예는 차등있는 형법적 적용을 당연시할 수밖에 없었고 정치적 임명에서도 계급적 우열은 합리화되었다.

그러나 홉스의 시대는 자연법론이 지배적인 시대로서 만인의 법적 평등의 길로 막 접어들던 때였던 만큼 '사람에 대한 고려'는 점차 그 타당성이 부정되고 있었으며 따라서 '동등자에게 동등한 것을'이라는 홉스의 구호는 시대적 요청에 부응하는 것이라고 생각된다. 물론 자연적 평등이라고 해서 언제나 일률적으로 배분되어야 함을 의미하지 않는다. 형평이란 탐욕의 반대이며 '우리가 원한다면 덜 취할 수 있으나 이는 겸손의 문제'에 속하며, 배분에 있어서 남들의 처지를 이해하는 공평한 태도를 취해야 한다. 그럼에도 홉스가 이러한 유보사항보다도 자연적 평등을 더 강조한 것은 사실이었다. 그는 이 점에 관해서 다음과 같이 말하였다.

> 만일 언제든지 우리가 사람들에게 권리를 나누어 주는 문제가 생긴다면 우리는 이 (형평의) 법에 의해서 다른 사람보다 어느 한 사람에 더 치우쳐서는 안 된다. 어느 한 사람을 다른 사람보다 더 편든다는 것은 이 자연 평등을 지키지 않는 것이며 결과적으로 그가 낮추 평

---

49) 그 대신 그는 보상정의는 순전히 '행위의 정의'로 보고 배분정의로 인해 깨진 법적 균형을 그것으로 회복할 수 있다고 생각하였다.

가한 사람을 나무라는 것이 된다.[50]

배분정의에 있어서 배분자가 대상 전원을 공평히 대하는 것 — 이것이 곧 형평이다. 배분자는 형평을 지킴으로써 배분 대상자를 상호 간의 자연 평등을 또한 지켜주는 결과가 되는 것이다.

이와 같이 볼 때 형평은 '조정자의 정의'임을 알 수 있다. 이때 조정이라 함은 '무엇이 옳은가, 무엇이 정당한가를 규정하는 행위'를 의미한다. 나아가서는 의견의 상호교환을 용이하게 하며 모든 참여자에게 발언의 기회를 공평히 주는 사회자의 행위이거나 당사자 양측의 분쟁을 판결하는 재판관의 행위이기도 하다. 홉스에 의하면 "만일 조정자가 위임사항을 수행한다면 그는 모든 사람에게 각자의 것을 배분해 주었다고 말할 수 있으며 이것이야말로 정당하고 옳은 배분이다." 그는 이를 배분정의라기보다는 형평이라 지칭되는 것이 더 적절하다고 보고 있다.[51]

홉스는 재판관의 정의로서 형평이 가장 적절히 인식될 수 있다고 보았다. 자연 상태에서는 각자가 나름대로의 판결을 내리며 어느 누구의 결정에도 따르지 않으며, 따라서 거기에는 항상 분쟁·적대·무질서가 있게 마련이다. 그러므로 이 상태를 개선하기 위해서 국가를 세우게 되는데 이 경우 국가는 조정자 내지 재판관의 위치에 서게 된다. 그러므로 국가는 개인간의 분쟁을 조정함에 있어서 불편부당하고 중립을 지켜야 하며 '형평에 의거하여 판결을 내리며 모두에게 평등한 결정을 내려야 할'[52] 의무가 있다. 홉스의 영향을 강하게 받은 스피노자도 조정자는 모든 사람을 평등하게 다루며 또 부자를 부러워함이 없이 또 빈자를 얕봄이 없이 모든 사람의 권리를 똑같

50) *Philosophical Rudiments, Works* II, Ch. III, 15, p.40.

51) *Leviathan, Works* III, Pt. 1, Ch. 14 & 15, p.158.

52) *Philosophical Rudiments, Works* II, Ch. III, 24, p.43.

이 보장하여 정의를 이룩해야 한다고 보았다.[53] 홉스는 조정자나 재판관의 의무로서 첫째로 자신이 종결지을 예정의 분쟁에 관련되지 말아야 하며, 둘째로 쌍방의 어느 쪽과 신약을 맺어서는 안 되고, 셋째로 쌍방의 합의 하에 위임된 사례가 아니면 재판에 나서지 말아야 한다는 점을 지적하였다.[54] 이러한 주의점은 재판관이 파당 행위나 매수 공작으로 방해받지 않고 가장 공명하게 재판을 수행하는 데 필요하다.

정의와 형평은 상호 긴밀한 관계가 있으면서도 정의는 신약 이행 여부에 달려 있으며 형평은 자연 평등의 유지 여부에 더 큰 역점을 두고 있다. 그러나 정의와 형평은 다 같이 모든 덕목의 근원이며 사회의 평화와 질서를 지키는데 절대 필수적이다. 사회의 성립 자체가 신약을 통한 것이기 때문에 만일 신약이 지켜지지 않는다면 모든 성원이 피해를 받고 정의가 지켜지지 않을 뿐 아니라 사회 이전의 상태에서의 늑대처럼 물고 뜯는 무질서로 돌아가게 될 것이다. 그러므로 사회생활의 기본은 지배자나 피지배자가 다 같이 정부 권력의 형성을 위한 신약을 준수해야 한다. 신약의 준수, 즉 정의는 사회의 성립에 필요한 전제적인 덕목이지만 형평은 사회의 성립 이후에 발휘되어야 할 덕목이다. 지배자의 역할, 즉 혜택·이익 및 부담·의무를 사회 구성원 모두에게 공평하고 평등하게 배분하며 분쟁과 충돌을 엄정중립으로써 판결하는 것은 곧 형평 정신에 입각한 행위이다. 형평은 타산과 이성을 잃지 않아야 달성되며 만일 냉철한 이성을 잃는다면 형평도 상실되는 것이다.[55]

결론적으로 말하면 홉스는 사람에 따른 차별을 고려하지 않는, 완전히 중립적이며 객관적인 형평의 관념을 내세웠다. 그의 양보적 자유와 자연 평

53) B. Spinoza, “A Political Treatise”in *The Chief Works of Benedict de Spinoza*, tr. R. H. M. Elwes (1951), Vol. I, p.208.

54) *De Corpore Politico, Works* IV, Pt. 1, Ch. 4, 6, p.106.

55) Tomas Hobbes, *A Dialogue between a Philosopher and a Student, Works* VI, p.25.

등의 관념은 인간성에 관한 기본 법칙에 입각해 있다. 그의 일관된 신념은 사람이란 원래 남과 똑같이 되기를 원한다는 것이었다.

4. 케임브리지 플라톤학파 — 사물의 본질론

홉스 철학 외에 17세기 영국 지성사를 대표하는 또 다른 사상은 케임브리지 플라톤학파에 의한 것이었다. 이 학파는 명백한 공동의 철학적 강령을 만들고 있지 않았기 때문에 하나의 그룹이라고 말하기 어려운 점이 없지 않으나, 그럼에도 불구하고 당시의 지적 조류에 대한 반대 경향을 공유했다는 점에서는 하나의 학파의 명칭을 받을 만하다. 이 학파의 선구자는 그렌빌Robert Grenville(Brooke 경, 1608~1643)이었는데, 그는 청교도 혁명 당시 의회군에 가담하여 전사한 인물이었다. 그의 저술 『진리의 본질(*The Nature of Truth*)』(1641)은 아마도 허버트 경Edward Herbert, 1st Baron Herbert of Cherbury (1583-1648)의 저술의 자극을 받았을 것이다. 허버트 경은 흔히 자연교(Deism)의 시조로 인용되며 그의 입장은 『진리론(*De veritate*)』(Paris, 1625)에 나타나 있다.[1] 그러나 보통 이 학파의 진정한 지도자는 위치코트Benjamin Whichcote (1609-1683)라고 간주되고 있는데, 그는 이 학파의 대부분의 인물처럼 케임브리지 대학(Eminanuel College)을 졸업하였다. 위치코트는 1637년 트리니티 교회의 일요 강사로 임명되고, 1644년부터 1651년까지 케임브리지의 킹스 칼리지의 학장과 부총장을 역임하였다. 비록 저술의 출판은 없으나 그는 설득력이 강한 설교사이며 유능한 교사였는데 컬버웰Nathaniel

1) Edward Herbert에 관해서는 Basil Willey, The Seventeenth Century Background (1953), Ch. VII 참조. 위치코트는 주로 신학 문제에 관심을 기울였기 때문에 여기서는 더 자세히 논하지 않을 것이며, 마찬가지로 John Smith (1618~1652)나 Peter Sterry (d. 1672) 등과 같은 학파의 인물도 논외로 한다.

Culverwel(1619-1651), 커드워스Ralph Cudworth(1617-1688) 등 케임브리지 플라톤학파의 주요 학자들에게 큰 영향을 끼쳤으며, 심지어 로크·샤프츠베리와 같은 철학자나 저술가에게도 영향을 끼쳤다.

케임브리지 대학에서 적극적 활동을 벌인 이 학파는 진리의 탐구가 기계적 우주관이 아니라 그 대신 종교적 우주관을 통해 이루어져야 한다는 견해를 공통으로 갖고 있었다. 그들의 생각은 17세기 중기에 더 체계적으로 표현되었는데, 신앙과 이성, 종교와 철학의 긴밀한 결합이란 특성이 있었다. 케임브리지 플라톤학파는 이성에 각별한 역점을 두었는데 그들의 말로 표현하면 이성은 신이 든 촛불이요 이를 따르는 것은 신을 따르는 것과 같다. 그런데 케임브리지 플라톤학파의 이성은 이중적 의미,[2] 즉 첫째로 철학적 사고, 둘째로 정화된 마음을 의미하였다. 이성은 지적 해방을 지향할 뿐 아니라 진리의 추구에는 의지의 순화, 즉 깨끗한 마음만이 신을 볼 수 있다는 것을 증명해 준다. 이리하여 윌리가 지적한 바와 같이 "철학자들로서의 케임브리지 플라톤학파는 홉스의 물질주의에의 반박의 근거를 플라톤의 형이상학에서 찾았으며, 동시에 모랄리스트나 설교자로서 그들은 행위가 신조보다 더 중요하다는 특색있는 의미를 플라톤에게서 찾을 수 있었다.[3] 케임브리지 플라톤학파의 주요한 지적 영감은 르네상스 시대의 신플라톤 철학에 있었으나 소극적인 관점에서는 홉스의 철학에 있었다고 볼 수 있다. 왜냐하면 홉스는 그들을 신학적 또는 형이상학적인 논의에 휘말리게 하는 입장을 취했으며 이 학파는 온 힘을 기울여 홉스를 공격하였기 때문이었다.

케임브리지 플라톤학파의 형이상학뿐 아니라 사회사상을 대변하는 인물은 커드워스와 모어였다. 커드워스는 이 학파의 지성주의적 면을, 모어는 공

2) 같은 책, p.141.

3) 같은 곳.

리주의적 면을 더 강조하였으나[4] 둘이 다 같이 '자연 이성'이란 관념 상위에 자연형평을 두는 의견을 제시하였다. 이 의견에 의하면 형평은 사물의 자연(본성)에서 유래하며 그것이 토대가 되어 비로소 모든 실정법이 존속할 수 있는 '항구적 원리' 내지 '도덕성'이 성립될 수 있다. 다만 커드워스와 헨리 모어와의 차이가 있다면 형평을 커드워스가 '영구불변의 도덕성'과의 관계에서 논한 반면, 모어는 좀 더 사회적 원리로서 평등과 정의와의 관계에서 논했다는 점이 지적될 수 있고, 그것 때문에 모어는 우리의 관심을 더 끌게 되는 것이다.

그런데 역사적으로나 철학적으로 자연법의 개념이 갖는 의미는 다양했으므로 우리는 자연법에 대해 확정적인 정의를 내리기는 곤란하다. 그러나 우리가 알고 있는 수많은 해석이 공유하는 관념은 자연법이 시공간을 초월한 것이며 동시에 도덕적이거나 자연적이거나 간에 구체적인 사건들을 측정할 수 있는 보편적 원리가 있고 또 있어야 한다는 관념이었다. 자연법 사상에서 특징적인 것은 법과 이성이 표리를 이루면서 동일시되고 있다는 점이다. 그리고 17세기의 자연법론자들이 도덕적 필연과 수학적 필연을 자주 비유한 것은 법의 영원성과 이성의 확실성을 강조하기 위해서였다. 이성 중심의 사고는 그로티우스 이래로 컴벌랜드·컬버웰 등을 거쳐 로크에 이르기까지 근세 사상에서 지배적인 경향을 이루고 있다. 자연법과 인간 간의 연결점인 이성은 모든 보편적인 원리를 파악하게 하는 확실한 수단이라고 믿어졌다.

자연법과 이성과의 관계는 컬버웰의 말에서 분명한데 그는 "이성은 펜이며 그 펜으로 자연은 자체의 법을 제정하고 기록하는데 이 법은 하늘의 권

4) 이 점에 관해서는 Frederick Powicke, *The Cambridge Platonists* (1926), p.50; Ernest Albee, *A History of English Utilitarianism* (1957), pp.11~13.

위로써 출판되며 이성이 그 인쇄인이다"[5]라고 말하였다. 컬버웰의 자연법에 관한 설명은 케임브리지 플라톤학파가 지향한 바를 잘 밝혀주는 것이므로 커드워스·모어를 논하기에 앞서 우선 컬버웰에 관해 잠간이나마 언급하지 않을 수 없다.

컬버웰은 자연법관을 통해 로크에게 영향을 끼쳤는데,[6] 그는 칼빈교적 전통에서 성장하여 1633년 케임브리지 대학(Emmanuel College)에 입학한 후 거기서 위치코트의 강의를 들었다. 거의 같은 시기에 케임브리지 플라톤학파의 대가인 커드워스가 재학하고 있었으나 컬버웰의 연하였으며 이 학파의 또 다른 학자인 존 스미스John Smith(1617-1652)와는 거의 같은 연배였다. 컬버웰은 30대의 전반에 아마도 정신질환으로 요절했다고 짐작되는데 그의 생애에 관해서는 불확실한 점이 적지 않다.

컬버웰은 자연법을 형평과 관련지어 매우 시사적인 말을 했으며 심지어 그는 자연법을 형평(순수 형평)과 동일시했으며 자연법은 그 자체가 조금의 의심의 여지도 없이 정확하기 때문에 '입법자의 판정을 더 이상 필요로 하지 않을 것'이라고 단정하였다. 아래에 그의 글을 직접 인용하기로 한다.

> 이 자연법은 매우 정확하므로 법률가들이 '법의 수정'이라 말하는 '경감완화輕減緩和'가 불가능할 정도이다. 이 경우 본질적인 수정 또는 기본법의 수정이 없으며 '불가불리의 하나의 점'을 이루어 '많고 적음을 허용'치 않는다. 그러할 필요가 없으니 이 법에는 가혹함이 전혀 없기 때문이다. 이는 순수 형평이며 거기에는 각하의 여지가 전혀 없다.

5) Nathaniel Culverwel, *Of the Light of Nature* (1652), ed. John Brown (London, 1857), Ch. IX, p.99.

6) W. von Leyden은 "컬버웰의 영향이 없었더라면 Locke는 '1660년경 저술된' 공무원직에 관한 초기의 두 논문의 기초에 있는 순수한 주의론主意論을 자신의 자연법론에서 그대로 유지하였을 것이다"라고 말하고 있다(John Locke, *Essays on the Law of Nature*, Oxford, 1954, Introduction, p.58; pp.39~43).

또한 그것은 '입법자의 판정'에만 의존하지 않으며 — 그것이 보통의 경감완화의 시작이지만 — '그 자체로서' 가장 내재적이며 불가분리의 '그러한' 행위를 환히 알고 있다.[7]

자연법은 항구불변의 체계이며 단지 이성에 의해서만 발견이 가능한, "이성적인 존재에 내재하는 필수적인 법이다."[8] 컬버웰에 의하면 "법이란 지성·이성에 바탕을 둔 것이지 감성적 원리에 바탕을 둔 것이 아니다."[9] 그러나 자연의 법은 경험에 앞서 직관적으로 파악될 수 있는 선천적인 것이다. 그는 "인간에게 어떤 분명하고 지워질 수 없는 원리, 즉 최초의 A·B·C라는 몇몇 관념을 각인시켜 그것들이 합쳐져서 자연법이 쓰여질 수 있게 된다"[10]고 말하였는데 그의 생각에는 데카르트적 형이상학, 더 나아가서는 플라톤적 관념이 그 바닥에 깔려 있는 것으로 생각된다. 그의 말을 인용하면 다음과 같다.

자연의 질서 속에서 모든 다른 것들과 같이 이 법도 인간에게 알려지기도 전에 만들어졌음이 틀림없다. 즉, 그것은 이해의 근본이요, 바탕이 되는 실체이다. 그리하여 이성이 법을 '만들거나' '제안하는 것'이 아니라 다만 '발견하는 것'에 불과하다. 그것은 마치 촛불이 대상물을 만들지 않고 다만 눈에 비추게 하여 볼 수 있게 함과 같다. 모든 진실은 실체가 내뿜는 광택에 불과하며, 거기에는 상호 간에 사랑스러운 결합과 교통이 있다. 존재가 생성되자 곧 그것은 알려지게 마련

7) Culverwel, Ch, VII, pp.87~88.
8) 같은 책, p.57.
9) 같은 책, p.62.
10) 같은책, p.81.

이다.[11)]

컬버웰에게는 법·이성·자유가 전적으로 동일한 것이었다. 그는 "자유가 없는 곳에 법이 없다"고 말하였는데, 그 이유는 법이란 '절대 자유에 대한 합리적 억제와 제약'에 불과하기 때문이다.[12)] 여기에서 나중의 로크의 자유 개념의 선행 형태를 보는 느낌이 든다. 그의 정의에 의하면 "모든 자유는 근본적으로 지성知性에 내재하는 것이므로 '이성'이란 빛을 갖지 않은 존재는 선택이나 도덕적 다양성을 전혀 갖지 않는다."[13)] 지적 존재만이 도덕적 다스림을 받을 수 있고, 법의 통제를 받는 것이 극히 적절하고 자연스럽다.[14)] 모든 도덕은 자연이 지시하는 계명의 집성에 불과하다고 말한 프란시스 베이컨을 인용하면서 컬버웰은 자연법이 곧 도덕법이라고 강조하였다. 컬버웰은 홉스의 절대 자유에 반대하고 이성과 법의 테두리를 가진 자유를 주장하였다.

이러한 제한적 자유의 관념을 컬버웰은 보상의 관념과 연결시켰는데 이 점에서 그로티우스의 생각에 매우 접근되어 있다. 제한된 의미의 자유는 진정한 자유이며 그것이 절대 자유로 되지 않는 것은 마땅히 어디엔가 그 사이에 '형평한' 경계선이 그어져 있기 때문이다. 만일 누구든 이 선을 넘어 자유를 남용한다면 거기에 대한 책임을 져야 하며 침범에 대한 배상을 지불해야 한다. 이 점과 관련하여 컬버웰은 다음과 같이 말하고 있다.

> 모든 처벌에는 어떤 '알맞는 되돌림'과 '보복'이 있는 법이며, 그러므로 '손실'이나 '불편함'마다 '위법'에 대한 '보복'이 아닌 바에야 다 같

11) 같은 책, p.99.
12) 같은 책, p.62.
13) 같은 곳.
14) 같은 책, p.57.

이 처벌로 간주되어서는 안 된다.[15)]

모든 처벌의 목적은 보상 또는 '바로잡기'를 위해서인데 더 구체적으로 말해 처벌은 피해자의 이익을 보상하기 위해서거나, 아니면 침범자의 잘못을 뉘우치는 '개전改悛'을 위해 실시되는 것이다.[16)]

그러나 형평의 문제에서 컬버웰은 결국 중세적인 고정관념을 벗어나지 못했으며 처벌과 보상은 신에 의해 이루어진다고 믿었다. 그는 인간성에 보탬이 되는 선과 해로운 악이 있는데 선악의 이원적 존재는 결국 신이 인간본성을 유지·강화시키기 위해 있다고 생각하였다.[17)]

컬버웰의 신비주의적 태도가 홉스 철학에 대한 반발에 의해 결정되지 않은 점과 대조적으로 커드워스의 비판은 명백히 홉스 철학을 대상으로 하여 진행된 것이었다. 영국에서는 1651년의 『리바이어던』의 발간이 있은 직후부터는 홉스에 대한 비판이 더욱 신랄해지고 더욱 가열되었다. 그리하여 홉스파와 반反 홉스파 간의 논쟁은 17세기 말까지 계속되었고 1670년대를 전후하여 가장 고조된 때가 있었다.[18)] 비판자들의 주요 목표는 홉스의 자연과 인간에 대한 물질론적 결정론이었는데 그것이 무신론에 직결되는 것이라고 생각되었기 때문이다. 클라크Samuel Clarke(1675-1729)로부터 프라이스Richard Price(1723-1791)에 이르기까지의 윤리학의 추론파(dianoetic school)를 시작한[19)] 커드워스는 홉스의 자연상태론·인간본성론·실정법적 해석을 비롯하여 그의 사회철학에 반대하였다.

15) 같은 책, p.63.

16) 같은 책, p.65.

17) 같은 책, p.66.

18) 일반적인 통념과는 달리 홉스 철학은 소수의 예외가 있긴 하였으나 "사실은 생전에 영국인들에 대한 홉스의 영향이 대략 1세기 후에까지도 부정적인 것이었다."(Samuel I. Mintz, *The Hunting of Leviathan*, 1962, p.147).

19) James Martineau, *Types of Ethical Theory* (1901), Vol. II, pp.425~426.

커드워스는 다른 케임브리지 플라톤학파처럼 1632년 케임브리지 대학(Emmanuel College)에 입학했으며, 선배인 컬버웰보다 2년 먼저 펠로우로 선출되었다. 1645년 히브리어 흠정강좌 교수로 임명되고 크라이스트 칼리지의 학장이 되었다.[20] 그는 잠시 동안을 제외하고는 1688년 별세할 때까지 케임브리지에 살았다.

커드워스는 섬세한 표현력을 구사하여 자연과 정의의 체계는 17세기의 자연법론자들이 전개한 논리적 치밀함을 잘 말해주고 있다. 그는 컬버웰처럼 법과 이성을 동일시했으며 마치 법이 사회성원으로서의 인간을 공평하게 보는 것과 같이 이성이 사물을 '개념화'하여 전체적인 체계의 부분으로서 보게 하는 것이라고 생각하였다.[21] 그러나 반면에 그는 컬버웰보다 한 걸음 더 나아가 형평을 사회생활의 필수적인 기본이라 보고 형평이란 "모든 합리적 존재에게 통유의 공공적인 어떤 것, 뭉치게 하고 융합시키는 성질을 가진 어떤 것"[22]이라고 믿었다.

1635년 커드워스는 라틴시를 지었으나 그의 저술 활동은 『그리스도와 교회의 결합』을 출판한 1642년부터 활발해졌다. 그는 1647년 3월 31일 하원에서 설교하여 이를 같은 해에 『하원에서의 설교』로 출판하였다. 그의 주저는 『진정한 우주의 지적체계』(1678)라 할 수 있으며 『항구불변의 영원한 도덕성』은 1731년 사후 출판된 것이었다. 커드워스의 도덕철학을 말하는 이 논문은 1688년 이전에 쓰인 것으로 보이는데 마지막 손질이 가해지지 않은 채로 남겨진 단편적인 것이다. 『항구불변의 영원한 도덕성』의 주요 논지는 실정법적인 '인위적 정의'보다는 '독단적인' 자연법적 정의가 우위에 있

20) Christ's College의 출신으로는 시인 밀턴, 철학자 헨리 모어 등이 있었다. 커드워스는 학장에 오른 직후 결혼하여 아들 Thomas와 딸 Damaris를 낳았는데 Damaris는 후일의 Lady Masham이 되어 로크의 가장 가까운 친구이자 후원자가 되었다.

21) John Passmore, *Ralph Cudworth: An Interpretation* (1951), p.73.

22) Ralph Cudworth, *The True Intellectual System of the Universe*, tr. John Harrison (London, 1845), Vol. III, p. 509, 이하 *System*이라 약기함.

영한다. 셋째로 사물의 본질은 인간의 의지나 명령 혹은 세상의 여론으로 바뀔 수 없다. 커드워스는 이러한 사물의 본질은 신의 뜻에 의해서도 바뀔 수 있는 성질의 것이 아니라고 강조하였다. 그것은 의지에 의해 좌우되지 않으므로 신이 명한 바를 행하게 하는 의무가 성립되지 않는다.

사물의 본질이 내포한 필연성에 비추어 본다면 인간이 자신의 자유의지로 행하는 행위는 있을 수 없는가? 인간이 행한 것은 불가피하게 필연적인가? 여기에 대해 커드워스는 '자유의지(liberum arbitrium)'를 강조하였다. 1688년 이전에 저술되긴 했으나 사후에 발표된 한 논문 『자유의지론』에서 그는 인간에게 '선택'을 허용하는 '자기결정의 우발적 자유'가 있으며 우리의 행위의 동기는 행복 추구의 의지에 있다고 주장했는데 그의 말은 다음과 같다.

> 우리의 마음속에서 우리를 처음으로 움직이게 하는 것, 즉 모든 계획적 행동의 근원인 원리는 선 내지 행복에 대한 일정한, 끊임없는원망願望이나 사랑이다. 이것이야말로 영혼의 한복판의 솟는 샘물이요, 운동의 도약대이다. 그것은 우리 자신 속의 '최초의, 영원한 움직이는 힘(primum and perpetuum mobile)'이며 모든 그 밖의 바퀴를 움직이게 하는 최초의 바퀴이며 영원한 부단의 동력動力이다.[31]

선한 사회생활은 자유라는 특성을 가지며 커드워스의 표현을 빌리자면 '완전한 자유는 완전한 행복이며 이 자유란 속박 없는 대기大氣'[32]로 가득 차 있어야 하는 것이다. 이 자유는 또한 합리적이며 질서정연한 조화된 자유이

31) 이 논문은 1838년에 처음으로 인쇄되었다. D.D. Raphael, ed., *British Moralists: 1650~1800* (1969), Vol. I, pp.129~130.

32) Ralph Cudworth, *A Sermon Preached Before the House of Commons, March 31, 1647* (1930), p.20.

며 '우리의 영혼을 구속하고 속박하는데 불과한'[33] 자신의 의지로부터 해방시킴으로써 달성되는 것이다. 인간의 행복은 상이한 사회 성원의 천태만상의 덕성을 결합시키는 능력에 달려 있는데 '사랑은 모든 법으로부터 해방되는 자유, 즉 가장 순수한 자유의 상태이며 동시에 법은 가장 구속적인 필수불가결한 필요의 상태'[34]이다.

이와 같이 커드워스는 의지의 자유와 그것에 입각한 행동 원리를 인정했으나, 다만 선이나 정의 자체는 의지에 의해 좌우될 수 없는 항구불변의 도덕의 기초라는 것을 강조했을 뿐이다. 그러므로 이 점에서 대상 그 자체의 본질에서 유래하는 선악의 법칙이 없다고 생각한 홉스와 달랐다. 커드워스는 정의란 '옳다는 것'의 본질 없이는 결정될 수 없다고 믿었으며, 정직과 선도 마찬가지로 '정직하다는 것', '선하다는 것'의 본질이 선행되는 것이라고 생각하였다.[35] 이에 대한 커드워스가 내세운 이유는 매우 간단명료한데 어느 곳에든지 장소를 초월하여 같은 힘을 가진 항구불변의 자연질서가 있기 때문이란 것이다. 그러한 정의의 질서는 사람들이 받아들이건, 안 받아들이건 간에 상관없이 성립되는 본질적인 질서 체계이며, 바꾸어 말해 "사물은 법에 의해 만들어지는 것이 아니라 모든 법에 앞서 미리 그 유효타당성이 결정되어 있는 것이다."[36] 커드워스에 의하면 '자연적으로 선하거나 악한 것'과 '현실적으로 선하거나 악한 것'과의 사이에는 뚜렷한 구별이 있다.

커드워스는 독특한 사물본성론에 바탕을 둔 항구불변의 도덕성을 강조하고 그 전제하에 질서와 균형, 필연과 자유와의 조화를 강조하는 사회철

33) 같은 곳.

34) 같은 책, p.76.

35) Ralph Cudworth, *System*, Vol. III, Bk. 1, Ch. II, pp.530~531. 이 점에서 '정의는 본질에 내재한다(ex natura ortum esse ius)'고 믿은 키케로의 생각은 시사적이다.(*De Legibus*, tr. C. Keyes, 1952, Bk. 1, Ch. xii). 그는 '나는 정의의 뿌리를 본질(자연)에서 찾고자 한다'(*De Legibus* 1, vi)든가, '이성은 자연에 내재한다'(*De Legibus*, II, vii)라고 말하였다.

36) Ralph Cudworth, *System*, Vol. III, Bk. 1, Ch. II, p.533.

학을 전개하였으나 좀 더 구체적인 형평론을 제시하지는 못했으며 그 과제는 또 다른 케임브리지 플라톤학파의 동시대인인 헨리 모어에게로 넘어갔다.

헨리 모어Henry More(1614-1687)의 아버지는 비청교도계 칼빈파, 바꾸어 말해서 의회에 대해서는 왕의 지지파였으나 신앙상으로는 칼빈파인 사람이었다. 모어는 14세에 이튼 고등학교에 들어가 3년 후에는 케임브리지 대학에 입학하였는데, 당시대의 대시인 밀턴이 이미 반년 전에 떠난 후였다. 그는 엄격한 칼빈파로서 성장하였으나 칼빈주의의 진리에 대해서 회의를 느껴 철학 공부로 방향을 바꾸었다. 그는 한편으로는 칼빈주의의 좁은 신학에 반발하고 또 다른 한편으로는 홉스 철학의 리얼리즘에 대해서도 반대하였다. 1639년 케임브리지 대학 펠로우로 선출된 후 각처에서 학장 취임의 제의가 왔으나 모두 거절하고 조용한 사색 생활을 즐겼다. 그가 천국처럼 생각한 은거처인 크라이스트 칼리지 안의 집에서 죽을 때까지 계속 살았는데 그는 이곳에 관해 이렇게 말하였다. "나는 여기 은거처에 관해서 베네치아인의 말을 기억하는데 그들은 낯선 외지인에게 성 바울로 암자를 안내할 때 '여기가 착한 친시가 살던 천국입니다'라고 말하곤 합니다."[37]

모어는 케임브리지 플라톤학파 중 가장 신비주의적 인물이었는데 그에게는 정신의 실체는 지적 확신 이상의 것, 즉 하나의 체험이었다. 그는 공간을 신의 속성이라고까지 간주하였는데 이 공간관은 그의 영향을 받은 뉴턴의 과학사상에 표현되었다. 도덕 및 사회이론의 원리를 설명하는 그의 윤리 저술은 『윤리편람』이란 제목으로 1660년에 출판되어 당 시대를 통해 큰 인기를 누렸다. 모어의 저작 활동은 실상 1643년과 1647년에 케임브리지에서 그가 몇몇 시를 간행함으로써 시작되었으나 그의 철학적 저술은 1646년에

37) Richard Ward, *The Life of the Learned and Pious Dr Henry More* (London, 1710), p.60, quot. by Frederick J. Powicke, *The Cambridge Platonists* (1926), p. 151, f.n. 2.

처음으로 나왔으며, 그 이래로 10년간 상당량의 논저가 생산되었다. 『신앙의 승리』는 1656년 출판되었는데 그의 자연철학에 관한 견해였다. 그의 정력적인 창작은 계속되어 1671년 『형이상학 편람』이 발간되었다. 이러한 주저 이 외에 방대한 기간·미간의 서간과 그 밖의 논술이 있다.[38]

일반적으로 케임브리지 플라톤학파의 형이상학적 체계는 윤리적 색채가 강하고 정치관은 정의와 덕성을 긴밀히 결합시킨 특성이 있다. 모어는 자연의 최고법인 '옳은 이성'과 덕성이 일치하는 것으로 보고 이성이란 감정을 바로잡아 절대선으로 우리를 인도하는 지적 능력이라고 규정하였다.[39] 그는 말하기를 "최고의 덕성은 올바른 이성이 최선이라 보는 것을 항상 추구하는 것이다"라고 하였다.[40]

커드워스와 같이 모어는 어느 모로는 신이나 인간에게 공통한 것, 즉 '올바른 이성'[41]인 항구불변의 영원한 자연법을 가정하고 있었다. 그는 이러한 항구불변의 최고법이 완전한 정의에 대한 인식의 근원이며 이를 기초로 모든 정의의 행위가 이루어진다고 주장하였다.[42] 커드워스가 궁극적으로 정의의 원천을 '사물의 본질'에서 찾으려고 한 것처럼 모어도 정의가 '단순히

---

38) Flora I. Mackinnon, ed., *Philosophical Writings of Henry More* (1925), pp.235~245.

39) Henry More, *Enchiridion Ethicum*, Eng. tr. *An Account of Virtue: or, Dr. Henr. More's Abridgment of Morals by Edward Southwell* (1690) (1930), p.116. 이 저작이 영역된 적이 없다고 한 Albee의 말은 틀린 것이다(Albee, 앞의 책, p.11, fn 1.). 이하 *Enchiridion*이라 약기함.

40) *Enchiridion*, p.115.

41) 같은 책. 그의 이성의 정의는 데카르트적이다. "이성이란 아주 침착하고 신중한 마음의 자세라고 이해될 수 있다…; 그것은 참을성 있게 영혼의 힘에 의해 노력하는 일이다. 영혼의 힘은 모든 사람이 진정코 합의를 본 '공통 관념' 또는 '외적 감각의 증거', 또는 이러한 것들로 추출되는 명백하고 분명한 영역' 중 그 하나이다."(More, *Enthusiasmus Triumphatus*, 1966, p.38).

42) *Enchiridion*, p.116.

입법자의 의사 또는 마음에 달려 있는 것'이 아니라[43] '사물의 본질' 및 그것과 관련된 여러 가지 상황에 근거한다고 생각하였다. 더욱이 최고법인 자연법으로부터 모든 다른 법과 법령이 나왔으며 가변적 이라고 하는 것들도 최고법인 영구한 자연법에 의하지 않고서는 아무런 효력이 없다.[44] 예컨대 모든 실정법 중 가장 주요한 것이 계약이행이라고 지적한 모어는 그럼에도 불구하고 어떠한 계약이라도 항구불변의 최고법에 위반된 것은 무효라고 강조하였다. "왜냐하면 사물의 본질상 옳지 못한 것은 어떠한 외적 고려에 의해서도 정의로운 것으로 만들어질 수는 없기 때문이다."[45]

모어는 형평을 두 측면에서, 즉 해를 입지 않기 위한 동등한 자유라는 측면 및 배분정의라는 정치적 측면에서 다루었다. 먼저 해를 입지 않기 위한 동등한 자유를 생각해 보기로 하자. 모어는 『윤리편람』에서 이 원리를 다음과 같이 표현하고 있다. "그대가 자기 자신에게 행하지 않았을 악을 '하지 않기 위해' 그대는 제3자에게 해를 끼치지 않는 한, 상대방에게 꼭 같은 짓을 하지 말도록 해야 한다."[46] 그리고 동시에 우리의 대인관계는 '호상적'인 것이기 때문에 나에게 가해해서는 안 된다고 남들에게 나는 요구할 수 있다. 그러므로 모어가 지적한 바와 같이 형평은 '동등하고 올바른 것'이며 단순히 '올바른 것'보다는 윤리적으로 우위에 있는 것이다.[47] 우리의 관계는 사회적 형평, 즉 이른바 '도덕적 성실성'을 바탕으로 성립되는데, 그것은 '개인들, 적어도 동료들 상호의 의무'[48]이며 구체적으로 말해서 약속을 올바

43) 같은 책, p.129.

44) 같은 책, pp. 112~113 참조. 커드워스 와 같이 헨리 모어도 법을 자연법과 실정법으로 나누었으나 커드워스보다는 실정법의 중요성을 다소간 더 분명히 인식하고 있었던 것 같다.(같은 책, p.113; p.115)

45) 같은 책, p.115 & p.116.

46) 같은 책, Noema XV, p.25.

47) 같은 책, p.128.

48) 같은 책, p.124.

르게 지키는 일과 상호 가해를 삼가는 일로 이루어지는 것이다.[49]

모어는 자신의 형평 개념이 아리스토텔레스의 개념과 유사함을 깨닫고 『니코마코스의 윤리학』 5권 10장을 인용하면서 아리스토텔레스가 형평을 '타인에 대한 선'으로 보고 대인관계에 적용시켰음을 지적하였다.[50] 그는 성실성이 정의의 일부라고 간주하고 전체적으로 정의는 경건성과 성실성의 두 부분으로 되어 있다고 생각하였다.[51] 경건성은 인간이 신에 대한 정의이며 성실성은 인간 상호 간의 정의이다. 전자는 신의 권리에 속한 것을 신에게 되돌리는 것이며, 후자는 각자에게 귀속된 것을 되돌려 주는 인간 정의를 의미한다.[52] 모어는 성실성을 다시 정치적 성실성·가족적 성실성·도덕적 성실성 등 삼분 하였다. 정치적 성실성은 관리와 국민 간의 상호관계,[53] '가족적 성실성(oeconomical probity)'은 가장과 그 밖의 가족 구성원 간의 상호관계,[54] 마지막으로 도덕적 성실성은 각 개인이 동료들과의 상호 관계를 지배하는 행위 원리다.[55] 도덕적 성실성은 상호협조와 계약행위 등에서 나타나게 마련인데 모어는 계약이행에 관해서는 '우리는 모든 계약과 약속을 지켜야 하며 결코 자신의 이익을 위해 타인을 해치는 일이 있어서는 안 될 것'[56] 이라고 경고하였다.

정치적으로는 모어는 로마법학자를 따라 비례평등의 관점에서 정의를 다루었다.[57] 그는 로마법학자들이 규정한 '각자의 것은 각자에게로'라는 격언

49) 같은 책, p.125.
50) 같은 책, pp.111~112.
51) 같은 책, pp.117~133 참조.
52) 같은 책, p.123.
53) 같은 책, p.123; p.124.
54) 같은 책, pp.123~124.
55) 같은 책, p.124.
56) 같은 책, p.125.
57) 같은 책. 정의는 '각자의 것을 각자에게 되돌려 주려는 일정불변의 의지(*constans et perpetua voluntas suum cuiqne tribuendi*)'라는 것이 로마법률가들의 정의였다(같은 책,

속의 '것'이 무엇인가를 나름대로 정리하였다. 이 경우 '것'은 단지 물질적 소유물일 뿐 아니라 인간의 개인적 자질이라는 것이 그의 해석이었다. 그의 말을 직접 인용하면 다음과 같다.

> 이 정의에서 '것', 즉 '사람의 자기 자신의 것'이라 함은 또한 흔히 법학자들이 jus, 즉 '권리'라고 말하는 것이다. 그들에 의하면 모든 것이 우연히 또는 세상의 습속(즉, 관습, 사회적 제재 혹은 체제)에 따라 어느 한 사람에게 귀속되어 있다. 이제 이 습속 내지 소유권은 '인격(person)'에 바탕을 둔 것으로부터 유래한다. 위에서 말하는 권리란 이 인격으로부터 기인하거나 발생하며, 거기에는 특정의 자질이나 행위는 물론 가장 넓은 뜻의 감정까지도 포함한다. 왜냐하면 가난에 빠졌어도 여전히 정직하게 산다면 그 사람은 시혜施惠를 받아야 할 일종의 권리를 갖는다. 어떤 것을 합법적인 근면 때문에 얻었다면 그 사람은 그것을 보유할 권리를 가진다. 기증을 받았다면 역시 마찬가지의 권리를 가지며 그 밖의 경우도 같다.[58]

이와 같이 로마법학자의 '것(suum)'을 광범위한 권리로 파악한 헨리 모어는 suum의 정당한 귀속에 의해 정치적 정의가 달성된다고 믿었다. 정치적 정의에 의해서 우리는 남의 선을 증진하고 동료시민에 대한 우리의 의무를 다하게 되는 것이다.[59] 그는 정의란 일종의 평등이며 특히 '비례의 평등'을 의미한다고 보았다.[60] 배분과 보상의 두 정의로 구분한 아리스토텔레스를 따라 모어는 기하적 비례 또는 산수적 비례의 비유를 써서 명예·업적 등을

p.111).

58) 같은 책, p.112.

59) 같은 책, pp.111~112 참조.

60) 같은 책, p.125.

기하적 비례의 관점에서 논하였다. 그는 사법적 결정에 있어서 명예를 고려해야 한다면서 다음과 같이 말하였다.

> 이것은 소위 '비례'의 평등이라는 것이다. 왜냐하면 많은 사람의 업적이 같은 사정을 가지고 동등한 이유에 근거를 둔 것이라면 '이치'로 보나 '중요성'에 비추어 보나 그들의 상벌은 역시 동등해야 함이 타당하기 때문이다.[61]

명예나 사회적 기여도에 따라 형법상의 처벌을 감면하는 현대국가의 경우는 바로 이러한 비례평등의 원칙에 입각해 있다. 그리고 보상이라는 개념을 포상에도 적용시킨다면 공헌이나 업적이 큰 사람은 회사나 기업체 혹은 관청에서 더 많은 급여나 더 빠른 승진의 기회가 주어져야 마땅할 것이다.

모어는 또한 형평이 법의 미비를 보완·수정하는 기능도 갖고 있다고 생각하였다. 비록 그가 형평이 단순히 올바른 것이나 평등한 것보다 더 낫다고 본 점에는 아리스토텔레스가 시사한 바와 같이 형평이 정의의 최고 형태라 생각지 않고 좀 더 융통성 있는 정의의 적용이라고 생각하였다. 그는 "형평이 정의를 능가하지는 않는다"고 말하고 "형평이 정의와 다른 종류이기 때문에 그 본질에 있어서 더 우월하지 않으며 다만 좀 더 그 적용 범위가 크다는 데 장점이 있다"고 지적하였다.[62] 그리하여 모어는 형평을 '법의 결함을 보완하는 것'이라 규정하고 "모든 사건의 결과를 하나씩 예측할 수 있는 것이 아니므로 형평은 오류를 바로잡을 뿐 아니라 법의 제정시에 누락된 제한조건이나 한계점들을 추가한다"고 생각하였다.[63] 형평은 법의 '정신'으로

61) 같은 책, p.126. 홉스는 주로 이러한 정의의 2분법을 '행위의 정의'에만 적용시켰다. ("De Corpore Politico," in *English Works* Vol. IV, Pt. 1, Ch. III, 5: pp.97~98).

62) *Enchiridion*, p.128.

63) 같은 책, pp.128~129.

서 법 자체의 공정성 여부를 판가름할 수 있는 기준이다. 이와 같은 정의에 비추어 볼 때 '본질상 올바른 무엇인가가 있다'는 명제가 성립할 수 있다. 모어는 만일 아무것도 본질상 올바른 것이 없고 다만 정의·부정의가 성문화된 법률에 의해서만 논하게 된다면 법의 잘못은 무엇으로 바로잡을 수 있겠는가라고 반문하면서[64] 이것이야말로 '형평의 영역'이며 형평은 법의 상위에서 지배하며 동시에 법의 오류를 수정할 수 있는 것이라고 강조하였다.

컬버웰·커드워스·모어를 다 함께 고려에 넣을 때 우리는 다음과 같이 결론을 맺을 수 있을 것이다. 즉, 정치적·사회적 견해에 관한 한, 케임브리지 플라톤학파는 자연 정의의 승인을 강조하고 있는데 이 점에서는 실정법적 정의를 논한 홉스와 대조적이다. 바꾸어 말해서 그들은 정의는 '사물의 본질'에서 유래한다고 믿었다. 그들의 종교적 신념이 대체로 플라톤적 실재론에 입각하고 있는 반면, 정치·사회·법에 관한 한, 모어의 경우에서 예증되는 바와 같이 아리스토텔레스나 로마법학자들의 전통을 따르고 있는 것이 주목된다.

케임브리지 플라톤학파 중에서도 모어는 형평을 개념화했다는 점에서 가장 두드러져 보인다. 그의 주장에 의하면 형평은 타인에게 피해를 주지 말라는 실제 생활의 계율戒律인 동시에 배분정의란 관점에서 본 사회적 정의의 원리라는 것이다. 이 점에서 그의 형평 개념은 소극적 권리로서의 '동등한 자유(그로티우스)'로부터 '사회적 동업(컴벌랜드·푸펜도르프)'의 개념으로 넘어가는 과도적 형태를 취하고 있다.

5. 공동선과 형평 — 컴벌랜드

64) 같은 책, p.129.

컴벌랜드Richard Cumberland(1632-1718)는 주교이며 철학자였다. 그는 케임브리지 플라톤학파와 동시대의 인물로서 18세기의 전환기에 형평이론의 전개에 독자적인 기여를 하였다. 그의 공동선에 관한 견해는 근대적 공리주의 이론을 선행한 것이었으며 각별히 비례정의에 관한 그의 의견은 18세기 중기의 정의론의 체계화에 주목할 만한 영향을 끼쳤다. 홉스에 대한 신랄한 비판자였던 컴벌랜드는 일반적으로 영국 공리주의 역사에서의 초기 창시자 중 한 사람이라고 지칭되고 있다.[1)]

로크·푸펜도르프와 같은 연배의 컴벌랜드는 케임브리지 대학에서 수학하고, 1656년에는 펠로우로 선출되었다. 그는 처음에는 의학을 공부했으나 결국 성직자가 되어 1658년 영국교회 교구목사로 임명되었다. 3년 후(1661) 그는 케임브리지 대학의 관임 설교사 12명 중 하나로 선임되었으며 그로 인해 케임브리지 대학의 지적 생활과 밀접한 관계를 갖게 되었다. 그는 윌리엄 3세William III; Willem III van Oranje-Nassau(1650-1702)의 치세가 시작되자 프로테스탄티즘에 대한 열렬한 신앙이 보상받아 영국교회의 주교가 되었다. 1691년 그는 피터버러의 주교로 서임되어 열심히 일하면서 사거할때까지 그 자리에 있었다.

그는 당시의 지식인들이 그러했던 것처럼 유대 고대사에 흥미를 가졌기 때문에 거기에 관한 저술을 냈고(1686), 그 밖에 구약성서에 관계된 역사적 사건들을 구명하는 저서 및 페니키아 역사에 관한 2권의 저서를 남겼다.[2)] 그러나 그의 명성이 걸려 있는 주저는 1672년에 출판된 『자연법에 관한 철

---

1) Ernest Albee, *A History of English Utilitarianism* (1957), Chs. I, II.

2) 유태 고대사의 도량형에 관한 저서는 *An Essay Towards the Recovery of the Jewish Measures and Weights, Comprehending Their Monies: by the Help of Ancient Standards Compared with Ours of England* (1686)이다. 그리고 사후출판된 것은 *Origines Gentitune Antiquissimae: or Attempts for Discovering the Times of the First Planting ofNations* (1724)이 있고, 컴벌랜드가 번역·부주한 *Sanchoniatho's Phoenician History* (1720) 등이다.

학적 고찰』[3]이었다. 이 책의 저술 동기는 그로티우스의 명저 『전쟁과 평화의 법』(1625)에 있었으며, 부제에 나타난 바와 같이 홉스를 반박하려는 목적을 지닌 것이었다. 이 책은 세련되지 못한 라틴 문장, 산만한 문체, 선명치 못한 인쇄, 좋지 못한 구성 등으로 당시 사람들의 주목을 끌지 못했으나, 18세기에 들어서 비로소 사상가들의 주목을 끌게 되어 1727년 영역이 최초로 나온 이래로 1750년에는 타워스가 부주附註한 역본을 냈으며, 1744년에는 프랑스어역이 출판되어 그의 사상이 유럽대륙에도 알려지게 되었다. 비록 컴벌랜드의 설명이 불완전하고 혼란한 점이 없지 않으나 그의 체계의 법적인 면은 여러 중요한 특성을 나타내고 동시대인인 푸펜도르프에게 영향을 주었다. 푸펜도르프는 1672년에 초판이 나온 『자연법과 만민법』을 1674년에 개정 보충할때 컴벌랜드의 견해를 편입시키게 된다.

컴벌랜드의 자연법 이론은 그로티우스의 이른바 '공동의 합의'에서 자연법의 권위를 찾는 대신 케임브리지 플라톤학파가 주장한 '사물의 본질'에서 찾고자 하였다. 물론 컴벌랜드는 그로티우스와 비슷한 입장에서 사회생활의 심리적 기반을 검토함으로써, 그리고 인간본성의 이성적 경향을 강조함으로써 홉스의 이론을 비판한 것은 사실이다. 그는 인간이 자연이성을 소유하고 있으므로 능히 자연법을 관찰이나 경험을 통해 인식할 수 있고, 또 증명할 수 있다고 믿었으며, 한걸음 더 나아가 홉스와 대조적으로 이기심보다는 공동선의 추구가 인간의 진정한 바람임을 증명하려고 하였다. 비록 그는 본질적으로는 그로티우스와 의견을 같이 했지만 추리법은 다르고 독특하였다. 즉, 그는 자연의 도덕법이 어떻게 역사에서 스스로를 표출하는가

3) *De Legibus Naturae, Disquisito Philosophica* 영역 *A Philosophical Enquiry into the Laws of Nature*, tr. by John Towers (Dublin, 1750)이 나왔으며, 본서에서는 이 영문판에 의거하여 인용하기로 하고 이하 *Laws of Nature*로 약기함. 한편 본서에서 참고한 D.D. Raphael, ed., *British Moralists: 1650~1800*, Vol. I (1969)에 수록된 라틴·영어의 대역對譯은 'Raphael 판'으로 표기함.

를 제시하려고 하지 않고 그 대신 그 기원과 유래가 어디에 있는가를 탐구하였다. 그의 목적은 '자연법의 내적, 외적 원인 및 원인遠因과 근인近因에 대한 철학적 탐구를 하는 것'이었다. 그의 의견으로는 자연법은 "집합체, 즉 전체를 가장 효과적으로 보존하는 원인이고 그것을 완성에 이르도록 하는 원인이며, 이 집합체의 부분들은 상호 간에 상대방의 도움을 필요로 하고 똑같이 이 집합체, 즉 전체의 부분들을 보전保全하고 완성으로 이끄는 것이다."[4] 그러나 원인에 대한 탐구는 결과를 고려치 않으면 완전치 못하다. 그는 이에 대한 이유로서 "자연법의 지시명령과 통제하에 마땅히 들어와야 할 그런 행위를 진정코 본질적으로 구성하는 것은 결과 그 자체와는 구별되어야 하기 때문"[5]이라 하였다. 그러므로 그는 비록 방법상으로는 케임브리지 플라톤학파를 따르지 않았으나 이 학파가 생래적 관념이나 형이상학적 사색을 통해 원인을 직접 밝혀질 수 있다고 생각하였다. 커드워스나 헨리 모어가 그러했던 것처럼 그는 자신의 자연법 이론을 영구불변의 도덕성 위에 수립하려고 하였으나 그의 방법은 기계적 세계관과 일치한 경험론적 입장, 즉 감각과 경험을 바탕으로 한 입장을 취한 것이었다. 이 점에서 그는 케임브리지 플라톤학파와 로크라 하였다. 경험론을 잇는 중간 교량의 위치를 차지한다고 생각된다.

그러면 자연법이란 무엇인가? 컴벌랜드는 '제1원인(primae causae)인 의지에 의해 사물의 본질(natura rerum)을 통해 매우 명료하게 우리의 마음에 제시되거나 각인된 명제'가 곧 자연법이라고 간결하게 정의하고 이성을 가진 존재인 인간에게 공동선을 위한 행위가 무엇인가를 지시하는 목적을 갖고 있다고 주장하였다.[6] 자연법은 준수를 통한 행한 행위와 위반한 행위에

4) *Laws of Nature*, pp.118~119.

5) 같은 책, p.294.

6) Raphael 판, pp.93~94.

는 각각 응분의 상벌이 따른다는 것을 지시하고 있는데 그 점은 이성 있는 존재라면 충분히 알 수 있는 성질의 것이다. 컴벌랜드의 자연법 정의는 첫째로 자연법이 사물의 본질에 근거하며, 둘째로 공동선을 목표로 하고, 셋째로 자연법에 입각한 정의가 실현된다는 점을 분명히 하고 있다. 상벌에 관한 한, 개인이 공동선의 기여도에 비례하여 자신의 행복이 증진된다는 것이다.[7)]

컴벌랜드의 저작의 바탕에 깔려 있는 것은 일체론적 공리사상(holistic utilitarianism)이다. 흔히 영국의 공리주의의 창시자라고 불리는 컴벌랜드의 기본적 입장은 집합체 전체는 모든 그 부분들을 합계하면 정확히 동일하며 그리하여 집합체 전체를 보존케 하는 것은 무엇이든 부분을 보존케 하는 것이란 견해이다. 홉스의 이기적 입장을 비난하여 각 개인의 행복은 그것이 전체 이익을 위해 작용하는 한 보증되며, 최선의 행위는 공동선에 이르는 첩경을 취하는 행위이다. 그리고 이러한 행위는 역시 자연적으로나 도덕적으로 선한 행위이며, 아름답고 점잖으며 칭송해 마지 않는 행위이다.

물론 플라톤으로부터 벤담에 이르기까지 결코 개인의 이익이 전체의 공동 이익과 분리되어 착상된 적은 없었다. 아리스토텔레스 및 키케로와 같은 고대의 사상가들에게는 집단 전체로서의 사회의 공동선은 정치권력의 목적이었고 중세의 아우구스티누스나 토마스 아퀴나스의 경우에도 이러한 논리는 계승되었다.

영국의 케임브리지 플라톤학파로부터 공리주의에 이르기까지 이 주장은 꾸준히 계속되었으나 가장 두드러진 예외는 홉스였다. 홉스는 17세기 영국 사상계에서도 당시로서는 매우 드문 주장을 했으며 주류는 전체의 공동선을 우선시키는 견해였다. 17세기의 전환기에 베이컨은 다음과 같이 말했는데, 역시 일반적 경향을 예시하는 것에 불과하였다. 즉, '선의 이중성'이 있다

7) 같은 책, p.94.

고 말한 베이컨은 "그 하나는 모든 사물이 그 자체에 있어 하나의 전체이거나 실재이다. 또 다른 하나는 좀 더 큰 집단의 한 부분이거나 구성요소이다. 이 집단은 정도에 있어서 더 크고 더 가치가 있는데 왜냐하면 그것은 좀 더 일반적 형태의 보존을 지향하기 때문이다."[8)]

컴벌랜드는 자신의 자연법에 대한 설명에서 일반적 공익이란 생각을 형평의 원리에 입각시켜야 할 중요성을 깨닫고 있었다. 그에 의하면 형평 원리는 인간의 개인적 권리와 일치할 뿐 아니라 결국 인간사회의 궁극적 목적인 공동선과 일치한다는 것이었다.[9)] 왜냐하면 '자연형평'의 법은 방향 지시를 위한 규칙이며 또 규칙이어야 하기 때문이다.[10)] 그것은 공사 간의 모든 문제에서 생기는 의무에 관한 새로운 상황에 대해,[11)] 그리고 거의 끝없는 논의의 대상이 될 자연 상태에서 일어나는 모든 경우에 대해, 보편적으로 적용될 수 있는 것이다.[12)] 사법을 집행하는데 있어서나, 행정을 하는데 있어서나 그 목적은 "정치적 제도 전반에 걸친 법이 본질상 형평한 것인가 그리고 결과적으로 엄수할 만한 가치가 있는 것인가"[13)]를 이해하는데 있으며, "특정의 법들이 형평한 제정制定과 수정의 대상이 되어 가혹함과 엄중함을 감쇄·완화시키는가"[14)]를 이해하는데 있다.

그의 형평론에서 두 가지 점이 주목될 수 있다. 첫째로 형평은 자연법에 입각해 있으므로 사물의 본성에 비추어 보아 자명하다는 것이다. 궁극적으로 분석해 보면 자연법은 사물의 본질 및 인간본성으로부터 도출된다. 컴

8) Francis Bacon, *The Advancement of Learning* (1605), ed. by William Wright (1900), Bk. II, p.189.

9) *Laws of Nature*, pp.513~514.

10) 같은 책, p.260.

11) 같은 책, Prolegomena lxvii.

12) 같은 책, p.260.

13) 같은 책, Prolegomena lxvii.

14) 같은 곳.

벌랜드는 말하기를 법학자들이 자연법을 사물의 본질로부터 끄집어내서 이를 글로 기록해 놓았다고 하였다. 그는 자연법이 사물의 본질이란 자연적 권위로써 성립될 때 다른 어떤 권위가 추가될 필요가 없다고 강조하였다.[15] 컴벌랜드가 자연법의 궁극적 권위로서 사물의 본질을 역설한 점은 케임브리지 플라톤학파 특히 커드워스나 컬버웰 등과 같았다. 그는 내재적인 자연법에 관해 이렇게 주장하고 있다. "자연의 법과 사회의 법 — 그것은 우리가 '사물의 본질'로부터 인간의 마음에 나타나 표현된 것인데 — 이 무엇인가를 똑똑히 선언함으로써"[16] 자연법은 '모든 시민법의 본래의 틀이요 구조' 이며 '모든 형평의 참다운 원천이며 분수의 꼭지'[17]에 해당한다라고 그는 말하였다.

둘째로 그는 '주로 인류 전체의 이익을 고려하는 것이 단지 실정법'일 뿐 아니라 '형평 그 자체'라고 말하였다.[18] 그의 기본 논제는 공동선은 형평의 최고법이 된다는 것이었다.[19] 공동선이란 말은 여기서 모든 이성적인 존재인 인간이 하나의 집단을 형성하고 그 집단의 행복을 위해 행하는 필요한 일의 합계를 의미한다. 그는 이러한 집단에서는 개인 각자가 적절한 질서를 지키면서 맡은 역할을 한다고 보았는데, 이 점에서 전통적인 사회유기체론을 벗어나지 못한 것으로 보인다.

그러면 우리는 어떻게 공동선을 위해 기여하는가를 알게 되는가? 각자가 공동선을 위해 어떠한 행위를 해야 하며 또 그 달성을 위해 어떠한 수단을 행사해야 하는가는 오직 자연법, 즉 사물의 본질에 따라 지시받는다. 이성적 존재인 인간은 각자가 온 힘과 노력을 다해서 보편적 자연법의 명령에

15) 같은 책, xiii.
16) 같은 책, lxxiv~lxxy.
17) 같은 책, lxvii.
18) 같은 책, p.405.
19) 같은 책, p.9.

따라 효과적으로 전체를 위해 공헌해야 한다. 이러한 전체는 개인 각자의 행복을 본질적으로 내포하고 있는 것이므로 만일 전체의 행복에 대해 역행하는 성향을 가지거나 한다면 전체 및 그것을 구성하는 각 구성원에게 비참한 결과를 가져올 것은 명백하다.[20)]

컴벌랜드는 대부분의 17세기 사상가들이 믿은 바와 같이 도덕철학에 수학적 사고를 적용할 수 있다고 확신하였다. 그는 선이나 행복에 관한 공리, 즉 '수학에서 사용되는 공리만큼이나 그 자명함에 있어서 결코 뒤떨어지지 않는'[21)] 공리 둘을 내놓았다. 제1공리는 "전체의 선은 부분의 선보다 크다"는 것이며 제2공리는 "각 부분이 상호 간에 상대방을 도와야 하는 그러한 하나의 집합체 전체를 보존하고 완전하게 만드는 원인은 이 집합체 전체를 똑같이 보존하고 완전하게 만든다"[22)]는 것이었다. 그는 공동선의 추구는 이성적 존재에 대해 '자연적으로 적합'한 것이라고 썼는데, 이러한 적합성의 관념에서 수학의 합동의 관념과 비슷한 점이 보인다. 컴벌랜드는 일종의 수학적 도덕성 내지 '도덕적 계산'을 한 최초의 철학자 중 한 사람으로서 그 후의 영국 윤리학자들 특히 벤담, 허치슨Francis Hutcheson(1694-1746), 클라크Samuel Clarke(1675-1729) 또는 스피노자나 라이프니츠에게 상당한 영향을 미쳤다.

컴벌랜드는 집단 전체의 복리를 우선시키고 개인의 복리를 거기에 예속시켰다. 그러나 그는 궁극적으로 전 사회의 공동선이나 최대 행복과 개인의 이익이 양립할 수 있다고 생각했는데, 그것은 "전체의 행복은 본질적으로 그 구성 부분들의 행복으로 이루어져 있다"[23)]는 그의 명제에서 예증되고 있다. 그리하여 그의 공동선의 관념으로부터 집단 전체의 이익이 개인의 자

20) 같은 책, xxvi.

21) 같은 책, p.116.

22) 같은 책, p.117 및 pp.118~119.

23) 같은 책, p.525.

유와 재산권을 존중해 준다는 논리가 도출된다. 그는 자유와 재산권의 존중이 정의의 원리와 완전히 조화될 수 있다고 생각했으며, 모든 사람은 각자가 일정 권리를 보유하고 있긴 하지만 그럼에도 불구하고 "기타 인류 전체가 개인에게 적어도 보통 이해되고 있는 일반적인 정의가 의미하고 있는 만큼 각자에게 주어야 할 의무가 있다"[24]고 주장하였다.

그는 자신의 자연법에 관한 논문이 인간의 소유권을 증명하려는 목적으로 쓰여졌다고 간결하게 잘라 말하였다. 이때의 소유권은 인신人身에 대한 것과 재물에 대한 것 두 가지를 포함한 넓은 의미의 소유권을 의미했는데 그 자신의 용어를 따라 '우리 자신에 관한 권리'와 '사물에 관한 권리'가 되는데 그것은 각각 인신보장과 재산이라는 현대적 용어로 바꾸어 표현될 수 있다. 후에 로크는 『통치에 관한 제2논문』에서 기본적인 개인의 자연권을 생명·자유·재산으로 보았는데 앞의 생명과 자유가 컴벌랜드가 말한 '우리 자신에 관한 권리'로 통합될 수 있을 것이다.

컴벌랜드는 개인의 권리와 공동선 간의 관계를 중요시하면서 첫째로 개인은 각자가 공동선이나 공공복리를 파괴하거나 침범해서는 안 되며, 둘째로 공동의 공익을 구실로 하여 (공동체에 아무런 해악을 끼치지 않은) 개인에게 그의 생명이나 생활필수품을 빼앗는 일이 있어서는 안 된다고 강조하였다.[25] 개인은 공동체 전체의 복리가 증진되면 곧 그 혜택이 개인 각자에 돌아옴을 깊이 인식하고, 따라서 공동체의 이익증대를 위해 최대한 노력을 기울여야 한다. 그러나 동시에 공동체는 공익의 원천이 결국 각 개인의 행복이나 이익에 있으므로 그러한 개인적 복리를 절대 보장해 줌으로써 비로소 전체의 복리가 증대한다는 것이다. 그러므로 일견 공동선을 우선하는 컴벌랜드의 주장에서도 결코 개인적 이익이 차지하는 비중이 적다고 볼 수

24) 같은 책, p.73.

25) 같은 책, p.493.

없다.

정의에 관해서는 본질적으로 아리스토텔레스의 비례정의, 즉 모든 사람은 각각 자신의 능력에 비례해서 기여하여야 한다는 생각과 일치를 보이는 컴버래드의 견해에 의하면 "각 사람은 자신의 자산資産이나 노동을 통해 일정한 세금·의무·능력을 충실하게 또 정기적으로 꾸준히 수행함으로써 (공동선이란) 최선의 결과 내지 목적을 위하여 자신의 몫이나 부담 또는 할당량을 내놓아야 한다."[26] 사회는 하나의 동업체이기 때문에 집합체인 사회의 복리를 위해 동원되는 수단을 부담해야 하고 성원 각자는 일정 비율 또는 비례로써 함께 부담해야 한다는 것이다. 이 비율이나 비례가 매우 세분된 것이어야 한다는 것이 컴벌랜드의 주장이지만 그 계량화 방법이 분명히 제시되지는 않았다. 어쨌든 사회 전체복리에 대한 각 개인의 능력별 비례에 따른 기여 내지 부담이란 관념은 근대적 시민혁명의 성과로 실현되었다. 1789년 8월 27일 공포된 이른바 인권선언 13조 및 1791년 9월 3일 공포된 1791년의 헌법 제1편과 1795년 8월 22일 공포된 프랑스 공화국 제3년의 헌법전문인 '인간과 시민의 권리·의무에 관한 선언' 16조 등에는 국가적 강제력을 뒷받침하는 국민의 부담이라 할 과세가 일반 공익을 위해 설정되며 각자의 능력에 따른 (비례적) 과세 원칙이 명시되었다.

인간은 공통의 경험을 통해 형평의 진리를 파악하며 공통의 속성인 이성으로 인해 정의를 인식할 수 있다. 이러한 인식을 바탕으로 우리는 어떤 상황에서 공동선에 대한 개인의 기여가 가능한가를 결정한다.[27] 공동선에 관한 한, 우리는 소극적으로는 죄 없는 사람을 해치거나 상하게 하지 말아야 하며 적극적으로는 공동체 전체의 이익을 증진시켜야 한다.

배분에 관한 컴벌랜드의 주장 가운데 특이한 것은 전통적인 (유기체적)

26) 같은 책, p.538.

27) 같은 책, p.73.

정의관에 의존하고 있는 점이다. 신체의 각 부분이 크기에서 다르다는 사실은 자연이 기능과 필요에 따라 그 크기를 따로따로 마련했다는 것을 의미하며 바로 이것이 자연정의를 구체적으로 예증하는 것이다. 유기체의 모든 기관이 제각기 자연으로부터 자신의 몫이나 역할을 받는다는 유기체적 정의론은 고대 로마의 의사 갈레누스에게까지 소급할 수 있는데 이는 16~17세기에 부활되었다. 그로티우스는 이에 관해 다음과 같이 말하였다.

> 인체의 모든 기관은 상호 간에 화합되고 있는데, 왜냐하면 각 부분의 보존이 전체의 복지에 기여하기 때문이다. 이와 마찬가지로 사람들은 자신이 사회를 위해 태어났으니 만큼 상호 간에 피해를 주지 않도록 자제해야 한다. 사회는 그 모든 부분이 상호자제와 선의에 의해 방어되지 않으면 유지될 수 없다.[28]

컴벌랜드도 역시 부분이 그것이 소속된 전체와의 관계에서 생기는 비례에 따른 복리의 배분을 받아야 하는 것은 "마치 동물체의 팔다리 혹은 어느 부분의 건강이 동물체 전체의 건강에 필요한 수단이 되는 것과 같다"[29]고 말하면서 우리의 사지가 몸 전체에 대해 갖는 비례관계를 개인과 가족, 가족과 사회, 한 사회와 전 우주가 상호 간에 갖는 관계에까지 확대적용하려고 하였다.

컴벌랜드에 의하면 비례정의는 기계적인 평준화와 다르므로 재산의 평등한 분배는 일반정치의 기본과 전적으로 모순된다.[30] 그는 이 점에서 홉스와 날카로운 대립을 보였는데 '모든 재산권과 특전의 정확한 평등은 자연법의

28) Grotius, *belli ac pacis*, Bk. 1, Ch. 1, iii, p.19.

29) *Laws of Nature*, p.538.

30) 같은 책, p.507.

명령에 의한 것'이라는 홉스의 명제를 신랄하게 공격하였다. 컴벌랜드에 의하면 홉스는 이 평등관을 토대로 자연형평의 개념을 수립했는데 '모호하고 유사한 말투'를 혼용했을 뿐만 아니라 근본적으로 '사고의 오류'를 범했다[31]는 것이며 독자들을 오도했다는 것이다. 한마디로 순전히 말장난에 의존하고 있다고 홉스를 호되게 비난한 컴벌랜드 자신은 배분적 관점에서 형평을 논하면서 물질적 영향력·안정·명예·교육·학문 등과 같은 이익은 "사회가 베푸는 급부에 의해 모든 사람에게 돌아가는 것이 아니며 또는 적어도 같은 정도로 돌아가는 것은 아니다"[32]라고 주장하였다. 그러나 이러한 불평등과 불확실성은 모든 사람이 각각 공동선에 끊임없이 집중시키는 한, 전체 사회가 얻는 이익에 의해 좀 더 완전하게 보상받을 것이다.

컴벌랜드는 법의 시정책으로서의 기능을 형평이 갖는다는 아리스토텔레스적 교정정의의 관념을 따랐다. 공동선에 반대되는 것은 무엇이든 바로잡히거나 아니면 제거되어야 한다는 것이 그의 원칙이다. 그는 말하기를 "우연히라도 공동선에 반하는 일이 일어난다면 그 경우에는 가능한 조속히 모든 이러한 일을 바로잡거나 제거하기 위해 근본적인 덕성이라 할 형평이 문제되는 것이다."[33]

그가 말하는 '개별적 덕성'은 아리스토텔레스의 개별정의인데 그것은 법령이나 판결의 잘못을 바로잡아 놓으려는 의지를 표현한 것이다. 어떠한 손실·상해 등이 있는 경우 그것을 상환하거나 보상해서 본래의 원상으로 회

31) 홉스는 배분정의가 '동일 업적(merit)에 대한 동일 혜택'이라고 보지 않았는데, 왜냐하면 업적은 정의의 고려 대상이 될 것이 아니라 시혜의 대상이 될 뿐이라고 생각했기 때문이다. 그러므로 그는 배분이란 동등자에게 동등한 것을, 차등자에게 차등의 것을 주어야 한다고 생각하지 않았다. 이점이 컴벌랜드의 마음에 들지 않아 그의 심한 비난을 받게 되는 것이다 (Hobbes, *De Corpore Politico, Works* IV, Pt. 1, p.104f. 이하 및 *Philosophical Radiments, Works* II. Ch. III, p.40f. 참조).

32) *Laws of Nature*, p.417.

33) 같은 책, p.480.

복되는 것은 결국 공동선을 위해 필요하다.[34] 그 이유는 이미 지적한 바와 같이 손해의 회복은 그 손해가 사회 전체의 이해利害에 영향을 끼치기 때문이다. 진정한 자유란 개인과 개인 간의 권리를 보호하는 것이 될 뿐 아니라 사회 전체의 공익을 보호하는 것이 되어야 한다. 비록 상호 간의 손해가 개인들 간에 일어난 일이라 해도 결국 사회 전체의 복리나 공익에 나쁜 영향을 끼치는 것이다. 타인에게 가하는 폭력이나 타인의 권리침해가 엄격히 금지되어야 하는 이유는 "남의 정신·신체·재물 또는 명망에 대해 끼친 모든 피해는 결국 다소간에 무엇인가 사회 전체를 손상시키기 때문이다."[35] 물론 이러한 시정책은 전적인 재조정을 의미하지 않고 단지 적절한 보상에 의한 사태의 정상회복을 의미할 뿐이다. 비록 사법적 형평은 법의 엄격함을 완화시키고 그 오인 가능성을 시정하는 것이긴 하지만, 컴벌랜드는 형평 관념을 사회생활의 광범한 분야로 확대시켜 그 법적 한계를 넘어서는 것으로 해석하였다.

마지막으로 형평과 겸애兼愛(altruism) 간에는 근사성이 있다. 컴벌랜드에 의하면 형평은 덕행이 속한 동일 덕성에 속한다는 것이며 "덕행이란 공동선에 반하는 어떠한 일도 하지 않으려 하고 만일 일어날 경우 그러한 일을 바로잡아 고치려 하는 노력"[36]이란 것이다. 이를 그는 '우주의 도덕적 대명제'라 명칭하고 도덕적 명제를 증명하기 위해 자연법의 설명에 나섰다는 것이다. 덕행은 '각자의 자유로운 능력과 힘이 닿을 수 있는 최고의 행복한 상태'를 근본으로 하고 있다. 형평은 이기적인 이익이 완화될 수 있는 일종의 덕행이며 타인의 복지를 고려하는 그런 덕성이다. 이러한 형평 원리는 프랑스혁명에서 표현된 박애적 평등으로 연결되는 것으로 한마디로 자애와 겸

---

34) 같은 책, p.73.

35) 같은 곳.

36) 같은 책, p.6.

애의 균형 잡힌 상태이다. 라이프니츠 가 후에 '지혜 있는' 덕행, 즉 현인의 적선을 주장한 것과 대조적으로 컴벌랜드는 공익을 지향한 덕행을 주장하였다.

컴벌랜드에 대해서는 덕행은 하나의 사회적 덕성으로서의 공동선을 지향했으며, 모든 부분이 이 한 가지 목적을 위해 노력해야 한다는 것이었다. 그것은 개인적 선의善意의 합계이다. 이 한 덕성(즉, 덕행)은 신과 인간에게 다 함께 기쁨을 주는 것을 얻기 위한 모든 사랑과 시도 속에서 작용하고 표현된다.[37] 형평이 사회 일반의 복지를 지향하는 것으로 생각되었다는 의미에서 컴벌랜드의 공동선에 관한 이론은 공공의 행복을 위한 사랑의 관념을 내세운 클라크를 앞지른 것이었다. 그리고 동시에 그의 주장은 후에 샤프츠베리·허치슨·버틀러 등의 사상 속에서 이른바 '도덕 의식'으로 개념화된 사회적 사랑의 관념을 선행先行한 것이었다. 아마 컴벌랜드의 덕행에 입각한 형평은 "이리하여 신과 자연은 같은 넓은 테두리로 연결되고 자애와 사회적 사랑이 하나가 되도록 명하였다"[38]는 포우프의 말에서 가장 잘 표현될 수 있을 것 같다.

6. 자연적 평등과 사회적 차등 — 푸펜도르프

1674년 푸펜도르프는 "나는 가능한 한, 나의 주장을 본질적이며 명석한 논리로써 입증하려고 했으며, 내 시대 이전의 명망이 높은 저술가들이 빠

37) 같은 책, p.480.

38) Alexander Pope, *Essay on Man, ed. Maynard Mack* (1950), Epistle III, p.126.

1) Samuel Pufendorf, *De jure naturae et gentium libri octo* (1672), Eng. tr. *On the Law of Nature and Nations* by C. H. Oldfather and W.A. Oldfather from 1688 (Amsterdam) edition (Oxford & London, 1934), Vol. II, Preface, vi~vii. 이책에서 모든 인용은 그 영문판에 의거할 것이며 이하 *Law of Nature*라 약기함.

진 그런 오인들을 피하려고 노력하였다"라고 썼다.[1] 자신의 의도에 따라 그는 전부터 내려오는 낡은 자료들을 재배열함으로써 수 세기의 역사를 가진 자연법 관념으로부터 혁명적이고 동시에 당시의 지적 풍토에 받아들여질 수 있는 의미를 끄집어내려고 하였다. 푸펜도르프는 하나의 위대한 절충자였다.

푸펜도르프Samuel Pufendorf(1632-1694)는 독일 작센의 루터파 목사의 아들로 태어났는데 라이프치히 대학에서 6년간 신학을 공부한 후 24세 때에 예나 대학으로 옮겨 거기서 자연법과 수학을 공부하였다. 졸업 후에는 주덴마크 스웨덴 대사의 집안에 가정교사로 일했는데, 그가 코펜하겐에 도착한 것은 스웨덴과 덴마크 간에 전쟁이 재개된 1658년이었다. 대사 일행과 함께 푸펜도르프는 덴마크 정부에 의해 투옥되었다. 이 옥중 기간에 비록 도서 시설을 활용하지는 못했지만, 그의 최초의 책이자 아마 가장 독창적인 저술인 『보편 법학의 기본 원리(*Elementorum jurisprudentiae universalis libri duo*)』를 쓸 수 있었다. 이 책은 1660년 헤이그에서 출판되어 상당한 명성을 거두었다. 그는 1659~1661년에 걸쳐 네덜란드에 체재했으나 『보편 법학의 기본 원리』를 바친 팔츠 선제후가 그에게 하이델베르크 대학의 교수직을 제의해 옴으로써 그곳을 떠나게 되었다. 이 임명을 수락함으로써 푸펜도르프 자신의 주장과 같이 유럽대학에 최초로 국제법에 대한 강좌가 설정된 것이다.

1670년 푸펜도르프는 스웨덴 왕 칼11세Karl XI, Charles XI(1655-1697)에 의해 신설된 룬드 대학의 법학 교수로 임명되었다. 2년 후 그의 주저 『자연법과 만민법(*De jure naturae et gentium libri octo*)』이 라틴어로 출판되어 상당한 성공을 거두었는데 그것은 전 유럽에 걸쳐 많은 독자를 얻어 각국어판으로 출판되었다. 사실 이 책에 앞서 1664년 필명(이탈리아명 Seroinus de Monzambano)으로 『독일제국의 헌법』을 저술하여 1667년 그것을 하이

델베르크에서 출판하였다. 30년전쟁 후의 독일의 혼란한 상황에서 수 세기간에 걸친 황제권과 제후권 간의 투쟁은 여전히 해결되지 않은 실정에 있었으므로 푸펜도르프는 독일제국의 사정을 관찰하고 자신의 개혁방안을 제시하려고 하였던 것이다.

그의 주저인 『자연법과 만민법』은 1672년에 처음 출판되었으나 그 후 상당한 범위에 걸쳐 증보·수정되어 1674년에 재판되었다. 이 저술이 가져온 인기는 대단히 높았으므로 일반독자들을 위해 내용을 줄인 개요축소판을 냈다. 1673년에 출판된 이 축소판은 『자연법에 의한 인간과 시민의 의무』라는 제목으로 나온 것인데, 그것 자체로서도 독립적 가치를 가지는 것이었다. 그러므로 1660년에 쓴 『보편 법학의 기본 원리』는 1670년대의 『자연법과 만민법』과 그 축소판을 위한 준비작업이었다고도 볼 수 있다.

그는 룬드 대학에서 7년간 재직한 후 1667년에는 스톡홀름에서 국립편사관으로 근무하게 되었고 이 기간 동안 스웨덴 역사에 관한 다수의 저술[2] 및 그의 주저에 대한 반박에 답하는 글들을 썼는데, 후자는 『스칸디나비아의 논쟁』이란 제목으로 1686년 출판되었다. 바로 이 해에 루이 14세에 의한 낭트칙령의 철폐가 있었으므로, 그것이 계기가 되어 푸펜도르프는 『그리스도교와 시민 생활과의 관계』를 저술했는데 이 저술의 핵심은 종교 문제 그 자체보다도 자연법의 원리를 종교적 제도에 적용하려는 것이었다.[3] 그는 이 책을 브란덴부르그의 대선제후 프로이센의 프리드리히 빌헬름에게 바쳤고, 출판과 같은 해인 1686년에 벌써부터 초빙을 계획한 빌헬름의 요

2) 『구스타부스 아돌푸스 왕의 독일 원정부터 크리스티나 여왕 양위에 이르기까지의 『스웨덴 사론(*Commentariorum de rubus Suecicis libri XXVI ab expeditione Gustavi Adolphi Regis in Germaniam ad abdicationem usque Christinae*)』(Utrecht, 1686)과 『스웨덴왕 카롤로 구스타부스의 사적기(*De rebus a Carolo Gustavo Sueciae Rege gestis commentariorum libri VII*)』(Nuremberg, 1696) 등이다.

3) Leonard Krieger, *The Politics of Discretion: Pufendorf and the Acceptance of Natural Law* (1965), pp.26~27.

청에 응해 브란덴부르그 궁정의 편사관의 자리로 옮겨 가게 되었다. 1692년 푸펜도르프는 『대선제후의 사적기』(Berlin, 1695)와 『계약에 관한 신법』(Lübeck, 1695)등 두 저술의 초고가 완성되었으며, 1695년 사후 출판되었다. 푸펜도르프의 마지막 저술은 『프리드리히 3세 사적기』(Berlin, 1784)가 있으나, 이는 미완성으로 남겨 놓게 되었다. 푸펜도르프는 1694년 봄 스톡홀름으로 다시 갔고 스웨덴 왕은 그에게 남작위를 수여하였다. 그러나 스톡홀름으로부터 귀국하는 항해의 여독으로 1694년 가을 베를린에서 사거하였다.

그의 법 연구의 주요 논점은 어떻게 자연법 이론을 수많은 현실적 제도들과 결합시키는가 하는 것이었다. 푸펜도르프의 목적은 정치 생활 일반의 원칙을 자연의 도덕율에서부터 도출하는 것이었으며, 따라서 법과 정치에 대한 그의 분석은 자연법과 그 도덕적 기초를 밝히는 것으로 시작되었다.

푸펜도르프는 자연법의 영구불변성을 주장하고 전통적 입장과 일치시켜 말하기를 '자연법은 모든 인류가 그것을 지켜야 하는 만큼 보편적이며, 실정법과 달리 변화하지 않는다는 점에서 영원한'[4] 법이라 하였다. 그는 인간의 이성으로부터 자연법이 도출되며 이성의 힘으로 탐구되며, 또 명백하게 증명될 수 있다고 주장하였다.[5]

그러나 푸펜도르프는 자연법이 생래적生來的이라는 관념을 인정하지 않았다. 즉, "자연법의 일반적 원리가 인간의 탄생 시에 똑똑하고 분명한 규칙으로 마음속에 박혀 있어서, 인간이 언어의 힘을 갖게 되는 순간부터 더 이상의 탐구나 사고 없이도 공식으로 만들어진다"[6]는 주장을 거부하였다. 법에 대한 생래적 지식은 "어린이가 갓 태어났을 때의 무지를 점차 벗어나 발

---

4) *Law of Nature*, Bk. II, Ch. III, 1, p.179.

5) 같은 책, Bk. II, Ch. III, 13, p.201.

6) 같은 곳.

달함에 따라 그의 상이한 성장단계를 우리가 주의 깊게 검토한다면 단순한 망상에 불과하다"[7]는 것을 알게 된다고 그는 말하였다. 여기서 우리는 푸펜도르프가 젊은 시절에 영향을 받은 데카르트 철학의 범위를 벗어나 로크적 경험론으로 기울어져 있는 것을 알 수 있다. 그는 이해력의 이중성에 관해 주장하기를 이해력은 첫째, 마치 거울에 비추어지는 것처럼 대상을 직접적으로 파악할 수 있는 힘이며, 둘째, 대상의 속성과 그 규범 간의 관계를 판단할 수 있는 힘이라고 하였다. 그는 이해력을 감관이나 이성의 어느 쪽에도 직결시키지 않고 단지 인식습득의 수단이라고 생각하였다.[8] 자연법을 알 수 있는 인간의 이해력에 관해서 푸펜도르프는 이와 같이 말하였다.

> 자연법은 다음의 의미에 있어서만 올바른 이성의 명령이라고 부를 수 있다. 즉, 인간 정신은 자신의 조건을 관찰함으로써 명백히 이해할 수 있는 능력을 갖고 있으며 인간은 필연적으로 그 법에 의해 자신의 생활 질서를 지켜야 하며 동시에 그 명령이 힘 있고 명백히 증명될 수 있는 원리를 찾아내야 하는 것이다.[9]

이성의 명령이 곧 자연법이라고 생각하고 인간에게 자연법을 위한 이해력이 있다는 생각은 자연법 이론의 전통에 속한 것인데, 법과 공리성 간의 관계에 대해서도 컴벌랜드의 경우는 전형적인 자연법론의 입장에 서 있었다. 그는 국가의 법이 '찰나적인 공리성'을 목적으로 제정되어서는 안 되고 도리어 시민의 행위를 공리관념에 따라 평가하는 것을 막기 위해서 제정되는 것이라고 주장하였다. 왜냐하면 '만일 사람이 자신의 개인적 이익만으

7) 같은 책, pp.201~202.

8) Krieger, p.71.

9) *Law of Nature*, Bk. II, Ch. III, 13.

로 모든 것을 검토하고 타인을 고려하지 않는다면 결국 남도 같은 길을 가지 않을 수밖에 없으며, 그 결과 최대의 혼란, 즉 만인의 만인에 대한 전쟁이 초래될 수밖에 없기'[10] 때문이다. 그는 홉스적 자연 상태를 이익만을 추구하기 위한 이기적 행동의 결과라고 보고 처음부터 자연법의 원리에 따라 행위한다면 개인과 사회는 다 함께 유용한 결과를 얻게 될 것이라고 분석하였다. 자연법에 바탕을 둔 행위는 그 자체로서 평가를 받으며 개인의 지위를 높여줄 뿐 아니라 결과적으로 이익과 보상을 가져오며 행복을 증진하게 될 것이다.[11] 푸펜도르프는 이익의 증진이나 유용성을 무시한 것이 결코 아니며 다만 공리를 우선시킨 정의를 부정하고 정의를 수립한다면 그 결과 공리는 부수적으로 성취된다고 강조했던 것이였다.

17~18세기의 자연법론자들과 공통적으로 푸펜도르프 역시 인간본성에서 법의 기본을 찾으려고 하였다. 인간의 본성·조건·욕구 등을 주의 깊게 관찰하면 자연법의 본질도 알게 된다고 믿은 푸펜도르프는 자기보존을 위한 욕구, 남들과 어울리려는 자연스러운 성향(socialitas)이 인간에게 기본적인 성질이라고 분석하였다. 또한 그는 자애를 인간본성의 한 속성이라고 보았는데 이 점에서 홉스와 같은 의견이었다. 인간은 누구든지 자신의 생명과 신체를 가능한 한 보호하려고 하며 자기의 소유를 지키려 하는 자연적 성향이 있으며,[12] 다른 한편으로 인간은 약하고 고립무원의 상태에 있기 때문에 남의 힘을 바라게 된다는 것이다. 그러므로 자애와 사교성은 서로 배타적인 요인이 아니라 상승 작용하여 하나의 사회적 원리를 이룬다. 바꾸어 말하면 인간은 본래 이기적이며 자애적自愛的 동물이지만 낳을 때의 상태에서는 약하기 때문에 자신의 안전을 기하고 생활을 누리기 위해서는 '사교

10) 같은 책, Bk. II, ChIII, 10, p.196.

11) 같은 곳.

12) Krieger, *Politics of Discretion* p.92.

적'인 동물일 수밖에 없는 것이다.

진정한 사교적 태도는 나쁜 목적을 위해 옳지 않은 방법으로 특수 사회를 형성하는 것이 아니며[13] "각자는 친절·평화·사랑, 그리고 상호의무로 남들과 매여 있다는 것을 이해한, 타인에 대한 태도를 보인다."[14] 그러므로 자연이 지시하는 기본법에 의하면 우리는 "남들에게 사교적 태도를 가꾸고 보존하는 것이며 그것은 평화롭고 항상 인간 전체의 본성과 목적에 합당하는 것이다."[15] 푸펜도르프는 이러한 기본적인 인간성에 입각하여 인간의 생활과 행위를 지배하는 도덕적 실체를 연구하려고 했는데 이 도덕적 실체로부터 인간 행위 중 어떤 것이 적절한 것인가에 관한 일정 기준이 나오며 또한 인간 생활을 지배하는 정연한 질서도 나오게 되는 것이다.[16]

푸펜도르프의 ius의 개념은 그로티우스·홉스와 같이 규제와 자유의 두 면에서 분리된다. 한편으로는 도덕 행위의 규칙으로서의 일반적 의미의 법이 있으며 다른 한편으로는 남들에게 명령하거나 사물을 소유할 수 있는 근거가 되는 권리가 있다. 푸펜도르프에 의하면 권리는 다시 능동적 권리와 피동적 권리로 양분되는데 전자는 그것에 의해 남에게 무엇인가를 요구할 수 있는 권리이며, 후자는 그것에 의해 합법적으로 어떤 사물을 받을 수 있는 권리이다.[17] 이와 같이 푸펜도르프에게서는 법과 권리의 구분이 명백했는데, 이 점에서 그는 그로티우스보다 홉스에 더 가까웠다. 법과 권리가 ius란 용어에서와 같이 동일 의미로 쓰이는 경우가 없지 않으나 푸펜도르프는 권리가 자유를 뜻하는 반면, 법이 자유를 제약하는 속박을 뜻한다고 못 박

13) *Law of Nature*, Bk, II, Ch. III, 15, p.208.

14) 같은 책.

15) 같은 책.

16) 같은 책, Bk. I, Ch. I, 2, p.5. 도덕적 실존實存에 관해서는 같은 책, pp.11~17 참조.

17) 같은 책, Bk. I, Ch. I, 20, p.19.

아 이야기하였다.[18)]

권리에 대한 명확한 생각에서부터 자유의 개념도 정치적으로 또 윤리적으로 정의되었다. 그에게는 일반적인 의미의 자유란 '사람이 원하는 것은 무엇이든 하거나 혹은 회피할 수 있는 하나의 내적 힘'[19)]이었다. 이러한 정의는 홉스의 자유의 정의를 방불케 하는데 다만 '내적 힘'이란 무엇인지가 궁금하다. '힘'은 무엇이며 '내적'이란 무엇인가?

> '힘'이란 말로써 우리는 자유를 향유한 사람이 무엇인가를 할 수 있는 힘 스스로를 움직이는 힘뿐 아니라 다른 사람들을 또한 움직여 운동하게 하는 힘을 가지고 있음을 뜻한다. '내적'이란 말로써 그 운동과 힘이 내적 힘으로부터 나온다는 것, 즉 한 조각의 나무토막이 외부의 자극으로 움직이는 것처럼 심한 외부의 강제력에 의한 것이 아님을 의미한다. '사람이 원하는 것은 무엇이든'이라는 말은 동작이 맹목적 자극을 받아 경솔하게 취해진 것이 아니라 적어도 어느 정도는 행위자가 대상과 친숙하다는 것, 신중한 고려를 한 후 행위를 결정했다는 것 그 결과 행위를 하게 된 직접적 이유는 어떤 특정 방식으로 그 문제를 생각했기 때문이란 것을 시사한다.[20)]

사람이 원하는 것은 무엇이든지 할 수 있다는 홉스적 자유는 점차 양심과 자율을 강조하는 로크적 자유로 바뀌어 가는 느낌이 든다. 푸펜도르프의 자유는 인간이 스스로의 욕구에 방향을 지을 수 있는 능력이며 자신의 인신과 행위를 다룰 수 있는 힘으로 규정된다.

---

18) 같은 책, Bk. I, Ch. VI, 3, p.89.

19) 같은 책, Bk. II, Ch. I, 2, p.145.

20) 같은 책, pp.145~146.

푸펜도르프에게 자유는 취득력이나 취득 의사의 행사와 동일시된다. 사물에 대한 지배, 즉 소유물과 연관시켜 그가 제기한 중요한 문제는 어린아이들이나 미친 사람들과 같은 이성의 행사를 결한 사람들이 지배(즉, 사물에 대한 소유권을 행사)할 수 있는가의 여부였다. 로크가 『통치에 관한 제2논문』에서 소상히 문제 삼은 바와 같이 이미 푸펜도르프는 자유를 이성의 완전성이나 성숙도와 관련시키면서 그는 "어린아이나 미친 사람이 본래 사물에 대한 지배권(소유권)을 얻을 수 없다는 것, 즉 즉각적으로 점유함으로써 자신의 것으로 만들 수 없다는 것은 확실하다"고 대답하고 있다.

> 그 이유는 지배권을 얻기 위해서는 그것을 얻으려 하는 사람에게 요구의 의사가 있어야 하고 그 사물을 자신의 것으로 만들기를 원해야 하며 더욱이 그의 행위가 그런 권리를 그에게 생기게 할 것임을 이해해야 하기 때문이다. 그러나 이것은 그러한 [어린아이와 미친] 사람들의 힘을 넘어서는 일이다.[21)]

개인적 자유의 보존과 사회정의의 달성은 '사회적 합의'라는 개념으로 설명되고 있다. 푸펜도르프에 의하면 합의는 사회생활에 필요하며 반드시 지켜져야 하는데 그 이유는 정의가 합의로부터 유래하기 때문이다. 합의가 지켜지지 않으면 상호이익도 보존되기 어렵다. 푸펜도르프의 생각이 일견 홉스의 생각과 흡사한 것 같지만 사실은 그렇지 않다. 정의가 합의로부터 유래해야 하는 것은 합의 그 자체가 신성하기 때문이 아니라 합의를 지키지 않으면 손해를 보기 때문이다. 그러므로 푸펜도르프에게 합의(또는 약속)는 정의의 기초가 아니며 단지 이익이나 의무의 기초일 뿐이다. 그러면 정의는 어디에서 신성성을 찾을 수 있는가? 정의가 신성한 것은 이미 존재하는

21) 같은 책, Bk. IV, Ch. IV, 15, p.556.

도덕적 관계를 바탕으로 성립되었기 때문이다. 합의(또는 약속)는 정의와 어떤 관계가 있는가? 합의를 지켜가는 가운데 사회는 공동 운영되며 또한 정의도 지켜지는 것이다. 푸펜도르프의 합의는 간단히 말해서 사회동업론으로 연결된다. 그는 사회와 그 구성원들 간에는 동업 관계가 형성되어 공동이익의 추구를 목표로 하게 된다고 생각하였는데 크리거의 지적한 바와 같이 사회동업론은 하나의 계급으로 확립되어 가는 17세기 부르주아들이 사회를 '하나의 회사(corporation)'로[22] 간주한 관념을 반영한 것일지도 모른다. 푸펜도르프는 각자가 '인간사회에 대한 자기의 몫을 바치도록 스스로 해야 하며'[23] "동료시민에 대한 개인의 '절대적' 의무는 가능한 한, 남의 이익을 증진시키는 일이다"라고 믿었다.[24] 그가 말한 바와 같이 동업이란 '어떤 이익을 서로 비율(pro rata)로 나누어 가질 목적으로'[25] 물질적 또는 정신적 능력을 합치기 위한 계약이다. 사회집단과 그 개인 구성원들 간에는 배본정의가 작용한다는 것, 그리고 그것은 '그 사회와 구성원들 간에 이익과 손해를 비율로 나눈다고 하는 계약에 바탕을 두고'[26] 있으므로 이러한 동업 개념은 인간사에까지 확대적용할 수 있을 것이다. 푸펜도르프는 다음과 같이 말한다.

> 어느 한 사람이 사회집단에 받아들여질 경우 항상 그 사회집단과 구성원 간에는 명문 내지 묵시적 합의가 있다. 이 합의에 의해 그 사회는 자체에 속한 재물의 비율적인 몫을 주며 그 대신 구성원은 그 사

22) Krieger, *Politics of Discretion* p.6.

23) Pufendorf, *De Officico hominis et civis juxta legum naturalem libri duo* (1673), tr. Frank G. Moore from the 1682 (Cambridge) edition (1927), Vol. II, p.31. 이하 *De Officico*라 약기함.

24) 같은 책, p.45.

25) *Law of Nature*, Bk. V, Ch. VIII, 1, p.763.

26) *De Officico*, p.16.

회 자체의 보존을 가능케 하는 부담의 합당한 몫을 담당하겠다는 약속을 하는 것이다.[27]

그러면 좀 더 구체적으로 구성원의 몫이나 부담은 어떻게 결정되는가? 먼저 구성원이 받는 몫은 '노동의 대가, 사회에 대한 봉사에서 쓴 경비 또는 사회의 다른 구성원들의 노동이나 경비에 비례해'[28] 결정되며 다음으로 구성원이 부담하는 의무는 '그가 사회로부터 받는 이익의 계산에 의해서, 사회의 다른 성원들이 받는 이익에 비례해서'[29] 결정될 것이다. 단일 어떠한 구성원의 혜택이 다른 구성원의 것보다 더 많다면 그것은 업적에 의해 결정되어야 하는데 이 경우 배분정의는 "타인의 가치에 비해 어느 한 사람의 가치 내지 업적, 또는 타인이 받는 보상에 비해 자신의 보상 간에 분명한 비율이 유지됨으로써 이루어진다."[30]

사회적 동업이란 관점에서 정의와 의무 혹은 그 상호관계가 분석될 수 있다. 푸펜도르프는 로마법학자들을 따라 정의를 '모든 사람에게 자기 자신의 합당한 몫을 주려는 꾸준하고 변하지 않는 욕구'라고 정의하였다. 따라서 그는 법학의 주대상이 행위의 정의라고 보고 아리스토텔레스와는 달리 사람의 정의는 거기에 종속되는 2차적인 것에 불과하다고 보있다.[31] 그는 아리스토텔레스에 따라 정의를 보편과 개별로 나누었으나 약간 상이한 정의를 내렸다. 즉, 푸펜도르프에 따르면 보편정의는 불완전권리에 의해서, 어느 한 특정의 사람에게 당연히 귀속되어야 할 행위 또는 사물이 다른 사람에게 부여되었을 때, 혹은 교섭 관계에는 아무런 상관이 없는 행위가 다른

27) *Law of Nature*, Bk. I, Ch. VII, 9, p.119.

28) 같은곳.

29) 같은책, Bk. I, Ch. VII, 9, pp.119~120.

30) 같은책, p.120.

31) 같은책, Bk. I, Ch. VII, 6, p.118.

사람을 위해 행해졌을 때, 적용되는 정의이며,[32] 구체적으로 친절·무보수 행위·경건 등에서 예증되는 것이다. 이에 대해서 개별정의는 교섭 관계에 관한 행위가 남을 위해 행해졌을 때 또는 어떤 사람이 거기에 관한 완전권리를 갖는 그런 행위가 행해졌을 때 적용되는 정의로서[33] 구체적으로 계약 행위에서 예증된다.

그러면 권리의 완전성과 불완전성은 어디에서 유래하는가? 완전권리는 개인이 사회의 성원이 되겠다는 명시 또는 묵시의 합의를 보았을 경우, 간단히 말해서 한 사회가 어떤 특정 개인을 그 성원으로 받아들이기로 합의된 순간부터 발생하는 권리이다. 그러므로 이 권리는 일종의 사회계약을 통해 생긴 권리이며, 좁게는 상업적 거래를 목적으로 하는 어떤 이익단체와 그 회원들 간에 생기는 권리이며 넓게는 일반적인 사회가 성립할 때 생기는 권리이다. 그러므로 불완전권리에는 엄격한 요구가 있을 수 없는 것이며, 사실상 권리라고 말하기 어렵고 여기에 비해 완전권리는 실제로 사회생활을 이루는 여러 교섭 관계를 지배하는 개별정의와 밀접한 관련이 있다. 푸펜도르프의 경우 이러한 개별정의가 배분과 교환의 두 분야로 나뉘는 것은 다른 사상가들의 논리에 있어서와 동일하다.[34]

푸펜도르프는 의무를 절대적 보편의무와 가정적 개별의무로 양분하여 설명하였다.[35] 먼저 절대적 보편의무는 상호 불가해不可害 및 피해보상을 두 원칙으로 하는 사회생활의 원리이며 구체적으로는 남을 해치지 말 것 및 남에게 끼친 손해는 보상할 것[36] 등으로 표현될 수 있다. 그로티우스의 경

32) 같은 책, p.119.

33) 같은 곳.

34) 푸펜도르프는 제3의 정의, 즉 '방어적 정의(vindicative justice)'에 언급하여 자기방어의 제목으로 논하고 있는데(같은 책, Bk. II, Ch. V, pp.264 f.) 그것은 그로티우스가 말한 침해에 대한 보복, 또는 아리스토텔레스의 교정정의에 해당하는 것으로 생각된다.

35) 같은 책, Bk. II, Ch. III, 24, p.229.

36) 같은 책, Bk. III, Ch. I, 1, p.313.

우에 그러하했만 푸펜도르프에 있어서도 남에게 해악을 끼치지 않는다는 원칙이 지켜지지 않는 한, 인간의 사회생활은 존립할 수 없다는 주장이 제일 우선하게 된다. 푸펜도르프에 의하면 어떤 사람이 설사 나에게 전혀 이익이 되지 않고 보통의 일상적 의무를 나와 더불어 하지 않는다 하더라도 만일 그가 나에게 아무런 해를 끼치지 않는다면 그런 한에 있어서는 나는 그와 조용히 평화롭게 지낼 수 있다는 것이다. 사실상 대다수의 사람들에게 우리가 바라는 것은 그것밖에 아무것도 없다. 그런 소극적인, 최소한의 사회생활의 규칙을 넘어선 좀 더 적극적인 의미에서의 상호협조는 단지 제한된 범위의 사람들 간에 행해지며 상호수혜는 일반적으로 말해 극소수의 사람들 사이에서 교환되고 있음에 불과하다.

> 그러므로 이 계율은 어떠한 근거를 대든 간에 우리의 소유물을 누군가가 일부 또는 전부를 빼앗고 파괴하여 손실을 끼치며 사용 못하도록 하는 것을 금하는 바이다.[37]

만일 서로 상대방에게 해를 끼치지 않으려고 노력하다가도 우연히 또는 고의적으로 해를 끼치게 되면 어떻게 하는가? 그때에는 마땅히 피해에 대한 보상을 하여 책임을 다해야 한다. 피해에 대한 합당한 보상이 이루어지지 않는 한, 남에게 해를 끼치지 말라는 상호불가해의 계율은 공연한 빈말에 불과하다. 만일 실제로 해를 입은 사람이 손실을 참아야 하고 가해자가 무사안일하게 아무런 상환을 하지 않은 채 그 가해로 인해 얻은 이익을 향유한다면 상호불가해를 주장하는 의무조항은 전적으로 무효로 돌아가는 것이다.[38] 푸펜도르프는 '피해'란 말을 넓은 의미에서 쓰고 그 말에는 신체

37) 같은 책, p.314.

38) 같은 책, p.313.

에 대한 가해뿐 아니라 명예훼손과 같은 정신적 피해에 이르기까지 모든 물적·정신적 피해를 포함시켰다.

상호불가해 및 피해보상의 원칙을 비단 개인과 개인 사이뿐 아니라 국제사회에도 적용시킨 점에서 푸펜도르프의 주장의 특징이 있다. 개인 간의 피해는 법적 절차에 의해 강제적으로 보상이 요구되고, 또 집행될 수 있을 것이지만 만일 국가 간의 피해는 어떻게 보상되어야 하며 또 보상이 이루어지지 않는다면 어떻게 될 것인가? 그로티우스의 생각을 원용한 푸펜도르프에 의하면 적절한 상환이 없는 가해행위는 전쟁이나 무력을 동원한 모든 수단을 써서 저지되어야 한다는 것이다. 물론 그는 피해보상의 요구는 무엇보다도 먼저 가능한 모든 평화적 수단을 동원하여 행해져야 하며 동시에 '대수롭지 않은' 피해는 관대히 처리되어야 함을 인정하였다.[39]

또 다른 의무인 개별의무에 관해서 푸펜도르프는 평등 관념과 관련시켜 논하였다. 그는 인간의 자연 평등과 현실적인 조건의 상이성이란 두 역설적인 명제를 조화시키면서 평등을 설명하였다. 그의 출발점은 자연평등인데 거기에 관해 인간본성이 모든 사람에게 편재하므로 그 점에서 다 같이 평등하다고 그는 주장하였다. 계속하여 우리는 적어도 자기의 동료와 같이 평가받지 못할 사람과는 함께 사회생활을 할 수 없다고 지적하고, 그는 자연법에 있는 바와 같이, "모든 사람은 제각기 다른 사람을 자연적으로 자기의 동등자로서 존중하여 다루고 자기가 인간인 것과 같이 다른 사람을 인간으로 다루어야 한다"[40]고 강조하였다.

그렇지만 푸펜도르프는 사람이 정신적 능력이나 자질에 있어서 상이하고 다양한 점에도 주목하였다. 사람은 제각기 다른 도덕적 자질과 상이한 정신적 잠재력을 갖고 태어나기 때문에 자연평등이 지향하는 목표 중 가장

39) 같은 책, Bk. II, Ch. V, 3, p.267.

40) 같은 책, Bk. III, Ch. II, 1, p.330.

분명한 것은 오로지 법 앞의 평등이라 볼 수 있다. 즉, 모든 사람은 같은 법의 제약을 받고 법이 규정한, 같은 의무를 부담한다는 점에서 평등하다. 이러한 평등은 개인에게 자기보존을 위한 기본임에 틀림없지만 단지 개인 상호 간의 사적 관계를 지배하는 원칙에 불과하며 사회 전체의 유대를 강화하고 융합하는데 각별히 작용한다고 보기는 어려울 것이다. 사회의 유대 내지 질서를 유지하는 데는 사회라는 공동체를 위해 각자의 가능성을 자유롭게 또 다양하게 계발할 필요가 있고, 그 점에서 적극적으로 상호협조[적선積善]할 필요가 있다. 푸펜도르프의 말을 빌리면 "만일 어떤 사람이 자신의 이익을 위해 남들의 도움을 이용하고자 원한다면 자신의 차례가 왔을 때 이번에는 자신의 능력을 남들이 활용할 수 있도록 제공할 수밖에 없다."[41] 그러므로 개별의무란 각 개인이 상호 간에 상대방과의 평등을 유지하면서도 동시에 상이한 능력의 발휘를 통해서 사회를 유지하는 의무를 의미한다. 푸펜도르프의 표현에 의하면 자연법의 명령에 따라 "그 자신에게 독특한 권리를 향유하는 사람은 남보다 더 많이 자신을 위해 주장해서는 안 되며, 그 자신이 향유하는 권리와 똑같은 권리를 남이 향유할 수 있게 허용하지 않으면 안 된다."[42] 이 말은 17세기의 사상가들이 누차 주장한 "그대 자신에게 남이 해주었으면 하는 것을 남에게 해야 한다"는 형평의 원칙과 완전한 일치를 보이고 있다. 배분정의는 조정자의 입장에서도 평등원칙이 지켜지는 가운데 달성되며 권리는 어느 특정 개인이 다른 사람보다 더 차지하도록 배분되어서는 안 될 것이다. 형평에 관해 말한 푸펜도르프의 의견을 다음에 직접 인용하기로 한다.

어떤 사람이 여러 다른 사람과의 엇갈리는 권리를 조정할 경우, 평

---

41) 같은 책, Bk. III, Ch. II, 4, p.335.

42) 같은 책, pp.336~337.

등 원칙에 의거하여 행위의 방식이 제시될 수 있을 것이다. 즉, "그는 남을 동등자로 대해야 하며 어느 특정의 사람을 다른 사람보다 더 봐주어서는 안 된다. 단, 어떤 특정의 권리가 어떤 특정의 사람에게 귀속되어 있는 경우는 예외로 한다." 왜냐하면 만일 그가 어느 한 사람을 다른 사람보다 더 봐줌으로써 자연적 형평을 지키지 않는다면 그는 덜 봐준 사람의 조소와 모욕을 즉시 받아야 마땅하기 때문이다. 그 이유는 그는 그 사람에게 마땅히 그의 권리라 할 것을 주지 않았으며 자연으로부터 그 사람에게 부여된 존엄성을 빼앗아 버렸기 때문이다.[43]

푸펜도르프의 정치이론은 이와 같이 자연평등을 대전제로 삼고 있으나, 대인관계에서 생기는 차등 및 사회계층의 존재를 긍정하고 있다. 그러므로 거기까지 고려에 넣지 않으면 푸펜도르프에 대한 사상적 이해는 완전하지 못할 것이다. 푸펜도르프에 의하면 인간은 각각 지위에 따른 '도덕적 가치'를 달리하고 있으며, 도덕적 행위는 잠재적 능력에 따라 판단되는데 이러한 능력 발휘의 결과 사람의 장점이나 단점이 나타난다. 사람의 도덕적 행위는 일반의 존경을 자아내기도 하며 또 그 행위의 가치도 결정한다. 푸펜도르프는 존경과 가치를 구별하여 전자는 사람에 관한 것이며, 후자는 사물이나 행위에 관한 것이라고 보고 있다. 그의 주장에 의하면 인간이나 사물은 자연법칙의 관점에서 보면 물리적 크기, 운동·속성·강도 및 일정한 '물리적 (내지 수학적) 정량定量'에 따라 평가되지만, 사회생활을 하는 정신적 존재라는 관점에서 보면 일종의 '도덕적 정량'에 의해 평가될 수 있다는 것이다. 이 도덕적 정량이 곧 '값'이라 하는 것이며 '인간의 가치', '물건의 가치'

43) 같은 책, p.337.

등의 예에서 보는 바와 같은 가치라고 일반화될 수 있다.[44)]

그리하여 인간은 자연법칙에 따른 물리적 존재가 아니라, 그의 말에 의하면 도덕적 인간이며 도덕적 유대에 의해 하나의 제도를 구성하고 있으며, 사회 안의 지위와 공동생활에서의 기능이라는 관점에서 고려되어야 한다. 사람은 남보다 '앞에 서는가' 또는 '뒤에 서게 되는가'에 관심을 가지며 항상 나는 남과 같은가 아닌가를 비교하면서 사회생활을 영위하는 것이다. 그리하여 사람은 사회 안의 자신의 지위를 스스로 결정하며, 그 지위에 따른 존경은 사회생활에서 그의 가치를 말해주는 척도라 할 수 있다. 푸펜도르프에 의하면 이와 같은 지위나 존경은 '사회'를 형성하기 이전인 '자연적 자유의 상태'에서도 존재[45)]하며, 이는 인위적이며 형식적인 부가물이 아니라 인간의 내재적·도덕적 가치를 의미하는 것이다.

존경에는 '단순 존경'과 '높은 존경'이 있다. 단순 존경은 인간이 자연적 자유의 상태에서 받는 보통의 존경이며 인간의 자연적 능력에 입각한 자연법을 지킴으로써 얻는 존경이다. 그것은 모든 사람이 '자연적으로' 같은 정도로 받는 존경으로서 모든 사람은 나쁜 짓을 하지 않는 한 다 같이 존중받는 존재이다.[46)] 한마디로 사람이라면 똑같은 존중을 받으며 근본적으로 동등한 인간적 존엄성을 갖고 있음을 의미한다. 푸펜도르프는 대개의 자연법론자들과 같이 이성을 가진 존재라는 점에서 인간이 평등하다고 주장하지 않으며 그리고 또한 케임브리지 플라톤학파와 같이 사물의 본질 인간이 평등하다고 주장하지는 않았다. 인간은 기본적 존엄성을 갖는 존재, 즉 도덕적 존재로서 가지는 내재적 존경을 받아야 한다고 강조하면서 이를 바탕으로 그는 평등이론을 설명하였다. 이러한 관점은 이미 르네상스 시대에 인간적

44) 같은 책, Bk. I, Ch. I, 22, p.20. 행위에도 '가치 있는 행위'가 있을 수 있으나, 이 경우에 해당되는 뚜렷한 말이 없다고 프펜도르프는 말한다.

45) 같은 책, Bk. VIII, Ch. IV, 1, p.1229.

46) 같은 책, Bk. VIII, Ch. IV, 3, p.1230.

자각에 바탕을 둔 자아주장에서 시작되어 로크·루소·칸트에 이르는 도덕적 존재론에서 일관성 있게 발견될 수 있으나, 다만 푸펜도르프는 평등의 근거로서 그 관점을 제시하여 우리의 주목을 끄는 것이다.

단순 존경에 대해 '높은 존경'은 사회적으로 인정되는 존경으로서 소수의 특정한 사람에게만 해당되는 존경이다. 어떤 사람은 탁월한 능력을 발휘하여 사회적 존경을 받는데, 이때 경의의 대상이 되는 인물은 명예나 영광을 얻는다고 말하며 푸펜도르프는 그것을 높은 존경이라고 규정하였다. 이러한 영예는 보통인에게 발견되기 힘든 자질이나 능력을 필요로 하는데, 푸펜도르프는 그로티우스의 이른바 소질, 날카로운 지성, 광범한 관찰을 통한 정신적 수양을 할 수 있는 능력이나 높이 평가받을 수 있는 업적 등이 이러한 영예를 가져다 주는 자격이 될 것이라고 보았다.[47] 정치를 담당하는 통치계층, 특히 주권자의 경우, 단순 존경만이 아니라 높은 존경을 받을 인격과 능력을 갖추어야 한다. 푸펜도르프는 "만일 어떤 사람이 그 자신의 권리로 남의 존경을 받을 수 있거나 어떤 경의의 표시를 요구할 수 있는 사람이라면 그는 지배권을 행사해야 한다"[48]고 단정적으로 말하였다. 같은 논리로써 그는 귀족계급의 존립을 합리화하였다. 그에 의하면 귀족은 날 때부터 있을 수 없으나 어떤 업적이 고려되어 사회적 지위로서의 귀족이 존재하게 되는 것이다.[49] 도덕적 자질이나 정신적 능력이 남보다 탁월한 사람에게는 기본적인 인간의 존엄성을 넘어선 더 큰 존경이 베풀어져야 마땅하고 사회는 그에게 재능의 활용에 보답하는 지위를 부여해야 당연하며 이른바 '높은 존경'을 받게 되어야 한다. 형평한 정치제도는 이러한 사람에게 차등의 대우(우대)를 할 수 있어야 한다. 사회는 자연인으로 구성된 것이 아니라

47) 같은 책, Bk. VIII, Ch. IV, 12, pp.1242~1245.

48) 같은 책, Bk. VIII, Ch. IV, 14, p.1249.

49) 같은 책, Bk. VIII, Ch. IV, 27, p.1265.

재능이 상이한 도덕적 인간으로 구성되어 있으며, 따라서 당연한 논리적 귀결로 사회는 능력별로 계층적 구조를 형성하게 된다. 그러나 푸펜도르프는 계급과 계급의 대립에서 생기는 '갈등의 사회'를 지향하거나 귀족과 평민으로 된 신분사회를 합리화한 것이 아니며, 능력과 기여를 정당하게 평가하고 도덕적 자질이 탁월한 인물에 합당한 영예와 역할을 부여하는 형평사회를 지향하였던 것이다.

푸펜도르프는 전형적으로 17세기의 사상가에게 특유한 자연평등론을 바탕으로 그의 이른바 '도덕적 인간'의 사회를 제시했으며 그러함에 있어서 사회동업의 개념을 그의 주장의 근간根幹으로 삼았다.

7. 자치로서의 자유 — 로크

18세기를 '거의 성서적 권위'로 지배한 로크는 휘그적 과두정 및 유산적有産的 자유주의의 대변자로 전통적으로 묘사되어 왔다.[1] 로크의 가장 중요한 업적인 정치학적 저술은 명예혁명 이후에 세상에 발표되었으나, 사실상 오랜 준비기간을 거친 것이었다. 그의 정치이론은 『두 편의 통치론(*Two Treatises of Civil Government*)』에서 전개되고 있으며, 그 밖에도 종교적 관용론과 교육론 등에서 언급되어 있다. 그는 근대의 자연법론의 전통에 서 있으며 자유·평등·정의 등 개념을 자연의 빛인 이성에 대한 인식을 기반으로 설명하였다. 더욱이 그는 근대적 국가주권의 근원을 사회계약론에 의해 합리화하려고 하였는데, 이 점에서 역시 자연권의 논리를 원용하였다. 비록 결론에 있어서 극단적인 차이를 보이고 있으나 합의合意에서 주권의 유래를 찾으려 한 것은 홉스와 로크에게 공통적이었다. 물론 17세기 이전의 사상사

1) Basil Willey, *The Seventeenth Century Background* (1953), pp.264~265.

에서 합의 개념을 찾을 수 없는 것은 아니지만, 그것은 공동의 생활영역을 함께 향유하고 있다든지, 또는 공통의 역사·문화를 기반으로 하고 있다든지 하는 합의론이었다.

홉스와 로크의 합의론은 자연 상태에서 사회로 옮길 때 성립하는 계약에 입각한 것이었다. 그들은 인간본성의 고정固定을 전제로 자연 상태를 설정하는 일종의 '심리적 기하학'의 방법에 의존했는데, 그것은 라스키가 지적한 것처럼, "라 메트리Julien Offray de La Mettrie(1709-1751), 엘베시우스Claude Arien Helvétius(1715-1771), 뷔퐁 백작Georges-Louis Leclerc, Comte de Buffon(1708-1788), 콩디야크Étienne Bonnot de Condillac(1714-1780) 등에 있어서와 같이 우리가 사회적 행위를 할 때 인간본성이 무엇인가를 마음의 백지(tabula rasa) 위에 적힌 문자를 풀어가는 그런 것이었다."[2] 더욱이 로크와 홉스는 다 같이 정치적 의무가 개인적 이해관계를 바탕으로 성립한다고 보았다. 국가는 '자연 발생적'인 것이 아니라 '인위적'인 것으로서 홉스가 그것을 인공의 기계라고 본 데 비해 로크는 일종의 유한회사로 보았는데, 양자는 다 같이 사람에 의해 수립되고 변개變改가 가능한 기구라고 공통적으로 생각하였다.

로크John Locke(1632-1704)는 유년 시절 아버지에게 받은 교육을 즐겁게 회상했는데, 아버지는 의회군의 명분을 찬성하는 지방 법률가였다. 로크는 웨스트민스터와 옥스퍼드에서 받은 대학 교육에 불만을 갖고 있었는데 이해理解에 도움 되지 않은 옥스퍼드 대학의 교육을 못마땅히 여겼다. 그러나 로크와 절친한 관계를 유지한 마샴 부인의 술회에 의하면 로크에게 '처음으로 철학의 냄새를 맡을 수 있게 한' 데카르트의 책들에 강한 매력을 그가 느낀 것은 옥스퍼드 대학 재학시절이었다는 것이다. 그 후 로크는 자신을 지적으로 각성케 한 데카르트 철학의 생래生來 관념을 비판하고 감각적 자료

---

2) Harold Laski, "Introductory: The Age of Reason," in *The Social and Political Ideas of Some Great Thinkers of the Age of Reason*, ed. F.J.C. Hearnshaw (1950), p.15.

를 통한 경험을 강조했다는 것은 널리 알려진 사실이다.

1660년의 왕정복고에 뒤이은 수년간 대학의 교직(1660: Reader, 1664: Censor)에 재임하면서도 그의 관심은 매우 넓어졌고 의학 연구나 화학 실험으로부터 형이상학에 이르기까지 키케로와 같은 고전 작가와 그로티우스·스피노자·보일 등과 같은 근대 저술가들을 연구하였다. 일찍부터 자연법에 관한 연구에 착수하여 신학자 타워슨Gabriel Towerson(1635?-1697), 휘그파 정치 철학자 티렐James Tyrrell(1642-1718) 등과 서로 의견을 교환하였다.[3] 타워슨은 자연법에 관해 장문의 서론을 붙여 1676년 『십계十戒의 설명』을 발표했으며, 티렐은 1692년 『자연법 소론』을 발표했는데 후자는 대체로 컴벌랜드의 『자연법』(1672)을 부연한 것이었다. 이렇게 하여 컴벌랜드의 자연법관은 그들에게 영향을 끼치게 되었는데 1687년부터 1692년에 걸쳐 티렐은 로크에게 그 자신의 자연법에 관한 해석을 출판할 것을 권고하였다.

1667년부터 우연히 알게 된 샤프츠베리가의 제1대 백작 애슐리 경을 통해 로크는 런던의 정계에 적극적으로 진출하게 되었다. 찰스 2세 치세 때의 가장 두드러진 정치인인 애슐리 경은 로크의 친구 겸 후원자가 되었다. 로크는 건강 개선과 공부를 겸하여 1679년까지 4년간 프랑스에 체류했으며 귀국 후에는 애슐리 경과 함께 정치적인 파란곡절을 겪지 않으면 안 되었다. 마침내 애슐리 경의 망명과 함께 로크도 1683년 네덜란드로 가게 되었으며, 거기서 『통치에 관한 제2논문(*The Second Treatise of Civil Government*)』을 집필하였고, 이를 명예혁명 2년 후 출판하였다. 로크는 일생 결혼하지 않은 채 만년의 수년간을 런던 근처의 마샴Sir Francis Masham (1649-1723) 저택에서 마샴 부인Lady Damaris Masham(1658-1708)의 친절과 우정을 받으면서 생애를 끝내게 되었다.

---

3) W. von Leyden, ed., *John Locke: Essays on the Law of Nature* (1957), Introduction, pp.9~10. 이하 Leyden이라 약기함.

우리가 로크의 체계를 세심하게 검토한다면 초기의 저술에서 발표된 자연법의 관념이 후기의 저술인 『통치에 관한 제2논문』의 기조가 되어 있음을 알 수 있으며, 주지하는 바와 같이 통치론에서는 자연법에 대한 상론이 생략되고 있다.[4] 한마디로 자연법에 대한 로크의 견해는 당시의 자연법론자들의 그것과 근본적으로는 일치하고 있다. 그의 초기의 견해에 의하면 자연법의 특성은 항구적인 사물의 질서에 입각해 있다는 것, 사물의 본질적 특성은 항구불변이라는 것, 특정의 의무사항은 필연성을 띠고 있다는 것 등이다.[5] 그의 말을 빌리면 자연법은 "고정되고 항구적인 도덕적 규칙으로서 이성 자체가 이를 선포하는 바이며 인간본성의 바탕에 굳게 뿌리내리고 계속되는 것이다."[6] 사물이든 인간이든 이 항구적인 '본성'을 기초로 세워진 자연법은 그로부터 그 밖의 법률이 도출되는 1차적이며 기본적인 법이다. 그러므로 자연법의 항구불변성은 외적인 행위가 아니라 내적인 사고, 즉 인간의 구체적인 실제 생활이 아니라 인간의 '영혼'으로부터 유래하는 것이다.

로크에 의하면 '자연의 빛'에 의해 구별될 수 있는 신의神意의 선포가 곧 자연법이다. 그러므로 그것은 무엇이 이성적인 자연과 일치하는가 않는가, 무엇이 명령하는가, 금지하는가를 지시하는 것이다.[7] 여기서 '자연의 빛'은 이성을 의미하는데 그 점에서는 전통적인 해석과 다를 바 없다. 이성과 자연을 동일시하는 경향은 키케로까지 소급하여 중세를 거쳐 로마법학자들에게 계승되었고, 17세기에는 컬버웰·그로티우스·푸펜도르프 등 여러 학

4) 로크의 자연법론의 초고는 아마 1660년대 초에 집필되었는데 친구들의 끈질긴 권유에도 불구하고 미발표로 두었다. 1950년대에 이르러 W. von Leyden에 의해 비로소 간행되었다. 로크는 자신의 자연법론의 취지가 당시의 학자들, 특히 프펜도르프의 것과 큰 차가 없다고 판단하여 그 출판을 보류한 것 같고 따라서 그의 통치론에는 자연법에 대한 상세한 언급이 없다.

5) 같은 책, *Essay* VII, p.199.

6) 같은 책.

7) 같은 책, *Essay* V, p.167.

자에게서 명백한 부활을 보았다. 그럼에도 이러한 학자들의 영향을 직접·간접으로 받은 로크는 그들과 약간 생각을 달리한 점도 없지 않았다. 예를 들면 로크는 이성을 단지 '정신적 능력'에 불과하다고 생각하고, 따라서 이성이 곧 법을 만든다고는 생각하지 않았다.[8] 로크에 의하면 이성은 '사고의 연결을 이루고 증명을 끄집어낼 수 있는 이해'에 관한 정신적 능력이었다.

로크는 자연법이 사람들의 '전체 합의'를 통해 인식되며, 그 존재가 증명된다고 본 그로티우스의 견해에 반대하고 선善 그 자체는 우리의 인식을 선행하는 객관성(선험성)이 있다고 믿었다. 바꾸어 말해서 "사람들이 똑같이 사고한다고 해서 사물의 선이 있음을 알 수 있는 것이 아니라 오히려 자연의 원리에 의해서 사물의 선이 있음을 알기 때문에 사람들은 똑같이 사고하는 것이다."[9] 로크는 "자연법이 없다면 미덕이나 악덕이 없으며 선에 대한 보상이나 악에 대한 처벌이 있을 수 없고, 간단히 말해 법이 없다면 잘못도 없고 죄도 없다"[10]는 것이다. 이점은 홉스가 한 말 '법이 없다면 부정의도 없다'는 것과 비슷해 보인다.

그러나 로크의 법은 자연법을 가리키고 홉스의 법은 실정법을 의미하기 때문에 양자 간에는 그만큼 차이가 있고, 따라서 상이한 결론에 도달하게 된다. 로크는 "선·악의 본성은 항구적이며 일정하고 그 가치는 사람들이 만든 공공의 법령이나 개인의 의견에 의해 결정되지 않는다"라고 단언하였다. 홉스에게 정의는 단지 시민사회의 주권자의 명령과 일치할 뿐, 대상 그 자체의 항구적 성격에 있지 않은 것이었으나 로크에게는 실정법적 법 제도의 기본이 어디까지나 항구불변의 자연법에 있었다. 그 이유는 "실정법은 '본질적으로' 구속력을 갖지 않으며" 설사 현실적인 구속력이 있다고 해도 그것

8) 같은 책, *Essay* I, p.111.

9) 같은 책, p.117; p.119.

10) 같은 책, p.119.

은 실정법 자체가 근거하고 있는 자연법으로부터 유래하는 것이기 때문이다. 예를 들면 인간사회의 두 요인인 국가의 기본 구조와 정부 형태 및 계약의 이행은 원래의 법인 자연법에 기초하고 있다.[11)]

이와 같은 관점에서 로크는 법과 편의, 법과 공리에 관한 고대 그리스의 카르네아데스의 설을 비판하면서 권리나 형평은 법에 의해서가 아니라 이익에 의해서 결정될 수 없다고 공박하였다. 그는 "만일 형평과 정의가 공리와 동일물이라면 약속을 이행할 이유가 무엇이며 사회를 안전하게 지켜주는 것이 무엇이며 사람과 사람이 함께 사는 공동생활이 무엇이겠는가"라고 반문하였다.[12)] 로크에 의하면 '공리는 법의 기본 또는 의무의 기초가 아니라 법에의 복종의 결과'이며, 따라서 행위의 정의는 그 공리성에 있지 않고 거꾸로 공리성이 정의의 결과로 나온 데 불과하다는 것이다.[13)] 그러나 로크는 정의가 공리성과 충돌할 수는 없다고 생각했으며 비록 개인적 이익이 자연법의 기초는 아니라 하더라도 '인간 형평에 관한 공통규칙이 각자의 사리와 상호 충돌한다'고 이해되어서는 안 된다고 첨언하였다.[14)] 각 개인의 재산을 보호하는 것도 역시 자연법인 것이다.

공리성에 대한 초기의 조심스러운 단서는 후기에 이를수록 많이 수정되어 도리어 공리주의적 주장에 가까워졌다. 로크는 『인간 이해 논고』에서 선악이 행·불행의 근원이며, 또한 행·불행은 즐거움과 괴로움에 근거한다고 주장하였다. 사람은 욕구의 불안을 느끼면 마음의 능동적 힘(의지)[15)]을 결

11) 같은 곳.

12) 같은 책, *Essay* VIII, p.213.

13) 같은 책, p.215.

14) 같은 책, p.207.

15) 로크는 즐거움과 괴로움이 행동하게 하는 마음의 힘과 관계가 있다고 주장하였다. 힘은 다시 능동적 힘과 수동적 힘으로 구분되며, 전자는 '변화를 일으킬 수 있는 힘'이며 후자는 '변화를 받아들일 수 있는 힘'이다. 능동적인 힘은 자연계의 운동과 같은 것으로 정신계에서는 '행동'으로 나타나는데, 로크에 의하면 즐거움이나 괴로움은 다 같이 능동적 힘으로써 사람에게 행동의 동기를 부여한다는 것이다.

정하여 행동을 하게 된다. 바꾸어 말해 사람은 욕구의 불안을 없애기 위해 행동하며, 또한 욕구의 불안이 없어진다는 것은 즐거움이나 행복에 이르는 첫 단계이다. 로크는 '우리에게 즐거움을 일으키는 경향을 가진 것'을 선, '우리에게 괴로움을 일으키기 쉬운 것'을 악이라고 각각 규정지었는데 이러한 관점은 공리주의 철학에 접근한 것이라고 생각된다.

마음의 능동적 힘과 긴밀한 관계가 있는 다른 관념이 있는데 그것이 자유이다. 로크는 자유를 정치적·사회적인 관점에서뿐 아니라 철학적인 관점에서 논했으며, 그러므로 이 두 면을 종합해야만 비로소 로크의 자유 개념은 설명될 수 있다. 먼저 로크는 자연권을 적극적·소극적의 두 의미로 파악하여 규제에 대한 권리 및 법에 대한 자유를 밝혔다. 그에 의하면 "권리는 어떤 사물을 우리가 자유롭게 사용할 수 있다는 사실에 근거하며, 거기에 비해 법은 어떤 일을 행하는 것을 명령 또는 금지하는 것을 말한다."[16] 더욱이 자연적 자유와 사회적 자유에도 약간의 차이는 있는데 자연 상태의 자유는 사물에 대한 힘 또는 그 자유로운 사용을 의미하지만 사회 상태에서는 동료시민에게 피해를 삼가는 것이 포함된다. 로크의 말은 무조건의 권리로서의 홉스적 자유를 인정하고 있음과 동시에 유보적인 권리로서의 사회적 자유를 제시하고 있다. 사회적 자유에 관한 한, 로크는 물론 홉스나 특히 필머Sir Robert Filmer(c 1588-1653)에 대해 명백한 반대를 한다.

로크의 직접적 비판의 대상이 된 필머에 의하면 "자유란 모든 사람이 각각 자신이 원하는 것을 행하고 자신이 바라는 대로 생활하며 아무런 법의 구속을 받지 않는 것"[17]이다. 이러한 필머의 말에 대해서 로크는 자신의 정치학적 저술에서 자유는 방종이 아니라는 명제를 전개하였다.

---

16) 같은 책, *Essay* I, p.111.

17) Locke, *The Second Treatise of Civil Government: An Essay Concerning the True Original, Extent, and End of Civil Government*, ed. Thomas I. Cook (1947), IV, 22, p.132. 이하 2T라 약기함.

> 비록 이와 같은 (자연)상태는 자유의 상태이긴 하지만 결코 방종의 상태는 아니다. 그 상태에서 사람은 자신의 인신 및 소유물을 처리할 수 있는, 제약 없는 자유를 갖고 있으나 그렇다고 해서 그는 자기 자신을 파괴할 수 있는 자유까지 갖지 않으며, 그가 소유하는 어떠한 생명도 파괴할 자유를 갖지 않은 것이다.[18]

자연법의 가르침에 의하면 자유의 상태에서는 모든 사람이 "평등하고 독립하고 있기 때문에 아무나 타인의 생명·건강·자유 및 소유물을 해치지 말아야 한다." 왜냐하면 모든 사람은 "비슷한 능력을 갖고 있으며 모두가 자연이란 하나의 공동체에 참여하고 있으므로 우리가 남들을 망쳐도 된다고 승인하는 아무런 종속관계, 즉 마치 하등동물이 우리를 위해 만들어진 것처럼 남들이 우리를 위해 만들어진 것으로 생각할 수 없기 때문이다."[19] 간단히 말해서 로크의 자유는 남이 나를 해치지 않는 한, 아무도 남을 해치면 안 된다는 형평에 입각하고 있다.

그러므로 로크의 자유는 근본적으로 하나의 제약, 즉 이성에 의한 제약을 받고 있다. 자연법은 인간 이성의 올바른 지배이며 "이성은 모든 일에 있어서 우리의 최종적인 판단자이며 지침이다." 컬버웰은 일찍이 자유가 근본적으로는 지성知性에 유래한다고 갈파한 바 있는데, 로크도 역시 자유의 지적 특성을 강조하였다. 로크의 정의에 의하면 이성은 "수단을 찾아낼 수 있는 능력이며 이를 올바르게 적용시켜 확실성과 확률을 함께 찾아낼 수 있는 능력"[20]이다. 이는 결국 인간과 동물과의 차이점이며, 또한 인간이 월등

18) 2T, II: 6~8, pp.123~124; 10~13; pp.120~127.

19) 2T, 11:6, p.123.

20) Locke, *Essay Concerning Human Understanding*, Vol. II, Ch. XVIII, 2, p.387. 이하 *Human Understanding*이라 약기함.

한 점은 인간이 이성을 소유했다는 사실에서 발견될 수 있다.

로크는 자유를 이성과 동일시하여 이성을 가진 인간만이 자유를 향유한다고 단언하고 마음의 두 힘, 즉 이해와 의지, 사고와 운동의 관점에서 논하려고 하였다. "사람이 자신의 마음의 방향을 정함에 따라 사고하려는 힘 또는 사고하지 않으려는 힘, 그리고 움직이려는 힘 또는 움직이지 않으려는 힘을 가지는 한, 인간은 자유이다."[21] 간단히 말해서 "자유의 관념은 마음의 결정 내지 사고에 따라 어떤 특정 행위를 행하거나 삼가거나 하는 힘이 행위자에게 있다는 관념이다."[22] 마음의 힘이란 관점에서 자유를 논한 것은 푸펜도르프와 놀라울 만큼 비슷한데 푸펜도르프는 "자신의 욕구를 관리할 수 있는 인간의 능력 또는 자신의 인신과 행동에 대해 지배할 수 있는 힘으로서의 자유를 강조한 바 있다."[23]

로크에게서 발견되는 강조점은 낡은 스토아 철학자들의 주장인 이성이 인간의 평등·자유를 가늠하는 기준이 된다고 한 것이다. 이성의 성숙도에 따라 권리가 결정되는데 이성이 미숙한 어린이들이나 광인·백치 등은 자유를 행사하거나 다른 보통인과 더불어 평등해질 수 없다. 물론 어린이는 태어날 때 평등권을 주장할 '자격을 가지는' 것이긴 하지만 아직 '이성의 법의 명령에 따라 자신의 행동을 관리할 수 없기'[24] 때문에 성인과 함께 평등함을 누릴 수 없다. 이에 반해 똑같은 이유로 정신이상자나 백치는 남의 지배를 벗어날 수 없으며, 보통인과 동등한 권리를 향유하지 못한다. 소유권에 있어서도 같은 문제가 제기될 수 있다. 일찍이 푸펜도르프는 이성을 결

21) 같은 책, Vol. 1, Bk II, Ch. XXI, 8, p.315.

22) 같은 책, p.316.

23) W. von Leyden의 해석에 의하면 로크는 1681년 푸펜도르프의 『보편 법학의 기본 원리』(1672년 판)과 『자연법과 만민법』을 샀는데 『보편 법학의 기본 원리』는 1660년의 초판을 출판 직후 구입했을 것이다(W. von Leyden, ed., *John Locke: Essays on the Law of Nature*, Introduction, p. 39). 이하 Leyden, *Essays*로 약기함.

24) 2T, VI, 54, p.147.

한 사람, 즉 어린이나 정신이상자는 소유권(dominion)을 행사할 수 없다고 주장했는데[25] 로크는 공동소유권과 사유재산권을 구분하여 전자의 경우 만인은 생존권을 갖고 있으므로 자연이 허용하는 물건에 대해서는 누구나 같은 재산을 공유토록 하며,[26] 그 후 '생활상 편익을 극대화 하기 위해서는' '노동을 가하여'[27] 개인의 사유로 만들 수 있는 것이라고 주장하였다. 로크의 말을 빌리면 "신은 이 세상을 사람들에게 공유하도록 주었으며 또한 생활과 편리를 최대한 증진시킬 수 있게 행사하도록 그들에게 이성을 부여하였다."[28]

그리하여 로크가 설명한 자연권에 대한 부분과 재산권에 대한 부분을 종합하면 이성이 미숙하거나 비정상인 어린이·정신이상자·백치 및 노동자[29]에게는 재산권 행사를 완전한 상태로 인정하지 않아도 되다는 것이다. 로크는 재산권을 두 의미로 사용하고 있다.[30] 첫째, 넓은 의미로는 사회 형성 이전의 상태에서 갖는 소유권으로서 이의 보존을 위해 사람들은 사회계약을 맺는데 이 경우 소유권에는 '생명, 자유 및 재산'이 포함되며,[31] 둘째, 좁은 의미로는 토지·자산 등과 같은 소유권으로서 『통치에 관한 제2논문』의 '소유권' 항에서 줄곧 설명되고 있는 바와 같다. 그리하여 맥퍼슨의 지적과 같이 시민사회 성원으로서 사람은 '생명과 자유'에 가지며, 거기에 덧붙

25) Pufendorf, *De jure naturae et gentium*, 1934 Eng. edition, Vol. II, Bk. IV, Ch. IV, 15, p.556.

26) 2T, Ch. VI, 63, p.151.

27) 2T, V, 34, p.137.

28) 2T, V, 26, p.134.

29) C.B. MacPherson, *The Political Theory of Possessive Individualim: Hobbes to Locke* (1962), p.224. 이하 MacPherson이라 약기함.

30) 같은 책, p.198.

31) 소유권(property)이란 말에는 속성이란 뜻이 있고 일찍부터 사회사상가들은 넓은 의미로 소유권을 논하여 왔다. 로크도 소육권이란 말로 사람이 '자신의 인신人身 및 물건에 대해 가지는 그런 소유권'을 의미한다고 정의하고 있다 (2T, XV, 173, p.210).

여 "소유권 보존에 관심을 가지는 동시에 이성적 생활을 충분히 할 수 있는 사람 — 즉, 시민사회에 완전히 참여하는 기본인 이성의 법에 자연적으로 복종할 수 있는 사람"[32]이라고 로크는 주장하였다. 이성이란 스스로를 의지의 자유에 맡길 수 있는 정신적인 힘을 말하는데, 로크는 "인간의 자유 또는 자신의 의사에 따른 행동의 자유는 자치의 법을 스스로에게 가르칠 수 있는 이성을 가진다는데 그 근거가 있다"[33]고 말하였다.

이성을 스스로를 다스리는 '자연의 법'과 동일시한 로크는 같은 관점에서 노예의 문제를 논하였다. 예컨대 그는 전쟁에서 생명을 건지기 위해 자신의 자유를 맞바꾼 사람이 노예라고 보고, 그는 자발적으로 자기 자신의 의사에 따라 노예가 되리라는 계약을 맺었다고 말하였다. 그는 "그 자신의 생명에 관한 권한을 갖지 않은 사람이 계약에 의해서 또는 그 자신의 동의에 의해서 자기 자신을 다른 사람에게 노예화할 수는 없으며 또는 자신이 원할 경우 스스로의 생명을 끊도록 남의 자의적인 권한에 스스로를 내맡길 수 없기 때문에"[34] 타인을 노예로 만들어 봉사케 하는 사람(주인)의 행위는 합리화될 수 있다고 주장하였다. 바꾸어 말해서 만일 노예가 자신의 노예생활에서 인간적인 대우를 요구한다든지 자신의 자유의 가치를 찾으려한다면 '주인의 의사에 항거함으로써' 그가 원하는 죽음을 택하는 것이 가능하며 그것은 전적으로 그의 '권리'에 속한 것이다.[35] 사람이 향유하는 '자연적 자유란 지상에 있어서의 특정의 우월한 권세로부터 해방되는 것'을 말하며 특정인의 의지 또는 입법기관의 권위에 눌리지 말고 '그 자신의 행동 법칙으로서 자연법'을 지킴을 의미한다.[36] 일찍이 푸펜도르프는 자기 자신의

32) MacPherson, p.248.

33) 2T, VI, 63, p.151.

34) 2T, IV, 23, p.132.

35) 같은책, p.133.

36) 2T, IV, 22, p.132.

뜻에 따라 동의한 사람이 노예이며, '의지의 힘이 자유의 범위를 결정한다'[37]고 말했는데 로크도 "아무도 자신이 갖고 있지 않은 것, 즉 생명에 대한 권한을 동의에 의해 남에게 넘겨줄 수 없다"고 강조하였다.[38]

이처럼 이성과 자유, 자연법과 자유는 상호 밀접히 연관되어 있으며, 로크의 논리 속에서 불가분리의 관계에 놓여 있다. 자연법은 이성으로 인식될 수 있는 법이므로 이성 없는 존재는 자유를 향유할 수 없다. 자연법·이성·자유의 3자가 서로 긴밀히 관련되어 있는 점에 관해 로크의 인용을 다음에 들기로 한다.

> 이 자연법은 이성에 의해서만 공포되고 알려지기 때문에 이성을 행사하지 못하는 사람은 이 법의 지배를 받고 있다고 볼 수 없고, 따라서 자유롭다라고 할 수 없다. 왜냐하면 법은 참다운 뜻에서 자유롭고 이성 있는 행위자를 자신의 정당한 이익을 지향하도록 하는 것이며, 결코 거기에 제한을 가하는 것은 아니다. 또한 그 법 아래에 있는 사람들의 일반적 선을 위한 것 이외에 아무것도 금지하는 것은 아니다. 그러므로 오해되지 말아야 할 것은 법의 목적이 자유를 금지하거나 제약하는 것이 아니라 보존하고 확대하는 것이란 점이다. 모든 나라에 있어서 법이 없다면 자유도 없다. 왜냐하면 자유라는 것은 타인이 주는 제약과 폭력으로부터 해방되는 것이기 때문이다. 그것은 법 없는 곳에서는 가능하지 않다. 그러나 이야기되고 있는 바와 같이 자유는 모든 사람이 하고 싶은 것을 할 수 있는 자유가 아니라……그가 원하는 바에 따라서 그의 신체·행위·소유물 및 그의 전 재산을 그가

37) Pufendorf, *De jure naturae et gentium*, 1934 Eng. edition, Vol. II, Bk. VI, IV, 1~11, pp.934~946.

38) 2T, IV, 24, p.133.

> 지배받고 있는 법의 허용범위 안에서 처분하고 처리할 수 있는 자유를 말한다. 거기에서는 아무도 남의 자의적인 의사에 예속되는 것이 아니라 그 자신의 의사에 자유롭게 따르게 되는 것이다.[39]

여기서 또한 주목되어야 할 것은 로크의 법치주의이다. 그는 자유의 한계를 정하는 것이 법일 뿐 아니라 법이 없다면 자유도 또한 없다고 역설하였다. 일반적으로 자유를 제약하는 것이 법이라는 통념과는 반대로 법의 목적은 '자유를 보존하고 확대하는 것'이라고 로크는 확신하였다. 일찍이 컬버웰이 법이 없다면 자유가 없다고 말한 바가 있는데 법에 의한 자유의 보장 또는 자유의 합리적인 향유는 그로티우스 이래로 주장되어 왔다고 볼 수 있다.

로크에 있어서는 (1) 절대적 자유 내지 방종 아닌 상대적 자유 (2) 법과 조화될 수 있는 합리적 자유 (3) 인신·행위·재산 등에 관한 처분의 자유(소유권) (4) 독립적 의사의 자유(즉, 자치) 등이 명백히 드러나 있다. 그는 특히 '자치로서의 자유'를 인간의 도덕적 인격성이란 관점에서 강조하여 후의 루소나 칸트의 사상에까지 큰 영향을 주었다. 로크의 견해에 의하면 신은 인간에게 '자신의 행위를 지시하는 이해력을 부여했으며' 법에 따라 적합한 행위를 하는 것을 인식하게 하였다는 것이다. 그러므로 "만일 어떤 사람이 자신의 의사를 다스릴 독자적인 이해력을 가지지 않은 상태에 있다면 그는 따라야 할 그 자신의 의사를 전혀 가지지 않으며, 반대로 스스로 이해할 수 있는 사람은 스스로의 의지를 움직일 수 있고 자신의 의지가 가리키는 바와 같이 자신의 행동을 통제할 수 있다는 것이다."[40]

각자가 향유하는 자유 및 권리는 '호상성互相性'을 특징으로 하는데 구체적으로 말해서, 어떤 한 사람의 권리가 다른 사람의 권리보다 더 많지도, 더

39) 2T, VI, 57, p.148.
40) 2T, VI, 58, p.149.

적지도 않은 것을 말한다. 이러한 평등한 권리는 남의 권리와 상충되지 않는 범위에서 행사되며, 또 그러한 한에 있어서만 보장될 수 있다. 이러한 '호상성'은 명시된 법의 제약 이전에 있을 수 있는 각자의 자율적인 도덕적 제약에서 유래한다. 자유의 윤리적 의미는 '우리 자신의 개별적 욕구를 중지할 수 있는 힘'을 바탕으로 하는데 로크는 이것이야말로 '모든 자유의 근원'이라고 강조하였다.[41] 로크의 자유는 평등과 마찬가지로 넓은 뜻을 가지고 있으며, 정치적 권리이면서도 법에 대한 적절한 이해를 의미하며 실로 도덕과 정치의 두 영역을 함께 포괄하는 관념이었다. 마찬가지로 로크가 주장한 평등의 전제는 인간의 동등한 도덕적 능력이었다. 모든 사람은 도덕법을 이해하는 능력(즉, 이성)을 평등하게 소유함으로써 사회 속의 인간은 정치적·사회적 평등에 앞서 무엇보다도 도덕적 평등을 향유하는 것이다. 이러한 평등은 '모든 권한이 상호적인 것이므로 아무도 남보다 더 큰 권한을 가질 수 없는'[42] 자연 상태에서 달성되며, 그러므로 그 상태에서는 모든 사람은 누구나 각자가 타인의 의사나 권위에 종속됨이 없이 자신의 자연적 자유를 누릴 수 있다.[43]

그러나 이러한 자연적 평등을 토대로 각자는 사회적 의무나 대우에 있어서 서로 다를 수 있는 요인을 가지고 있다는 점이 인정되어야 한다. 로크는 예컨대 이러한 요인으로서 연령·덕목·탁월함·업적 등을 포함시켜 논하였다. 이와 같이 볼 때 로크의 평등은 두 측면을 갖고 있는데 그 하나는 각자가 똑같은 하나의 도덕적 존재로서 가지는 절대적 평등이며 다른 하나는 각자의 (잠재적 내지 후천적) 능력과 영향력의 상이성에 바탕을 두는 상대적 평등이다. 그리하여 능력의 상이성이나 적합한 대우, 그리고 지도자의

41) *Human Understanding*, Vol. 1, Bk. II, Ch. XXI, 48, pp.344~345.

42) 2T, II, 4, p.122.

43) 2T, VI, 54, p.147.

필요성[44] 등은 로크의 평등관에서 배제되고 있지 않을 뿐 아니라 오히려 개인적 차등이 부정될 때에는 사회가 붕괴될 수 있다고 강조되고 있다. 능력별 사회적 기능이 허용된다는 것은 공동선에 대한 개별적 기여도가 인정된다는 것과 같다. 그러므로 사회 구성원들이 다 함께 합의하여 정치적 권력체를 수립한 후에도 공헌과 봉사는 비례적인 것이 될 수밖에 없다. 로크에 의하면 "정부는 큰 비용이 들지 않고서는 유지될 수 없으므로 정부 보호의 자기 몫을 받는 사람은 누구든지 정부 유지를 위한 부분을 그의 재산으로부터 내놓아야 할 것"[45]이며 이점은 구체적으로 누진과세제에서 예시될 수 있다.

의무와 권리, 봉사와 배분에 있어서 강조되고 있는 윤리적 성격은 로크의 사회이론을 일관하고 있다. 형평을 덕성에 연결시키면서 로크는 "덕성 있는 행동은 서로 충동하지 않고 또 사람들을 부딪치게 하지 않으며 그 대신 서로를 화합하게 하고 아껴주는 것"이라고 주장하였다. 부연하면 "나의 정의로 남의 형평을 빼앗지 않으며 군주의 너그러움이 백성의 관대함을 방해하지 않는다"[46]는 것이다. 이러한 덕성 있는 행동은 대인관계를 원만히 이끌게 하며 구체적으로는 사람들 상호 간에 상대에게 피해를 주지 않는 행동을 하게 할 것이다.

로크에 의하면, "모든 사람은 남의 권리에 대한 침범 및 상호가해를 삼가야"하며 그 결과 "자연법을 위반하면 위반자는 이성과 공동형평(com- mon equity)의 지배가 아닌 다른 지배를 받고 살겠다는 것을 스스로 선언하는 것"[47]과 같다. 형평은 침범을 금지하는 규칙으로서 개인의 기본 권리, 즉 생

---

44) Frank Marini, "John Locke and the Revision of Classical Democratic Theory," *Western Political Quarterley* XXII, 1 (1969), pp.11~12.

45) 2T, XI, 140, p.193.

46) Leyden, *Essays*, Essay VIII, p.207.

47) 2T, II, 8, p.124.

명·건강·자유·소유권 등을 포함하는데 국가나 정부뿐 아니라 어떠한 자발적으로 조직된 단체까지도 이 규칙을 위반하는 성원은 그로부터 제외시키는 권한을 행사해야 한다.[48] 현대적 관점에서 볼 때 이러한 조직체에는 교회·학회·사교 클럽 및 그 밖의 목적단체가 포함될 것이며, 그것은 개별 구성원이 단체의 목적에 찬성하여 자기 의사에 따라 참가할 수 있는 집단을 의미한다. 정부의 경우 이를 위반한 자에 대한 처벌은 더 엄격할 수밖에 없으며, 정부는 그를 사형에까지 처할 수 있는 권한을 가지며 그 밖의 법적 규제를 통해서 국방·공익보전·재산권 보호가 이루어져야 한다.[49]

결론적으로 말하면 로크의 형평은 '도덕적 존재의 상호관할권'이란 말로 요약될 수 있다. 이성이 일정 수준에 달한 보통인이라면 스스로 다스릴 내적 세계를 소유하며 그 세계가 곧 자유이며 이 세계가 다른 사람의 세계와 상충되지 않도록 서로 관할권을 존중할 때 평등이 성립한다는 것이다. 그러므로 열쇠는 이성에 있다. 인간은 이성의 힘으로 자치·자율에 도달하며 이러한 도덕적 세계에서는 정부가 할 수 있는 조정은 최소의 것으로 줄어드는 것이다.

8. 적합성의 이론 — 클라크

18세기 초의 주요 이신론자理神論者 중의 하나인 클라크는 뉴턴 과학이론의 기수로서 그를 대신하여 라이프니츠와 열띤 격론을 벌인 것으로 유명하다. 그의 자연법에 대한 견해는 그 자체로서 참신한 점이 없으며 그의 사회이론도 비교적 눈에 두드러진 것은 아니었으나 존재의 필연적 적합성이란

48) Locke, *A Letter of Toleration* (Indianapolis, 1955), p.17.

49) 2T, I, 3, p.122.

관념 위에 형평이론을 수립한 사상가라는 점에서 우리의 주목을 끄는 것이다. 지금껏 클라크의 사회이론에 관해서는 독립적 연구가 거의 없고 단지 18세기의 합리적 신학이나 이신론의 이야기가 나올 때에는 부수적으로 언급될 뿐이었다. 그는 인간본성에 관해 버틀러Joseph Butler(1692-1752)의 사상적 발전에 영향을 끼쳤을 뿐 아니라 돌바크의 형평론에도 간접적으로 영향을 끼쳤다.

클라크Samuel Clarke(1675-1729)는 노위치Norwich 출신 의원의 아들로 태어났는데, 케임브리지 대학(Caius College)에서 교육받았으며, 거기서 그는 독자적으로 뉴턴 물리학을 공부하였다. 클라크는 학부학생일 때 데카르트적 원리에 기초를 둔 물리학의 대학 교과서를 번역했는데, 거기에 그는 설명하는 주를 달았으며 뉴턴 물리학을 열렬히 지지함으로써 뉴턴의 친구이자 동료가 되었다. 졸업 후 클라크는 신학자의 길을 걷게 되고, 여러 곳에서 교구목사로서 봉직한 후 최종적으로는 앤 여왕에 의해 웨스트민스터의 세인트 제임스 교회의 성직자로 임명되었는데 1729년 타계할 때까지 20년간 봉직하면서 설교사로서 존경을 받았다.

그의 신학과 도덕철학의 체계는 1704년과 1705년에 세인트 폴 교회에서 행한 두 번의 『보일강연(*Boyle Lectures*)』을 통해 주로 알려져 있다. 뉴턴 이론에 대한 그의 꺽이지 않는 믿음 때문에 그는 라이프니츠와 논쟁을 하였다. 논쟁의 발단은 웨일즈 공주 캐롤라인Caroline of Brandenburg-Ansbach; Wilhelmina Charlotte Caroline(1683-1737)에게 보낸 라이프니츠의 서간이었는데, 캐롤라인은 조지 1세George I; Georg Ludwig(1660-1727)의 외아들과 결혼하기 전에 독일에서 라이프니츠와 만난 적는 있던 사이였다. 뉴턴 물리학이 자연종교(이신교)의 쇠퇴에 기여했다는 라이프니츠의 비난은 뉴턴과 그의 추종자들에게 심각한 반발을 불러 일으켰으며, 이에 신학과 물리학의 두 분야에 정통한 클라크가 뉴턴을 대신하여 라이프니츠와 논쟁을 벌이게 되었다.

1715년과 1716년에 걸쳐 라이프니츠와 클라크는 각각 5통씩 서신을 교환했는데 그것은 라이프니츠가 타계한 1년 후인 1717년 클라크에 의해 출판되었다.

클라크의 도덕철학은 두 번째의 보일 강연(1705)에서 이루어진 15개의 명제 중 최초의 5개에서 설명되었다. 그의 입장은 신학자 발가이John Balguy (1686-1748)나 도덕철학자 코크번Catharine Trotter Cockburn(1679-1749) 등과 같은 추종자들에 의해 보완되고 강화되었다. 클라크의 도덕 및 사회철학이론은 두 기본 가정에 입각하고 있다. 첫째로 홉스를 공박하면서 선악은 대상 그 자체의 본질을 고찰함으로써 발견될 수 있다는 가정, 즉 사물본성론, 둘째로 상이한 사물들은 상호 간에 필연적이며 항구적인 적합한 관계를 가지고 있다는 가정, 즉 적합성의 이론 등이 그것이다.

두 가정 중 사물의 본질 그 자체에 도덕적 원리가 있다는 이론은 이미 이전의 다른 사상가들에게서 발견되는 주요 경향으로서 역사적으로는 세 전통, 즉 로마법사상, 교부철학 및 스콜라 신학 등의 전통에 잔존해 있었으며, 이에 관해서는 르네상스 및 17세기의 자연법사상에서 뚜렷한 부활을 보인 사실을 앞에서도 기술한 바 있거니와 1800년대 이후에도 예를 들어 휴고Gustav Hugo(1768-1844), 사비니Friedrich Carl von Savigny(1779-1861), 예링Caspar Rudolph Ritter von Jhering(1818~1892) 독일 법사상가들에게서 지속되었다.[1] 18세기 영국의 모랄리스트이며 형이상학에 관한 저서 『자연의 빛의 구명』 7권(1768~1778)을 내놓은 터커Abraham Tucker(1705-1774)에 의하면 17~18세기의 자유사상가들이 즐겨 쓴 사물의 본성은 자연을 신격화한 결과이며 "신이 무엇을 할 수 있다 없다, 또는 기적을 행한다, 계시를 내릴 수 있다 등 하는 것"은 사물의 본성에 어긋난다고 그들은 주장하였다. 터커의 말은 다음

1) Erik Wolf, *Das Problem der Naturrechtslehre: Versuch einer Orientierung* (Freiburg, 1959)

과 같다.

> 사물의 본성은 항구적으로 존속하는 것으로서 전능자의 뜻이나 힘에 의해서 창조되지 않는다. 전능자라 해도 그것을 바꾸어 놓거나 거기서 떠날 수 없으며, 세계의 창조와 지배에 있어서 그의 행위의 필수불가결한 규칙으로 작용하는 것이다.[2)]

이러한 정의에서 (1) 사물의 본성은 신의 의지를 초월하고 있다는 것 (2) 도리어 그것은 신의 창조와 지배의 원칙이며, 따라서 우주의 삼라만상의 기본원리가 된다는 것으로 요약된다. 클라크의 사물본성론에는 기본적으로 이신론 내지 자연종교가 깔려 있음이 주목된다. 『1705년의 보일강연』의 주지는 "모든 '본래의' 의무는 사물의 항구적인 이치"이며 바로 이 이유 때문에 신 자신도 부단히 '세계를 지배할 의무를 진다'[3)]는 것이었다. 사물의 본질 그 자체로부터 신의 의무는 물론 모든 인간의 의무도 나오며, 따라서 사물의 본성은 도덕성의 원천이다. 클라크의 사물본성론이 신을 사물본성에 종속시킴으로써 그리스도교적 계시를 부정한 것 같이 생각되지만 그의 의도는 그리스도교의 진리와 계시의 확실성을 증명하려는 것이었다. 클라크는 웨일즈 공주 캐롤라인에 대한 헌정서간에서 자연종교가 그리스도교와 어긋나지 않을 뿐 아니라 오히려 그리스도교에 대한 기초를 제공해 준다고 주장하였다.[4)] 그러나 로크에 있어서와 같이 클라크에게 계시는 1차적 고려

---

2) Abraham Tucker, *Light of Nature Pursued* (London, 1805), Vol. IV, Ch. xxiv, p.2.

3) Samuel Clarke, *Discourse Concerning the Unchangeable Obligations of Natural Religion, and the Truth and Certainty of the Christian Revelation* (The 1705 Boyle Lecture) (1911), p.54. 이하 *Discourse*로 약기함.

4) *The Leibniz-Clarke Correspondence: together with Extracts from Newton's Principia and Opticks*, ed. H. G. Alexander (Manchester, 1956), p.6.

의 대상이 아니라 부차적인 것으로 생각되었다.[5]

일반적으로 17세기의 그리스도교 비판은 자연종교를 근거로 행해졌는데 그것이 그리스도교의 위기를 초래하였다고 볼 수 있다.[6] 클라크는 계시보다도 '사물의 아름다운 질서'를 통해 신의 섭리가 유지된다고 보고 "사물이 신이 창조함으로써 그것들이 있는 그대로의 것이 되어야 하며""현재 취하고 있는 식으로 사물이 존재할 수밖에 없고" 더 중요하게는 사물과 사물의 상호관계, 비례와 조화 및 적합성이 불변하다고 주장하고 이러한 사실은 모두 신의 뜻으로 귀착된다고 강조하였다.[7] 더욱이 우리가 대인관계를 정당하고 평등하게 유지할 수 있도록 '사물의 이치와 조화'에 따른다는 것이 곧 신의 섭리에 부응하는 일이라는 것이다.[8]

사물의 본성은 형이상학적·신학적인 문제뿐 아니라, 사회현상이나 도덕까지 긴밀히 관련되며 정의의 원리를 제시해 주는 것이다. 뉴턴이 사물 그 자체를 탐구함으로써 자연현상을 고찰했듯이 인간 세계에 있어서의 정의는 모든 존재물의 본질을 구명함으로써 밝혀질 것이다. 윌리가 지적한 바와 같이 "세속적이며 과학적인 정신이 성장함에 따라 내세의 보상과 징벌에서 도덕의 기초를 찾는 것은 점차 바람직하지 않게 생각되고 그 대신 '인간본성 또는 사물의 본성'이라고 알려진 것에서 그 기초를 찾게 되었다.[9] 클라크의 의견을 따른 추종자 중 한 사람인 코크번에 의하면 "미덕은 사물의 본성 및 관계에 적합하도록 행위하는데 있다"는 것이며 또한 미덕이 구체적으로는 특정 관계 간에 '적합성'이 있는 경우 성립되며 반대로 모든 악덕에는 예

---

5) Basil Willey, *The Eighteenth Century Background* (1940), p.59.

6) Paul Hazard, *European Thought in the Eighteenth Century* (1965), p.44이하 & p.113.

7) *Discourse*, pp.119~120.

8) 같은 책, p.121.

9) Willey, p.59.

외 없이 '부적합성'이 있는 법이라는 것이었다.[10] 여기서 적합성이니 부적합성이니 하는 것은 사물의 본성에 관해서 또는 사물과 사물의 관계에서 적합한가, 부적합한가 하는 것을 의미한다.

홉스는 인간이 있기 전에는 인간성이 있을 수 없고, 상호교섭을 할 수 있는 행위자가 있기 전에는 정의의 본질이 있을 수 없다고 주장했는데, 클라크는 이에 반대하여 사물이란 이미 '결정적 본질'을 가지고 만들어졌다고 주장하였다. 사물의 본성은 현재 존재하는 바와 같은 사물이나 형성 중에 있는 사물의 역사이며 장차 형성될 것으로서의 사물의 가능성이다. 사물의 역사성이나 가능성에 관해서는 이미 고대에 아리스토텔레스가 언급한 적이 있는데 사물의 본성이란 사물의 가변적 특성이 환원될 수 있는 근원적 원리라고 요약될 수 있다. 모든 존재는 이 근원적 원리에 적합하도록 행위함으로써 의무를 수행한다고 생각될 수 있다. 바꾸어 말해서 "의무는 사물의 이치, 본성 또는 적합성으로부터 유래하는 것"[11]이다. 클라크에 의하면 사물의 본성은 자연적 및 도덕적 필연 관계를 결과할 것이며,[12] 이러한 필연 관계로 인해서 사람은 그의 권리와 의무를 행사하는 경우 적절하고 합리적으로 행위할 수 있다는 것이다.[13] 우리는 보일 강연에서 나타난 클라크의 본성론을 다음의 두 가지로 요약할 수 있다. 첫째로 모든 실정법에 선행하는 존재(사물)의 본성이 있으며, 둘째로 이 본성으로부터 유래하는 상이한 관계들 및 필연적인 적합성이 있다.

---

10) Catharine Cockburn, "Remarks on Rutherforth," in The Works of Mrs. Catharine Cockburn, *Theological, Moral, Dramatic, and Poetical* (London, 1751), Vol. II, p.11.

11) *Discourse*, p.46. 발가이는 사물의 본성이 '불변의 속성들'의 합계이며 '존재의 상대적 양식'의 합계라 규정하였다.

12) Samuel Clarke, *Demonstration of the Being and Attributes of God* (The 1704 Boyle Lecture) (London, 1711), pp.124~125. 이하 *Demonstration*으로 약기함.

13) *Discourse*, p.55.

이미 앞에서 시사한 바와 같이, 클라크는 사물이나 존재의 본질로부터 인간의 사회적·정치적 관계를 지배하는 기본 원칙을 끄집어내려고 하였다. 먼저 사물의 본성으로 인해서 법 일반이 유래하며, 따라서 사물의 본성은 법원이다. 이 점에서 클라크의 논의는 후의 몽테스키외가 『법의 정신』의 첫 머리에서 한 말, 즉 "가장 넓은 뜻의 법은 사물의 본성으로부터 유래하는 필연적 관계이며 이 의미에서 모든 존재물은 자체의 법을 가진다"[14)]라는 말을 연상시킨다. 클라크는 사물의 본성이 곧 형평의 근원이라 주장하면서 자연권과 도덕적 의무는 "서로 다른 사물 상호 간에 갖는 필연적이며 항구적인 관계" 위에 수립된다고 말하였다.[15)]

같은 논리를 따라 정의와 선의 기준은 사물의 본성에 내재하며 환경적 요인은 정의와 선의 본질을 바꾸어 놓지 않는 것이다. 클라크는 '올바르다는 본질', '선하다는 본질'이 없이는 '올바르다는 것', '선한 것'이 있을 수 없다고 확신하고 마찬가지로 '정당하다는 것'은 행위나 사건이 실제로 일어나는 것과 아무런 관계가 없다고 믿었다.

클라크에 의하면 사물은 그 본성을 유지하고 완성시키거나 또는 파괴하기 위하여 각각 선 또는 악을 지향한다는 것이다. 이와 관련하여 그는 다음과 같이 말하였다.

> 사물들이, 그것들이 법에 의해서 (설사 모든 법에 의해서가 아니라 해도) 확인된 그것들의 존재에 선행하여, 선하다는 것은 명백하다.[16)]

즉, 사물의 선은 실정법에 의해 확인되기 이전에 이미 결정되어 있는 것이며

14) Montesquieu, *De L'esprit des lois, texte établi par Gonzague Truc* (Paris, 1949) tom. 1, première partie, liv. 1: des lois en général, p.5.

15) *Demonstration*, p.136.

16) *Discourse*, p.138.

만일 선이 선행하지 않는다면 그런 선에 입각한 실정법은 제정될 수 없다는 것이 클라크의 명백한 의견이다.

사물의 본성에 내재한 도덕은 어떻게 알려지는가? 정의는 욕정에 바탕을 두고 있지 않으므로 이성을 통해 인식될 수 있다. 이성은 모든 덕성의 원천이며 도덕형성에 필요한 '결정적인 행위원칙'으로서 (클라크에 의하면) 사람은 이치에 닿지 않은 욕정이나 개인적 이익에 의해 충동을 받지 말고 불편공정한 이성의 지시를 받도록 해야 한다.[17)]

사물본성론을 전제로 한 클라크의 도덕철학에서 각별히 우리의 관심을 끄는 것이 그의 적합성에 관한 논의이다. 클라크에 의하면 환경이나 사정 등의 조건이 특정인에게 적합하다 또는 합당하다 하는 경우 그 적합성 여부는 사물의 본성 또는 사람의 자격에 의해 좌우된다는 것이다.[18)] 예컨대 여러 상이한 자격을 갖춘 사람들이 모여 하나의 사회를 형성했을 때 상호관계에 따라 누가 무슨 일을 가장 적합하게 할 수 있는가의 문제가 결정될 수 있다. 사람들이 갖는 상호 관계는 어느 사람이 무슨 일에 적합한가, 부적합한가를 판단하게 하는 근거가 될 것이다. 로크는 일찍이 "인간의 여러 가지 조건이나 상호관계에 관한 자연법은 사적 또는 공적 기능이 요구하는 정도에 비례해 사람들을 구속하는데 예를 들면 왕의 의무와 신하의 그것은 서로 다르다"[19)]고 말하였다. 이와 마찬가지로 클라크도 인간이 상호 간에 가지는 관계가 자유의 한도를 정해 주며 따라서 어느 한 사람의 사회적 행위는 그것이 남들과의 관계와 합당할 때거나 적합할 때 비로소 정당한 것이 된다고 단정하였다.

클라크의 주장에 의하면 인간의 상이한 관계는 궁극적인 조화에 필요하

17) 같은 책, p. 69.
18) 같은 책, pp.36~37.
19) Leyden, *Essays*, p.197.

고 인간의 다양한 능력은 사회적 기능의 균형에 필요하다는 것이었다. 인간은 서로 친해지면서부터 남에 대해 더 의존하고 싶어 하지만 전체사회의 복리를 위해서는 각자가 자신의 위치에서 최선을 다하고 상이한 관계를 유지하면서 상이한 사회적 역할을 수행해야 하는 것이다. 클라크와 의견을 같이 한 터커에 의하면 "인생의 목적은 수없이 많은 상이한 방식으로 영향받고 있는데 사람들이 모두 제한된 중요한 일을 하려고 몰려들 것이 아니라 그보다 차라리 각자가 자신에게 속한 일을 적절히 행함으로써 그 목적은 더 잘 달성될 수 있을 것이다."[20] 인간은 각자 다른 사람의 도움을 받아 세상을 쉽게 살아가도록 만들어졌다고 말한 클라크는 자신의 처지에서 능력에 맞도록 스스로를 완성시키는 것이 전체 사회의 공공복리를 달성하는 길이라고 역설하였다. 코크번만큼 클라크의 견해를 추종한 발가이도 역시 클라크와 마찬가지의 다양성론을 제시하였는데, "모든 사람은 각자가 제일 크게 진보할 수 있는 그러한 덕목을 달성하도록 하여 자신이 처한 위치와 사정에 따라 가장 봉사적인 사람이 될 수 있도록" 노력해야 한다는 것이었다.[21]

이 계통의 논리는 일견 중세적인 고정신분론과 같아 보이지만 중세에서의 주장이 신의 섭리를 내세운 반면 근세 사상가들의 견해는 이른바 개성주의(individualism)의 입장에 가까운 것이며, 다양한 개성의 발전이 사회 전반의 창의성을 증진한다는 생각과 근본적으로 같기 때문에 양자 간에는 실질적인 차이가 있었다. 각자의 개인적 재능과 천부적 자질이 다양하여 그것이 외적 조건에 작용하여 결과적으로는 상이한 생활환경을 만들어내는 경향이 있다. 그러나 다시 강조해야 할 것은 클라크 및 그의 추종자들이 내

20) Tucker, pp.401~402.

21) John Balguy, *The Foundation of Moral Goodness: Or, A Further Inquiry into the Original of Our Idea of Virtue* (London, 1733), p.60.

놓은 다양성과 적합성에 관한 논리가 결코 자연적 불평등이나 고정신분론과 동일시될 수 없다는 점이다. 클라크는 일관성 있게 다음과 같이 말하고 있다.

> 모든 사람은 같은 차원에 서 있고 같은 자연적 욕구와 원망을 가지며 각자 똑같이 남의 도움을 필요로 하고 사회의 복리와 이익을 동등하게 향유할 능력을 가지고 있다.[22]

자기보존욕 내지 자애自愛가 물론 부정될 수는 없다. 클라크는 그것을 인간사회의 1차적 기반으로 간주하면서 자연법에 제시된 우리의 의무는 "모든 사람이 각자가 자신의 존재를 가능한 한, 오래도록 보존하고 신체와 정신의 모든 성향을 항상 지키도록 유념해야 한다."[23]고 주장하였다. 그러나 동시에 자기보존을 지시하는 자연법에 따라 전인류로 구성된 '하나의 보편적 집단 또는 공동체의 부분'으로 스스로를 간주하고 각자가 동료시민의 행복과 복지를 증진하도록 노력해야 한다.[24] 이와 같은 공익 증진은 클라크의 이른바 '보편적 사랑' 또는 '자비심'과 관계가 있다. 클라크의 말을 따르면 자비심은 단순히 자선을 의미하는 것이 아니라 정의의 규칙을 지키는 태도로서 일반적 선을 위한 '가장 직접적이며 확실하고 효과적인 수단'[25]이다. 자비심 또는 상호 간에 사랑을 주고받는 마음이야말로 "이 사회를 조금이라도 견딜 만한 것으로 또 오래 지탱할 수 있는 것으로 만드는 유일한 가능한 수단"[26]이라 할 것이다.

---

22) *Discourse*, p.75.
23) 같은 책, p.76.
24) 같은 책, p.75.
25) 같은 책, p.72.
26) 같은 책, pp.74~75.

클라크는 여러 관계에 내재하는 적합성을 제시함으로써 대인관계의 기본 원리인 형평을 논하였다. 형평의 규칙에 따라 사람은 누구나 남에게 예의바르게 행동해야 할 의무가 있으며 마땅히 남에게 같은 방식으로 자신을 대해주기를 바란다.[27] 다음에 클라크의 말을 직접 인용해 보기로 한다.

> 모든 실정법적 교섭이나 계약에 앞서 사람들은 정의와 형평에 관한 기지의 규칙에 따라 서로 상대방을 대해야 한다는 것은 분명히 적합한 일이다. 그리하여 모두가 자신만의 이익을 위한다는 가책을 느끼지 않는 가운데 가장 그럴 듯한 형평스러운 이웃의 기대를 무너뜨리거나 눈치를 보지 않으면서 남을 사기하거나 기만하거나 폭행한다면 이는 적합하지 않은 일이다.[28]

클라크는 뉴턴의 신봉자로서 수학적 비유를 빌려 자신의 도덕철학을 설명하려고 하였다. 예컨대 그는 누구나 남을 '형평하게' 다루기를 거부함은 마치 수학문제의 모순을 보는 것과 같이 명백하다고 말하였다. 여기서 형평은 사람이 누구나 남에게 자기를 대해 주기를 바라는 식으로 그를 대하지 않으면 안 된다는 행위규칙이다. 코크번의 말을 빌리면 "남이 우리에게 하는 것처럼 우리가 남에게 행한다는 것은 모든 사회적 덕성의 합계"이며 "이는 우리와 남과의 사이에 존재하는 평등이라는 자연적 관계가 형성되는 적합성으로부터 유래한다."[29]

클라크는 형평이 적용되는 관계를 크게 둘로 나누었는데, 그 하나는 동등자 상호 간의 관계이며 다른 하나는 상급자와 하급자 간의 상하관계이

---

27) 같은 책, pp.27~28.

28) 같은 책, p.38.

29) Cockburn, "Remarks on Rutherforth," *Works* Vol. II, p.12.

다. 후자에 있어서는 '형평의 비례'가 더 복잡하긴 하지만 "그래도 그것은 여러 관계의 상이성을 동시에 고려에 넣는다면 우리가 남의 대우를 받듯이 남을 대우한다는 동일한 규칙으로부터 형평의 원칙을 항상 끄집어낼 수 있다.[30] 그 경우 상급자가 하급자를 대할 때 또는 하급국가 상급자를 대할 때 우리는 항상 "합당하고 정직하며 형평하고 진지하지 않을 수 없으며, 이러한 형평이 바로 사람과 사람 사이의 신의와 사랑을 촉진하는 정의의 규칙이다."[31]

관계의 적합성에 입각한 형평을 논하면서도 클라크는 그 이상의 사회적 권리와 의무를 상술하지 않았다. 비록 그는 덕성의 본질을 관계의 상이성에서 고찰하고 궁극적으로 우리의 사회적 행위의 기준을 사물의 적합성에서 설명하려고 하였으나, 1세대쯤 젊은 동시대 학자인 브라운John Brown(1715-1766)이 지적한 바와 같이, 클라크는 더 이상 도덕적 선을 구체적으로 예증하지 않았다.[32] 사실상 개인과 개인 상호 간에 있을 수 있는 정확한 비례관계는 우리의 능력이나 기회가 마땅하게 '정해지지 않은 상황'이기 때문에 법적 관점에서는 더 이상 구체적으로 설명하기 힘들 것이다.[33] 그러므로 입장교환이라는 홉스의 전위관념이나, 컴벌랜드가 동등한 자유를 바탕으로 한 컴벌랜드의 비례정의와 마찬가지로 클라크도 역시 공정한 이성의 명령에 따라 남이 '상대적 상황'에서 해주기를 바라는 것과 같이 자신이 행위하지 않으면 안 된다는 상호주의를 강조할 따름이다. 이와 같이 상대적 상황을 고려한다는 것은 홉스가 서로의 입장을 바꾸어 상대방의 권리를 존중하

30) *Discourse*, p.68.

31) 같은 책, p.28.

32) John Brown, *Essays on the Characteristics of Lord Shaftesbury* (1751), pp.130~131.

33) William Wollaston, *The Religion of Nature Delineated* (1722) (London 1759), p.23.

자고 제의한 그 '전위의 원칙'과 상통한다. 클라크는 다음과 같이 말한다.

> 당신은 남에게 무엇을 해야 적합한가를 고려하는 경우 '행위'의 모든 환경적 조건뿐 아니라 '사람'이 당신과 달리하고 있는 환경적 조건까지 항상 고려에 넣어야 한다. 즉, 당신의 환경 조건이 그 사람의 것과 뒤바뀐다면 그가 당신에게 행위하게 될 그러한 환경적 조건을 말하는 것이다.[34)]

결론적으로 클라크는 상이한 관계가 존재마다 그 관계의 본질에 알맞게 형평성이 내재해 있다는 주장으로 일관하였다. 인간본성의 원리에 따라 정의의 비례와 수단의 적합성은 인간의 권리와 의무를 결정한다. 그럼에도 그는 이 관계들이 실제적인 사회생활에서 어떻게 나타나는가, 법적으로는 구체적으로 어떻게 규정되며 정치적인 권리·의무의 배분 비례와 어떤 연관성이 있는가에 관해서는 상론하지 않았다. 현대적 관점에서 보면 그는 정치학자라기보다는 자연과학적 진리를 의식한 신학자였으므로 그의 적합성론은 결국 하나의 윤리적 논의로써 평등의 도덕적 본질을 캐려 한 것이다. 이러한 한계에도 불구하고 그의 적합성론의 윤리적 의미는 18세기의 계몽사상가들의 윤리정치(éthocratie)의 주장으로 연결된다고 생각된다. 이와 함께 이른바 그의 '윤리적 합리주의'는 다수의 모랄리스트 특히 흄의 도덕철학적 비판의 근원으로 작용한 것으로 주목되어야 할 것이다.

9. 공공의식과 애타사상 — 샤프츠베리

34) *Discourse*, pp.68~69.

18세기 사회사상에서 중요한 문제 중의 하나는 자애설自愛說과 애타설愛他說의 대립이었다. 바꾸어 말해서 인간생활의 기본적 동기가 자기 자신의 이익을 추구하는 데 있는가, 아니면 남에 대한 공감적인 고려를 하는 데서 비롯되는가? 도덕의 기준으로서 이기심이 높이 평가되어야 하는가, 아니면 사회 전반의 복리를 선행시키려는 성향이 더 높이 평가되어야 하는가 등 극단적인 두 견해의 대립이었다. 17세기에 홉스가 자신의 정치철학의 바탕으로 삼은 '자애원칙'을 제시한 이래로 18세기 초 맨더빌Bernard Mandeville(1670?-1733)이 『꿀벌의 우화』에서 사적 이익이 곧 공적 이익임을 공언하기까지 이기심의 문제는 많은 논란을 거듭하였다. 그러나 18세기에 접어들면서 이기주의에 대한 강한 회의가 일기 시작하여 자애 내지 이기심이 인간행위를 충분히 설명할 수 없다는 비판이 우세하게 되었다. 만일 자기 자신에 대한 사랑[1)]이 덕목이며 인생의 목표라 한다면 내가 남과의 관계를 유지할 필요가 있는가, 만일 인간상호의 사회관계가 유지된다면 그 유지에 필요한 덕목은 과연 무엇인가? 이기심은 개인과 개인을 분리시키며 결합시키지는 않을 것이다. 그러므로 여러 모랄리스트들, 예컨대 버틀러Joseph Butler(1692- 1752), 허치슨Francis Hutcheson(1694-1746), 샤프츠베리 등은 남에 대한 동정적 관심, 애타심 또는 (사무엘 클라크의 이른바) '보편애(universal love)'를 사회형성의 원리 또는 행위의 원칙으로서 제시하였다.

제3대 샤프츠베리 백작(이하 샤프츠베리로 약기함), 즉 쿠퍼Anthony Ashley Cooper(1671-1713)는 런던 출생으로 18세에 명예혁명을 맞았는데, 그의 청장년기를 윌리엄3세 및 앤여왕 시대에서 지냈다. 따라서 그의 청장년기는 청교도혁명이 끝난 후에 휘그주의가 대두된 시기로서 관용과 안정을 바탕으로 한 정치질서가 안정된 시대였다. 그는 조부인 제1대 샤프츠베리 백작의

1) 이 자기 사랑(自愛)란 말은 '자기 유지(self-maintenance)' 또는 '자기 충족(self-fulfilment)'이란 관념에 대한, 18세기에 유포된 잘못된 표현일지 모른다는 지적이 있다(John Laird, *Philosophical Incursion into English Literature,* 1946, p.43).

친구이며 저명한 철학자인 로크의 감독 아래 교육을 받았는데, 비록 후에는 철학적 문제에서 로크와 견해를 달리하긴 했으나, 그에 대한 깊은 존경심을 품고 있었다. 그는 외국(주로 이탈리아)에서 3년(1686~1689) 지냈으며, 그리스어·라틴어 이외에 프랑스어·이탈리아어를 습득하였다. 바로 이러한 외국여행 기간 중에 샤프츠베리는 미술과 문학적 수업에 열중하여 상당한 수준에 달하였으므로 몽테스키외는 그를 가리켜 플라톤·말브랑슈·몽테뉴와 함께 4대 시인 중의 하나로 평가할 정도였다.

영국으로 돌아온 샤프츠베리는 5년간 학문연구에 몰두했으나 사실상 그가 헌신하고자 바랐던 분야는 현실 정치였으며, 실제로 그는 1695년 의원이 되었다. 그러나 지병인 천식의 악화로 의회해산(1698) 후에는 의원직을 사퇴하고 재출마하지 않았으며, 1699년 작위를 계승한 후 상원 회의에는 충실히 참석하였고 회복되지 않은 건강 속에서도 1709년 결혼하고 아들을 하나 두었다. 그러한 신상의 변화에도 불구하고 그는 1711년 논문집 『인간의 특성』 3권을 출판하여[2] 1699년부터 1710년에 걸쳐 쓴 5편의 논문, 즉 「덕성과 장점에 관한 논고」(1699)를 비롯하여 「열정에 관한 서간」(1708), 「기지機智와 해학諧謔에 관한 에세이」(1709), 「모랄리스트」(1709), 「독백:저지에 대한 충고」(1710) 등이 수록되었고, 이 책의 서론으로 「잡록雜錄」(1711)를 썼다.

「덕성 및 장점에 관한 논고」는 도덕의 본질이 종교가 아니라 우주의 조화에 있다는 샤프츠베리의 견해를 밝힌 것이었다. 선은 개인의 자기 사랑과 사회적인 이타심과의 균형 잡힌 조화의 결과이며 높은 의미의 덕성은 보편선의 관념과 인간 성향 및 행동의 이성적 성찰로 이루어진다. 이리하여 로크의 견해와 달리 샤프츠베리의 도덕성은 도덕의식(moral sense)이란 표현

2) 그 밖에 서간이 있는데 그 현대판 편집은 Benjamin Rand, ed., *The Life, Unpublished Letters and Philosophical Regimen of Anthony*, Earl of Shaftesbury (1900).

으로 착상되었는데 그는 이 용어를 쓴 최초의 철학자였다(이 논고는 1774년 디드로에 의해 프랑스어로 번역되었다).[3] 모랄리스트에 관한 1709년의 논문에서는 그의 윤리적·미적 고찰이 그의 자연관과 인간관에 의해 더 분명히 예증되었다. 그의 세계관의 기조는 전 우주의 아름다운 질서에 바탕을 둔 일종의 범신론이다. 1711년 『인간의 특성』을 출판한 후 7월 좀 더 따뜻한 이탈리아로 떠나 휴양하였으나 1713년 나폴리에서 불과 42세의 젊은 나이에 타계하였다.

샤프츠베리는 계몽사상 시대의 전형적인 영국의 모랄리스트였으며, 흄이 말한 바와 같이 '직접적 감정과 좀 더 섬세한 내적 느낌'으로부터 도덕론을 수립한 최초의 사상가였다. 현대적 평가도 이 점에서는 거의 비슷하여, 예컨대 18세기 사상사를 쓰면서 윌리는 샤프츠베리가 '인간의 친구'라고 말한 것은 그가 종교의 수중에서, 또한 홉스의 수중에서 전통적으로 손상된 '인간성'의 변호를 자신의 과제로 삼았기 때문이라고 평가하였다.[4]

형평에 관해서 샤프츠베리는 정치적 원리를 윤리와 철학에 일치·조화시킬 필요성을 강조하고 도덕 문제가 철학적 분석의 대상이 되어야 한다는 주장만큼이나 정치는 우선 철학적 관점에서 연구되지 않을 수 없다고 주장하였다. 그 이유는 인간의 공통적인 생활양식이나 사회의 기본 구조를 이해하기 위해서는 인간 개인을 이해할 필요가 있기 때문이란 것이다. 집단에 소속된 사람, 특정의 시민이나 또는 사회공동체 혹은 국가에 참여한 인간의 구체적인 상황을 알기에 앞서 인간 일반의 연구가 필요하다는 것이 샤프츠베리의 주장이다.[5] 그러므로 비단 사회적·정치적인 면뿐 아니라 미적·예

3) *Essai sur le Mérite et la Vertu par Shaftesbury*, pt. troisième, *Oeuvres Complètes de Diderot* (Paris, 1875), tom. 1.

4) Basil Willey, *The Eighteenth Century Background* (1940), p.59.

5) *The Characteristics of Men, Manners, Opinion, Times* (n.p. 1757), Vol. II, Treatise V: The Moralists, p.137. 이하의 모든 인용전거는 이 판에 의거하며 *Characteristics*로 약기함.

술적 면도 철학적 분석을 해야만 참다운 인간의 의미를 알게 된다는 것이다. 한마디로 철학은 정의의 연구가 되며 동시에 미의 탐구가 된다. 그의 말을 빌리면 "철학한다는 것의 올바른 의미는 좋은 교육을 한 발짝 더 향상시키는 것이다." 교육의 성취는 무엇이든 집단생활에서의 점잖은 것 또는 예술에서의 아름다운 것을 배우는 것을 의미한다. 철학의 요점은 사회에 있어서의 옳은 것과 자연과 세계질서에 있어서의 아름다운 것을 배우는 데 있다.[6] 그러나 샤프츠베리의 의도는 사물에 대한 추상적인 분석을 강조하는 데 있지 않고 오히려 진정한 철학자가 갖는 이성과 감성의 조화에 있었다. 이러한 두 면이 갖추어져야 탁월하고 적절한 자질이 달성될 수 있다는 것이 그의 주장이었다.

샤프츠베리는 '자연에 따르는 것'에 덕이 있다는 옛 스토아적 주장을 따라 덕성과 자연을 동일시하고 자연스러운 것이 아름다운 것이며, 또 아름다운 것은 자연스러운 것이어야 한다고 강조하였다. 이 점에서 그는 우주를 조화와 질서로 본 커드워스, 자연을 미로 본 프랑스 안센파의 니콜Pierre Nicole(1625-1695)과 일치하였다. 옳고 그름에 대한 느낌은 '부정에 대한 혐오감'으로 이루어지며 '형평과 정의'를 그 자체로서 사랑하는 참다운 '감정'으로 이루어진다. 샤프츠베리는 형평과 정의에 대한 감정을 자연의 아름다움과 동일시하고 그 자체로서 내재적 가치를 지니는 것이라고 확신하였다. 옳음과 그름에 대한 우리의 의식은 자연에 대한 사랑만큼 '자연스러운 것'이며 그 의식 자체는 인간성의 제1원리이므로 어떠한 추상적 사고나 설득에도 불구하고 파괴될 수 없다고 단정하였다.[7]

사람은 개인으로서 각자가 선악과 정사正邪에 대한 의식을 계발하는데 이에 대해 정부는 하나의 제도, 기관으로서 이러한 덕성 함양의 요인들을 발

---

6) *Characteristics* III, Tr. VI: *Miscellaneous Reflections*, Misc. 3, p.112.

7) *Characteristics* II, Tr. IV: *An Inquiry Concerning Virtue and Merit*, p.29.

견하여 촉진시킬 의무가 있으며 궁극적으로는 개인의 성격이나 성향을 좋은 방향으로 유도하는 기능을 수행해야 한다. 경험론에 의하면 환경적 조건이나 후천적 경험 또는 입법·제도 등 외적 요인이 인격형성과 정의감 증진에 영향을 준다는 것인데 이 점에서 경험론 철학자 로크의 교육의 자취가 샤프츠베리의 사상에서 지워지기는 어려울 것이다.

샤프츠베리에 의하면 일반적 의미의 덕성이란 이성을 가진 존재가 '옳은 대상과 그릇된 대상에 대해 갖는 합당한 성향 또는 균형 있는 감정'[8]이며 선정善政을 하는 정부는 필연적으로 덕을 갖추어야 하며, 그 덕의 본질은 평등하고 공평하게 정의를 실시하는데 있다.[9] 덕성과 의무를 구별한 베이컨Francis Bacon(1561-1628)과는 달리 샤프츠베리는 덕성의 개념을 확대하여 선악과 정사에 대한 합당한 의식에는 반드시 덕성이 수반되어야 한다고 주장하면서 덕성과 의무를 일치시켜 강조하였다. 덕성은 또한 행복의 근원이며 그 조건은 조화에 있는데 이 조화는 '사람들의 개인적감정들이 균형을 찾거나, 사회에서의 공익과 사리가 조화를 이루거나 또는 우주에 있어서는 인간과 자연이 일치하는 것'[10]으로 성취될 것이다.

이와 같이 인간과 자연이 일치를 볼 때 자신의 친지·친척뿐 아니라 전 인류를 향한 사랑이 일어날 수 있는데 이런 감정은 이성을 가진 인간에게는 당연한 '자연적 감정'이며, 이성적인 존재는 "전체의 선과 이익을 고려할 능력을 갖고 있다는 것이다."[11] 이 자연적 감정에는 상하의 정도가 있어서, 예컨대 전체에 대한 사랑은 부분에 대한 사랑보다 더 우선하지만 만일 부분

8) 같은 책, p.27.

9) 같은 책, pp.45~46.

10) Stanley Grean, *Shaftesbury's Philosophy of Religion and Ethics: A Study in Enthusiasm* (1967), p.214.

11) Shaftesbury, *The Life, Unpublished Letters, and Philosophical Regimen of Anthony (Cooper Ashley), Earl of Shaftesbury*, ed. B. Rand (London, 1900) p.1 & p.6. 이하 *Life*로 약기함.

에 대한 사랑이라 해도 그것이 '자연적'인 것이라면 그 자체로서 좋다. 만일 부분에 대한 사랑이 좀 더 고차적인 자연적 사랑과 상충되는 경우 하위의 사랑은 상위의 사랑에 종속되지 않을 수 없다. 우리는 애정의 척도를 찾아내야 하며, 우리의 감정을 자연에 환원할 수 있도록 또는 이성적 존재에 알맞게 사랑을 표현할 수 있도록 훈련해야 한다.[12] 일찍이 컴벌랜드가 공동선을 모든 다른 규칙이 종속되고 최고법으로 간주한 것 같이 샤프츠베리는 어떤 이성적 존재가 좀 더 큰 체계의 기능적인 한 부분이며, 그러므로 최고도의 자연적 감정은 '공공복지에 관한 느낌'이며 '공공의식'이라고 주장하였다. 그것은 공동체나 사회에 대한 사랑이며 인류의 공동권리에 대한 올바른 감각이며 인류가 공통적으로 갖고 있는 자연적인 평등감이라 할 수 있다.[13] 자연의 가장 중요한 원리로 개인적 이익이 일반적 행복을 지향·작용해야 한다는 것이다.

간단히 말해 샤프츠베리에게 덕성은 곧 공익추구심을 가리키는데 그의 말을 빌면 '공익을 인식하지 않고서는 덕성에 대한 진정한 사랑은 없다.' 이러한 공익지향의 덕성이 샤프츠베리의 이른바 '도덕의식'이며 '공공의식(sensus communis)'이다. 도덕철학에 최초로 도입된 이러한 도덕의식이란 개념은 그의 철학적 제자라 할 수 있는 허치슨이나 흄에 의해 계속 활용되었다. 이 의식은 음악에서의 화음, 건축과 미술에서의 균형과 같은 의식으로서, 이른바 로크적인 '성찰된 의식', 즉 대상에 대한 1차적 느낌을 다시 반성함으로써 얻게 되는 2차적 느낌이다. 허치슨은 샤프츠베리와 같이 '공공의식'이란 고대 그리스인의 용어를 썼으나, 다만 도덕의식을 공공의식과 구별하였다.[14] 어쨌든 샤프츠베리는 사리私利사익이 공익 또는 공동선과 대립

12) 같은책, p.11.

13) *Characteristics*, I, Tr. II: *Sensus Communis*, pp.80~81.

14) Francis Hutcheson, *An Essay on the Nature and Conduct of the Passions and Affections* (1728), p.4.

한다고 보지 않았으나, 후자를 전자보다 우위에 있다고 생각하였다.

마지막으로 샤프츠베리의 덕성 개념으로부터 애타愛他의 원리가 도출될 수 있다. 덕성스럽게 되기 위해서는 사람이 자기 자신이 하는 것을 돌이켜 보고 남이 하는 것을 보면서 무엇이 가치 있는 일인가, 무엇이 자신의 사랑의 대상이 될 만한가를 판단할 필요가 있다.[15] 왜냐하면 '이렇게 함으로써 그는 옳음과 그름에 대한 감각 또는 행해진 것에 대한 느낌이나 판단'이 생길 수 있으며 거기에 따라 그는 정당하고, 균등하며 착한 사랑을 쏟을 수 있게 되기 때문이다.[16]

그리하여 샤프츠베리에 의하면 고르지 않고 공평치 못한 감정으로 행해진 것은 곧 불형평이며 옳지 못한 일이며 그와 반대로 고르고 건전하고 착한 감정을 쏟고 사랑을 기울여 상대로 하여금 공익에 기여하도록 만든다면 그런 행위는 마땅히 형평하고 올바른 것이다.[17] 형평은 덕성의 본질적인 것이며 공동선에서 유래하는 원리로서 구체적으로는 공익의 증진을 위해 사람들 상호 간에 '대등한 사랑'을 기울이는 성향이라 할 수 있다. 흔히 사람들 사이에서 보는 애정의 교환은 충분하다고 볼 수 없는 지점에서 정지된 사랑의 행위이며, 또는 남이 나에게 하는 것보다는 미달된 사랑, 즉 대등한 사랑이 아닌 경우가 있는데, 예컨대 아들이 아버지의 안전에 아무런 관심을 보이지 않는 것은 아버지가 아들에게 기울이는 애정에 비하면 충분치 못한 사랑이며 어떤 사람이 물에 빠져 허우적거리고 있어 긴급히 도움이 필요한 데도 무관심한 사람이 있다면 이 두 사람은 서로 처지를 바꾸어 놓았을 때 기울여야 할 사랑에 비하면 '대등치 못한' 행위를 교환하는 것과 같기 때문에 그 행위(즉, 무관심)는 '나쁘다'[18]고 단정하지 않을 수 없다.

15) *Characteristics*, II, Tr. II, pp.20~21.
16) 같은책, p.21.
17) 같은곳.
18) *Characteristics*, II, Tr. IV. p.21.

이러한 대등한 충분한 사랑이라는 관념은 샤프츠베리에 의해서 정의 문제로까지 확대되고 있다. 애정의 대등성은 정확한 수학적 등분을 의미하지 않으며 오히려 전체와 부분 사이에 할당될 수 있는 비례를 의미하며, 그 비례가 부적당한 것이 될 경우 불행과 갈등이 오는 것이다. 우리는 자연의 구조에서부터 "생활의 상이한 질서에 비례하여, 상이하고 뚜렷한 욕정의 질서·짝·조組 등이 있어서 각자에게 상이한 기능과 능력을 할당하였음"[19]을 알 수 있으며, 동시에 작용과 결과가 다른 만큼 근원이나 원인이 다른 것도 알 수 있다. 샤프츠베리는 대상에 적절하거나 때에 알맞는 사랑의 애정에 바탕을 둔 행동에 형평을 적용시키고 있는데 애정이 하나의 특정 대상에 맞는가, 안 맞는가의 적합성은 그 감정이 일어나는 체계의 맥락에 의해 결정된다고 보았다. 그리하여 샤프츠베리의 이른바 '사회적 감정'은 본질상 '관계적(relational)'일 뿐 아니라 각자가 유지하는 관계의 비례에 달려 있다.

비례라는 것은 17~18세기에 유행한 수학적 정신의 결과가 아니라 샤프츠베리의 경우에는 다분히 심미적인 결과이다. 그것은 조화·균형을 가리키며, 따라서 우리가 사회적으로 유지하는 관계에서 생기는 비례는 그 관계가 적합한가, 즉 전체적 질서와 개별적인 상호연관에 합당한가에 따라 결정되며, 나아가서는 그 관계의 형평 여부를 결정하기까지 할 것이다. 비례가 수학적 의미를 띠지 않기 때문에 배분정의의 비례를 언급할 때 제기되는 비례도 역시 형평의식에 맞는가의 여부를 가리게 된다. 궁극적으로는 형평은 '공익(common utility)'에 연결되며 관계의 비례가 맞는가의 여부는 공익성 여부에 달려 있다.

조화·균형의 관념 또는 비례의 관념은 이와 같이 샤프츠베리의 형이상학이나 미학에서 기본적인 관념이며 '형평'으로서의 비례의 관념은 윤리에

19) 같은 책, p.101.

서 중요한 관념이 되고 있다.[20] 사적 감정과 사회적 의식 간의 조화는 자연스러울 뿐 아니라 덕성스러운 것이다. 바꾸어 말해서 인간은 누구나 자기 자신을 보존하고자 하는 본능으로 자기 사랑을 우선하려고 하지만, 그것만큼 또한 공공사회를 사랑하고 아끼게 되는데 이 두 감정은 대립하는 것이 아니라 상호보완적이다. 우리가 질서·조화·비례를 사랑하는 것은 사회적 의식을 촉진시킬 뿐 아니라 그 자체로서 덕성스러운 것으로 규정될 수 있다.

이와 같이 샤프츠베리는 사리와 공익 사이의 밀접한 통일을 강조하면서 만일 자기보존의 욕구가 전체를 위한 사회적 감정과 일치한다면 그것은 가장 바람직한 상태라고 주장하였다. 버틀러가 말한 대로 모든 사람은 각자가 사적 능력과 공적 능력이란 두 가지 능력에 의해 고려될 수 있는데 "이 양자 간에는 아무런 상호 모순이 없고 상호 간의 완전한 일치가 있을 뿐이다."[21] 샤프츠베리는 특수한 개인적 감정은 항상 공동체나 동류同類 전체의 이익과 관계를 가지지 않으면 안 된다는 견해를 나타냈는데, 공동체의 전체성에 관해서 다음과 같이 강조하고 있다.

> 모든 것들은 하나의 필연성, 하나의 이성, 하나의 법에 의해 함께 존재해 있으므로 모든 사물에는 하나의 본성 내지 모두에게 공통된 본성이 있는 것이다. 무엇이든 전체로부터 빠져나와 있지 않으며, 아무것도 전체의 법에 의해 일어나지 않은 일은 없다.[22]

공익과 자기 자신의 이익을 함께 고려에 넣는 그러한 감정의 움직임은 '일관

20) Grean, *Shaftesbury's philosophy,* p.214.

21) Joseph Butler, *Six Sermons on Moral Subjects, Originally from Fifteen Sermons Preached at Rolls Chapel, ed. William Whewell* (1849), Sermon V, p.1.

22) *Life*, p.17.

성이 있을 뿐 아니라 불가분리한' 것이라고 논한 샤프츠베리는 선덕과 악덕을 각각 이익과 불이익에 연관시켰다. 남들을 향한 사랑이 완성될 경우 그것은 '자연스럽고 착하고 또 사회적'이며 부분적 사랑이나 '부분적으로 작용한 사회적 사랑'은 완전한 사회를 고려치 않는 것이므로, 그 자체로서 모순된다.[23] 바꾸어 말해서 사회적 이익과 근본적으로 일치하지 않은 개인적 감정은 여전히 비사회적이라고 할 수 있는 반면 사회적 감정은 사람들 간에 더 큰 평등의식을 심어주며 사람들의 기질을 관대하고 부드럽게 만들어 주는 것이다.[24] 샤프츠베리에 의하면 사람은 누구나 사회의 한 부분으로서 공익을 위해 헌신할 경우 그에게는 보통 이상의 덕성이 있다는 것이 입증되는 셈이다.[25] 우리에게 최대의 개인적 만족은 적당한 정도의 자비심을 가지는가에 달려 있는데 그와 함께 자애는 사회에 대한 우리의 올바른 행동을 보증하는 주요한 요인이기도 하다.

샤프츠베리의 대등한 사랑과 적절한 자비심의 이론은 궁극적으로 형평개념에 도달하게 되는데 "사람은 누구나 남을 의도적으로 다치게 하거나 해를 입혀 놓으면 그 자신도 똑같은 해악을 당할 걱정과 근심을 하지 않을 수 없게 된다."[26] 다시 말해서 이것은 다른 사상가들에게서 이미 표현된 바 있는 소극적 권리와 비례정의에서 나타난 대등한 자유의 도덕적 부분이다. 침범은 그로티우스에 의해서는 전쟁과 보상이란 입장에서 설명되었는데 샤프츠베리의 사상에서는 형평이란 그로티우스적 정의와 그리스도교적 사랑의 결합이었다. 그리고 그 관념은 그 후에 버틀러나 허치슨에 의해 더 완전하게 전개되었다.

샤프츠베리는 버틀러나 허치슨과 같은 영국의 도덕철학자들에 대해서

23) *Characteristics*, II, Tr. IV, p.59.

24) 같은 책, p.82.

25) 같은 책, p.54.

26) 같은 책, p.29.

뿐 아니라 네덜란드의 코스트Pierre Coste(1668-1747)나 르 클레르Jean Le Clerc (1657-1736)와 같은 사상가들을 거쳐 간접적으로 혹은 직접적으로는 디드로나 헤르더와 같은 유럽 대륙의 사상가들에게 영향을 끼쳤다. 샤프츠베리의 『덕성과 장점에 관한 논고』는 라이프니츠에게 큰 감명을 주었는데 그는 이렇게 논평하였다.

> 나는 그 책(*Characteristics*)의 제2권에 들어 있는 「덕성과 장점에 관한 논고」란 제목의 논문을 읽게 되었는데 그것은 덕성과 행복의 본질에 관한 가장 체계적이며 건전한 견해였다. 거기에서 증명하고자 한 것은 자연이 우리에게 준 사랑의 감정이 우리 자신의 행복을 찾도록 인도할 뿐더러 우리와 가까운 사람들뿐 아니라 사회 전반의 행복을 달성할 수 있게 인도한다는 것, 그리고 우리의 자연적(사랑의) 감정에 따라 행위할 때 우리는 행복하다는 것 등이었다. 나는 이 논지를 쉽사리 내 자신의 말과 견해와 조화시킬 수 있는 것으로 생각하였다.[27)]

샤프츠베리의 요점은 자연적 목적이 사회에 있는 이성적 존재에 대해 '자연'이 부여한 기능은 자신의 사회 또는 전체의 공동선을 위해 노력해야 하는 일이며, 그 결과 궁극적으로 자기 자신의 행복을 추구하는 것이 된다는 것이었다. 그의 '자연적인 사랑의 감정'의 이론은 결국 박애의 원리에 이어지며 넓게 보면 개인주의적 사회의 도래에 있어서 사회적 결속의 심리적 기초를 마련했다는 점에서 주목될 수 있다.

27) Leibniz, "Remarks on the Three Volumes entitled Characteristics of Men, Manners, Opinions, Times, 1712," in *Leibniz: Philosophical Papers and Letters*, ed. L.E. Loemker (1956), Vol. II, p.1028.

10. 라이프니츠의 적극선

라이프니츠Gottfried Wilhelm Leibniz(1646-1716)가 뉴턴보다 더 먼저 미분법을 착상했는가의 여부는 아직도 풀리지 않은 문제이지만 그 후의 수학발달사로 보아 라이프니츠의 미분법이 더 편리하다는 점을 우리는 알게 된다. 이처럼 독창적인 라이프니츠가 자신의 수학적 사고를 논리적 개념 분석에 활용하는 한편 법철학에서는 수학적 정신보다도 오히려 윤리적 색채가 짙게 깔려 있어서 명석한 합리성보다도 존재의 본질에 대한 신비주의적 통찰력이 지배적이라고 생각된다. 로크의 경험론을 잘 알고 있는 18세기 사상가 대부분에게는 라이프니츠는 매우 심오하고 섬세한 형이상학적인 사상가로 이해되었다. 그러나 그가 남긴 방대한 양의 미발간 서간은 그가 강한 창조적 정신의 소유자이며 어떤 의미로는 최근의 학문 발달 경향을 선행한 사상가임을 입증하고 있다.

라이프니츠의 윤리관은 애타적인 적극선의 원리에 입각해 있다. 그러나 다른 한편으로 그는 '자기 사랑'의 중요성도 인정하고 그것이 결코 사람들을 고립시키지 않는 성질의 내용이라고 믿었다. 만일 우리가 자기 자신을 '올바르게' 사랑하기만 한다면 남의 권리도 존중할 줄 알게 되기 때문이다. 이와 연관하여 가장 중요한 덕성인 정의는 각자가 사회에서 정확한 위치를 찾아 남의 욕구와 목표를 존중하는 것이다. 라이프니츠의 관점에서 보면 정의는 '현인의 자선'이며 지적 이해를 통해 달성될 수 있고 그 의미에서 덕德과 지知는 일치되는 것이다.

외교관으로 활동한 바 있는 철학자이며 과학자인 라이프니츠는 법률학자이며 도덕철학 교수였던 아버지를 6세에 사별했으나, 지적으로 매우 조숙하여 어린 나이에 재능을 나타냈다. 라이프치히 대학을 다닌 1664년부터 1666년까지 라이프니츠는 두 편의 법학 논문을 쓰는 한편 학위논문으로 『법에 관한 철학적 문제』를 썼으나 나이가 어리다는 이유로 라이프치히 대학에서 그에게 박사학위 수여하기를 거부하였다. 그는 1666년 20세에 알트도르프 대학으로 옮겨 『법소송의 난문제』라는 논문으로 박사학위를 받았는데 그의 논지는 법체계란 미해결 문제가 없는 완전과학이란 것이었다. 다음 해에 『법학 교습의 새방법』(1667)을 출판하여 명성을 얻게 되었다. 법에 관한 그의 관심은 철학적 사고와 외교관 활동을 병행하는 가운데서도 단절되지 않았으며, 1693년에는 『국제 관계 법령집』 3권의 출판을 계획했는데, 그것은 프랑스 왕 루이 14세의 주장에 맞서서 신성로마제국의 입장을 대변하기 위해 유럽 여러 나라의 조약과 국가문서를 집성하려는 것이었다. 결국 이 저술이 미완성에 그쳤으나 그 서문에서 라이프니츠는 법과 형평에 관한 생각을 표현하고 있으므로 매우 중요하다.[1] 그는 자신의 사상이 성숙해감에 따라 법적 개념들을 철학적 사고에 편입시켰는데, 예컨대 『신정神政논고(*Essai de theodicée*)』(1710)에서 정의관을 언급했는데 법적 의미보다도 윤리적 의미를 규명한 것이었다.

그가 1667년에 쓴 『법학 교습의 새 방법』이 계기가 되어 그는 마인츠 선제후 겸 프랑크푸르트 대주교의 법률고문의 지위를 얻었으며(1667~1676) 그 기간 중 그의 외교사절로 4년간(1672~1676) 파리에 체류하게 되었는데 이 시기는 생애 중 가장 유익한 때였다. 그는 이때 얀센파 신학자이며 데카르트파 철학자인 아노Antoine Arnauld (1612-1694), 수학자·철학자이며 스피노자의 친구인 취른하우스Ehrenfried Walter von Tschirnhaus(1651-1708)와 같은 유명한 사상가들과 교유하여 자극을 받았다. 파리 체류 중 1673년에는 런던을 방문했고 역시 보일이나 뉴턴과 같은 과학자들을 알게 되었다. 파리의

---

1) 1700년 *Mantissa Codicis juris gentium*의 서문를 썼고 다시 2년 후에는 『정의의 일반론』을 저술하였는데 라이프니츠의 저술에 관한 방대한 목록은 1923년 이래로 베를린 학술원에서 발행을 시작한 그의 『전집 및 서간집(*Sämtliche Schriften und Briefe*)』을 참조할 필요가 있다.

생활이 끝나 독일로 돌아가는 길에 라이프니츠는 네덜란드로 스피노자를 방문하고 철학적 문제들을 토론하기도 하였다. 당시 독일에서는 아리스토텔레스나 스콜라 철학이 우세했는데, 그에 비해 프랑스·영국·네덜란드에서는 새로운 철학적 경향, 즉 데카르트·홉스·스피노자 등이 더 널리 알려져 있었다. 그는 이러한 모든 철학적 사조를 다 같이 깊이 이해했으며 특히 스피노자의 영향을 받았는데 스피노자적 우주의 통일은 라이프니츠에게 쉽사리 이해될 수 있는 것이었다. 그러나 양자의 차이는 스피노자가 존재의 물질적 면에 관해 기계론적인 해석을 내세웠는데 반하여, 라이프니츠는 예정조화의 원리를 내세워 궁극적으로는 목적론적인 우주관을 수립하였다.

1676년 말 라이프니츠는 하노버의 브룬즈비크 공의 자문 겸 사서로 취임하여 그 자리에 1716년까지 있었다. 일생 동안 그는 많은 사건에 연루되었고 방대한 양의 서간을 남겼으며, 그 밖에 그의 관심이 외교·역사학·법학 등에 걸쳐 매우 다양했으므로 우리는 그를 르네상스적 만능인이었다고 볼 수 있다. 이 점에 관해 "나는 너무 많은 일을 갖고 있으므로 무엇부터 먼저 해야 할지 모를 때가 많다"고 한 그 자신의 고백에서도 예증되는데 많은 활동과 계획에서 나타난 그의 다재다능은 그의 사상의 독창성이 풍부함을 가리킨 것이었다. 라이프니츠는 베를린 학술원 창립에 관여했고 과학적 신학을 바탕으로 한 유럽의 교회 통합계획에도 참여하였다. 그리고 라이프니츠는 그가 존경한 그로티우스와 같이 국제법의 발전과 유럽의 정치적 통합계획에 관심을 가졌으며 그는 모든 나라들이 조약 의무를 준수하는 명예정신에 따라 행동하지 않는다면 유럽의 항구적인 평화와 안녕은 없다고 주장하였다.

생전에 출판된 것으로는 유일한 철학 저술인 『신정논고』는 1710년에 세상에 나왔는데 그것은 원래 1670년경 프로이센 왕비 샤를로테Sophie Charlotte von Hannover(1668-1705)와의 대화에서 착상된 것으로 매우 섬세한 논리를 가진 책임에도 불구하고 '교육받은 유럽인의 교과서'로 정평을 얻게 되어 널리 읽혔다. 그러나 라이프니츠의 방대한 저술 중에서도 『단자론(*La monadologie*)』만큼 그의 철학적 견해를 요약한 것은 없을 것이며, 오늘날에 이르기까지 그의 대표적인 주요 저술로 평가되고 있다. 라이프니츠의 철학은 대부분 1685년부터 1695년까지 성숙했으며 『단자론單子論』의 체계도 이때 수립되었다. 그가 실제로 『단자론』을 쓴 것은 오스트리아 빈에 체류하고 있던 1714년이었으며 사후에야 『단자론』의 제목으로 출판되었다.

이 위대한 17세기의 사상가는 만년에 이르러서는 수년간 거의 눈에 띄지 않은 생활을 했으므로 1716년 라이프니츠가 사거했을 때 유럽의 사상가들 가운데는 아무도 그의 타계를 알지 못하였다. "한 시간이 없어진 만큼 그만큼 인생의 일부는 사라진다"라는 그의 표어가 말하듯이 그리고 자신의 말을 실증이나 하듯이 그는 결혼을 위한 시간조차 가지지 않았다.

라이프니츠의 일반적인 법리론은 그로티우스를 비롯하여 푸펜도르프·로크·홉스·데카르트에 대한 그의 비판과 함께 고찰될 필요가 있다. 라이프니츠의 1차적 과제는 자연법을 합리적 기초 위에 수립하고 자연법에 대한 주의론主意論의 입장을 물리치려는 것이었다. 그는 정의는 사물의 본성에 관한 필연적이며 항구적 진리에 속한다고 주장하였다.[2] 그에 의하면 "정의는 어떤 조화와 비례로 이루어져 있기 때문에 그것이 갖는 의미는 어떤 사람이 다른 사람들에게 정의를 행하는가 또는 거꾸로 그가 남들에게 부당하게 당하는가에 상관없이 독자적인 것으로 남아 있다."[3]

우주의 조화와 비례를 인정한 커드워스와 샤프츠베리와 일견 일치하면서도 라이프니츠는 사물의 자연적 질서가 현실로부터 초월해 있다고 간주

2) *Gottfried Wilhelm Leibniz: Philosophical Papers and Letters*, ed. Leroy E. Loemker (1956), Vol. II, p.911. 이하 Loemker로 약기함.

3) *Leibniz; Selections*, ed. Philip P. Wiener (1951), p.1. 이하 Wiener로 약기함.

하였다. 그는 말하기를 "법학 혹은 정의에 대한 과학은 전혀 사실에 의존하지 않고 단지 추리에 의존하는 필연적인 증명과학과 정확히 동일한 것"이라고 하였다. 이것은 논리학·형이상학·기하학 또는 운동에 관한 과학이나 권리에 관한 학문이나 다 마찬가지이며 이러한 분야는 전혀 경험이나 사실에 입각하지 않고 차라리 사실에 대해 이치를 부여하고 미리 그것을 통제하기 위해 소용이 닿는 학문이다.[4] 이와 같이 라이프니츠는 여러 가지로 영국적 경험론의 전통에 반대했을 뿐 아니라, 인식 방법에 있어서도 18세기의 주류를 지배한 과학적 방법론에 도전하였다. 그가 말한 과학은 데카르트의 수학적 연역에서 출발하는 것이었다. 그와 같은 추리에 따라서 정의의 원리도 비록 이 세상에 실제로 법이 없다고 해도 여전히 존재할 수 있다고 보았는데 이 점에서 라이프니츠는 점차 18세기에는 쇠퇴하기 시작한 자연법 이론 위에 자신의 사회 이론을 입각시키고 있었다.

라이프니츠는 가장 강한 자의 마음에 드는 것이 정의라는 옛부터의 주장에 반대하여 "만일 이것이 사실이라면 주권자의 법정이나 최고재판관의 판결은 결코 잘못될 수 없고 또한 사악하지만 강력한 사람은 절대로 비난받지 않게 될 것이 분명하다"고 비판하였다. 계속 그는 "동일한 행위가 판결을 내리는 재판관에 따라서는 옳을 때도 있고 그를 때도 있다는 것은 우스운 일"이라고 말하고 '옳은 것'과 '옳은 것에 대해 판결을 내리는 것'이 판이한 것임을 강조하였다. 같은 논리에 따라 그는 홉스를 반박하였다. 라이프니츠에 의하면 홉스는 '권리'와 '사실'을 구별하지 못했다는 것이다. 홉스는 '할 수 있다'와 '해야 한다'를 혼동했는데 라이프니츠는 양자가 각각 별개의 것이라고 명확히 구분하였다.[5]

실정법적 정의관에 대해 강력한 이의를 제기한 라이프니츠도 권리와 법

4) Loemker II, p.916.

5) 같은 책, p.913.

을 구별한 홉스의 생각에는 동조하였다. 물론 라이프니츠의 논리나 궁극적인 결론은 홉스의 것과 상이하였다. 라이프니츠는 정의가 힘에 입각해 있다는 주장은 권리와 법을 혼동한 결과라고 비판하면서 홉스 자신의 말의 자체적인 모순을 역이용하였다. 그는 법이란 옳지 않을 수도 있다고 말하면서 그 이유는 법을 제정하고 지지하는 것은 바로 권력이며 만일 권력이 예지나 선의를 결여하면 나쁜 법을 제정 또는 지지할 수도 있기 때문이라고 설명하였다.[6)]

이와 같이 기본 개념을 규정한 후 라이프니츠는 행복의 요인이 즐거움과 '지혜'에 있다고 보고 행복이 또한 궁극적으로는 정의와 권리의 근원이라고 단정하였다. 그에 의하면 즐거움은 '희귀한 완성의 느낌'[7)]인데 그것이 지속하면 행복감에 도달하며 또 행복의 달성에는 지혜의 역할이 크다는 것이다.

라이프니츠는 행복에 관한 일반론으로부터 자연권(jus naturae) 원리를 도출하려고 하였다. 그로티우스가 일찍이 그러한 바와 같이 라이프니츠도 처음에는 정의와의 관계에서 권리의 도덕적 기초를 찾았는데 그로티우스에 비해 훨씬 더 체계적인 논리를 전개하였다. 그로티우스와 같이 라이프니츠는 권리를 어떤 특정한 도덕적 힘이고 '의무'는 하나의 도덕적 필연성이며 정의는 정신적 성향을 지배하는 덕성이라고 각각 규정했는데, 여기서 도덕적이란 말은 "착한 사람에게서 볼 수 있는 '자연적인 것'과 같은 어떤 것"[8)]을 의미하였다. 그로티우스가 주로 법적 분석에 의존하는 경향이 있는데 대해 라이프니츠는 영국의 모랄리스트처럼 권리와 정의의 윤리적 의미를 광범하게 추구하였다.

---

6) 같은 책, p.916.

7) Wiener, pp.561~562.

8) *Leibniz: The Monadology and Other Philosophical Writing*, ed. Robert Latta (London, 1898), p.282. 이하 Latta라 약기함.

라이프니츠는 자연권을 3단계, 즉 엄격한 권리(jus strictum), 형평, 경건으로 구분하였다. 이 가운데 형평은 가장 중요하고 광범한 개념으로서 '엄격한 권리'를 포괄한 개념인데 양자는 아리스토텔레스의 개별정의에 속한다. 이 세 개념은 정의와 긴밀한 관계가 있을 뿐 아니라 법과 도덕의 영역까지도 연관되는 것인데 한 현대의 학자는 다음과 같은 표로 요약하고 있다.[9)]

원천	덕성	계율	정의 형태
상위자의 의사	경건	올바르게 살아라	—
광범하게 취해진 권리	형평	각자의 것은 각자에게!	배분정의
엄격한 권리	—	아무도 해치지 말라	교환정의

'올바르게 살아라'는 계율은 윗사람이 아랫사람에게 내릴 수 있는 것으로 이 계율의 최고 원천은 신이라고 생각되며 따라서 올바르게 인생을 걷는다는 신조를 뒷받침하는 덕성은 당연히 외경심이나 경건이 아닐 수 없다는 것이다. 라이프니츠에게 올바른 인생은 미덕이라 할 수 있으나 정의는 아니었다. 여기에 비해서 사회생활의 실제 운영을 지배하는 기분정의와 교환정의는 각각 넓은 의미의 권리와 좁은 의미의 권리에 대응하는 것으로 그 계율로 보아 배분정의는 사회공익과 복리 또는 의무의 성원 간의 분담을 말하며 교환정의는 개인 상호 간의 불가해不可解를 지시하고 있다. 정부가 국민에게 '각자의 것은 각자에게 되돌려 준다'는 원칙에 따라 이익과 부담을 균분하는 것은 라이프니츠의 형평이다.

그리고 좁은 의미의 엄격한 권리는 그로티우스의 이른바 '본래의 권리'이며 보통 그것은 '법적인' 권리를 주장하는 형태를 취하는데, 자기가 원하는 것을 모두 취할 수 있는 무조건의 자유가 아니라 라틴어 격언 '남에게 피해

9) Robert J. Mulvaney, "The Early Development of Leibniz's Concept of Justice," *Journal of the History of Ideas* XXIX, 1 (1968), p.59.

를 주지 말라(neminem laedere)'의 한계를 엄격히 지키는 자연권이다. 그것은 사적 대인관계에서 각자의 가장 기본적 권리뿐 아니라 동등자 간에 지켜져야 할 평등의 권리를 보장한다. 라이프니츠는 이 권리를 좁고 엄격한 것이라고 보고 홉스나 필머 또는 로마법학자들이 여기에만 집착했다고 비난하였다. 왜냐하면 이 권리만으로써는 사람이 좀 더 적극적인 가치관에 따라 좀 더 큰 행복을 이루기에는 미흡하기 때문이다. 협의의 권리로써는 사람은 전혀 남(들)에 대한 고려함 없이 오직 자기가 원하는 것, 필요로 하는 것을 주장하고 보유한다. 라이프니츠는 이 권리가 비단 홉스적인 자연평등뿐 아니라 법을 엄밀하게 해석함에 따른 엄격한 집행을 의미하였다. 그러므로 라이프니츠는 엄격한 권리보다 우위에 있고 참다운 사회생활의 유대 의식을 강화하는 좀 더 너그럽고 광범한 권리 형태 또는 정의를 생각했는데 그것이 곧 형평이다. 엄격한 권리는 법적 의무를 초월하여 도덕적 연대를 부여하는 형평의 원리에 의해 보완되지 않으면 안 된다.

그러므로 자연권의 제2단계로서 형평이 문제되는데 이는 그로티우스가 '불완전권리(aptitudo)'라고 명칭한 도덕적인 면에서 본 권리이다. 라이프니츠는 이 개념을 확대하여 거기에 로마법학자들이 '각자의 것은 각자에게'로 표현한 배분정의와 함께 이에 더하여 자선의 원리를 추가하였다. 형평은 개인에게 보상과 의무를 할당하는 원리로 작용하며 엄격한 권리는 동등한 대등자들 사이에 점잖은 예의를 지키고 인간적 존엄성을 유지케 하는 행위규칙을 마련해 준다. 물론 이러한 대비對比에도 불구하고 라이프니츠의 논리에서 형평과 엄격한 권리가 서로 극단적인 대립을 이루지 않고 차라리 좀 더 넓은 개념으로서 형평이 엄격한 권리를 내포하는 것이다. 예컨대 '각자의 것은 각자에게' 귀속시키는 형평은 상거래나 계약에 있어서 좁은 뜻의 권리(엄격한 권리), 즉 당사자인 양자 가운데 아무도 피해를 받지 않는 호혜의 권리를 주장하는 원칙이 된다. 그러나 형평 그 자체의 영역은 좀 더 높은 수준에 있는데, 엄격한 권리가 단순히 비참을 막는 데 그치지만 좀 더 고차적 의미의 권리(jus superius)인 형평은 적극적으로 행복을 증진하는 것을 목적으로 한다. 그리하여 "각자는 타인에게 가능한 한, 많은 선을 향하는 동안 남의 행복을 통해 자기 자신의 행복을 증진시킬 수 있다."[10]

마지막으로 라이프니츠가 주장한 최고 단계의 자연권은 '경건'으로서 보편정의의 고결성을 의미한다. 이 경우 보편정의는 아리스토텔레스의 절대적 준법정신이나 푸펜도르프의 보편의무와 같지 않다. 라이프니츠의 관점에서 보면 보편정의는 고대로부터 전해오는 최고 덕성인 '하늘을 우러러 부끄러움이 없는 생활', 즉 덕 있게 살라 또는 올바르게 살라는 덕목을 강조한 것이었다. 보편성 그 자체는 신을 향한 보편적 덕성이며 자연적 의무에 관한 태도와 관계가 있다.

이상과 같은 3단계의 자연권을 요약하면 첫째로 엄격한 권리는 인간의 자기보존에 필요하며, 둘째로 형평은 남이 나에게 돌보아 주기를 원하는 것을 비슷한 처지에서 남을 돌보아 주어야 한다는 원리이며, 셋째로 이 두 자연권은 경신敬神, 즉 우리가 신에게 빚지고 있는 것을 되돌아보면서 살아야 하는 신조와 관계가 있다. 이렇게 볼 때 라이프니츠의 자연권의 3단계는 권리라기보다는 법에 가까운 것임을 알 수 있는데 그것은 라이프니츠가 '자연권(jus naturae)'의 라틴 어원語源에 집착하고 있기 때문이라고 생각된다. 교환과 배분의 대인관계를 지배하는 엄격한 권리와 형평이 권리라 한다면 그로티우스·푸펜도르프에게서 발견되는 소극적 권리며 현대적 용어의 '의무'이며, 이는 자유에 속한다기보다는 '제약'에 속하는 개념으로 생각된다. 그리고 인간의 상호 관계에서뿐 아니라 인간과 신(또는 양심)의 관계에서 '올바르게, 겸손하게' 살아야 하는 '경건'이라는 최고의 자연권은 의무나 제약 혹은 정의라기보다는 윤리적 가치관으로 제시되고 있다.

---

10) Latta, pp.290~292.

라이프니츠의 세 가지 자연권 중 형평은 그의 사회사상의 핵심이기 때문에 각별히 상론될 필요가 있다. 라이프니츠는 형평을 단순한 배분정의라기보다는 적극선의 원리로 생각했으며, 이 점에 그의 사상의 특이함이 있다. 그의 말에 따르면 '우리는 모든 사람에게 똑같이 친구가 될 수는 없으므로 각자에게 알맞을 만큼, 그리고 각자가 의당 받을 가치만큼 선을 행하는 것' — 그것이 곧 형평이다.[11] 선을 행하는 것과 같은 적극적 행동에 앞서 우선 우리가 해야 할 일이 있는데 그것은 최소한 타인에게 폐를 끼치지 않고 동시에 피해받지 않는 조심스러움이다. 이와 같은 수동적인 자세는 구체적으로 말해 '악을 행하지 않도록 삼가야 하고 또한 악을 당하지 않도록 방비하는 것'[12]이다. 일찍이 푸펜도르프가 주장한 상호불가해의 원칙은 결국 "나는 전혀 남(들)의 도움이나 선행을 요구하지 않으며, 또 나도 그(들)에게 선을 행하라고 하지도 않고 더 많은 것을 주장하지도 않는다"라는 태도로 발전하게 될 것이다. 여기에 대해 라이프니츠의 입장에서는 다음과 같이 의문을 제기할 것이다. 어떤 사람이 실제로 악의 구덩이로 빠지려고 하는데도 손을 떨쳐버리고 구하기를 피한다면 과연 그가 바라는 것이 무엇인가? 그가 이러한 상황에서 구하기를 거부한다면 그를 악인 또는 심지어 적이라고 간주하지 않을 수 밖에 없는가? 악에 빠지려고 하는 사람은 나와 아무런 상관이 없으며, 그의 악이 나에게 해를 끼치지 않는다면 나는 아무런 행동을 취할 필요가 없지 않는가? 라이프니츠는 여기에 대해 우리의 사회생활이 피동적으로 해악으로부터 회피함으로써 이루어지지 않는다고 보고 "어떤 사람이 특정의 일을 해달라, 또는 하지 말아 달라고 요청하는데 당신이 거절한다면 당신이 그의 입장에 놓였을 때 같은 요청을 할 것이라고 불평할 것"이라고 대답하면서 형평의 원리 내지 '이유의 동일성'의 원리에 입각하여

11) Latta, pp.288~289.

12) Loemker II, p.923.

협조와 선행善行이 필요하다고 강조하였다. 형평에 의해서 누구나 자신이 같은 처지에서 원하는 것을 다른 사람에게 하며, 이 경우 이치에 맞지 않는 특전을 요구해서는 안 된다.[13)]

배분정의의 관점에서 형평은 다름 아닌 로마의 격언 '각자의 것은 각자에게 되돌리라'는 것으로 요약된다. 라이프니츠에게서 각별히 주목되는 것은 아리스토텔레스와 같이 '사람'에 대한 고려를 했다는 점인데 홉스와 대조된다. 그 이유는 개인에 따라 능력과 기여도가 다르므로 복리나 부담이 상이할 수 있다고 생각했기 때문이다. 라이프니츠는 '엄격한 권리'는 사람들 간에 있을 수 있는 상이성을 전혀 고려하지 않고 동등한 존재로 전제해야 한다고 강조했으나, 형평의 경우에서는 사람에 대한 고려를 하여 "가치를 측정하여 거기에 따라 특전·보수·처벌이 다르게 나타나는 법"[14)]이라고 단정하고 어떤 사회에서나 각자의 공헌에 비례하여 배분하고 가치의 정도를 고려하지 않을 수 없다고 주장하였다.[15)] 보상과 처벌은 사람의 덕성에 기하적 비례에 따라 집행되어 일종의 '비율의 평등'이 지켜져야 한다. 그 결과 사람 사이에 비례가 있듯이 사물에 동일한 비례가 있으며, 동등하지 않은 사람에게는 동등하지 않은 사물을 주어야 할 것이다.[16)] 배분의 원리는 공권이나 '정치적인 법'과 관계되는데 이러한 법은 "백성의 행복과 관계있으며 단지 도덕적인 권리를 갖는 사람의 경우에 법적인 권리를 갖게 된다는 것, 즉 남이 나에게 공평히 대해야 함을 요구할 수 있도록"[17)] 보장하는 것이다.

마지막으로 라이프니츠는 배분정의를 적합성의 관념으로 연결시켰다. 적합성이란 형평을 달성하기 위해서는 각자에게 각자의 몫을 주되 '알맞게'

13) 같은 책, pp.923~924.
14) Latta, pp.289~290.
15) Loemker, III, p.924.
16) Latta, p.290. f.n.34
17) 같은 책, pp.290~291.

주어야 하는 정도를 말한다. 이는 남이 나에게 하지 말았으면 하는 것을 남에게 행하지 않음으로써 결정된다.[18] 일찍이 클라크는 사물의 본성에 비추어 행위의 적합성을 논한 바 있는데 라이프니츠의 적합성은 행위의 본질에 관한 것이 아니라 행위의 기준 또는 절차에 관한 것이다. 그는 홉스와 같이 입장의 교환을 내세워 "그대를 남의 자리에 놓아 보라, 그러면 그대는 무엇이 옳은가 아닌가를 판단할 수 있는 참다운 관점을 얻게 될 것"[19]이라고 말하였다. 그러나 예를 들면 어떤 범법자가 유죄선고를 받고 판사에게 자신의 입장을 이해해 주길 바라면서 사면을 요청한다면 이것은 과연 형평한가? 라이프니츠는 이 구체적인 예에 답하면서 판사가 그 범법자와 입장을 바꾸어 놓을 것이 아니라 그가 피해를 준 상대방의 입장에 자신을 놓아야 한다고 말하고 범법자의 주장은 입장교환율과 모순된다고 지적하였다.

이와 같이 볼 때 입장교환율에는 교환될 입장 그 자체의 적합성 여부가 결정되어야 함과 동시에 그 밖의 전제들이 고려되어야 한다. 우선 모든 사람이 입장교환을 가능케 할 상황에 대한 자세하고 정확한 지식을 갖고 있어야 하며 입장교환의 당사자가 이성에 따라 행위할 수 있는, 즉 '계몽된' 상태에 있어야 한다. 어떤 사람이 자신의 억울함과 피해를 호소해 온다고 해서 그 상황을 '완벽하게 파악하지 않고' 무작정 동정할 수는 없다. 또 자신과 가까운 친구거나 친척 또는 어떤 사람이 슬프게 하소연하는 경우 냉철한 판단과 명확한 사리에 입각해 입장교환율이 적용되어야 함은 물론이다. 어떤 분쟁사건에서 관련 당사자들의 의견이 모두 청취되고 널리 알려졌을 때 또는 당사자들이 상호 간 명확한 구별을 짓는 것이 그들의 이익에 합당하다고 널리 인정될 때[20] 문제는 형평하게 해결될 것이다. 그러므로 라이프

---

18) Loemker II, p.924.

19) 같은 곳.

20) 같은 곳.

니츠는 진정한 정의란 무식하고 어리석은 사람들끼리로써는 이루어지지 않는다고 주장하면서 '지혜'의 개입을 중요시하였다. 즉, 모두가 잘 알고 있고 계몽되었을 때 비로소 정의와 형평은 이루어진다. 우리는 옳은 것이 무엇인가를 알 때 옳은 일을 한다. 그러므로 라이프니츠의 의견으로도 앎[지식]은 정의에 필수적이다. 그에 의하면 우리가 행위를 옳은가, 그른가를 판단할 수 있는 정의의 형식적 원리는 정의가 지혜와 선의 결합 이외에 아무것도 아니라는데 달려 있다.[21] 지혜와 선의 결합 — 이것이 라이프니츠의 정의론의 핵심이다.

끝으로 강조되어야 할 것은 라이프니츠의 형평 개념에는 타인의 행복을 위한 노력 또는 적극적인 선행이 있어야 한다는 점[22]이다. 라이프니츠는 정의를 '현자의 자선', 즉 지혜의 지시를 따라 행하는 선행이라고 규정하면서[23] 주지主知주의적이면서 동시에 도덕적인 관점에서 형평을 설명하였다.

21) 같은 책, p.916.

22) 같은 책, p.929.

23) Wiener, p.559; p.564.

Ⅳ. 혁명이념으로서 형평

1. 18세기의 정치적 형평

"18세기 초는 17세기 초와 같이 커다란 사상혁명을 겪었으나 그럼에도 불구하고 앞 세기의 결과를 계승하여 확실한 것들을 더욱더 확실한 것으로 만들었다"[1]고 윌리는 평가한 바 있다. 18세기가 17세기의 유산을 더 확실하게 강화하는 데는 나름대로 이론적 전개가 필요했는데 그것은 곧 자연법 개념의 변화였다. 자연법은 상황적 조건에 관한 단순한 기술記述이 아니라 당위성이 있는 권리주장의 개념으로 사회적 힘이 되기에 이르렀다. 그것은 사회정의의 기준인 법으로서보다도 자연권으로 주장되었는데 이러한 개념 변화에는 '자연'의 의미 자체가 작용했다고 보아야 할 것이다. 윌리는 달라진 자연의 의미에 관해 다음과 같이 말한다.

> '자연'은 고대 이래로 서양사상의 지배 관념이었다. 그러나 그것은 아마도 르네상스로부터 18세기 말에 이르는 기간에서와 같이 큰 생명력이 넘친 적은 없었다. 자연은 인간이 그 자신에 관해 만든 모든 것

1) Basil Willey, *The Seventeenth Century Background* (1953), p.264.

> 을 대신하는 커다란 대체물이었다. 그리하여 자연의 확고한 기반 위에 — 참다운 철학에 의해 준비된 백판(tabula rasa) 위에 — 입각하여 모든 종교·윤리·정치·법률 및 미래의 예술이 마련되었다. …… (18세기인에게 강하게 느껴진 것은) 명료성과 권위였다. 더욱이 자연 및 자연법을 보편적으로 받아들인다는 것이었다. 그것은 어디에서나 항상 동일하며 수학의 공리와 같이 다만 만인에게 바르고 옳다고 인정받기 위해 제시되어야 하였다. 이 시기에는 '자연'의 역사적 역할은 더 한 층의 혼란을 가져오는 것으로서가 아니라 그 정반대의 것, 즉 평화·협동·관용 그리고 인간사나 시·예술에서의 진보·간결·질서·획일·비례를 성취해 주는 것으로서의 역할이었다.[2)]

이와 같이 달라진 자연의 의미와 함께 자연법에 대한 해석도 달라졌는데, 옛 로마 법학자들이 "모든 인간은 자연적으로 평등하다"라고 말했을 때는 정확히 문자 그대로의 뜻이었으나 17~18세기의 사상가들은 같은 말을 "모든 인간이 평등해야 한다"라는 당위當爲로 해석하였다.[3)] 평등이란 더 이상 '법적 설명'이 아니라 '정치적 명령'의 문제가 되고 말았다. 정치적 정의도 이러한 명령의 지시적 내용을 충족시키기 위하여 점차 입법의 영역으로 이행되었으며, 18세기의 계몽사상가들, 예를 들면 엘베시우스·돌바크·마블리 Abbéde Mably; Gabriel Bonnot de Mably(1709-1785)에서 시민혁명의 이념으로 전환되었다.

18세기의 자연법 이론에서 주목될 수 있는 또 다른 특성은 보편타당한 정의보다는 실정법적 타당성이 강조되는 경향이 나타났다는 점이다. 자연법이 비록 국가와 사회 안의 현실 생활을 규제하는 실정법의 근원이긴 하지

2) Basil Willey, *The Eighteenth Century Background* (1963), p.92.

3) Henry Maine, *Ancient Law* (1963), p.89.

만 그것은 단지 지혜이며 이상에 불과하다. 여기에서 자연법은 홉스의 경우와 같이 사회적 공동복리의 기준을 직접 제시하는 것이 아니라 그 실현의 공통조건을 지시하는 것을 의미한다. 자연을 영원한 정의 또는 완전한 도의道義로 보고자 하는 스토아적 자연관은 17세기 후반에 이르러 변화하기 시작하여 18세기에는 실정법 사상의 물결에 밀려나게 되었으며 그 결과 정치는 전반적으로 자연법의 영향을 벗어나게 되었다.[4]

18세기에는 국가관에도 변화가 왔다. 17세기의 기계론적인 국가관이 18세기의 유기체론으로 대체되었는데 그것은 국가를 법적 제도보다 차라리 윤리적 존재로 간주하려는 견해였다. 그것은 어떤 의미에서는 플라톤이나 아리스토텔레스의 부활이라 볼 수 있지만, 또 다른 의미에서는 루소의 일반의지론에서와 같이 국가의 우위 및 사회생활의 중요성을 강조한 결과이기도 하였다.[5] 그러나 여기서 주의할 것은 18세기의 유기체적 국가론이 17세기에 왕성했던 개인주의적 자유주의를 짓눌러버리지 않았다는 사실이다. 17세기의 자유주의가 사회적 연대감을 감쇄시키지 않았던 것과 같이 18세기의 국가관이 개인의 자유를 누르지 않았으며 도리어 국가적 기능과 개인적 자유 간의 조화가 잘 이루어질 수 있음이 프랑스 혁명 헌법에도 명시되었다. 달리 말해 자연법사상은 정치이념화되어 커다란 사회적 힘으로서 작용하여 프랑스 혁명의 사상적 기초를 구축하였다. 물론 혁명과 사상 간의 상호작용을 정확히 측정하기란 결코 쉽지 않다. 비평가 텐Hippolyte Taine(1828-1893)의 비유 — 건강인과 새 술 — 는 단순히 기발한 발상이기보다는 상당히 시사적이라 아니할 수 없는데[6] 예를 들면 볼테르의 이신론적 신념과 프랑스 혁명의 이성理性 숭배, 루소의 일반의지와 로베스피에르

4) C. L. Wayper, *Political Thought* (1954), pp.55~57.

5) 같은 책, p.150f 이하.

6) Alfred Cobban, "The Enlightenment and the French Revolution, in Earl R. Wasserman, ed., *Aspects of the Eighteenth Century* (1965), pp.305~307.

Maximilien Robespierre(1758-1794)의 정치노선 사이에 연관성을 부정하기는 어려울 것이다. 미슐레Jules Michelet(1798-1874)가 말한 바와 같이 루소와 로베스피에르 두 사람이 그들의 생각을 착상했을 때 이미 사실상 혁명은 '고도의 정신적 영역'에서 성취되고 있었다고 볼 수 있다. 물론 혁명의 지적 기반은 단순히 극소수의 사상가들에 의해서만 구축되는 것이 아니라 수많은 무명의 통속적인 지식보급자나 여러 교육가의 힘이 작용하지 않을 수 없으며 더욱이 일반대중의 호응이 크게 작용했다고 생각된다.[7] 여기서는 사상사에서의 사상의 제도화와 같은 근본적인 문제를 파고 들어갈 여지가 없고 다만 우리는 사상사가 페이르Henri Peyre(1901-1988)의 의견에 따라 계몽사상이 프랑스 혁명에 끼친 긍정적인 네 가지 면을 살펴보는 데 만족할 수밖에 없다.[8]

첫째로 18세기의 저술가들은 전통적인 형식종교나 교회를 비판하고 다수의 성직자에게 합류를 설득했을 뿐 아니라 수 세기 동안 군주제와 제휴한 교회에 대한 일반의 불신을 증대시키는 데 기여하였다. 그들은 내세에 대한 믿음을 비非특권 계층의 마음에서 사라지게 만들어 더 이상의 인내심을 가질 필요가 없음을 역설하였다. 이 계층은 이전 같으면 눈물과 참을성으로 내세를 믿고 현실적 불평불만을 감내하도록 습관이 되어 있었으나 이제는 지상의 현실적 혜택을 지체 없이 향유하게 되기를 바라고 복지와 안락의 관념이 점차 마음속에 자리 잡게 되었는데 여기에는 계몽적 저술가들의 힘이 컸다.

둘째로 18세기의 사상가들은 종교와 분리된, 교리와 상관없는 세속적 윤리강령을 가르쳤으며 그 준수를 행위의 이상이라고 강조하였다. 이 윤리는

7) 프랑스 혁명에서 대중의 역할에 관해서는 논란의 여지가 있을 것 같다. 코반은 인구의 급격한 증가와 도시화 현상이 일어나는 19세기가 되기까지는 유럽사에서 대중의 역할을 부정적인 것으로 보았다(같은 책, p.306)

8) Henri Peyre, "The Influence of Eighteenth Century Ideas on the French Revolution,"tr. by A. L. Kurth in Philip P. Wiener and Aaron Noland, eds., *Ideas in Cultural Perspective* (1962). pp.413~415.

지리적 조건과 환경에 따라 다를 수 있으며, 거기에는 인류애나 박애 및 사회봉사 등이 포함되는데 특히 인류애는 이미 그리스도의 가르침이나 세네카나 몽테뉴에게서 표출된 것인데 18세기에 이르러 새로운 힘을 발휘하게 되었다.

셋째로 18세기 저술가들은 비판과 분석의 정신을 가르쳤다. 그들은 일상적이고 진부한 전통적인 것들을 무조건 믿고 받아들이는 대신 먼저 가부可否의 판단을 보류하도록 가르쳤다. 예를 들면, 다르장송 후작Marquis d'Argenson(1694-1757), 샹포르Nicholas Chamfort(1741-1794), 모렐리Étienne-Gabriel Morelly(1717-1778)를 비롯하여 디드로·볼테르·돌바크·콩디야크 등과 그 밖의 여러 계몽사상가는 종래까지의 프랑스의 지적 전통에서 해방되어 용기 있게 새로운 사고를 하려고 노력하고 그 내용을 대중에게 전달하였다. 이때부터 정부는 과세불평등과 같은 반정부사상, 교회세에 대한 비판을 억압함으로써 도리어 계몽사상가들의 글을 읽은 독자의 논리적 감각이나 비판 정신을 일깨워 놓았다.

넷째로 흔히 유토피아론자라고 생각되는 계몽사상가들은 역사의식이 날카로운 인물들이었는데 특히 몽테스키외나 볼테르 등이 대표적이라 할 수 있다. 이 역사의식은 이중의 결과를 낳게 되었는데, (1) 인간 진보에 대한 확신을 사람들에게 가지게 하고 (2) 자유·평등·행복 등과 같은 인간성의 기본 원리의 실현을 다짐하도록 결심을 굳혀 놓았다. 예를 들면 몽테스키외가 법과 제도의 기원을 규명하면서 기후·지리를 강조했는데 그의 글을 읽은 독자는 귀족의 특권의 역사적 근거가 희박하고 왕권의 역사적 기초가 불확실하다는 것을 깨닫게 되었다.

계몽사상운동은 이른바 고답적인 전문가 지식인들의 운동으로 국한되지 않고 중간의 지식보급층이나 거리의 선동연설가들에게까지 널리 퍼진 장기적인 대규모의 운동이었다. 그것은 불평불만을 가진 사회계층에 널리 퍼져 있던 일종의 '모반'의 기운을 더욱더 북돋우고 강화했는데 거기에는 『백과전서』와 같은 출판물이 촉진제가 되었다. 1750년 『백과전서』의 간행취지서가 발표된 때부터 유럽의 정치적 상황은 점차 비등점을 향해 열기를 더해 갔으며 전통적 기성 체제와 대항 세력 간에 궁극적인 충돌이 불가피하게 되었다. 미국에서 일어난 혁명은 절대군주제의 종말을 예고했고, 민주주의에 관한 실험의 시대를 열어 놓았다. 몽테스키외의 『법의 정신』(1748)과 돌바크의 『윤리정치』(1776) 사이의 약 30년간의 정치이론과 사회사상은 주권재민과 대의제를 목표로 한 것이 주류를 이루었다. 구체적으로는 루소가 1762년 『사회계약론』을 출판하여 주권재민을 옹호했으며 마블리는 아메리카 혁명의 해에 『입법론(*De la législation*)』을 발표하여 입법의 중요성을 강조하였다.

18세기 중기에 이르러 실제적인 개혁안과 선정善政을 위한 구체안이 쏟아져 나와 형평의 원리는 좀 더 현실적 차원에서 논의되었다. 절대군주제에 대항하는 귀족층의 투쟁이 상당한 위협 세력으로 형성됨에 이르러 사회 각 계층으로부터 제기되는 여러 가지 요구가 강해졌다. 그러나 당면한 과제는 계급과 계급, 계층과 계층 사이의 대립이라기보다 공동의 적인 구체제의 사회 및 절대주권에 대항하여 모든 계급과 계층이 어떻게 함께 생존해가는가 하는 것이었다. 이러한 조화와 공존에 대한 희망은 돌바크를 비롯해 이른바 백과전서파가 주도하는 시기에 나타난 지적·사상적 추세에서 나타났다. 첫째로 정치적 정의의 이론은 사회의 공동복리를 목적으로 해야 한다는 것, 둘째로 비례평등과 합법적 차등을 합리화하는 것, 셋째로 사회적 부정의는 예방되어야 한다는 것 등이 특징적인 경향이었다.

정치의 주목적은 모든 사람의 전체적인 행복을 증진하는 데 있었는데, 이에 관해서 흄은 "사람들을 좀 더 행복하게 하기 위해서 상호 이해관계를 결합시키며 사회적 유대를 공고히 하고 그들에게 선을 실천하도록 권장하며 악으로부터 물러서게 할 필요가 있다"고 말하였다. 그러나 행복의 추구에서 아무도 부정을 행할 권리 또는 남의 기회를 침범할 권리는 부여되지 않는 것이다. 그러므로 흄은 계속해서 "우리는 모든 방대한 정부기구가 궁극적으로는 정의의 배분 이외의 다른 목적도 갖지 않는 것임을 기대해야 할 것"이라고 말하였다.[9] 돌바크는 한걸음 더 나아가 이러한 정의의 배분이 "아무런 도덕심을 갖지 않은, 흔히 균형을 깨뜨리면서까지 다른 사람들의 운명을 부당하게 결정하는 소수의 게으름보다도 더 많은 다수의 복지를 택하는"[10] 형평의 정치에 바탕을 두어야 한다고 주장하였다.

자연철학에서 촉발된 지적 낙관주의는 인간의 진보와 행복에의 신념을 강화했으며 행복에의 욕구는 철학적 사고에 실제성을 부여하였다. 18세기 초의 30년 동안은 공익과 사회 복지와 관련하여 사회사상가들과 윤리학자들은 행복론을 전개하였다. 허치슨Francis Hutcheson(1694-1746)이나 버틀러Joseph Butler(1692-1752)는 자연스러운 감정을 노출시킨다든지, 즐거운 느낌을 가지는 것이 행복의 요건이 된다고 믿었는데 직접적인 감정표현에 대한 이러한 주장은 곧 이어 다가오는 로만주의의 낌새를 강하게 풍겨주는 것이라 할 수 있다. 버틀러는 행복이란 "오직 우리의 여러 가지 특수한 욕구·감정·사랑에 자연스럽게 알맞는 그런 대상을 즐기는 데서 성립되는 것"이라고 말하였다.[11] 같은 논리에 입각해서 이미 1세대 전에 철학자 월라스톤William Wollaston(1659-1724)은 고통이 없는 행복을 '소극적 행복(negative happiness)'이라 규정하고 다음과 같이 행복의 정의를 내렸다.

---

9) David Hume, *Essays, Moral, Political, and Literary* (London, 1875), eds. T.H. Green and T.H. Gross, Vol. I, p.113.

10) Baron d'Holbach, *Système social, ou princips naturals de la morale et de politique* (Londres, 1773), Vol. I, p.97.

11) Joseph Butler, *Sermon XI; Of the Love of Our Neighbour as Related to Self-Love*. Originally from Fifteen Sermons preached at Rolls Chapel, ed. William Whewell, p.74.

행복은 진정한 즐거움과 하등 다름이 없고 불행은 고통과 다름이 없다. 또는 누구든지 그의 즐거움이 참된 것일 때 행복하다고 말할 수 있다. 자기에게 나쁜 것이 행복일 수 없으며, 또한 행복이 불쾌함일 수도 없다. 그러므로 기분 좋고 동시에 좋은 어떤 것이 행복이어야 한다.[12)]

이 점에서 볼테르도 마찬가지였으며 그는 『철학사전』(1764)의 「행복(*bonheur*)」이란 항목에서 행복이란 선하고 옳으며 또한 하나의 추상적인 관념이라고 생각했으나 그것은 동시에 '항속恒續적인 즐거움의 상태'이며 '즐거움에 관한 여러 관념'으로 구성되어 있다고 지적하였다.

18세기에 유포된 행복관은 대체로 도덕적 가치와 결부되고 사회공익에까지 연결되었다. 과학자이며 철학자인 프리스틀리Joseph Priestley(1733-1804)는 "어떤 국가의 대다수의 성원을 이루는 사람들의 행복이 그 국가에 관련된 모든 것을 최종적으로 결정하는 하나의 커다란 기준[13)]이라고 말하였다. 그리하여 이로부터 최대다수의 최대행복이라는 공리주의 원칙이 나왔으며 데샹Dom Deschamps(1716-1774)[14)]이나 돌바크 등을 비롯하여 여러 사상가는

12) William Wollaston, *The Religion of Nature Delineated* (1722), p.62. 흄·벤담 등의 비판에도 불구하고 그의 행복론이 공리주의적 요소가 강하였는데 18세기에는 행복론이 일반적인 주제로서 많은 사람의 입에 오르내리게 되었다. 예를 들면, 포우프의 시에 다음의 구절이 있다.

Oh Happiness! our being's end and aim!
Good, Pleasure, Ease, Content! Whate'er they name:
That something still which prompts th' eternal sign,
For which we bear to live, or dare to die,
which still so near us, yet beyond us lies. (*An Essay on Man*, 1733, p.128.)

13) Joseph Priestley, *Prose Works* (Bohn edition), Vol. II, pp.17~19.

14) Dom Dechamps, *Le vrai système, ou le mot de l'enigme metaphysique et morale*, publié par Jean Thomas et Franco Venturi (Geneve, 1963) p.156: "Le bonheur

행복의 사회성을 주장하여 효용성이 사회정의나 법의 기반을 제공한다고 믿었다. 엘베시우스는 법의 공리로서 '이익이 인간 행위의 척도'라고 내세웠으며,[15] 효용은 사람을 덕성스럽게 하는가 않는가를 시험하며 자기만족이 이루어질 수 있는가의 전망은 사람들에게 악덕보다는 선덕을 선택하게 하는 유일한 유인誘因이라고 보았다.

이러한 관점에서 돌바크 남작은 여러모로 중요한 사상가인데 그는 효용과 정의의 두 관념을 결부시킨 대표적인 인물이었다. 백과전서파의 대부분이 그와 비슷한 견해를 가졌으며, 모든 권위나 권력의 기원 및 거기에 대한 의무의 원천으로서 '공리'를 주장하였다. 인간은 누구나 남의 밑에 깔려 지내고 싶어 하지는 않지만 "우리보다 더 유용한 사람들 혹은 사회나 우리 자신을 위해서 우리가 만들거나 얻을 수 없는 이익을 가져다주는 사람들에게는 열등하다고 자인하지 않을 수 없다." 돌바크는 계속하여 "여기에 권위와 의존의 자연스럽고 정통적인 근원이 있으며…… 권위란 우리에게 행복을 얻어주는데 마땅히 더 유능하다고 생각되는 사람들이 우리의 행동을 규제할 수 있는 권리"라고 말하였다.[16] 사회의 권력구조를 권위와 복종의 두 차원에서 관찰한 돌바크에게는 형평사회란 본질적으로 각 구성원의 효용성에 입각하여 각자의 재능과 업적에 따라 대우하며 적절한 지위를 부여하는 사회일 것이다. 그의 말을 빌리면 "사회는 사회적 복지에 기여할 수 있는 구성원에게 부당함이 없고 좌절함이 없도록 하여 각자가 즐기는 이점의 범위에 따른 고려와 보수를 현명하게 비례적으로 배분해야 한다."[17] 그리하여 정의의 원리에 의하여 자의적인 차등은 사라지고 제도적 구조 안에 경합하

---

particulier ne peut exister que par le bonheur général."

15) Hélvetius, *De l'esprit, Oeuvres complètes d'Helvétius* (Paris, 1793), I, p.373. "L'intérêt est la mesure des actions des hommes"

16) d'Holbach, *Système de la nature* (1770), X.

17) d'Holbach, *La moral universelle* (1776), II. p.133.

는 권리주장들 간에 적당한 균형이나 몫 또는 평형平衡이 수립되어 동등한 자유라는 이른바 '원래의 위치'를 인정하게 된다.[18] 18세기의 혁명이념으로서의 평등에는 이론적 한계뿐 아니라 현실적 한계가 있었다. 완전평등 또는 절대평등이 실현가능하지 않은 것임을 인식한 사회사상가들은 실현 가능한 이상으로서의 '동등자의 평등', 로크의 이른바 '동류同類계급 내에서의 평등'을 제시하였다. 그러므로 18세기의 평등관은 단순히 극단적인 계급적 불평등을 비난하는 것에 그친 감이 있으며, 따라서 계몽사상가들의 태도는 고대의 스토아 철학자의 그것만큼이나 모호하였다.[19] 바꾸어 말하면 당시의 사회이론은 근본적으로 변동보다도 균형의 회복을 지향했으며 출신가문이나 전승傳承의 특권과 같은 형식적 차별을 지양하기를 주장하면서도 다른 한편으로는 상이한 능력과 재능에 따른 적절한 개인적 차등은 유지되어야 한다고 역설하였다. '무질서가 없는 평등'과 '방종 없는 자유'[20]는 거의 보편화된 구호이며, 실상 이는 키케로 이래로 볼테르에 이르기까지 유럽의 평등관의 진상이었다. 프랑스의 현대 사상가 마리탱Jacques Maritain(1882-1973)이 한 다음의 말은 깊이 음미할 필요가 있다.

> 기회평등 또는 조건의 평등의 관념은……만일 순수하고 소박한 평등이란 의미에서가 아니라 '비례적인' 평등이란 의미에서 이해된다면 참다운 그리고 합당한 것이 될 것이다.
>
> 이 '비례의 평등'은 세속사회에서는 매우 중요한 역할을 한다. 프루동Pierre-Joseph Proudhon(1809-1865) 및 위대한 평등주의자들이 이해하지 못한 것은 사회 전체와 그 부분 간의 관계라는 점에서 이러한 비례적

18) John Rawls, "Constitutional Liberty and the Concept of Justice," *Nomos VI: Justice*, eds. C. J. Friedrich and J. W. Chapman (1963), p.124.

19) Sanford A. Lakoff, *Equality in Political Philosophy* (1964), p.89.

20) Paul Hazard, *European Thought in the Eighteenth Century* (1965), p.268.

인 평등이 정의 그 자체라는 것이었다. 사회의 한복판에서 개인 생활을 영위해 가는 데 연관되는 차등, 바꾸어 말해 구체적인 불평등을 존중함으로써 평등은 바로 그것이 추상적인 인간 그 자신이 아니라 구체적인 사람들과 관계가 있다는 사실 때문에 특정한 방식에 따라 이러한 불평등의 영역으로 움직여 들어가지 않을 수 없다. 그러할 때 평등은 배분정의의 특징인 비례의 평등이 되는데 배분정의는 각자를 그 업적에 따라 대우하는 것을 말한다. 그리하여 정의는 모든 불평등에까지 확산되고 타협하면서 어느 정도는 평등을 회복하고 시민적 우정을 가능하게 하는 것이다.[21]

자연법으로 명시된 평등은 모든 사람에게 동등한 정도의 자유를 허용하고 사회적 기능에 따른 적절한 대우를 합리화할 수 있어야 한다고 18세기의 사상가들은 확신했으며 이는 제도에까지 반영되었는데 그 구체적인 예가 1789년의 프랑스 혁명이었다. 프랑스 혁명 헌법은 법 앞의 만인의 평등을 주장하면서도 공익을 기준으로 한 차등을 동시에 인정하였다. 평등은 다양·상이한 사람들의 사회생활에 일종의 균형을 부여하지만, 기계적인 평준화를 지시하지는 않는다. 18세기 후반의 이탈리아 법률가로서 자유무역의 입법을 제창한 『입법과학』(1783)을 저술한 필란지에리Gaetano Filangieri(1752-1788)는 완전함에 필요한 것은 보존(conservazione)과 평온(tranquilita)이라고 적시하고 선인과 악인, 현명한 사람과 어리석은 사람, 용감한 사람과 비겁한 사람이 서로 동등자가 될 수 없으며, 이 점에서 단지 '법 앞의 평등'이나 '문벌적 특권의 폐지'는 가능하지만, 인간의 '도덕적 불평등'은

---

21) Jacques Maritain, "Reasoning the Time," in George L. Abernethy, ed., *The Idea of Equality* (1959), p.270. 마리탱은 '순수 소박한 평등'을 인간의 기본권이며 공유의 존엄성, '비례적 평등'을 정의, 그리고 '우정'에 입각한 비례적 평등을 '그리스도교적 평등'이라고 보고 있다.

없어질 수 없다고 주장하였다.

17세기의 자연법론자들이 애당초 주장한 것도 여기서 그다지 먼 것은 아니었다. 17세기와 18세기의 차이는 단지 17세기에는 좀 더 사상적으로 제시된 것들이 18세기에 이르러 제도·입법의 실제를 통해 구체적으로 표현되었다는 점에 불과하였다.

2. 루소의 평등론

루소는 다른 어떠한 급진적 사상가처럼 프랑스 혁명을 예측하지 못했고, 또 기대하지도 않았다. 그러나 그의 사상은 직접적인 요인이 아니라 하더라도 혁명 발발 후의 방향 설정에 큰 역할을 하였으며[1] 특히 혁명의 제2단계에서 생쥐스트Louis Antoine Léon de Saint-Just(1767-1794)나 로베스피에르에 대한 영향은 명백한 것이었다. 미슐레는 로베스피에르를 '루소의 허약하고 창백한 사생아'라고 혹평했으나, 로베스피에르는 루소의 최고존재를 믿고 또 그의 저작을 열심히 읽음으로써 자신의 행동 방식을 결정하였다. 로베스피에르의 정치이념 중 주요 개념인 '인민(peuple)'은 루소가 말하는 '국민(nation)'가운데의 이른바 부패하지 않은 부분이며 일반의지를 가장 잘 대변하는 인구 부분을 가리키는 것이다.[2] 아라스 출신의 젊은 로베스피에르가 1778년 루소를 죽기 전에 만났을 때 "당신 최후의 날에 당신을 뵙습니다

---

1) 루소의 『사회계약론』이 혁명 발발에 대한 영향을 과대평가하는 것을 경고하는 Daniel Mornet는 그의 저서(*Les origines intellectuelles de la Révolution française, 1715~1787*, Sixième éd. Paris, 1967, pp.95~96)에서 『사회계약론』이 혁명 중에는 대담한 주장으로 주목을 끌었으나 혁명의 기원에 대한 영향을 가려낼 수 없으며, 1789년 이전의 독자 중 이 저작에서 강렬한 인상을 받았다고 증언하는 사람은 열 손가락으로 헤아릴 정도라고 주장하였다.

2) J. M. Thompson, *Robespierre and the French Revolution* (1962), p.47.

만 이 기억은 나의 자랑스러운 기쁨의 샘이 될 것입니다"[3]라고 열광할 정도였으며 로베스피에르의 연설의 여러 군데서 루소 저작의 자취를 발견할 수 있다. 루소 숭배는 프랑스 혁명 중에 뚜렷이 나타났는데, 예를 들면 1790년 6월 23일 제헌의회 내 루소 흉상의 건립, 같은 해 파리의 거리에 루소의 이름을 따서 명명한 점, 1790~1791년에 걸친 『사회계약론』의 인기(1790년 네 번의 재쇄再刷, 1791년 세 번의 재쇄), 그의 흉상판에 기입된 헌법 조항, 루소의 유골을 판테온으로 이장하는 1794년의 법령 및 이에 호응하는 민중의 감정 등이 이를 예증하는 일들이었다.[4]

루소Jean-Jacques Rousseau(1712-1778)는 제네바에서 출생한 후 한 때 이탈리아의 토리노로 가서(1728) 로마 가톨릭 신도가 되었으나 다시 제네바로 온 후에는 어릴 때의 칼빈교로 개종하였다. 그의 자서전인 『고백록(*Confessions*)』(1782 사후 출판)에서 말한 바와 같이 불우한 어린 시절과 많은 직업을 전전하며 고생을 겪는 가운데 여러 여인들과도 교제하게 되었다. 파리에서 그는 『학문기예技藝론』(1750)을 출판하여 큰 선풍을 일으켰다. 친구 디드로를 면회 가는 도중 디종 학술원의 현상 논문에 응모한 이 저술에서 그는 지식이나 기술 및 문명 일반이 도덕의 쇠퇴에 기여한다고 공격하였다. 그는 디드로가 편집한 『백과전서』에도 기고하고 1762년에는 그의 대표적인 저술인 『에밀(*Émile, ou de l'éducation*)』과 『사회계약론(*Du contrat social*)』을 출판했으나 모두 파리 고등법원에 의해 판금당하였다. 루소는 체계적인 이론가는 아니었으나 정치·문학·철학 각 분야에 걸쳐 매우 시사적인 사상을 발표하여 커다란 역사적 영향을 끼쳤다.

루소의 정치론의 출발은 로크가 주장한 '다수의 지배'에 있었다. 로크에

3) Henri Peyre, "The Influence of Eighteenth Century Ideas on the French Revolution," in Wiener and Noland, eds., *Ideas in Cultural Perspective*, p.422.

4) 같은 책, p.424; Gordon McNeil, "The Cult of Rousseau in the French Revolution," *Journal of the History of Ideas* VI, 2 (1945), pp.196~212.

의하면 합의로 성립된 정치사회에서의 결정은 다수결에 의한다는 것이며 이 점에 루소는 이의를 제기하였다. 먼저 지배자와의 합의가 국가의 성립을 도덕적으로 합리화한다는 로크의 견해에는 두 가지 난점이 있을 수 있다. 첫째, 단순한 제1단계의 공식적 합의는 충분하지 않은데, 왜냐하면 주권자의 행위는 그가 계속 합의하는 한에 있어서만 도덕적으로 합리화될 수 있기 때문이며, 둘째, 민주주의의 다수는 소수에 대해 강제력을 행사할 수 있는데, 그것은 마치 군주제에서 군주 한 사람이 모든 시민에 대해 강제력을 발휘하는 것과 같기 때문이다.[5)]

최근의 연구에 의하면 로크의 다수는 세 가지 의미를 가지고 있다.[6)] 첫째로 대부분의 시민의 지지를 받지 않는 정부는 오래 유지하지 못한다는 것인데 그것은 비단 민주제뿐 아니라 모든 형태의 정부에 해당된다. 둘째로 한 사회가 형성될 때 다수가 지지하는 정부에 의해 통치되는데 합의를 보았다는 것인데, 이는 그 사회가 다수에 의한 민주제를 찬성한다는 논리적 근거를 마련하지는 못한다. 로크가 『통치에 관한 제2논문』(*secs*. 95~98)에서 전개한 논리를 보면 집권을 계속하려는 집단은 무엇보다도 와해瓦解를 피하고 정권을 유지해야 하지만, 그럼에도 불구하고 그것이 곧 항구적인 집권을 가리키는 것은 아니다. 셋째로 그 사회의 지지를 받는 정부형태가 복수複數의 결정집단을 활용하는 경우 이러한 집단 내에서의 결정은 다수결 원칙에 의해 이루어져야 한다는 것이었다. 이 경우 다수란 단순히 편의상 사용된 관념에 불과하다. 더욱이 어떠한 집단이든 집단으로서의 존재 이유를 가지려면 '하나의 전체'로서 움직여야 한다. 이와 같이 세 가지 의미에서 본다면 로크의 다수는 다수지배가 분쟁결정의 하나의 기본적인 방법이라는 것, 대의

---

5) W.T. Jones, ed., *Masters of Political Thought* (1967), Vol. II, pp.253–254. 이하 Jones 라 약기함.

6) Frank Marini, "John Locke and the Revision of Classical Democratic Theory," *Western Political Quarterly* XXII, 1 (1969), p.16.

체代議體와 같은 집단에서는 정부의 결정이 다수에 의해 이루어져야 한다는 것, 그리고 통치자를 선거하는 정부형태에서 선거는 투표자 다수에 의해 결정되어야 한다는 것, 그리고 궁극에는 시민을 학대하는 정부가 오래 지속되지 못한다는 것 등을 의미한다. 그러나 로크의 요점은 모든 합법적인 정부 행위가 국민투표와 같은 다수결에 의해 확인되어야 함을 의미하는 데 있지 않았다.

루소의 생각으로는 로크가 주장하는 합의가 전제군주제에서와 마찬가지로 민주제에서도 문제될 수 있다는 것이었다. 사실상 모든 형태의 전제專制 가운데서도 (전체 공익을 생각하지 않는) 다수의 전제야말로 가장 잔인하고 강력한 것이라 할 수 있다.[7] 다수의 전제를 어떻게 합리적으로 막을 수 있을 것인가는 루소 견해의 핵심이었다. 주권의 불가분不可分과 불가대의不可代議는 물론이거니와 일견 모순되는 듯한 일반의지(volonté générale) 및 '공동체의 나(le moi commun)'에 관한 루소의 논의는 바로 전체의 이름을 내세운 다수의 전제에 대한 제동장치로 생각해 낸 개념에 불과하였다.

그럼에도 불구하고 루소의 정치론이 개인주의와 자유주의의 테두리를 벗어난 것은 아니었다. 그는 비록 모든 계몽사상가와 마찬가지로 계몽군주제를 희망한 것이 분명했으나, 개성과 자유를 존중하는 그의 성향으로는 다수 속에 파묻혀버릴 '소수의' 개인을 강하게 의식하였다. 루소는 19세기의 부르크하르트처럼 개인의 자유와 창의적인 소수가 몽매하고 계몽되지 않은 다수의 횡포에 의해 희생되기를 원하지 않았다. 이 점에서는 시대와 사회에 상관없이 모든 개인주의적 자유주의자가 의견을 같이 할 것이 틀림없으며, 예컨대 존 스튜어트 밀은 개인의 창의적이며 자유로운 의견이 전통이나 관례와 같은 다수의 의견에 의해 억눌리는 것을 강력히 반대하였다. 루소는 개인의 자유가 다수의 무지로 묵살된다든지 또는 조직화된 전제가

7) Jones, p.254.

합의라는 명분 아래 횡행하는 것을 싫어했으므로 다수와 소수를 포함한 구성원 전체가 합일合一할 수 있는 사회를 이상형으로 내세웠다.

루소는 『사회계약론』 서두에서 "사람은 자유로운 존재로 태어났으나 현실적으로는 도처에서 속박당하고 있다"라고 말했는데 이는 자연적 자유와 사회적 제약의 두 면을 간명하게 표현하고 있으며 루소만이 아니라 대부분의 17~18세기 사상가들의 공통된 의견이라 할 수 있다. 그것은 첫째로 사람은 일반의지의 한 요소로서 자유로운 존재이며, 둘째로 국가의 권력구조 내의 개인은 현실적으로는 그의 자유에 여러 가지 제한을 받지 않을 수 없는 존재라는 점을 의미하였다.[8] 루소의 자유는 일종의 '유기체적 자유'로서 개인이 전체의 한 부분을 이루면서 향유하는 것이다. 간단히 말해서 개인의 자유는 전체의 자유이며 후자 없이 전자를 생각할 수 없다. 루소에게는 개인과 사회가 분리되어 독자적인 영역을 향유할 수 있는 상태가 최선의 것이며, 그러나 그러한 분리가 불가능하다면 사회와 동일시되는 개인이 차선次善으로 바람직하다는 것인데, 실제로 양자는 분리될 수 없으므로 결국 우리는 유기체적 자유를 인정할 수밖에 없는 실정에 있다. 루소의 유토피아는 사회에 몰입하는 개인, 사회를 통해 완성되는 개인의 자유를 실천하는 데 있었으며 그의 사상은 '강제로 자유로와야 한다(ce qui ne signifie autre chose sinon qu'on le forcera à être libre)'라는 역설적인 말로 요약된다.

루소는 개인이 사회에 대해 가지는 관계를 두 면, 즉 개인의 상이한 사회적 역할 및 일반의지 형성의 요소로서의 개인을 생각하였다. 먼저 지적할 것은 개인의 기능이 상이하며 그것이 궁극적으로는 전체 사회의 작용을 원활하게 한다는 점이다. 바꾸어 말해 모든 사람은 각자 다른 역할을 수행하면서 사회의 통합 작용에 기여하고 또 조화를 이룬다. 그러므로 어떤 의미에서 가장 철저한 평등주의자인 루소는 개인 간의 차이를 인정하지 않을

8) 같은 책, p.258.

수 없었는데 정부의 간섭이 없을 때조차 명성과 권위의 차등差等이 개인 상호 간에 불가피하다고 생각하였다. 그 이유는 하나의 사회로 결속된 이상 개인은 서로 비교되지 않을 수 없고 끊임없는 상호활용에서 발견되는 차이점이 고려되지 않을 수 없기 때문이다.[9] 그리하여 이러한 차이는 여러 종류인데 대략 네 가지, 즉 재부財富, 문벌이나 계급, 권세, 개인적 업적으로 구분된다. 이 요소들은 한 사회에서 측정될 수 있는 주요 차별이며[10] 한걸음 더 나아가서는 여러 천차만별의 세력의 조화 내지 충돌은 국가 구성이 잘 되었는가의 여부를 가리키는 지표라고 주장하기까지 하였다.[11] 이러한 논리는 그가 강조하는 평등주의와 맞지 않는 듯 하지만 자율과 자치의 기본 단위인 개인의 독자성과 상이한 능력과 기능의 차이를 동시에 인정하는 입장에서 보면 당연한 귀결이기도 한 것이었다.

다음으로 루소는 개인 각자가 일반의지의 형성에 균등하게 참여하며 그 점에서 각자는 평등한 존재가치를 가진다고 주장하였다. 사회의 전체 작용에 대한 다양한 각자의 기능을 인정하긴 했으나 일반의지에 참여하는 요소로서의 개인의 의지는 균질적이며 획일적이다. 여기에서는 로크가 말하는 이성의 성숙이 조건부로 제시되지 않으며 오로지 모든 사회구성원이 직접적으로 일반의지의 형성에 관계한다는 점이 강조될 뿐이다.

루소의 사회관은 한편으로는 전체를 위한 개인의 상호의존, 다른 한편으로는 개인의 자유와 독립이라는 관념에 입각해 있는데, 그의 사회계약론이 근본적으로 개인의 도덕적 자율을 인정하고 있다는 점을 감안한다면 반드시 모순은 아니다.[12] 그러므로 게이가 시사한 바와 같이, 루소에 대한 일부

---

9) J. J. Rousseau, *L'inégalitéparmi les hommes*. Garnier éd. (1962), p.88.

10) 같은책.

11) 같은책.

12) Peter Gay, "The Enlightenment in the History of Political Theory," *Political Science Quarterly*, LXIX, 3 (1954), p.387.

해석은 소박하고 단순함으로 액면 그대로 받아들이기는 어렵다.[13] 루소의 평등 논리는 첫째, 각 개인의 자율적인 동가성, 둘째, 각 개인의 능력의 다양성이란 점을 고려에 넣을 때 이해될 수 있는 이원적 원리에 입각하고 있다.

3. 공리적 형평—엘베시우스

엘베시우스는 프랑스 계몽사상가 중에서 보통 2급에 속하는 인물로 평가되어 왔지만, 그의 사회사상은 여러 가지로 중요하며 창의적인 점이 있으므로 더 많은 연구가 이루어져야 할 사상가라 할 것이다. 첫째로 우리의 관심을 끄는 것은 그의 감관感官주의적 공리론이다. 그것은 18세기에 풍미한 경험론에 입각한 인식론을 확대함과 동시에 또한 시대 주류인 자연과학적 세계관과 밀접한 관련을 갖는 것이었다. 둘째로 돌바크가 더 분명하게 강조하고 체계화하려고 했던 윤리정치(éthocratie), 즉 정치와 입법을 인간의 덕성 문제와 깊이 관련시키려는 경향이 엘베시우스에게서 보인다. 특히 그의 '강직剛直(probité)'의 개념은 특이하다. 셋째로 엘베시우스의 공리론적 정의관이 주목되는데 그는 벤담의 '최대다수의 최대행복의 원리'를 공익과 연결시켰다. 이러한 점에서 엘베시우스는 흔히 볼테르·몽테스키외·루소와 같은 1급 사상가에 밀려 있으나 혁명전야의 지적 배경을 직접 반영하는 사상을 표현하였으므로 그에 대한 세밀한 검토는 바람직하다.

엘베시우스Claude Adrien Helvétius(1715-1771)가 태어난 1715년은 태양왕 루이 14세의 영광이 사라지는 해이며 바야흐로 프랑스 역사에 어두운 구름이 감돌기 시작하던 때였다. 사상사적으로 볼 때에도 1715년은 하나의 전환점이라고 할 수 있다. 이 해에 유럽 대륙의 합리주의 철학의 창시자 데카

13) 같은 책, p.388.

르트의 아류亞流인 말브랑슈Nicloas Malebranche(1638-1715)가 죽었으며, 앞으로 로크의 경험론이 프랑스 지성계를 매혹할 여러 징조가 나타났다. 엘베시우스의 아버지는 루이 15세의 궁정의宮廷醫로서 왕의 중병을 고쳤으므로 그 덕분에 엘베시우스는 23세에 징세 업무를 보게 되었다. 징세업은 18세기의 가장 수입이 좋은 직업이었기 때문에 그는 크게 축재하였다. 그러나 34세에 이 직업을 청산하고 문필 활동에 종사하는 한편 계몽사상가들의 후원사업에 헌신하게 되었다. 그는 1년 중 9개월을 지방의 토지 재산 관리에 힘쓰고 농민들에게 너그러운 지주로서 인기를 얻었으며 3개월은 파리의 저택을 개방하여 아름다운 부인과 함께 살롱을 주재하여 많은 학자를 후원하였다.

엘베시우스는 오랫동안 디드로 및 달랑베르, 그리고 그 밖의 이른바 백과전서파 사람들과 가깝게 지냈다. 그는 이들로부터 정치·사회이론의 지식을 얻은 것으로 생각된다. 따라서 그는 비록 『백과전서』 편찬사업에 직접 참여하지는 않았으나 그들의 가장 전위적 사고를 대변하였다. 예컨대 그는 당시 지식인 사이에 보편적이던 이신론적 경향에서 한 걸음 더 나아가 모든 형태의 종교를 반대하였다.

1758년 엘베시우스는 그의 최초의 책이며 생애 중 유일한 출판물인 『정신론(*De l'esprit*)』을 내놓았는데 그것은 사후에 출판된 『인간론(*De l'homme*)』과 함께 그의 저술의 근간을 이루고 있다.[1)] 그러나 『인간론』은 주로 『정신론』의 논조를 확대한 것이므로 당 시대에 반응이 컸던 『정신론』이 엘베시우스의 대표적인 저술이라 할 수 있다. 『정신론』은 유물론적 경향이 그 바탕에 깔려 있으며, 모든 기성종교와 도덕을 직접적으로 비판했으므로 큰 비난의 대상이 되기도 하였다. 그리하여 기성 체제 옹호자들의 분노는 이 책 때문에 엘베시우스뿐 아니라 그의 친구들에게까지 미치게 되었다. 『정

1) Daniel Mornet, *Les origines intellectuelles de la Révolution française, 1715-1787.* Sixième éd. (1967), p.80. 이하 Mornet라 약기함.

신론』은 세속적인 기존 질서와 사회의 권위에 대해 독기가 서린 공격을 퍼부었으므로 마침 당시 간행 도중에 있는 『백과전서』를 비롯해 볼테르와 디드로의 저술까지도 함께 파리 고등법원에 의해 금서로서 탄압받게 되었다. 그는 변명과 사과를 공개적으로 행함으로써 극심한 처벌을 모면했으나 그의 책에 대한 비판은 비단 기성 체제 옹호자들에 의한 것만은 아니고 그의 친구들도 못지않게 이 책을 공격하였다. 특히 볼테르는 직설적 유물론을 비판하고 디드로는 그가 유전적 요인을 무시한 점에 대해서 반대하였다.[2)]

그러나 반론이 비등했으며 이로 인해 오히려 그의 책은 큰 인기를 거두었으며 널리 읽히게 되어 영어·독일어·이탈리아어 등 유럽의 주요 언어로 번역되었다. 그의 주장은 18세기 중기의 지적 풍토에 대해서뿐 아니라 19세기의 유토피아적 사회주의 운동에 대해서 큰 영향을 주었는데 특히 그의 공리적 사회이론은 영국의 공리주의 철학 발전에 작용하였다.

『정신론』이 탄압받았기 때문에 그의 다른 저술인 『인간론』도 같은 박해가 예상되었으며, 따라서 생전에 출판되지 않았다. 사후 2년이 된 1773년에 발표된 『인간론』에서 엘베시우스는 더 논조를 날카롭게 했으나 주는 충격은 이전과 같지 않았다. 그럼에도 『인간론』은 이론적 문제를 더 대담하게 발전시켰으므로 혁명적 부르주아 계급의 입노릇을 하기에는 충분하였다.

엘베시우스는 심오한 철학자라거나 재기才氣 넘치는 저술가는 아니었으나 『정신론』이 검열관의 출판 허가와 국왕의 특별 허가를 받고 꽤 호화로운 판으로 나왔을 때 『백과잡지(*Journal encyclopédique*)』는 이색적인 이 책에

2) 볼테르는 엘베시우스의 사후 이 책에 대해 다음과 같이 말하였다. "이 책에는 재기 넘치는 특징이 있다. 빛나는 점들이 있으며 흔히 표현 속에는 상상력이 풍부하다. 그러나 나는 우정에 관해 말한 부분에는 반대한다.… 모든 사람이 같은 재능을 갖고 태어났다는 논리체계는 심한 웃음거리이다.… 나는 위험하거나 거짓된 많은 인용을 유감스럽게 생각하며 대단히 불쾌한 체하는 태도가 놀랍게도 거의 곳곳에 깔려 있다. 그럼에도 나는 그의 책에 장점이 있다고 생각한다. 그리하여 거기에 대한 박해는 수치스러운 것이다. 나는 감연히 그의 편이었다. 그리하여 그의 책을 분석할 때 나는 매우 부드럽게 비판하였다"(*The Age of Enlightenmment*, eds. Otis E. Fellows and Norman L. Torry, 1942, pp.349~350).

장문의 격찬을 보냈으며, 정통파적 생각을 가진 『지방통신』도 거기에 못지 않은 호감을 보였다.[3] 실상 『정신론』의 출발점은 로크의 경험론에 있었다. 그는 이 책에서 인간 정신에 대한 환경의 깊은 영향을 인정하고 세계 어느 지역에서든지 인간 정신을 특징 짓는 차이는 주로 교육에서 비롯된다고 주장하였다.

엘베시우스에 의하면 '정의감(l'amour de l'équité)'도 자연발생적인 것이 아니며 교육의 소산이다. 야만인은 오직 힘의 관념만을 가질 뿐이며 교육받은 사람만이 정의를 원하게 된다. 법이 현명하게 제정 또는 운영되는가는 그 민족의 덕성에 달렸는데, 왜냐하면 덕성이 계발啓發된 민족만이 정의를 존중할 줄을 알기 때문이다.[4]

엘베시우스는 자연계를 지배하는 법칙으로 운동의 법칙이 있는 바와 같이 도덕적 현상을 지배하는 일정한 법칙으로 '이해利害의 법칙(loix de l'intérêt)'이 있다고 말한다.[5] 이러한 비유는 그가 인문학적 관심과 과학적 방법의 융합을 생각하였다는 것을 가리키는데 이 점은 모렐리·마블리·돌바크·콩도르세의 경우와 같다. 그의 철학은 "행복의 증진이 과학의 유일한 합리화이며, 과학이 행복의 증진을 위한 유일한 수단"이라는 신념에 입각하고 있었다.[6]

그러므로 잘 된 교육(éducation bien comprise)에 의해서 바람직한 정신이 형성될 수 있으며, 평온하고 행복한 사회를 준비하는 것은 교육자에 달려 있다. 이와 같은 엘베시우스의 의견은 당시처럼 교육에 대한 정열로 들떠 있

---

3) Mornet, p.81.

4) *De l'homme, de ses facultés intellectuelles et de son éducation, Oeuvre complètes* (Paris, 1818), II, p.321f.n. 이하 *De l'homme*라 약기함.

5) *De l'esprit, Oeuvres complètes d'Helvétius* (Paris, 1793), I, p.120. 이하 *De l'esprit*라 약기함.

6) Charles Frankel, *The Faith of Reason* (1948), p.60. 이하 Frankel이라 약기함.

는 세상에서는 새삼 놀랄 것이 못 되었다. 그러나 디드로가 지적하는 바와 같이 이러한 온건한 주장 뒤에는 중대한 것이 숨겨져 있었다. 그는 이와 같이 말한다. "지각知覺하고, 추리하고, 판단하는 것 — 그것은 감각이다. 일반적으로 이익은 본능에 대한 평가의 척도이며 덕의 본질이다. 인간의 차이를 만드는 것은 교육이며 본성이 아니다. 욕망의 최후의 목적은 물질적 행복이다."바꾸어 말하면 인간에게는 하나의 원리, 즉 감성적인 물질밖에 없다. 우리가 사고 또는 혼이라고 부르는 현상은 사후에도 존속하는 것이 아니라 육체와 함께 소멸한다. 이러한 현상이 생긴다고 생각되는 것은 물질에서 받는 인상이며 감각이다. 모든 인간은 모든 장소에 있어서 동일하여 인간에게 차이를 생기게 하는 것은 받아들인 감각의 차이이며 교육의 차이이다. 물질은 쾌快·고苦만을 느끼는 것이므로 인간을 제어하는 것은 즐거움에 대한 그들의 욕망과 괴로움에 대한 공포에 의해서만 가능하다. 엘베시우스는 공개하지 않은 한 문장에서 더 명확하게 "괴로움과 즐거움은 도덕 세계의 유일한 원동력이며 자애의 감정은 유용한 도덕을 쌓아 올리는 유일한 기반이다"라고 말하였다.[7]

엘베시우스의 경우 자연적 평등의 원칙은 그의 인간론과 교육론의 핵심이었다. 그는 인간론에서 "[고대 로마의 수사학자] 퀸틸리아누스Marcus Fabius Quintilianus(c.35-100)와 로크 그리고 나 자신은 지각 있는 사람들 사이의 불평등은 이미 알고 있는 원인에 의한 것이며 바로 이 원인은 교육의 차이에 있다고 말한다"[8]라고 강조하였다. 이와 같은 그의 평등론은 정치이론으로서 투철하게 발전되지는 않았으나 후의 벤담파의 공리론자들이 정치이론을 형성하는 데 작용하였다.[9]

---

7) Mornet, pp.114~115.

8) *De l'homme*, p.71.

9) S.A. Lakoff, *Equality in Political Philosophy* (1967), p.91; Kingsley Martin, *French Liberal Thought in the Eighteenth Century* (1962), p.174.

18세기의 공리주의는 자연과학적인 세계관과 관련지어졌다. 이미 홉스에서 나타난 즐거움의 원리가 엘베시우스에서 더욱 확실하게 나타난다. 모든 인간 행위의 동기를 일련의 즐거움과 괴로움으로 귀착시키는 그의 말은 모든 물리적 운동을 작용과 반작용의 관계에서 보는 뉴턴의 원리를 연상시킨다. 뉴턴의 물리학과 엘베시우스의 윤리학에는 두드러진 유사성이 있다. 뉴턴이 자연계는 분리된 원자로써 구성되어 있다고 했듯이 엘베시우스는 사회가 독립·유리된 원자인 개인들로 구성되어 있다고 생각하였다. 원자적인 각 개인은 다른 원자와는 내적으로는 독립하고 있고, 또한 외적으로는 상호의존하고 있다.[10] 이와 같이 18세기의 지식인들을 매혹한 자연과학의 영향, 바꾸어 말하면 사회과학뿐 아니라 윤리·도덕·교육의 연구까지도 자연과학화하려는 일반적 추세는 엘베시우스의 사상형성을 위한 배경이 되었다.

엘베시우스에게 공리성(utilité)이란 모든 윤리적 덕성의 원천일 뿐 아니라 모든 입법의 기초이다.[11] 그는 사회의 행복을 달성하는 데 있어서 입법의 중요성을 인식하여 "정치와 입법이 내세우는 목적은 민족의 영광과 세속적 행복이다"[12]라고 말하였다.

공리주의는 넓은 의미에서 자연법과 같은 형이상학적 기준에 의해서가 아니라 효용성이나 효용가치에 의해서 여러 사회정책을 판단하고자 하는 일반적 경향이다. 좀 더 특수하게는 영국과 프랑스에서 시작된 사상적 학파를 가리키는데, 이에 의하면 인간 행위의 기본을 설명함에 있어서 즐거움을 얻고 괴로움을 피하고자 하는 욕구에 있다는 견해, 즉 즐거움을 최대로 누

10) Irving L. Horowitz, *Claude Helvétius: Philosopher of Demorcracy and Enlightenment*, (1954), pp.75~76. 이하 Horowitz라 약기함.

11) Frankel, p.60.

12) *De l'esprit*, p.150.

리고 괴로움을 최소로 줄이려는 관점을 말한다.[13] 벤담 자신은 공리성을 다음과 같이 정의하였다.

> 공리성이란 이해理害가 고려되는 상대에게 복리·이점·즐거움·선이나 행복(이상의 모든 것이 동일물이다)을 일으키는 사물의 속성 혹은 위해·괴로움·악 내지 불행(역시 동일물이다)이 일어남을 방지하려는 사물의 속성을 뜻한다. 만일 그 상대가 일반적인 사회라 한다면 사회의 행복이 고려되며, 어느 한 개인이라면 그 개인의 행복이 고려되는 것이다.[14]

엘베시우스는 자연과학(물리학)과 인간과학이 행복에 대한 수학적 척도를 마련하며 이 두 영역이 연속적임을 증명하려고 하였다. 미국 철학자 프랭켈Charles Frankel(1917-1979)은 공리주의를 해설하면서 엘베시우스의 이러한 태도를 다음과 같이 설명하고 있다.

> 엘베시우스의 신념은 — 데카르트의 단순정신(esprit simpliste)의 신념과 같다 — 무엇이든지 또는 모든 것이 결국 축약될 수 있는 궁극적인 요소는 수학적 수치라는 것이다. 그것은 모든 즐거움이 질적으로 동일값을 갖는 단위로 축약될 수 있다는 가정에 입각한 윤리적 계산이 될 가능성이 있음을 시사하였다. 즐거움은 두 물체가 그 위치·속도·방향·크기란 말로써 표현하는 이외에는 궁극적으로 구별이 안 되는 것과 마찬가지로 구별될 수 없는 것이다.[15]

13) 같은 책, p.237.

14) Lee Cameron McDonald, *History of Western Political Thought* (1965), p.343.

15) Jeremy Bentham, *Introduction to the Principles of Morals and Legislation* (Hafner edition), p.2.

엘베시우스가 자연과학과 윤리학의 유사성을 강조한 이른바 '윤리적 물리학'은 18세기 지성계를 지배했는데 이는 유물론 및 공리론과 밀접한 관계가 있었다.

엘베시우스에게 이익은 입법의 근원일 뿐 아니라 사회정의·공익 또는 모든 도덕이 지배하는 인간 행위의 보편적 기준으로서[16] 이익은 크게 사익과 공익으로 구별될 수 있다. 비록 인간은 사익를 취하고자 하는 강한 동기에서 모든 행위를 행하지만 공익은 항상 덕성의 대상이다. 더욱이 사회정의는 대다수에게 이익을 가져오는 행위에서 찾을 수 있다. "사람은 그의 모든 행위가 공익을 지향할 때 비로소 정의롭다"[17]고 말한 엘베시우스는 이른바 최대 다수의 행복의 원칙을 다음과 같이 말한다.

> 실상 만일 힘이 본질적으로 존재하는 곳이 최대 다수이며 또한 정의를 이루는 것이 최대 다수에게 이로운 행위의 실천에 있다면 정의가 본질적으로 항상 악을 보상하는 데 필요한 힘이나 사람들로 하여금 미덕을 행하게 하기에 필요한 힘에 의해 강화되고 있다는 것은 명백하다.[18]

---

16) *De l'esprit* I, p.121.

17) *De l'esprit* I, p.146.

18) *De l'esprit* I, p.151. Helvétius의 최대행복의 원리가 어떻게 벤담에게까지 이르게 될 것인가를 다음과 같이 살펴볼 수 있다.

그리하여 사람은 각각 소속된 사회의 공익을 위한 행위를 하지 않는 한, 미덕을 소유한다고 간주될 수 없으며 이러한 공익에 대한 이해와 실천은 궁극적으로 의식意識의 향상과 정치의 개선을 가져온다고 보는 것이다.[19] 공익에 대한 의식은 '강직성剛直性'과 관계가 있는데 이는 개인적인 강직성과 정치적인 강직성으로 구분되며 그 어느 쪽이든지 다 같이 '유익한 행위를 위한 습관'이다.[20]

엘베시우스는 홉스와 같이 힘을 자연적인 것으로 간주하고 자연 상태에서는 투쟁과 무질서와 같은 힘의 원리가 지배한다고 보았으나, 여기에 대하여 정의는 완전히 문명과 사회의 소산이며 개인이 후천적으로 얻는 의식이

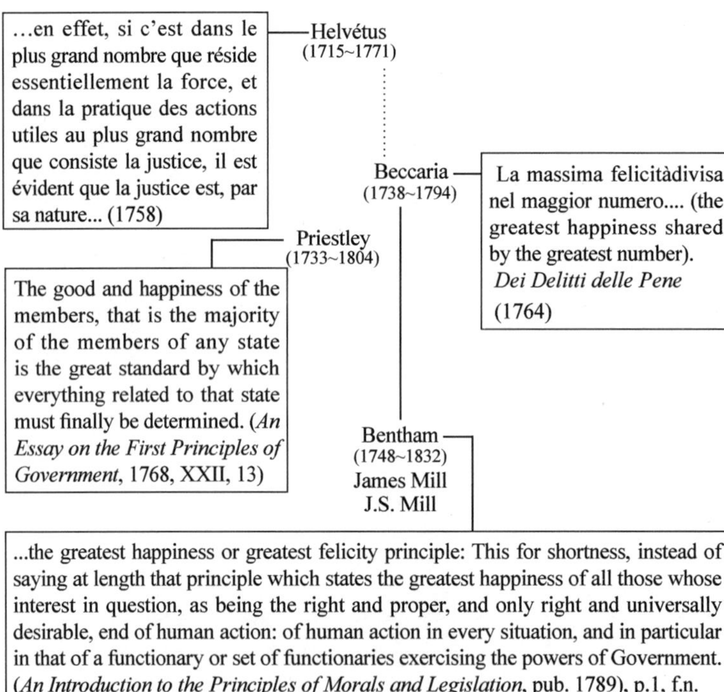

19) *De l'esprit* I, p.119.

20) *De l'esprit* I, pp.216~217.

라고 생각하였다. 그는 힘이 형평보다 강하고 정의를 압도하지만, 강자와 약자를 판가름하는 기준이 될 수 있을지는 모르나 오직 혼란·폭력·범죄·압제만을 초래하게 됨으로[21] 법과 질서, 권리와 의무에 입각한 사회적 관계에서는 배척되어야 한다고 강조하였다. 그러나 힘의 원리가 정의의 원리보다 일단 우위에 있는 것은 사실인데, 여기에 관해 엘베시우스의 말은 다음과 같다.

> 형평에 대한 사랑(l'amour de l'équité)은 우리의 경우 항상 힘에 대한 사랑에 종속되고 있다. 사람은 오직 자기 자신에게만 열중한 나머지 자기 행복 이외의 아무것도 찾지 않는다. 만일 그가 형평을 존중한다면 이는 그로 하여금 그렇게 하지 않을 수 없도록 하는 필요성 때문이다.[22]

그리하여 야만인이 형평보다 힘을 존중하는 것은 극히 자연스러우며 실상 야만인의 마음에는 정의 관념이나 이를 표현하는 언어조차 존재하지 않는 것이다.[23] 다만 '개화된 사람'만이 정의감을 갖는다. 힘에 대한 사랑은 신체적 감관의 직접적인 결과이며 이와 대조적으로 정의에 대한 욕구는 교육의 결과이다. 그리하여 정의 관념이 법과 덕성의 근원인 이상, 법의 유지와 덕성의 함양에는 교육이 지대한 관계를 가진다. 교육이 집단적으로 보편화되지 않고 따라서 전체적으로 개화되지 않는 지역에서는 사물의 정·부정 및 선악의 판단 기준이 개화된 지역과 다르게 될 가능성이 충분히 있다.[24]

21) *De l'homme*, p.321.

22) *De l'homme*, p.320.

23) *De l'homme*, p.308.

24) *De l'homme*, p.321. f.n.

엘베시우스는 법과 정의와의 관계를 어떻게 보았는가? 정의가 사회질서에 필수적이라면 그러한 질서가 지향하는 목표는 무엇인가? 또는 그러한 질서는 개인 간의 평등과 어떻게 관계가 있는가? 엘베시우스는 법이 없는 곳에 부정의가 없다고 말한 홉스의 입장에 동조하면서 실정법이 정의의 기초임을 주장하였다. 그는 정의의 전제는 기존의 법이라고 했는데 바로 이 기존의 법은 홉스가 말한 실정법이다.

> 정의는 실정법을 전제로 하고 정의의 준수는 시민들 간의 힘의 균형을 전제로 한다. 이와 같은 균형의 유지는 법학의 주요 과제이다. 상호 간의 유익한 배려配慮로 인해 사람들은 서로 정의로워지지 않을 수 없다. 이와 같은 배려가 상호적인 것이 아니라면 그때에는 정의는 값어치 있는 미덕을 잃고 그 이후에는 한 민족의 입법은 악덕하게 된다. 왜냐하면 입법의 완성은 인간이 정의를 행할 필요를 느끼고 있어야 함을 전제로 하기 때문이다.[25]

정의가 지켜지는가 아닌가의 여부는 시민들 사이의 힘의 균형이 이루어지고 있는가의 문제로 귀착되며 입법의 목적은 이 힘의 균형을 유지하고 또한 사람들에게 정의롭게 행동하지 않을 때에 오는 사태가 얼마나 걱정스러운 것인가를 알려주는 데 있다. 이러한 걱정은 사회 전체의 공익과 공공복리를 위해 유익하며, 항상 개인이 갖추어야 할 성질의 것이다. 그리하여 이와 같은 '상호 간의 유익한 걱정'이 없다면 정의는 유익한 덕목이 될 수 없고 입법도 쓸모없이 되고 말 것이다. 간단히 말해서 상호 간의 유익한 걱정을 성과 있는 것으로 마무리 짓기 위해서는 사람들이 정의에 입각한 행위를 필요하

---

25) *De l'homme*, p.311.

다고 느끼게 되어야 한다.[26]

사회의 힘과 정의를 좌우하는 것이 다수라고 한다면 정치와 입법의 목적도 이러한 다수의 번영과 복지를 위한 것이라야 한다.[27] 엘베시우스가 사회 형성의 출발점으로 간주한 개인의 이익 추구 욕구는 결국 다수의 공익을 추구하는 덕성(그의 이른바 공적 강직성probité publique)의 전제가 된다고 보아야 할이다. 벤담이 최대 다수의 행복에 강조점을 두었다면 엘베시우스는 최대 다수의 정의감을 더 강조하였다. 즉, 엘베시우스에 따르면 정의는 공익과 일치해야 하며 또한 공익이 명하는 바에 따라 하는 행동은 정의를 증진하는 결과를 가져와야 한다. 만일 전 우주와 관계가 있는 어떤 강직성이 있다면 그것이야말로 모든 민족에게 유익한 행동 습성이며 모든 인민과 정부를 유익하게 하는 덕성이라고 그는 말하였다.[28]

이로부터 엘베시우스의 평등관, 즉 공익에의 기여도에 입각한 평등관이 나왔다.[29] 그러나 근본적으로는 루소와 같이 엘베시우스는 정치의 기본 목적이 개인의 평등에 있다고 낙관했으며, 사회적 불평등이 개인적 불형평에 근거한다고 믿었으므로 앞으로 도래할 평등주의에 기대를 걸었다.[30] 유물론이나 반反종교적 태도와 함께 엘베시우스의 공익에 입각한 형평관은 앞으로 다가올 근대적 민주주의의 이념적 형성에 기여하였다.

4. 돌바크의 형평사회론

『정신론』에서 공리적 원칙을 강조한 엘베시우스와 1770년대에 유물론적

---

26) 앞의 책.

27) *De l'esprit* I, p.237.

28) *De l'esprit* I, pp.216~217.

29) *De l'esprit* I, p.207.

30) Horowitz, p.139.

결정을 『자연의 체계(*Systèmme de la Nature*)』(1770)에서 설교한 돌바크는 다 같이 사회질서가 단순히 자연의 복사물에 불과하다고 보는 일종의 우주론적 실용주의를 전제로 하였다.[1] 디드로·콩디야크 및 기타의 『백과전서』 기고자보다 훨씬 더 체계적이며 대담했던 두 사람은 실상 상호보완하는 견해를 가지고 있었다고 볼 수 있다. 돌바크는 1차적으로 형이상학에 관심을 두었고, 엘베시우스는 윤리학과 심리학에 관심을 두었는데, 두 사람은 다 같이 그들의 주장을 정치에 적용시켰다. 엘베시우스에 관해서도 마찬가지이지만 돌바크를 사회비평가로서 다룬 연구는 그다지 많지 않은 실정이다.[2] 18세기를 통해 돌바크의 저술은 많은 독자를 가졌으며, 『그리스도교의 진상』이나 『자연의 체계』 등은 10~12판의 중판이 거듭되었는데, 당시로서는 주목할 만한 인기였다.[3]

18세기 후반 '철학 호텔의 주인'[4]이라고 불린 돌바크Paul-Henri Thiry Baron d'Holbach(1723-1789)는 원래 독일인인데 파리에 공부하러 왔다가 결국 주저앉고 말았다. 파리 시내의 훌륭한 저택(Royale Saint-Honoré가街)과 시골의 좋은 곳(Château de Graudval)에서 주2회의 일급 만찬을 개최하여 당시의 많은 살롱과 같이 즐거운 분위기와 활기 있는 담소의 자리를 사상가들에게 마련했다는 점에서 그는 지식인들의 너그러운 후원자였다. 실로 그의 저택은 프랑스뿐 아니라 영국·미국 등의 사상가들이 허물없이 드나들 수 있는 '유럽의 카페'였다. 그는 사교적인 면과 변덕스러운 면을 함께 갖고 있었으나 매우 부유하였으므로 당대의 상류층에서 제자리를 차지한 성공적인 인물

1) J.L. Talmon, *The Origins of Totalitarian Democracy* (1960), p.18. 이하 Talmon이라 약기함.

2) Kingsley Martin, *French Liberal Thought in the Eighteenth Century* (1965), pp.173~174. 이하 Martin이라 약기함.

3) Daniel Mornet, *Les origines intellectuelles de la Révolution française, 1715~1787*, sixième éd., p.100.

4) Martin, p.108.

이라 할 것이다. 그는 프랑스의 공리론을 완성한 사람[5]이었으나 동시에 물질론자[6]라 호칭될 수 있는 극소수의 18세기 사상가들 가운데 한 사람이었다. 그의 인생의 사명은 종교를 불신하며 가능하면 그것을 파괴하는 것이었다.[7] 돌바크가 당시의 독자에게 준 영향 가운데 하나는 종교, 특히 그리스도교에 대한 격렬하고 집요한 비판이다. 그는 프랑스의 유물론 주창자들뿐 아니라 콜린스Anthony Collins(1676-1729)로부터 톨랜드John Toland(1670-1722)에 이르는 영국의 자유사상가들의 논의를 매우 여러 가지 방향에서 취급하고, 보충하고, 반복하였다. 그는 종교를 세 가지 점에서 비난하였다. 즉 (1) 종교는 도덕에 대해서 나쁜 기반을 제공하며 (2) 종교의 가르침은 과학적 진리와 반대되며 (3) 끝으로 부패한 정치적·사회적 질서의 주요 원인이라는 것이다.[8] 돌바크는 성서가 배리背理·속악俗惡·배덕背德의 집합체이며 그리스도교 및 교부철학의 역사가 구약의 범위를 넘지 못한다고 못 박고, 성서나 교부는 광신자로서 인류에 악을 끼치는 존재이며 세계가 이성과 평화를 상실한 것은 그들 덕분이라고 맹렬한 비난을 퍼부었다. 돌바크는 종교라 하면 제도화된 신앙부터 자연교와 같은 막연한 신앙에 이르기까지를 다 허위라고 보았다.

그는 『백과전서』의 기고자들 가운데 가장 많은 항목을 집필한 인물 중 하나이며 실제로 『백과전서』의 발행 계획을 적극 추진시킨 주요 멤버 가운데 하나이기도 하였다. 일부에서는 돌바크의 주저인 『자연의 체계』의 상당

5) Alfred Cobban, *In Search of Humanity: The Role of the Enlightenment in Modern History* (1960), p.128.

6) Martin, p.174.

7) Paul Hazard, *European Thought in the Eighteenth Century* (1965), p.125.

8) Basil Willey, *The Eighteenth Century Background* (1940), pp.160~161. 모르네는 돌바크의 사상이 독창적 면이 없는 절충적인 것이라고 하고 있다. 돌바크에 관한 연구라면, 그의 사상이 누구로부터의 차용, 그 착상의 근원, 협력자들에 관한 모든 조사가 필요할 것이다. 그의 저술로 지목되고 있는 것 가운데 참말로 그의 것은 어느 것인가, 누구로부터 차용 혹은 표절한 것인가……는 상당히 어려운 문제이다"(Mornet, 앞의 책, p.143).

한 부분이 디드로에 의해 쓰였다고 추측되고 있는 정도이므로[9] 이른바 백과전서파와 돌바크와의 관계는 통상적으로 생각되고 있는 것보다 훨씬 더 깊은 것이다. 더욱이 프랑스의 공리론의 체계적 발전에는 엘베시우스가 끼친 기여가 큰 반면, 물질론을 내세운 돌바크가 여기에 결정적 역할을 했다고 생각되므로 엘베시우스와 함께 그가 제시한 '우주론적 실용주의'[10]에 입각한 사회이론은 프랑스 혁명 이전의 사상적 풍토를 이해하는 데 주요한 관건이 될 것이다.

그의 무신론은 매우 분명하게 주장되었으며 그의 체계가 모든 현존의 제도와 현행의 미신을 맹렬히 공격하는 혁명적 기질을 띤 것이었으므로 볼테

9) Preserved Smith, *Enlighternment, 1687~1776* (1962), p.327.

10) Talmon, p.18.

「자연의 체계(*Système de la nature, ou les Loix du monde moral*)」(Londres, 1770)는 물질론과 무신론을 강력하게 주장한 돌바크의 주저이다. 그는 이 책의 박해를 예상하여 가명으로 런던에서 출판하였다. 2권으로 나누어져 있으며 제1권에서는 자연 및 인간, 제2권에서는 신을 논하였다. 인간의 불행의 원인이 자연에 대한 잘못된 해석에 있다고 보아 영원하고 필연적인 운동하는 물질계인 자연에 대한 인식을 거론하였다. 한편, 도덕계에 있어서의 자연과학적 인과관계를 추구하여 인간 행위의 동기를 이해관계에 있다고 보아 엘베시우스와 같은 공리론적 관점에 도달하였다. 제2권에서는 무신론을 다루었으며 아울러 신비적 종교사상에 대해서도 비판하였다. 그 밖에 사회이론에 기여한 저술로서는 「사회체계(*Système social, ou princips naturels de la morale et de la politique, avec un examen de l'influence du gouvernment sur les moeurs*)」(2 vols. Londres, 1773; Paris, 1795), 「보편도덕(*La morale universelle, ou les devoirs de l'homme fondées sur sa nature. Théorie de morale*)」(Amsterdam, 1776; Tours, 1792), 「윤리정치론(*Ethocratie, ou le gouvernement fondé sur la morale*)」(Amsterdam, 1776), 「자연정치론(*La politique naturelle, ou discours sur les vrais princips de gouvernment*)」(Londres, 1973), 「양식론(*Le bon sens, ou idées naturelles opposées aux idées surnaturelles*)」(1772) 등이 있고, 그 밖에 「폭로된 그리스도교(*Christianisme dévoilé, ou Éxamen des Principes et des effets de la religion chrétienne*)」(1756; Londres, 1767), 「관용론(*De la tolérance de la religion*)」(1769) 등이 있다.

본 논문에서 필자가 인용한 「자연의 체계」는 1770년의 London 초판이며, 「사회체계」는 1795년의 Paris 판이다. 그리고 「보편도덕」은 1792년의 Tours 판, 「윤리정치론」은 1776년의 암스테르담 초판, 「자연정치론」은 London 초판 등이다. 이 모든 것은 저자 본인이 1966~1967년 하버드 대학의 Widener 도서관과 Boston Athenaeum에서 직접 발취한 원전이다. 그러나 인용문의 국역은 축자적인 충실성을 기하기보다는 대의를 파악하는 방침을 따라 행해진 것이다.

르나 루소조차도 그를 기피하는 비판적 태도를 취하였다.[11] 그럼에도 불구하고 『자연의 체계』의 논조는 기본적으로 상당히 온건한 범위를 지키려고 애쓰는 것으로 보인다. 그는 제1권의 결론 부분에서 말하기를 “우리는 부드럽고 온건하게 이성을 찾읍시다. 그것이 우리를 보존하는 길입니다.……우리는 자기 자신 및 남을 해치는 어떤 일도 하지 않도록 자제합시다”[12]라고 제안하였다. 따라서 그의 저술을 통해 표현된 대담한 견해는 달아오른 논쟁에서 비롯된 결과이며 실상 정치적 전제보다는 종교적 전제를 겨냥하여 취해진 것이었다. 근본적으로 돌바크는 보수적 정신의 소유자이며 같은 귀족 출신의 계몽사상가로서 그가 영향을 받은 몽테스키외를 넘어서지는 않았다. 모르네가 지적하는 것처럼 그는 “어떠한 형태의 정치도 완전하지 않다”, “동일한 정치가 반드시 모든 국민에게 적합한 것은 아니다”, “민주주의가 작은 나라나 특정 조건 하에서가 아니면 존재하지 않는다”, “인민(peuple)은 하층민(populace)과 동의어가 아니다”, “프랑스에 존재하는 것은 실제로는 인민이라기보다는 하층민이다” 등의 명제를 입증하려고 하였다.[13]

돌바크가 안녕(sûreté)·자유·재산의 중요성을 강조할 때 그의 논조는 바로 로크의 그것이었다. 그는 말하기를 “안녕·자유·재산이 없다면 사회는 우리에게 전적으로 무용하다. 사회는 곧 폭력에 대해 권리를 보장하며 그 경우 사회생활은 우리에게 유익하다”[14]라고 하였다. 그는 국가의 기본법이 안녕·자유·재산을 보장하는 것이라고 강조하고 다음과 같이 항목별로 정

11) Martin, p.174.

12) *Système de la nature, ou les Loix du monde morale* (Londres, 1770), p.361. 이하 *Système de la nature*로 약기함.

13) Mornet, p.103.

14) *Système social, ou princips naturels de la morale et de la politique, avec un examen de l'influence du gouvernement sur les moeurs* (Londres, 1773; Paris, 1795); I, pp.130~131. 이하 *système social*로 약기함.

의를 내렸다. 안녕은 주로 인신 상의 평안을 말하는 것으로 "시민이 정당한 한, 또는 사회에 아무런 해를 끼치지 않는 한, 자신의 인신에 대한 것"[15]을 법이 보장함을 의미한다. 요점은 안녕은 "타인에게 피해를 주지 않으면서 아무도 무서워할 필요가 없는 그런 권리"[16]이다. 재산에 관해서 돌바크는 그것이 절대 불가결한 사회원리임을 강조한다. 재산은 그에 의하면 "정당하게 혹은 타인을 해치지 않는 방법으로 소유하는 권리"며 "노력과 근면이사회의 각 성원에 가져다준 여러 이익을 향유할 능력"[17]이다. 한마디로 재산은 '시민이 정당하게 획득한 물건의 안전하고 평화로운 소유'[18]라고 정의하였다.

자연적 평등을 철학적 공상이라 일소에 붙이고 입헌군주제에 기대를 건 돌바크는 정치 문제에 있어서의 모든 혁명적 해결을 부정하고 점진적 개혁이 더 효과적이라고 주장하였다.[19] 또한 그는 도덕이 필연성이나 사물의 항구적 관계에 바탕을 두어야 한다고 믿었는데 이 점에서 당시의 자연법론자들과 견해의 일치를 보였다. 이러한 절충주의에도 불구하고 돌바크의 물질론·무신론·결정론을 전제로 한 사회이론은 당시의 사상적 경향에 비추어 볼 때는 급진적이었으며 그만큼 주는 충격이 컸다.

돌바크의 자유에 대한 견해는 그의 사회이론의 기본명제였는데, 그는 홉스와 로크의 의견을 함께 고려하여 나름대로 자유를 개념화하였다. 인간의 기본적이며 가장 강렬한 욕구로서 자유를 생각했다는 점에서 홉스에 접근하고 있는 반면, "법이 지배하는 곳에 사람은 언제든지 자유이다"[20]라고 말

15) *Éthocratie, ou le gouvernement fondésur la morale* (Amsterdam, 1776), p.20. 이하 *Éthocratie*로 약기함.

16) *Éthocratie*, p.21.

17) *Système de la nature* I, p.138.

18) *Éthocratie*, p.20.

19) Ernst Cassirer, *The Philosophy of the Enlightenment* (1962), p.267.

20) *La morale universelle, ou les devoirs de l'homme fondée sur sa nature. Theorie*

한 점, 즉 자유의 법적 견제를 인정한 사실에서는 로크와 같았다. 돌바크는 무방비한 자유 방임 상태를 찬성하지 않았으며 차라리 이성에 의한 자유의 행사를 더 적극적으로 지지하였다. 그의 말을 직접 인용하면 다음과 같다.

> 자유에 대한 사랑은 인간 욕망 가운데 가장 강한 것이다. 왜냐하면 그것은 살려는 욕구, 사람의 일생을 행복하게 사는데 방해 받지 않고 자기의 능력을 발휘하려는 욕구에 바탕을 두고 있기 때문이다.……비록 사람의 모든 욕망이 그에게 자연스럽고 또한 그의 가슴속의 모든 움직임이 그의 보존과 행복을 위해 행해진다고 해도 그러한 감정은 이성에 의하여 인도될 필요가 있다. 이성 없이는 자기 이익과 행복에 대한 욕구가 흔히 맹목적 충동이 되며, 그 결과는 우리 자신과 남들에게 다 같이 해로운 것이 된다.……자애自愛에 의한 [자유]의 행사로 그것이 사회계약에 의해 고정된 한계 안에 지켜지지 않을 때 불법적인 것이 된다.[21)]

그는 자유를 규정하여 "타인의 행복이나 이익에 반대되지 않는 모든 것을 행할 수 있는 권리"며 "타인을 해치지 않는 방법으로 자신의 능력을 행사할 수 있는 힘"이라고 요약하였다.[22)]

> 자유란 사회 안의 사람의 실존에 의해 허용되는 모든 것을 자기의 행복을 위해 할 수 있는 힘을 말한다.…하나의 전체로서의 사회의 선

---

de la morale (Amsterdam, 1776; Tours, 1792), VI, vii. 이하 *Morale universelle*로 약기함.

21) *La politique naturelle, ou discours sur les vrais princips du gouvernement* (Londres, 1773), VI, i. 이하 *Politique naturelle*로 약기함.

22) *Éthocratie*, pp.20~21; *Système de la nature* I, pp.48~49.

은 그런 까닭에 그 성원들의 자유의 척도이다.[23)]

첫째로 자유는 하나의 능력이며 권리이다. 인간은 그것으로 무엇인가 원하는 것을 행할 수 있으며, 어떠한 상황을 향유할 수 있다. 이 점에서 돌바크는 홉스적 자유의 바탕이 되는 기본명제를 전적으로 인정하였다. 자유를 능력 및 권리와 동일시한 근대적 정치철학의 명제는 그대로 유지되었다. 돌바크는 말하기를 "자유는 우리가 원하는 즐거움과 행복을 얻기 위해 필요하다고 판단되는 수단을 취할 수 있는 힘"이라 하고 계속해서 "자유로워진다는 것은 행복을 향한 우리의 길에 아무런 방해물이 없다는 것"이라고 설명하였다.[24)]

둘째로 이러한 자유 개념에서 당연히 나오는 논리로서 자유가 자기지향적이며 자기중심적이란 점이다. 개인이든 집단이든 향유하는 자유는 남 아닌 자기 자신을 위한 것이며, 자기 자신의 행복·재산·목적을 위한 것이다.

셋째로 자유에는 한계가 있다. 자유는 자기중심적인 힘인데도 불구하고 같은 정도의 강렬한 힘의 욕구인 남의 자유와 필연적으로 중첩된다. 혹은 소속된 사회의 일반적 이익과 대립되는 경우가 흔히 있다. 이 경우 자유는 더 이상 자기중심성만을 유지할 수 없다. 왜냐하면 그럴 경우 자유는 남용되는 것이며 방종이라 불리는데 이는 사회에 대한 폐단일 뿐 아니라 방종하는 사람 자신에 대해서도 해로운 것이 되기 때문이다.[25)] 즉, 방종이 지배하는 경우 본래의 목적인 사회적 공동생활은 계속되기 어렵다. 여기에 자유의 한계가 있으며 돌바크의 말과 같이 '하나의 전체로서의 선이야말로 자유의 척도'가 되어야 한다.

---

23) *Morale universelle* VI, vii.

24) *Système social* I, p.175.

25) 같은 책.

이와 같은 세 번째의 자유는 그 내용이 프랑스 혁명의 헌법정신에 반영되어 성문화되었으며 그 후의 헌법에도 법적으로 표현되었다. 이 점에서 계몽사상가들의 자유관은 상대주의적인 것이었다. 돌바크에 의하면 자유는 "사회생활에서 동료시민을 해치지 않고 각 시민이 행사하는 권리"이다. 여기에서 권리는 정의와 밀접한 관계가 있다. "사회에서의 한 사람의 권리는 그가 동료에게 행해야 하는 정의와 일치하는 자유의 행사이다."[26] 정의는 이와 같이 자유의 측척測尺이다. 사람은 누구나 자유로울 수 있는 권리가 있다. 그러나 동시에 그의 동료가 자의적으로 취하는 자유에 대해서 자신을 보호할 권리를 갖고 있다.[27]

이 경우 법은 자유의 한계를 명시하는 신호등이다. 돌바크는 "법이란 사회성원들의 행위를 규제하고 그들 상호 간에 해치지 않도록 하는 사회적 의지"라고 해석하였다. 그는 자연법과 실정법의 두 전통을 함께 모순 없이 받아들인 것 같이 보인다. 그는 한편으로 '고정불변의 법'이 있다고 본 반면, 다른 한편으로 그렇다고 해서 법의 변경이 불가능하다고 말하는 것이 아니라고 부정하였다. 그는 국가의 상황과 필요성은 항상 가변적이므로 법도 이 가변성에 따라 적용되어야 한다고 주장하였다.[28]

자연법은 '인간의 본성에서 직접 추출되는 법' 내지 '한 존재의 본질 자체에 기초를 둔 법'[29]으로서 집단이나 사회와 독립되어 있다. 이에 대해서 실정법은 특정의 사회 내지 국가의 필요·상황·목적에 적용되는 자연법에 불과하며, 따라서 실정법은 자연법과 대립하지 않는다는 몽테스키외의 견해와 일치한다. 모든 나라에서 사람은 항상 동일한 욕망을 갖고 있는데 그것

26) *Morale universelle* I, iv.

27) W.H. Wickwar, *Baron d'Holbach, A Prelude to the French Revolution* (1935), p.183. 이하 Wickwar로 약기함.

28) *Système social* I, pp.308~309.

29) 같은 책, p.268.

을 달성하고자 하는 수단만이 다를 뿐이기 때문이다.

> 사회의 의지(volontés)는 법률에 의하여 검증된다. 법은 사회가 모든 사람의 보존과 복지를 목적으로 시민에게 명하는 하나의 규칙이다. 입법은 사회에 모여 사는 사람들에게 그에 합당한 복지에 필요한, 집단의 유지를 위하여 행해야 하는 것이나 삼가해야 하는 것을 지시하는 목적을 갖고 있을 뿐이다. 법률은 그 성원들의 개인적 이익이나 맹목적 감정에 반反하여 내려지는 집단의 이익·경험·이성이 내리는 결정이다.[30]

따라서 "법은 사회의지의 합산으로 사회성원의 행위를 확정하기 위해 통합된 사회 의지이다. 법은 모든 성원의 행위를 사회의 목적과 부합하도록 하는 방향으로 인도하기 위해 통합된 사회 의지이다."[31] 이러한 사고 과정을 거쳐 돌바크는 루소의 일반의지론을 받아들인 것이다.

> 모든 입법자는 일반의지(volonté générale)의 기관機關이 된다. 법률은 인간본성·결사 목적·사회 이익 및 그 현실적 환경과 일치할 때 비로소 정당하고 선하다. 그 법률이 인간의 행복에 반하고 사회의 복지에 반하고 각별히 개인의 이익을 돌보며 사회가 처한 사정과 반대되는 경우, 이는 부정하고 악한 법률이다.[32]

모든 법은 사회정의의 반영이어야 하며 각자의 자유는 법의 테두리 안에서

30) 같은 책, p.267.

31) *Système de la nature* I, p.136.

32) *Système social* I, pp.267~268.

실천되고 또한 보장되어야 한다. 이와 동시에 "법이 정당하려면 사회의 일정불변한 전반적인 이익을 목적으로 해야 한다. 즉, 사회를 구성하여 얻는 이익을 최대 다수의 시민에게 보장해야 한다."[33] 이러한 이익 가운데 기본적인 것에는 안녕과 재산을 비롯하여 자유가 포함되어 있다. 그러므로 자유는 결코 사회정의에 저촉될 수 없으며, 이 점에서는 사회적 성격을 띠고 있다. 돌바크의 입장은 로크의 주장처럼 한마디로 법이 있는 곳에 자유가 있다는 것이다. 법이란 자유를 억압하기 위해 있는 것이 아니라 하나의 자유가 또 다른 자유를 침해하지 않도록 하기 위한 합의된 규약이다.

사회가 그 성원의 자유를 제한하는 것은 법에 의해서이다. 그러므로 이 경우 자유의 제약에는 두 가지 유보조건이 있다. 즉, 법은 정의로워야 하며 지배자이든, 피지배자이든 사회를 구성하는 모든 성원이 다 같이 그 지배를 받아야 한다는 것이다.

이는 결국 자유의 사회성으로 환원되는 것이다. 자유가 하나의 힘이며 또 권리라는 것은 본질적으로 어느 개인의 존재가 향유하는 자유에 사적인 것과 공적인 것이 동시에 공존함을 의미한다. 즉, 사인私人의 권리가 공인公人의 권리와 모순 없이 병립될 수 있어야 비로소 그 권리는 정당하다. 예컨대 어느 개인이 집권하는 경우 그가 행사하는 공인으로서의 자유는 결코 그의 지배 하에 있는 사람들의 개별적 자유를 침해하는 데까지 행사될 수 없다. 바꾸어 말하면 돌바크가 지적하는 바와 같이 여하한 자유도 '어느 한 사람의 자유를 무효화시킬 만큼' 확대될 수 없는 것이다. 즉, "사회는 그 성원들이 차별 없이 불변의 형평원칙 하에 놓여 있을 때 비로소 자유로우며 변덕스러운 사람의 의지 아래에 놓여 있을 경우에는 자유스럽지 않다."[34] 사회의 지배는 확고한 원칙에 따라 실현되어야 하며 결코 한 개인의 자의적인 의

33) *Système de la nature* I, pp.137~138.

34) *Système social* I, p.306.

지에 의해 이루어져서는 안 된다.

이러한 확고한 원칙이 곧 법이며 그것은 곧 정의로운 법이다. 즉, 한 사람의 자유가 다른 사람의 자유와 충돌하는 경우 어느 한 쪽이 다른 쪽보다 더 큰 자유를 행사하도록 법이 제정되거나 시행될 수 없다. 지배자의 자유 혹은 강자의 자유가 법을 통해 더욱더 강하고 커진다면 그 법은 분명히 형평의 정신을 어기는 악법이며 사회성원들이 준수할 수 없는 법이므로 폐기되어야 한다. 간단히 돌바크의 말을 빌리면 "정의로운 법에 복종하는 것은 한 시민이 원하는 모든 자유를 향유함을 의미한다." 자유가 형평 정신에 입각해야 함을 강조한 돌바크는 그것을 위한 교육의 효과를 다음과 같이 설명한다."

> 참다운 자유는 형평에 대한 존중 및 인간애 — 인류의 권리에 대한 깊은 감정 — 가 수반되어야 한다. 이러한 감정은 덕성있고 너그러운 교육의 결과 비로소 가능하며 그런 교육은 모든 나라에서 현행하는 것과 같은 예종隸從적인 교육과 다르다.[35)]

자유는 권위에 대한 저항권만을 가리키는 것이 아니며 또한 규제에서 제외될 수 있는 권리를 의미하지도 않는다. 그것은 마땅히 원하는 것을 행할 수 있는 권리가 부여되는 것을 의미하긴 하지만, 사람이 원하는 것을 모두 다 행하는 권리가 부여됨을 의미하지 않는다.

돌바크는 자유가 형평한 법에 기반해 보장되어야 하지만, 그 경우 "시민은 합법적 권위에 반항하는데 그 자유를 행사하지 않는 것"이라고 강조하였다. 그는 혁명을 극악의 사태로 보고 그것을 싫어했으며 로크의 말을 빌려 "형평한 정부를 전복하는 모든 시민은 동료시민이 치르는 유혈과 피해에

---

35) *Système social* I, p.346.

대한 책임을 져야 한다"고 말하였다. 이처럼 돌바크는 폭력적 수단을 극히 혐오했으므로 합법적 정부의 전복을 시민의 방종이라고 비난하고 그는 "법률을 무효화한 주권자는 광분하는 시민의 방종에 자신을 노출시키는 범인에 불과하다"고 표현하면서 주권자의 권력남용과 불법적 권한을 동시에 경고하였다. 자유는 간단히 말해서 "스스로의 복지를 획득하는데 필요한 수단을 취할 수 있는 힘"이다. 그리고 동시에 이와 같은 자유는 이성에 의해서 혹은 우리의 정당한 보존을 위한 이익에 의해서 제한되며, 여러 사회 상태에서 "시민의 자유에 대한 제약은 타인을 해치지 않도록 억제하고 자연적 형평에 의해서든지, 아니면 동료시민에 대한 의무를 지키도록 정해진 실정법에 의해서 확정되어 있다."[36)]

정치와 윤리의 밀접한 결합을 주장한 돌바크는 사회의 기원에 관해서도 아리스토텔레스에 매우 접근하고 있다. 즉, 그는 인간의 자연적 사회성(sociabilité)을 주장하였다.

> 한마디로 말해서 사람은 사교적(sociable)이다. 왜냐하면 행복을 사랑하고 안녕 속에서 자신을 즐기기 때문이다. 이러한 감정은 자연스럽다. 즉, 이는 자신을 보존하고 사랑하며 자기의 존재를 행복스럽게 하며 발전하기 위한 수단을 열심히 희구하는 존재의 본질 내지 본성에서 나오기 때문이다. 이러한 모든 것은 사람의 사회생활이 자신에게 유익하며 만일 동료의 도움이 없으면 불행해지리라 함을 알려준다. 이것이 사회성의 참다운 원리이다.[37)]

사회의 기원이 사람의 자연스러운 자기보존의 본능에서 출발한 것으로

36) *Système social* I, p.306.

37) *Politique naturelle* 1, i, p.4.

보고 아리스토텔레스와 의견을 같이 한 돌바크는 사회를 정부와 구별지었다는 점에서는 아리스토텔레스와 대조된다. 정부의 기원이 계약에 있다고 생각한 돌바크는 근대 정치철학의 기본명제에 동의 하였다. 그는 자연스러운 결합체인 사회가 그 자체로서는 아무런 집단생활의 정치적 관계를 이룬다고 보지 않고 사회성원들이 권력의 수탁자受託者를 선정하여 정부를 형성하는 것이라고 생각하였다.

> 사회는 믿을 만한 시민들을 선정하여 그들의 의사를 해석하며 입법하도록 해야 한다. 법을 집행하는데 필요한 권력의 수임자들을 선정하지 않으면 안 된다. 이것이 정부의 유래이며 그것은 다만 사회의 자유로운 합의에 입각해야만 합법적이다.[38]

이러한 합의는 사회 안에 함께 생활하는 사람들이 서로 도움이 될 것을 약속하고 상호 간에 해치지 않을 것을 약속하는 것을 의미한다. 이 경우 그러한 계약은 공식적으로 행해지는 경우와 암묵에 행해지는 경우가 있을 수 있다. 돌바크의 이 견해는 로크의 합의설에 매우 가까운데 이 점은 그의 정부의 정의에서 더욱 뚜렷하다. 즉,

> 정부란 사회의 전 구성원의 행동을 규제하기 위하여 그들로 하여금 사회가 설정한 목표를 함께 달성하도록 의무화하기 위하여 공공의 의지에 의해 수립된 권력이다. 이러한 목표는 곧 모든 사람과 단체의 안녕·행복·보존을 지향한다.[39]

---

38) *Système de la nature* I, pp.136~137.

39) *Politique naturelle* I, ii, p.53.

더 간단히 규정해 본다면 정부란 "사회의 모든 성원으로 하여금 사회계약의 약속을 이행하도록 하는 목적을 지닌 사회의 힘(la force de la société)"이라고 할 수 있다.

그렇다면 선정善政을 실시하는 정부는 어떠한 것인가? "선정을 베푸는 정부는 사회의 성원 전부에 대해서 가능한 한 평등하게 복지를 배분하는 정부이다."[40] 이러한 정부 아래에서는 시민은 그의 인신·재산 및 자유를 보장해 주는 '형평한 법률'을 가질 수 있으며 그들은 자신의 권리로서, 욕구하는 모든 것을 향유할 수 있다. 선정의 정부는 '형평한 정부'이며 그것은 "계몽된 입법의 도움으로 사람들에게 더 많은 지혜를 주며 성과가 좋은 도덕을 결과할 수 있는 정부이다."[41]

자유에 대한 돌바크의 태도는 대체로 근대적 자유주의, 즉 개인이 자신의 행위에 대한 권리를 갖고 있다는 입장에 동조하고 있으나, 평등에 대해서는 다분히 아리스토텔레스의 비례평등론이나 경우에 따라서는 중세적인 고정신분론에 접근한 것 같은 인상이 짙다. 그것은 곧 그의 인간 다양성 이론에서 예증된다. 실상 이러한 평등관은 17~18세기의 그 밖의 다른 사상가들에게 의해서도 흔히 주장된 것이기도 하다. 즉, 인간이 본질적으로 갖는 유사성과 상이성은 인간평등론의 17~18세기적 사상의 전제이다. 그의 인간철학의 기본원리인 다양성에 관한 말은 다음과 같다.

> 자연은 그 창조물을 다양하게 만들었다. 물질적 요소는 그 본질적 차이에 의하여 조합과 속성이 달라지고 존재 방식과 행위 방법이 상이한 존재물을 이루고 있다. 따라서 엄격히 수학적으로 동일한 두 존

40) *Système social* I, p.231.

41) *Système social* II, p.75.

재물 내지 합성물은 없으며, 있을 수도 없다.[42)]

이러한 다양성은 비단 동일 종류의 존재물 사이뿐 아니라 종류가 다른 존재물 사이에도 있다. 그것은 신체적 원인에서 오는 지적 능력의 차이와 도덕적 자질을 말한다. 예를 들면 어떤 사람은 수학적 머리가 있으나 다른 사람은 기억력이 좋다든가 혹은 어떤 사람은 용기와 정의에 더 예민하지만 다른 사람은 유화하고 온건하다. 이러한 인간성의 다양성은 곧 도덕적 세계의 다양성을 의미하며 행위의 표현 방법과 행위 기준이 다를 수 있음을 뜻한다. 그러나 이와 같은 다양성은 플라톤이나 아리스토텔레스가 사회의 기원에 관해서 말한 것과 같이 인간의 '자족성의 결핍'을 의미하며, 바로 이 점 때문에 상대방을 보완하면서 사회생활을 영위하게 된다. 즉, 사람은 서로 다른 능력을 갖고 있기 때문에 서로 다른 사람을 필요로 하는 존재이다. 돌바크는 플라톤이나 아리스토텔레스의 논리를 빌려 말하고 있는 것 같다. 그는 말하기를 "이와 같은 다양성 때문에 인간의 도덕생활을 연결시키는 작용과 반작용이 생기며 이러한 불일치 때문에 인류를 유지 보존하고 조화가 이루어지게 되는 것"이라고 하였다. 돌바크는 이 다양성에서 결과하는 불일치를 '부동不同(l'inégalité)'이라고 못 박아 말하고 그것이 사회를 지탱하는 지주가 된다고 강조하였다. 이 점에서도 그는 아리스토텔레스가 『정치학』에서 의미한 것을 반복하고 있는 셈이다. 돌바크는 이와 같이 말한다.

> 만일 모든 인간이 신체적인 힘과 정신적 능력에서 동일하다면 그들은 상호 간에 돌보아 줄 아무것도 없을 것이다. 능력의 다양성과 부동이야말로 인간을 상호 필요하도록 하며 그것 없이는 고립해 버리고

---

42) Wickwar, p.157.

말 것이다.[43)]

고대로부터 오늘에 이르기까지 인간 능력의 완전한 동일성을 전제로 한 사회이론은 하나도 없었다. 키·몸무게·신체적 특징과 힘, 그리고 지혜라든지 용기와 같은 정신적 덕성에 이르기까지 모든 사람은 서로 다르다. 그러나 문제는 이 능력의 '부동'이 인간존엄의 불평등에까지 연결되는가 아닌가의 여부에 있다. 즉, 중세사회의 이론과 실제에 있어서와 같이 개인의 사회신분이 고정되는 것을 합리화하는가, 아닌가에 문제점이 있다. 돌바크의 경우는 능력의 자연적 불평등이 개인의 사회적 기능과 의무를 더 효과적으로 분담한다는 주장으로 발전했으므로 이는 차라리 애덤 스미스가 주장한 분업에 접근한다고 보이며 사회적 불평등을 '자연적 내재內在'의 것으로 고정시키려는 아리스토텔레스의 이론과 같다고 생각되지는 않는다. 그러므로 이러한 능력의 불평등은 민주주의적 평등과 병행하며 하등의 모순이 없다. 실상 몽테스키외가 지적한 바와 같이 "민주제의 모든 불평등은 민주주의의 본질에서 유래하며 또한 평등의 원리 그 자체에서 나온 것이다."[44)] 몽테스키외는 이것을 다음과 같이 부연 설명하였다.

> 하늘과 땅이 멀리 떨어져 있는 바와 같이 평등의 참다운 정신은 극단의 평등과 먼 거리에 있다. 전자, 즉 참다운 평등이라 함은 모든 사람이 누구나 타인을 명령하지 않아야 하고 타인에 의하여 명령받지도 않아야 하며, 다만 우리의 동등자에게 복종하거나 명령을 내리게 된다는 것을 뜻한다.
>
> 이러한 점은 잘 통치된 민주주의와 그렇지 않은 민주주의와의 차이

---

43) *Système de la nature* I, p.116.

44) *De l'esprit des lois* (Paris, 1949) Liv. V, Ch. V, p.51.

이다. 전자, 즉 '잘 통치된 민주주의'에서 사람들은 다만 시민으로서 평등하지만 후자의 경우는 행정관·상원의원·판사·아버지·남편 혹은 주인으로서 또한 평등하다.[45)]

몽테스키외는 완전한 기계적 평준화를 반대하고 각자의 사회적 기능과 의무를 잘 수행할 수 있는 한, 평등이 이루어져야 한다고 보았다. 사실상 아무리 완벽한 민주주의라 하더라도 평등은 단서가 붙은 평등이며 무조건의 평준화는 없다. 이러한 단서나 조건이 다만 인간이라는 기본적 조건과는 아무런 상관이 없으며 단지 속성적 자격에 관한 것일 뿐이다. 예컨대 정치적 의미의 평등은 보통선거권에서, 사회적 의미의 평등은 취업의 기회균등에서 관찰될 수 있는데, 전자의 경우 일정 연령(선거연령)에 달한 남녀 시민을 규정함으로써 연령에 의한 차이가 있으며, 후자의 경우 취업의 기회균등은 직업적 훈련이나 경력의 차이에 의한 제한이 있다.

현대에 있어서와 같이 평등에 대한 미세한 자격규정을 생각하지 않은 17~18세기에서는 많은 사상가들이 기계적 평준화의 불가능을 역설한 것은 사실이었다. 이 점에서는 돌바크도 마찬가지였으며, 실상 17세기의 유럽의 지식인들, 예컨대 영국의 케임브리지 플라톤학파의 헨리 모어나 컴벌랜드부터 18세기의 볼테르나 바뵈프Gracchus Babeuf(1760-1797)에 이르기까지 모두 완전한 평등이 환상적이며 실현불가능한 것임을 강조하였다. 돌바크가 비관적으로 본 것도 이러한 완전평등을 대상으로 한 것이었다.

우리는 사람들 간에 평등을 내세우려는 계획이 한낱 환상(chimmère)에 불과하다는 것을 깨닫지 못한다. 어쩌다가 혹시 때때로 그것이 일어나는 것 같다고 하더라도 아주 짧은 순간이란 것을 알지

45) 같은 책, Liv. Ⅲ, Ch. iii, pp.121~122.

못한다.[46)]

그러나 한편 이러한 돌바크의 평등관은 어느 쪽인가 하면 보수적인 면에 있어서 근본적으로는 구체제의 계급사회를 탈피하지 못한 것이었다. 그에게 평등은 어디까지나 사회의 계급과 신분에 적정한 기능과 역할을 인정할 때 비로소 형평하다는 것이다. 이런 관점에서는 그의 평등론은 현대적 민주주의와 병립하지 않는다고 평가될 수 있으나, 그의 진의는 예컨대 평민에게 평등을 인정하는 만큼 귀족에게도 평등을 인정해야 한다는 비례평등이었다.

그러므로 돌바크는 몽테스키외와 똑같이 자신이 속한 귀족 신분을 옹호하게 되었다. 그들은 비록 특권 신분의 권리 남용이라든지 사회적 균형을 깨뜨리는 권한 혹은 그 밖의 신분제의 세습에서 오는 사회악을 비판하고 있긴 하지만 다른 한편으로는 그들 자신의 기득권을 합리화할 필요성을 느끼고 있었다. 그러므로 돌바크와 몽테스키외의 계몽주의는 귀족 신분의 사회적 필요성을 부정하는 혁명적인 것은 아니며 다만 '계몽된 귀족'의 위치에 머물러 있을 따름이었다. 돌바크가 자유의 원리를 주장한 것은 귀족의 사회적 존재이유를 부정하기 위한 자유주의가 아니라 오히려 귀족 — 이상사회의 귀족 계급 — 의 사회적 기능을 형평원칙에 의거해서 강조하는 것이었다. 그는 생각하기를 좋은 정치는 귀족계급을 인정하고, 다만 귀족들로 하여금 사회를 위한 그들의 책무를 원활하게 수행하도록 독려해야 한다는 그런 것이었다.

> 진정한 도덕은 항상 형평과 건전한 정치와 일치하며 귀족을 억압하는 것을 내세워서는 안 된다. 다만 귀족들로 하여금 그들의 눈을 사회

46) *Politique naturelle* 1, ii, p.63.

를 위한 의무로 돌리도록 해야 한다.[47)]

이와 같이 살펴볼 때 돌바크는 몽테스키외와 더불어 18세기의 대표적인 평등론자들 특히 루소와 큰 차이가 있음을 알 수 있다. 루소에 의하면 자연적 평등은 사람들이 사회생활에 들어섬과 동시에 파괴된다고 믿었으나 이에 반하여 돌바크는 사회생활을 시작한 이래로 인간의 자연적 불평등은 여러 사회적 세력들의 균형과 조화에 크게 작용하였다고 보았다. 그러므로 돌바크는 루소가 문명사회에 '망상적인' 평등을 도입하기 위해 모든 계급을 무효화하려고 시도한다고 비난하였다.[48)]

돌바크의 결론은 귀족의 계급적 지위가 그들이 과거에 이루어 놓은 공익 행위에 대한 보상으로서 극히 정당하며 당연한 결과라는 것이었다. 다만 그가 세습제를 고집한 전통적 귀족주의자와 다른 점은 귀족 계급 내지 권세를 잡고 있는 사람들이 사회복지와 공익을 위해 행한 바가 없다면, 그리고 현재 공헌하지 않는다면 귀족이란 전혀 무의미한 존재라고 강조하면서 업적중심의 일대귀족제一代貴族制를 주장하였다는 점이다.[49)] 즉, 만일 귀족계급이 계속 그 지위를 유지하고 특권적 영예를 보유하려면 타인을 능가하면서 사회에서 계속 기능과 덕성을 십분 발휘해야 하는 것이다.[50)]

이러한 돌바크의 평등론은 사회공익에 대한 기여도를 참작하여 사회적 특별대우를 해야 한다는 것으로 요약되며 사실상 모든 민주주의 사회에서 관행하고 있는 것이기도 하다. 예를 들면 용감하게 전투에 참여한 군인에게 진급과 훈장을 수여한다든지 사회사업가를 국가에서 포상한다든지 근무에 충실한 공무원에게 상여금을 주는 경우가 그와 같은 사례가 될 것이다.

47) *Morale universelle* II, p.174.

48) 같은 책, pp.175~176.

49) 같은 책, p.177; *éthocratie*, p.43.

50) *Morale universelle* I, pp.149~150.

문벌이나 재부 등으로 사회를 위해 현저한 공헌을 하며 계속 노력을 기울이는 한, 그러한 특별 대우는 형평원칙상 타당하다고 그는 생각하였다. 바꾸어 말해서 그에 의하면 차별과 계급의 기원이 오직 개인의 덕성·능력 또는 사회공익에의 기여 등에 있으며 그 결과 생기는 불평등은 당연하다는 것이다.[51] 형평한 시민이라면 타인을 위해 유용한 봉사를 한 사람들에게 계급·재부·관직 또는 그 밖의 명예를 부여하여 마땅히 우대하여야 한다고 돌바크는 생각하였다.

> 이것은 정치적 계층제의 자연스럽고 정당한 기초이다. 이러한 것은 정부가 마땅히 정치 집단의 성원 간에 있어야 할 불평등의 합법적 원인이라 할 수 있다. 한 국가의 모든 시민이 평등해지려면 그들은 평등하게 국가에 봉사해야만 한다. 형평한 군주는 사물의 필연에 의하여 여러 시민의 우두머리가 되어야 한다. 조심성 있고 충실한 장관은 백성 가운데 제일 위대한 사람이어야 한다.[52]

그렇다면 돌바크에게는 시민적 평등 내지 정치적 평등이란 사회공익에의 기여도에 따라 결정되며, 따라서 개인이 사회에서 얼마만큼 유용한 존재인가 아닌가는 다른 사회 성원 가운데 어떤 사람과도 평등하게 할 수 있는가의 기준이 된다. 이러한 경우 평등은 비로소 정의로운 것이 되며 이 원칙에서 벗어나는 불평등은 또한 형평치 않다. 사회의 공리 또는 공익이라는 형평성에 따라 사회에 유용한 사람은 그 밖의 다른 사람들보다 더 나은 차별대우를 받고 더 큰 명예를 차지하며 더 나은 고려의 대상이 되어야 한다.

---

51) *Morale universelle* II, pp.105~106.

52) *Système social* I, pp.169~170.

사회 성원 간의 완전한 평등은 진짜 부정의不正義이다. 각자가 타인을 위하여 이루어 놓은 이익은 시민 상호 간의 차별과 계급의 자연스러운 근원이다. 모두에게 가장 봉사적인 사람은 전체 이익을 위하여 가장 아껴져야 하고 가장 존경받아야 하고 더 좋은 보수를 받아야 한다. 권력·명예·재부·상찬賞讚·영광·고관·현직顯職·칭호 등은 고마워할 줄 아는 사람들이 타인을 위해 봉사하는 자에게 마땅히 주어야 하는 보상이다.[53]

돌바크는 개인의 사회적 평준화를 받아들일 수 없었다. 그는 이러한 사회적 평준화가 민주주의가 추구하는, 좋지 않은 이념이라고 보았다. 그는 자유가 모든 사람에게 기계적으로 똑같이 부여되어야 한다는 것은 민주국가에 바라는 '망상'이라고 단정하면서 그러한 기계적 평등은 신체적으로나 정신적으로 능력이 동등하지 않은 인간본성의 다양성과 모순된다고 강조하였다.

이와 같은 기계적 평등은 사회정의에 어긋날 뿐 아니라 사회 공동선과 양립하지 않는다. 사회정의는 공적인 문제에 더 유익한 일을 한 시민이 더 좋은 보수를 받아야만 한다. 동시에 이는 모두에게 법에 따라 획일적인 규칙을 명령하고 예외의 취급을 받을 수 없다는 사실도 뒷받침하는 것이다.[54]

그러므로 돌바크에 의하면 진정한 자유는 인간의 자연적 평등을 구제하는 법률과 일치한다. 이러한 법률은 부자와 빈자, 권세자와 약자, 주권자와

53) *Système social* I, p.169.

54) *Système social* I, p.308.

백성을 다 같이 보호해야 하며 이 점에서 자유는 사회의 전 구성원에게 동등한 이익을 가져다 준다고 볼 수 있다. 루소가 자연적 평등이 사회적 불평등으로 전락해버린 것을 걱정한 것과 대조적으로 돌바크는 자연적 불평등이 사회적 평등으로 바뀌는 것을 적극 반대하였다. 자연적 불평등이 뚜렷한 사회공익에 대한 기여를 고려하지 않고 평준화된다면 이는 사회정의에 어긋난다고 보았다. 그러나 그 반면 돌바크는 사회적 공익 없이 특권을 누리는 것에는 반대하면서 모든 사람은 각각 자기 자신이 갖는 기능과 역할에 알맞은 적절한 자유를 향유한다고 생각하였다. 간단히 말해서 사회적인 불평등이나 평등은 각 개인이 사회에 대해 지금껏 무엇을 행했으며 또 현재 행하고 있는 기여도에 따라 결정될 때 비로소 사회정의는 실현된다. 여기에 돌바크가 생각한 형평사회론의 핵심이 있다.

이상에서 설명된 바와 같이 돌바크의 평등관은 형평 개념과 밀접한 관련이 있다. 형평이란 무엇인가? 그것은 정당한, 정의에 입각한 모든 성문법의 배경이 되는 정신이다. 그러므로 그것은 비단 개인과 개인 사이뿐 아니라 민족과 민족 사이에서 일어날 수 있는 모든 충돌과 분쟁을 완화하며 조정할 수 있는 원칙이라 할 수 있다. 돌바크는 형평성을 다음과 같이 설명한다.

> 형평은 민족과 군주와 개인의 방패이다. 이는 혼란한 욕망으로부터 그들을 고루 지켜줄 것이다. 그것은 폭력·정복·찬탈, 각국 간의 배신을 금지하며 조약을 신성불가침의 것으로 만든다. 그것은 시민의 생활·인신·재산·자유를 안전하게 한다. 그것은 다른 지역 상호 간의 주민 사이 혹은 같은 도시의 시민 사이에 타협·융합·평화를 유지하도록 하는 원칙이다. 그것은 자연법과 시민법의 지배를 보장한다.[55]

---

55) *Système social* I, p.356.

이와 같이 형평은 모든 사회집단의 생활의 자유와 평화를 유지케 하는 기본원칙이며 이것이 잘 준수되는가, 아닌가에 따라서 그 사회의 윤리적 부패 혹은 도덕적 발전이 결정된다. 돌바크에게 형평은 모든 형태의 사회적 교섭과 대인관계의 관건이 된다. 특히 그가 평등의 기준을 형평성에 둔 점은 주목되어야 한다. 그에 의하면 형평한 사회, 또는 정의로운 사회에서는 개인의 재능과 업적에 따라 대우가 결정되어야 한다. 즉, "다양한 재능과 업적이 빛나는 봉사를 한 시민에게는 존경의 가치가 뚜렷한 지위를 주어야 한다" 라고 말하면서 돌바크는 다음과 같이 말을 이었다.

> 사회는 그 복지에 기여할 수 있는 성원을 부당하게 대하지 말고 좌절시키지 않음으로써 각자가 향유하는 이익 범위에 따라 현명하게 고려와 보상이 비례해야 한다.[56]

이어 돌바크는 세네카의 말을 인용하면서 인간의 고귀성은 올바른 이성, 정의로운 정신, 지혜 및 미덕에 있다고 말하고 "이와 같은 자질은 형평한 사회(une association équitable)가 그 성원을 존중하고 보답하는"[57] 의미에서 필요한 자질이라고 결론짓고 있다. 돌바크는 빈번히 '형평한 정부' 또는 '형평한 법률' 등의 용어를 사용하고 있는데, 그는 정의나 평등 대신에 이 두 개념을 함께 포괄하는 형평을 즐겨 쓰고 있다. 형평이 순전한 사법적인 개념인 '정의의 보충물'이란 뜻을 떠나서 '합당하고 적당한 평등'이란 정치적 의미로 쓰인 것은 키케로 이래의 경향이었으며 근세 초에 이르러 그로티우스 등에 의해서 부활되었다. 그리하여 17~18세기의 여러 정치사상가들이 받아들인 개념이 되었다. 그러나 돌바크만큼 형평의 정치적 의미를 분명히 의

56) *Morale universelle* I, p.133.

57) 같은 책.

식하고 논의한 사람은 흔하지 않은 것 같다. 그는 이와 같이 말한다.

> 우리는 정의에 대해 형평이란 이름을 붙인다. 왜냐하면 그것은 자연이 인류에게 만들어 놓은 불평등을 시정하기 때문이다. 형평은 힘에 대한 견제를 마련했으며 강자에 대해 약자를, 부자에 대해 가난한 자를 보호한다. 이는 각자에게 자기의 정당한 이익에 따라 일하게 하며 개인의 이익을 제한하고 공익에 종속시키는 것이다.[58]

형평은 바꾸어 말해 "남의 권리를 평등하게 존중하는 것을 요구하는 정의"[59]이다. 위에서도 이미 지적한 바와 같이 돌바크는 자연 상태에서는 인간의 능력이 균등하지 않으며 이러한 자연적 불평등으로 인한 강자와 약자, 부자와 가난한 자의 차이를 평준화하는 사회정의의 원칙이 형평성이다. 그리하여 이는 "전체에게 명령하는 제정된 법에 따라 모든 성원을 평등의 상태로 환원시키는 것"이며 그 결과 사람들로 하여금 자연적이거나 후천적이거나 간에 각자의 힘과 힘 사이에 이루어지는 불평등 때문에 서로서로 넘겨다보거나 혹은 어느 한 사람이 다른 사람에게 우월해지지 않도록 방지한다. 형평성에 따라 강약·빈부의 불공평은 수정되며 공익을 전제로 한, 개인의 이익의 조정도 행해지는 것이다. 형평과 정의와의 관계에 관해서 돌바크는 다음과 같이 말하고 있다.

> 사회에서는 아무도 남을 해치는 권리(le droit de nuire)를 소유하거나 획득할 수 없다. '권리'란 것은 그 행사가 정의 혹은 사회이익과 일치하는 모든 능력 내지 힘을 말한다. 권리는 그 행사가 정의 혹은 사

58) *Système social* I, p.129.

59) *Morale universelle* I, pp.129~130.

회의 공리와 일치하는 능력 또는 힘을 말한다. 사회는 그 성원 간에 정의를 유지하는 까닭에 유용하다. 정의에 형평이란 명칭을 붙인다. 왜냐하면 그것은 사람들 사이에 자연적으로 존재하는 불평등을 교정하기 때문이다. 그것[정의]은 강한 자에게 제약을 가하고, 강자에 대해서 약자를, 부자에 대해서 가난한 자를 보호한다. 정의는 각자에게 노력에 대한 정당한 이익을 보장하지만 개인의 이익이 공익에 의해 제약받고, 또 거기에 예속되도록 하는 것이다. 개인의 이익은 결코 위험을 무릅쓰지 않고는 공익으로부터 분리할 수 없기 때문이다.[60)]

아리스토텔레스는 부분정의의 개념에서 배분정의와 교환정의를 논했는데 배분정의는 집단 특히 사회나 국가가 그 구성원에게 이익을 배분할 경우 혹은 구성원 각자가 집단에 대해 공헌을 부담해야 할 경우의 기준이며 교환정의는 구성원 상호 간의 관계에서의 형평이라고 생각하였다. 사회생활에서 일어나는 모든 관계는 이와 같은 배분과 교환의 두 관계로 귀착될 수 있다. 배분정의는 다시 개인의 대對사회적 권리와 사회 자체의 대對개인적 권한의 둘로 나뉘어 생각될 수 있다. 여기에 관해서 돌바크는 다음과 같이 설명한다.

권리는 사회의 형평한 법률이 그 성원에게 정당한 복지를 위해 행위 하기를 허용하는 모든 것이다. 이와 같은 권리는 명백히 그 사회의 불변의 목적에 따라 제한되고 있다. 사회는 그 나름대로 성원들에게 주는 이익 때문에 그들에 대한 권리를 갖는다. 그 반면 성원들은 사회에 대해 혹은 행정관들에게 사회에 산다는 사실에서 유래하는 혜택을 정당하게 요구하며 그 대신 그들은 자연적 자유의 일부를 포기한

60) *Système social* I, p.129.

것이다.[61]

사회나 개인은 다 같이 독자적 권리를 갖고 있는데 사회는 개인에 대해 봉사와 기여를 요구할 권리를 가지며, 개인은 사회에 대해 혜택과 복지를 요구할 권리를 갖는다. 이러한 권리의 상호 요구는 불변의 목적이며 사람은 자신의 자연적 자유의 일부를 포기하면서까지 사회생활을 영위하게 된다. 따라서 이와 같은 권리의 상호 요구는 정당하며 또한 일정한 기준을 갖지 않으면 안 된다. 이것이 바로 권리가 정의에 입각하지 않을 수 없는 이유이다. 간단히 말해서 "모든 인간의 법·관습·제도를 측정해야 할 저울은 형평이란 저울이다."[62]

한편 돌바크는 형평을 교환정의의 면에서도 고찰하였다. 그는 "사회에서 한 사람의 권리는 동료에게 행해야 하는 정의와 일치하는 자유의 행사이다"[63]라고 보고 교환관계에서 성립되는 자유의 내용을 규정하였다. 여기에서 일찍이 소극적 의미의 자유인 '유해행위의 자제'가 주목되는 바이다.

> 사회 안의 아무도 남을 해치는 권리를 획득할 수는 없다. 권리란 것은 그 행사가 정의 내지 사회공익에 일치하는 한, 가능한 모든 능력 내지 힘이다. 사회는 성원 간에 정의를 유지하는 까닭에 유용할 따름이다.[64]

이상과 같이 돌바크의 정의를 배분과 교환의 두 관계에서 볼 때 그의 정치사상의 핵심이 되어 있는 사회정의에 대한 강경한 주장을 엿볼 수 있다.

61) *Système de la nature* I, p.138.
62) *Morale universelle* I, vi.
63) 같은 책, iv.
64) *Système social* I, p.129.

그는 반복하여 사회정의의 중요성을 언급하면서 “정의는 사회의 모든 성원에게 각각 관련된 이익 내지 권리의 소유를 보장하며”[65] 또한 “모든 권력은 사회정의를 유지하기 위한 권리에 불과하다”[66]고 강조하였다.

정의가 모든 사회적 덕성의 기초이며 사회구성원의 상호 규제規制에 도움이 된다고 본 돌바크는 “정의가 사회생활의 지주이며 우리의 정당한 행복에 필수적인 것”이라고 주장하였다.

> 이러한 정의가 때로는 우리의 개인적 혹은 일시적인 이익에 반하는 것 같이 보이지만 궁극적으로는 사회 전체의 안녕뿐 아니라 개인의 안전도 보장된다.[67]

각자는 정의를 통하여 사회에 유익하게 공헌하며 동시에 동일한 정의의 원칙에 따라 사회도 개인에게 이익을 가져다준다. 이와 같은 정의는 인간 생활을 쾌적한 것으로 만드는 사회적 성격을 띤 좋은 덕성이다. 돌바크는 이러한 덕성을 두 가지로 규정하고 있는데, 첫째로 사회에 유익하게 공헌할 수 있는 성향이며 둘째로 사회생활에 융화할 수 있는 사회성으로서의 덕성이다. 이러한 성향을 그는 이렇게 부연하고 있다.

> 정의는 모든 사람이 자신의 능력과 권리 그리고 자기보존과 행복에 필요한 것을 향유하는 습성 혹은 타인으로 하여금 향유하도록 하는 습성이다.[68]

---

65) *Système de la nature* I, p.138.

66) *Système social* 1, p.131.

67) *Système social* I, p.83.

68) *Système social* I, p.128.

이와 같이 정의를 하나의 마음가짐이나 습성으로 본 것은 비단 돌바크가 처음은 아니다. 고대 로마 이래로 정의는 각자에게 자기 몫을 주려는 사람의 습관이라고 꾸준히 규정되어 왔으며 중세를 통해서도 이 정의定義는 계속 유지되어 왔다.

곧 이어 돌바크는 정의를 형평과 일치시켜서 사회생활에서의 교환관계에서 생기는 공평하고 정당한 평등을 주장했는데 이 점에 관한 그의 말은 이와 같다.

> 그것(정의)는 비단 각 개인이 인신·자유·물건 혹은 재산을 향유함에 있어서 남을 괴롭히지 않을 뿐 아니라 남이 우리에게 행하는 만큼 서로서로를 유지시킨다. 한마디로 말하면 정의는 타인이 우리에게 하기를 바라는 것을 우리가 타인에게 명하며 타인을 해치고 불쾌하게 만드는 일을 삼갈 것을 명한다.[69]

여기에 이르러 돌바크의 정의는 홉스가 말하는 전위의 법칙과 일치하며 더 거슬러 올라가 성서에서 말하는 예로부터 내려오는 대인관계의 중요한 지침이기도 하다. 또한 이에 대해 아리스토텔레스는 이러한 정의를 교환정의라 이름 붙인 바 있다. 현대의 민주주의가 하나의 정치제도로서가 아니라 차라리 하나의 생활양식으로 논의될 경우 항상 중심 과제로 나타나는 것은 이러한 대인관계의 민주화이다. 내가 남을 해치지 않고 또 남이 나를 해치지 않기를 바라는 것은 하나의 법적 개념이기에 앞서 윤리적 덕성에 속하는 것이다. 이 점에서 돌바크는 정의의 윤리적 성격을 강조했으며 결국은 정치와 윤리의 결합인 '윤리정치(éthocratie)'를 착상하였다.

한편 같은 논리에 따라서 정권을 담당한 지배층의 정의도 문제된다. 지배

---

69) *Système social* I, pp.128~129.

층은 권력을 장악하고 있다는 개념으로 이해될 것이 아니라 권한이 잠시 위탁된 주권의 관리자 개념으로 이해되어야 한다. 통치자란 다만 사회성원의 정의·자유·복지를 실천에 옮기는 수탁자에 불과하다. 돌바크의 견해에 따르면 권력의 지배층은 권위의식이 없는 겸손한 태도로써 국민의 욕구 내지 행복이 무엇인가를 항상 존중하는 보호자의 입장에 서야 한다. 권력이 부여된 자는 사회성원이 바라는 정의에 입각한 의도를 실현하는데 지나지 않는다. 거기에는 자의恣意에 의한 국민의 압제나 부정부패에 의한 권력남용이 있을 수 없다. 돌바크는 권력을 위임받은 사람들, 즉 집권자에게 단호하다.

> 한 사회는 그 장이나 대표자에게 부정할 수 있는 권리를 부여하거나, 또는 사회를 자의·변덕에 맡기거나, 혹은 형평·자유·안녕으로 대해야 하는 성원들에게 해를 끼칠 권리를 부여한 적이 없다. 주권자는 사회계약의 보호자 내지 수탁자에 불과하다. 그는 그것을 집행하는 사람에 지나지 않으며 그것을 무효화한다든지, 침해할 하등의 권리를 갖고 있지 않다.[70)]

따라서 정부는 "사회가 복지를 향해 가기 위해 가장 적절하다고 판단한 그러한 사람들의 수중에 맡겨진 사회권력의 총산總算"이다. 여기에서 정부가 국민에게 할 수 있는 일이 무엇이며, 집권자가 수탁한 권한의 의미가 무엇인가 하는 것이 분명해진다.

> 주권자는 사회의 주인이 아니라 관리자이다. 그가 시민에게 한 약속을 이행할 책임이 그에게 있으며, 시민이 각자 할 바를 하게 하는데

70) *Système social* I, p.266.

필요한 권력이 그에게 부여되어 있을 뿐이다.[71]

그러므로 주권자의 권한은 어디까지나 사회 전체의 복지에 입각해야 하며 "그의 특권·권력·권리에 의해 법률이 바뀔 수는 없다." 그가 행사하는 모든 권한은 '사회의 의지'로서의 법률과 형평 또는 공익에 입각해야 한다.

볼테르·몽테스키외·루소 등은 정치체제의 형태를 아리스토텔레스의 선례에 따라 군주제·귀족제·민주제로 구분했는데 이 점에서 돌바크도 같았다. 그리하여 돌바크는 대부분의 계몽사상가들과 마찬가지로 그중 어느 것이 최선의 형태라고 단정 내리지는 않았으며 착한 정부 또는 참다운 정부라 함은 정의에 입각해 국민 복지를 의도하는 정부이며 그러한 한에서는 별로 형식이 중요하지 않다고 생각하였다. 정의를 궁극적으로 윤리적 덕성이라고 본 돌바크에게 정부의 목적은 도덕적 기초 위에 확립되어야만 하는 것이었다. 그는 말하기를 "정부형태가 무엇이든 그 목적이 오직 지배받는 사회 전체의 보존과 복지에 있는 것과 같이 정부가 도덕을 그 기본으로 삼아야 한다"라고 하였다.[72] 여기에 그의 윤리정치의 본령이 뚜렷이 나타난다.

몽테스키외에서처럼 돌바크는 각 정체의 도덕적 기초로서 특징적인 덕성을 말하면서 특정 정체政體가 이러한 덕성에서 벗어날 때 위기에 봉착한다고 판단하였다. 군주제는 정의와 미덕에서 이탈할 때 찬탈이 되며 귀족제는 소수의 야욕을 위해 공익을 희생할 경우 폭정으로 화하며 민주제는 권력을 남용하고 맹목적 욕망에 사로잡히며 업적 대신에 선망을 나타내고 공익에 이바지한 사람들에게 감사의 마음을 저버린다면 역시 폭정으로 흐르

71) *Système social* I, p.267.

72) *Éthocratie*, p.10. 돌바크는 사회에 유익한 욕구를 고무·자극하기 위한 방법으로 교육과 입법을 확신 하였다. 교육은 오류와 미신을 교정하는 길이며, '인간의 마음속에 유익한 감정을 심고 가꾸는 기술(L'art)'이며 입법은 위험한 욕구를 누르고 사회복지에 유익한 욕구를 자극하는 기술이라고 믿었다(*Système de la nature* I, p.352).

게 될 것이라고 경고하였다.

이와 같은 윤리정치의 주장은 공리론적 논조를 통해 더욱더 선명해졌다. 정치의 목적은 사람들에게 이익을 가져오는데 있으며 효용성은 모든 정치적 실천의 기준이 된다. 이 점에서 돌바크는 엘베시우스의 공리적 사회이론을 계승하였다. 그에 의하면 공리는 국가 및 정치의 목적이며, 가장 형평한 정부는 최대 다수의 행복을 증진해야 한다는 것이었는데[73] 이것은 엘베시우스의 의견과 일치한 것이었다.

그러나 돌바크는 엘베시우스보다 더 분명하게 윤리정치의 필요를 강조하였다. 그리스어원을 찾아 창안한 éthocratie란 말을 제목으로 붙인 그의 저술은 정부의 원리를 도덕에 입각해야 함을 주장한 것이었다. 그것은 '도덕과 정치 간의 융합을 위한 시도이며 기획'이었다. 그 책에서 그는 "덕성과 일치한 입법, 즉 군주·백성·국민·가족 또는 시민들에게 다 같이 고루 유익할 수 있는 입법에 관한 생각"을 표현하려고 하였다.[74] 그는 "도덕이 정치와 밀접히 결합될 때 선한 통치가 실현되며 미덕과 순수한 풍속이 나쁜 정치를 용납하지 않을 때 합리적 정부의 기초로서 소용이 닿게 될 것"이라고 확신하였다.

미덕은 법의 근본이며 입법을 인도하는 것이다. 입법은 도덕과 결합함으로써 비로소 권리와 의무 또는 사회적 원리가 실현될 수 있으며 엘베시우스가 교육을 강조한 곳에서 돌바크는 도덕을 강조하였다. 그리고 엘베시우스가 교육과 입법을 동일시한 반면, 돌바크는 도덕과 정치를 동일시하였다. 두 사람이 다 같이 윤리적 자질 향상이 사회의 개선과 복지의 증진을 가져온

73) *Système social* I, p.97. 돌바크는 또한 교육의 중요성을 강조하였다. 즉, 교육이 중세 이래의 학문의 여왕이던 신학의 자리를 들어서야 하며 진정한 도덕의 세속화의 근거가 된다는 점에서 엘베시우스와 의견을 같이 하였다(*Système social* I, p.32~34, p.69; *Système de la nature* I, p.337, pp.355~356).

74) *Éthocratie*, avertissement, p.4.

다고 믿었다.

그러면 도덕의 기초는 무엇인가? 돌바크의 대답에 의하면 그것은 자연형평(l'équité naturelle), 즉 보편적 정의이다. 바꾸어 말해서 도덕은 지역과 시대를 초월하여 항구불변한 자연법적 정의와 같다. 그것은 "모든 사람의 자연[본성]에 바탕을 두고 있으며, 나라마다 정해진 관습의 테두리를 벗어난 것", 즉 변화와 관례의 영향을 받지 않은 것이다. 이러한 인간본성에 입각한 도덕적 내용은 비단 한 국가 안의 사람들의 상호관계에 적용되는 형평한 기준을 마련할 뿐 아니라 국가와 국가 사이의 외교에도 적용된다. "왜냐하면 국가들도 또한 개인들과 마찬가지로 똑같은 의무로 매여 있기 때문이다."

결론으로 말하면 돌바크의 윤리정치는 사회를 합리적인 기관으로 다루기보다는 차라리 도덕적 실체로 간주하려는 것이었다. 거기에서는 일견 힘과 힘 사이의 조직적인 대립이라든지, 권력구조와 기능이라든지 간에 자유와 평등에 입각한 대인관계의 기초 부분에는 도덕이라는 원리를 인정하고 있나. 그리므로 도덕이 바로잡히지 않는 한 그 상층부의 정치·경제·사회의 여러 문제의 해결이 이루어질 수 없다. "한 마디로 선하기 위해서는 모든 법률이 도덕에 기반을 두어야 하며 입법은 다만 그 보충물일 뿐이다."

이와 같이 살펴볼 때 비로소 돌바크의 계몽군주론은 잘 이해될 수 있다. 그에게는 정치체제가 무엇이든 도덕과 정의에 입각하지 않는 한, 그것은 폭정이며, 반대로 그 원칙이 살아 있는 경우에는 언제나 선정善政이 될 수 있다. 그는 다만 역사적으로 익숙해 온 군주제를 편의상 찬양했으며 그 유지를 바랐다. 그는 군주가 "정의롭고 자애로운 군주이며, 진리·덕성·순박함의 벗이며, 아부·악덕·호사·폭악함의 적이며, 질서와 좋은 풍속의 부흥자"[75]일 수 있다고 생각하였다. 돌바크는 착한 정부를 인자하고 정의로운

---

75) 돌바크는 *Éthocratie*의 헌사에서 루이 16세를 이와 같이 찬양하고 윤리정치의 이상적 실

군주와 일치시키고 있다.

돌바크의 정치이론은 민주주의 원칙에 입각한 정부를 목표로 했다라기보다 형평한 사회와 정의로운 국가의 건설을 지향했던 것이다. 따라서 형평원칙에 입각한 정치제도는 군주제이든 귀족제이든 상관없이 국민 전체의 복지를 증진할 수 있는 제도라고 간주되며 그 당연한 논리로서 정치의 개선은 혁명적 수단에 의하지 않고 형평원칙에 입각한 도덕을 수립함으로써 가능하다고 생각되었다. 그는 혁명과 유혈을 반대하고 법과 질서의 유지만이 정치의 유일한 목적이라고 보았다. 그에게는 혁명과 폭력은 무용하다. 왜냐하면 "가장 유혈적인 혁명은 일반적으로 결코 악의 근원을 발본하지는 않고 다만 훌륭한 가문을 추방하며 이름뿐인 정치형태의 변경을 초래하는데 불과"하기 때문이다.

> 혁명은 폭군을 사라지게 하지만 폭정의 근본은 그대로 존속하며 항상 어떠한 새 형태로 되살아나게 한다. 혁명이 있은 뒤에 인민은 예전의 속박 아래로 되돌아가거나 혹은 어떠한 새로운 속박 아래로 가게 된다. 파란곡절이 지난 뒤에 그것이 다시 오리라는 데 대해 사람들은 아무런 예방조처도 취할 생각을 않는 것이다.[76]

하나의 혁명은 또 다른 혁명으로 이어지고, 하나의 폭정이 붕괴되면 또 다른 폭정의 수립으로 순환하는 연쇄과정을 언급한 돌바크의 말은 매우 현대적 감각이 깃든 시사적인 말이기도 하다. 그는 진정한 사회악의 개선은 폭력수단에 의해 근본적으로 해결되지 않는다고 인식하였다. 그렇다면 그의 개혁의 수단은 무엇인가? 그에 의하면 국민의 고통은 '위험한 충돌·싸

현자의 모습을 그에게서 발견하려고 하였는데 이것은 큰 착각이라 아니할 수 없다.

76) *Système social* I, p.298.

움·시해·쓸 데 없는 범죄 등'을 통해서 해결되지 않으며, 한편 "폭력에 의한 시정책은, 사라져야 한다고 희망된 악 자체보다는 항상 더 잔인한 것"이다. 진정한 개혁이나, 악의 발본색원에 대한 시정은 항상 이성·계몽·신중·덕성의 힘에 의해 이루어져야 한다.

> 악한 정부를 개혁하는 것은 계몽과 신중함이나 덕성이다. 진정한 자유의 가치를 인식하는 것은 이성을 통해서이다. 용기와 통찰을 통해 확고한 기반 위에 자유를 수립해야 한다. 무질서·야심·방종에 의하여 얻은 자유는 오래 지속될 수 없다."[77]

결국 정의를 굳게 기키는 일은 국민의 고통과 불평에 종지부를 찍고 동시에 과격하지 않은, 진정한 악의 구제수단이 될 것이다. 그리하여 사회의 개선은 "여론을 바로 잡고 편견과 싸우며 군주와 인민에게 형평의 가치를 인식시키면서 이성理性에 의해 인류의 악과 싸울 것과 자유의 지배를 확립할 것을 약속할 것이다."[78]

그러나 정의의 원칙이 무너졌을 때 어떠한 구제수단이 있는가? 형평과 도덕이란 본질적으로 폭정을 고수하는 체제에서 사회개혁에 작용할 수 없지 않는가? 아무런 개혁의 노력 없이 도덕적 기반이 회복될 수 있는가? 이러한 물음에 대해서 돌바크는 직접적이며 만족스러운 해답을 제시하지 않는다. 그는 다만 법과 질서가 정의의 원칙에 의거하여 유지될 때, 또는 폭력적 수단이 아닌 이성과 지혜에 의해서 사태를 수습할 때 가장 바람직한 해결이 이루어진다고 생각한다. 그는 단순히 폭정에 대해 폭력으로 대처하게 된다면 또 다른 하나의 폭정 이외에 올 것이 없다고 믿고 혁명적 수단을 반대하

---

77) *Système social* I, p.299.

78) *Système social* I, pp.299~300.

였다.

그러나 다만 다시 음미되어야 할 점은 돌바크의 폭력반대론이 현대적인 '예방의 정치철학'에 가깝다는 것이다. 사태가 극악하게 되기 전에 모든 대립과 충돌의 원인은 색출되어야 하며 정치의 근본목적은 사태수습이나 혁명보다 방지와 예방에 있다. 일반 여론을 적절히 반영시키고 자유와 평등이 보장되며 도덕적 순화에 바탕을 둔 사회정의가 실현된다면 충돌과 폭력의 근원은 제거되며 형평한 사회가 유지될 수 있다. 돌바크에게는 형평원칙이 사회적 행위 및 정치의 기준이 될 때, 일어날 가능성이 있는 반란과 폭력, 봉기와 혁명은 방지될 수 있다고 판단되었던 것이다. 그러나 그가 사거하는 1789년의 프랑스에서는 이미 방지와 예방의 노력을 무위로 돌리는 구체제의 사회악이 만연되어 있었으며 사회의 도덕적 기초는 근본적으로 흔들리고 있었다. 그리하여 돌바크의 '예방의 정치이론'은 하나의 형평사회의 이념으로 제시되었을 뿐, 끝내 혁명은 발발하게 되었다.

돌바크의 사회이론에서는 평등·정의·형평은 거의 같은 차원에서 논의되고 있다. 그는 우선 정의와 형평을 동일시했는데 형평은 제정된 법의 도움으로 사회 전체에 명령하여 성원들을 평등의 상태로 환원하도록 하는 것이라고 보았다. 다음으로 돌바크는 사상·출판·저술의 자유를 강하게 주장하였는데, 그는 자유를 "사회생활에 있어서 각 시민이 동료에게 하등의 해를 끼치지 않고 행사할 수 있는 권리"[79]라고 규정하고 나아가서 "자유는 우리가 원하는 즐거운 '복리'를 얻는데 무엇이 필요한가를 판단하게 하는 힘"[80]이라고 강조하였다. 돌바크는 주권자가 국민의 소리를 거부할 수 없으며, 인민의 대표자들이 항상 선거인의 의사에 의존해야 한다고 주장하고, 만일 주권자가 자유를 보호하고 법과 이성으로 통치하는 대신 전제적 권력을 행

---

79) *Système de la nature* I, p.13.

80) *Morale universelle* I, p.125.

사하며 부패한다면 불가피하게 국민의 혁명권은 인정되지 않으면 안 된다고 역설하였다. 그는 언제 끝날지 모르는 압제에서 영구한 쇠퇴를 겪느니보다 혁명이라는 일시적 소란이 훨씬 더 낫다고 말한 적이 있는데,[81] 한마디로 돌바크는 프랑스 혁명 전야에서 가장 대담하고 솔직한 발언자로서 우리의 주목을 크게 끄는 것이다.

5. 백과전서파의 사회사상

아자르는 『백과전서』의 의의에 대해 "그것은 학문적이며 동시에 대중화, 즉 오늘날 우리가 그 가능성을 부인할 수 없는 하나의 조합組合이며, 무엇보다도 당시 계몽시대에 너무나 특징적인 그런 대중화였다."[1]라고 논평하였다.

『백과전서』는 제1권이 1751년에 나오고 그 전질이 1772년에 완결되는 약 20년간에 걸친 대사업이었다. 그 간행은 계몽사상가들의 승리의 근본 원인이 아니라 해도 적어도 그 빛나는 표지標識였다. 『백과전서』는 사전류로서는 최초의 시도가 아니었지만 그 어떤 이전의 사전에 비교해도 광범하고 대규모의 것이었다.[2] 『백과전서』에 기고한 필자들은 흔히 '계몽사상가들(philosophes)'이라고 통칭되는 사람들로서 종래의 철학에 대해서 존중을

---

81) *Système de la nature* I, p.146.

1) Paul Hazard, *European Thought in the Eighteenth Country* (1965), p.199.

2) 『백과전서』는 영국의 *Chamber's Cyclopedia*의 불어 번역을 착수함으로써 시작되었으나 사실은 프랑스에서도 사전류는 나왔었다. 모르네에 의하면 1758년 파리에서 『알파벳순 사전 총목록』이 2권으로 발행되었다. 거기에 의하면 1694년에 Thomas Corneille가 2권으로 된 『공예·과학사전(*Dictionnaire des arts et dessciences*)』을 간행했으며, 기타 상업·경제·법률 및 응용과학 등에 관한 큰 사전들이 있었다. 그 가운데서도 Savary Desbrulons의 것은 현저한 성공을 거두었다(Mornet, p.106).

표하지 않은 경향이 있었다. 백과전서파는 일관된 정책과 원칙을 공개적으로 표방하고 조직된 집단은 아니며, 『백과전서』의 편집담당인 디드로와 달랑베르Jean-Baptiste le Rond d'Alembert(1717-1783) 및 협력자들인 볼테르·몽테스키외·엘베시우스·돌바크·루소·뒤클로Charles Pinot Duclos·뷔퐁 등을 가리킨다. 더욱이 그들이 공개한 집필사항을 분석해 보아도 이론적 체계가 수립된 것은 아니었다. 그럼에도 『백과전서』의 의도 그 자체는 분명히 획기적이며 혁신적인 것이었다. 부제副題가 표현한 바와 같이 '이성에 의해 설명된' 사전이었으며 시대정신인 자연과학의 방법론에 전폭적인 지지를 한 사전이었다. 『백과전서』의 편찬시기인 1750년대부터 1780년대까지는 프랑스 혁명의 준비 토대가 갖추어진 여러 외적 조건이 충족되는 때였다. 『백과전서』가 18세기 계몽사조의 합산일 뿐 아니라 프랑스 혁명의 사상적 기초를 마련하였다는 역사적 의의에 대해서는 더 이상 의문의 여지가 없다.

『백과전서』는 가장 많이 언급된 역사적 서적 가운데 하나이면서도 가장 읽혀지지 않는 책 가운데 하나이며, 『백과전서』에 대한 본격적인 연구가 비교적 많지 않는 것도 사실이다. 비록 유럽 학계에서는 19세기 말 이후부터 『백과전서』에 관한 직접적 혹은 간접적인 연구가 간단없이 나왔다 해도 개별적인 사상가, 예컨대 볼테르나 루소와 같은 일급 사상가에 대한 연구에 비하면 그 업적은 훨씬 적은 양밖에 되지 않는다. 이에 대한 이유로서 우선 거대한 협동작업의 결과인 『백과전서』가 어느 하나의 개별적인 체계의 분석을 용이하지 않도록 한다는 점을 지적할 수 있다. 『백과전서』에 기고한 필자 가운데는 집필 항목 이외에는 다른 역사적 의의가 뚜렷한 저작이 거의 없는 인물들이 태반이다. 따라서 약간의 예외는 있으나 그들에 대한 개별적인 연구를 추진하게 할 단서는 박약하다. 둘째로 『백과전서』는 독창적인 면보다는 많은 이견異見과 이설異說을 종합한 절충주의적인 면이 현저하다는 사실을 지적할 수 있다. 역사에서의 사상과 사건과의 상호작용은 명확한 인과적 연쇄로서 되어 있지 않다는 일반적 예에서 보는 바와 같이 『백과전서』의 이러한 절충적 양상과 프랑스 혁명과의 관계를 규명한다는 것은 매우 단순하지 않다. 그럼에도 불구하고 『백과전서』의 사회사상 가운데서 특히 사회·국가·법·자유·평등·정의 등의 개념은 근대의 정치철학의 기초 개념으로서 매우 중요할 뿐 아니라 자유민주주의의 지표가 된 프랑스 혁명의 지적 배경을 이루었기 때문에 이 점에 대한 분석은 자못 의의가 크다고 믿는다.

『백과전서』의 기조는 17~18세기의 주도적인 사회사상을 종합하고 집성한 것이라고 할 수 있다. 그것은 사회와 국가의 기원에 관한 계약론적 가설을 수용해 독일 법학자 알투지우스Johannes Althusius(1563-1638) 이래의 근대적 사회이념을 부연하여 거기에 덧붙여 홉스의 실정법 이론을 십분 반영시킨 것이었다. 그러기 때문에 『백과전서』의 여러 항목에서는 자연법적 이론이 실정법적인 명제와 서로 모순이 없는 것처럼 혼합되어 있다. 이것은 정부의 기원이나 공리주의적 정의관을 표현한 대목에서 예증된다. 따라서 전체적으로는 자연법 사상에 의거하여 사회이론을 전개하고 있으나 홉스적 실정법 정의의 개념이 동시에 받아들여지고 있는 점을 간과해서는 안 될 것이다.

『백과전서』에서는 근대적 정치철학의 기본 전제인 자연 상태를 사회와 정부에 앞서는 것으로 내세우고 있다. 『백과전서』 항목 중 상당 부분을 집필한 조쿠르Louis de Jaucourt(1704-1779)는 자연 상태를 사회 상태(état civil)와 대조시켜서 자연 상태를 "일체의 복종 관계없이 인간 본능의 유사類似 상태로부터 결과하는 보편성에 입각한 도덕적 관계 이외에는 어떠한 도덕적 관계도 공유하지 않는 인간들의 상태이다"[3]라고 규정하였다." 자연 상태에 관

3) "État de nature," *Encyclopédie, ou Dictionnaire Raisonnédes Sciences, des Art set des Métiers*, par une Sociétéde Gens de Lettres. Mis en ordre & publié par M. Diderot, de l'Académie Royale des Sciences & des Belles-Lettres de Prusse; & quant

한 홉스와 로크의 의견을 편입하긴 했으나 조쿠르의 정의는 차라리 로크의 주장에 가깝다. 조쿠르에 의하면 자연 상태에서 사람들은 자유롭고 평등하며 사람들은 그러한 상태에서는 누구의 의사에 의해서도 영향받지 않고 각자가 원하는 것을 행하며 자기의 신체 및 재산을 판단에 따라서 각자 자유로이 처분할 수 있는 것이다. 또한 자연 상태에 있어서는 권력과 권위는 모두 상호 교환적이며 사람과 사람 사이에는 어떠한 종속관계가 없는 평등만이 있을 뿐이다. 그의 말을 직접 인용하면 다음과 같다.

> 이러한 자연 상태는 완전한 자유의 상태이다. 그것은 사람이 자연법의 한계 안에 머물러 있기만 한다면 누구의 의사에도 복종하지 않고, 자기의 원하는 것을 행하고, 자기가 소유하는 사람들이나 물건을 자기의 판단에 따라 자유로이 처분할 수 있는 상태이다.
>
> 이 상태는 또한 평등의 상태이다. 거기에서는 권력과 권위가 모두 상호 교환적이다. 왜냐하면 자연이 주는 동일한 이익의 혜택을 입으며, 동일한 능력을 가진 동일 종이나 동일 속의 존재 상호 간에는 분명히 아무런 종속관계가 없고, 서로 동등하고 평등하지 않으면 안 되기 때문이다. 이 평등의 상태는 인류의 의무의 기초이다.[4]

홉스의 입장을 무의식적으로 옹호한 디드로와는 달리 조쿠르는 거의 전적으로 로크의 입장에 서 있다. 이와 같이 완전히 자유롭고 주권자가 없는 자연 상태는 홉스적인 투쟁의 상태가 아니라 로크적인 평화와 상호의존과 이성과 자연법의 상태이다. 따라서 자연 상태는 방종의 상태는 아니며 자연

à la partie Mathématique, par M. D'Alembert, de l'Académie Royale des Sciences de Paris, de celle de Prusse, & de la Société Royale de Londres. 본서에서는 (1751~1780)의 초판을 인용했으며 이하 *Encyclopédie*로 약기함.

4) 같은 책.

법이 명령하는 상태이다. 자연법은 인간의 이성을 통해서 알 수 있는데 거기에 의하면 "인간은 모두 평등하고 독립한 존재이므로 어떠한 사람도 남의 생명·건강·자유 또는 재산에 해를 주어서는 안 된다"고 지시하고 있다. 비록 인간은 "이성에 따라 함께 생활하고 상호 간의 분쟁에 판결을 내릴 권위를 갖는 어떠한 우월자도 지상에 없는"자연 상태에 살고 있는 한, 이 상태는 투쟁과 폭력에 이르게 된다. 이러한 투쟁이나 폭력이 초래하는 불안과 기타의 불편이 사람들로 하여금 사회 조직에 대한 필요를 느끼게 하여 시민적인 집단으로 결합시키게 한다. 이와 같이 조쿠르는 로크의 『통치에 관한 두 논문』의 논지를 거의 그대로 따르고 있는데, 이는 자연 상태에 관한 한, 『백과전서』 일파의 공통한 견해인 것같이 생각된다.

그러나 자연 상태의 규범이 되는 자연법의 본질에 대해서는 조쿠르는 디드로와 의견의 차이가 있다. 조쿠르는 여전히 로크적인데 반하여 디드로는 다분히 홉스적이다. 조쿠르에 의하면 자연법이 신의 의지와 함께 인간의 본성 및 이성을 기초로 하는 성질 때문에 그것은 인류 공통의 보편성과 불변성을 갖고 '계몽된 이성의 행사'를 통해 인식된다. 따라서 그로티우스나 컴벌랜드와 같이 조쿠르는 자연법을 도덕적 선악의 기준으로서의 초월적인 규범이라고 보고 모든 실정법과 윤리의 바탕으로서 선행하는 것이라고 생각하였다. 그러나 디드로는 이와 반대로 자연법이 도덕적 선이나 '형평과 적정'이라는 도덕적 규범에 입각해서 비로소 정과 부정의 근원이 밝혀진다고 보았다.[5)]

여기서 고찰하여야 할 것은 『백과전서』에서 표현된 법 개념인데 그것은 전통적인 자연법과 홉스적인 실정법의 사상을 함께 내포하고 있다. 『백과전서』의 서론에서 달랑베르는 말하기를 상이한 사회는 상이한 법에 입각하며, 또한 상이한 정부를 수립하는 것이라고 하여 실정법을 분명하게 대변하

5) "Droit Naturel," *Encyclopédie*, tom. 2 (Diderot).

고 있는 것 같으나, 그럼에도 불구하고 전통적인 자연법 관념이 그의 생각 속에 뿌리깊이 도사리고 있음을 발견할 수 있다. 달랑베르는 계속하여 "이와 같은 경우 자연법은 모든 개별적이며 독특한 관습에 선행하는 것이며, 그것이 국가의 제1법이란 점을 특히 정치인들은 망각하지 않도록 노력해야 한다"고 분명히 조건을 붙였다.[6] 『백과전서』는 법을 여러 가지로 분류하여 공평하게 다루었다. 신법과 인간의 법, 자연법과 시민법, 고대법과 근대법 등으로 분류한 파리 고등법원 판사인 다르지스Antoine-Gaspard Boucher d'Argis (1708-1791)는 자연법에 관해서 다음과 같이 말하고 있다.

> 모든 법 가운데 첫 번째는 자연법이다. 최초의 인간은 이러한 자연법에 따라 살았다. 그것은 한 가닥 광명의 빛이며, 신이 인간에게 자기 자신의 행위를 위하여 부여한, 또한 정의와 형평한 통유通有 법칙을 인식하도록 하는 올바른 이성의 원리이다.[7]

조쿠르도 "일반적으로 법은 지구상의 모든 민족을 지배한다는 한에서 곧 인간이성을 가리킨다"고 말하고 그러므로 "각 민족의 정치적 법과 시민법은 이와 같은 인간이성이 적용되는 여러 가지 개별적인 경우에 불과하다"[8] 고 지적하였다. 이와 같은 자연법 개념에 따라 정의가 규정되었는데 『백과전서』에 의하면 "만일 정의·부정의 의미가 사물의 적당성과 자연법에 기반을 둔 행위의 도덕적 특성을 말하는 것이라고 한다면 이러한 정의·부정의의 관념은 법에 앞서 선행한다(법은 그러한 관념에 입각하고 있기 때문에 이 말은 조금도 모순되지 않는다)."[9]

6) "Preliminary Discourse," Gendzier, p.36.
7) "Loi (jurispr.)," *Encyclopédie*, tom. 9 (A).
8) "Droit naturel (moral)," *Encyclopédie*, tom. 2 (de Jaucourt).
9) "Juste, Injuste (moral)," *Encyclopédie*, tom. 9.

그러나 『백과전서』에는 자연법의 선행을 인정하는 견해가 있는가 하면 그 반면 실정법의 우위를 주장하는 다른 견해가 같은 항목 속에 섞여 있다. 거기에 의하면 "이와 같은 원칙에 따라 정의는 행위를 규제하고 행동을 결정하는 완전무결하고 적극적인 의무라고 이해하는 경우 이 의무는 법이 공포된 이후에 비로소 일어난다"고 하였다. 그리하여 계속해서 같은 익명의 이 집필자는 말하기를 "만일 법이 없다면, 법의 결과에 따라 행위를 가려낼 정의·부정의는 없을 것이다"라고 하면서 "법 없는 곳에 정의 없다"고 한 홉스의 명제를 그대로 채택하고 있다. 『백과전서』 속에서의 자연법과 실정법은 둘이 다 같은 비중을 갖고 있다는 절충적인 인상을 짙게 하거니와 다만 분명한 것은 자연법이든 실정법이든 간에 법 제정의 정신, 즉 형평이 강조되어 있다는 점이다. 자연에는 형평의 원리가 있으며, 거기에 의거하여 법적 규칙과 그 권위의 근거 내지 정의·부정의의 기준을 설정해 준다.[10] 법은 정의를 구성하기는 하지만, 법이 항상 정의로운 것이라고 단정할 수 없다. "법이 합당하고 형평한가 아닌가, 또는 법적 결정이 본질적으로 이성 및 형평과 더불어 정의에 입각하는가를 항상 물어볼 필요가 있다."[11]

주의主意주의의 입장에서 본 법률은 "하나의 우월적인 권위 — 약자가 따라야 하는 강자의 권위로부터 나오는 명령"[12]이다. 그러나 백과전서파는 자연법 관념에 좀 더 집착해 있는 듯이 보인다. 다르지스는 '모든 법의 원리는 자연법'이라고 강조하면서 자연법은 옛날 사람들이 거기에 의거하여 생활하던 법이며, 그것은 "신이 인간에게 스스로 행위하도록 하며, 정의와 형평의 통칙을 깨닫도록 하는 한 가닥 광명이요, 올바른 이성의 원리에 불과하다"라고 거듭 말하고 있다.

---

10) "Juste, Injuste (moral)," *Encyclopédie*, tom. 9.

11) 같은 곳.

12) "Lois (jurispr.)," *Encyclopédie*, tom. 9. (A).

이와 같은 자연법 고수의 입장은 17세기의 '사물본성론'과 밀접히 관련되어 있다. 『백과전서』에서도 이에 대한 언급이 있어서 "도덕적 선악은 사실상 한 사물과 다른 사물과의 본질적 관계 혹은 내재적인 적절함에 입각하여 수립되어 있다"고 주장한다.

> 만일 창조된 존재물들이 서로 도와주지 않으면 지탱할 수 없다고 생각할 수 있으므로 어느 한 행위는 그 목적에 접근 혹은 이탈하는 비례에 따라 적절하다거나 혹은 부적절하다는 것이 명백하다. 이러한 우리의 생존 관계가 선과 정, 악과 부정의 여러 특성 — 결과적으로 어떠한 념의적인 성향에 관계없이 오직 법 앞에 존재할 뿐 아니라, 또한 법이 존재치 않아도 존재하는 특성 — 을 이룬다.[13]

인간의 행위의 특성은 이와 같은 고정불변의 인간본성(사물의 본성)에서 유래한다. 항구불변의 본성은 곧 이성의 법이요, 진리 그 자체일 뿐 아니라 완전무결의 특성을 갖는 신조차도 그로부터 벗어날 수 없다. 사물의 본성은 영원하며 그것을 떠나서는 진실이나 가능성이 없다.

> 결론으로 말하면 존재의 본성은 행위의 적·부적 및 도덕적 선악을 결정한다.……따라서 자연의 기본 위에 세워진 법은 그것이 명하는 것, 허용하는 것을 정의롭다고 하며, 또한 그것이 금지하는 것을 부정의하다고 한다.[14]

자연법의 개념에서 이미 정·부정의 개념의 윤곽은 드러났다. 정의와 형

13) "Juste, Injuste (moral)," *Encyclopédie*, tom. 9.

14) 같은곳.

평은 권리 개념과 밀접히 관련되어서 논의되고 있는데 다르지스에 의하면 "권리는 근본적으로 이성·정의·형평과 일치하는 모든 것, 즉 라틴어의 ars aequi et boni"를 의미한다. 그는 정의를 "각자에게 귀속되는 것을 부여하려는 확고하고 일정한 의지"라고 규정하면서 다음과 같이 쓰고 있다.

> 정의란 말은 이와 같은 덕성의 실천이라고 해석된다. 때때로 그것은 올바른 권리와 이성을 의미한다. 또 다른 경우에는 그것은 각자에게 옳은 것을 행하게 하는 힘, 혹은 이와 같은 힘의 행사를 뜻한다. 또 가끔 정의는 판결을 받는 재판부를 뜻하기도 하며, 한편 흔히는 정의를 판결내리는 관리를 뜻하는 것으로 해석되기도 한다.[15)]

정의가 '완전권리'로 연결되는데 비하여 형평은 '불완전권리'로 연결된다.[16)] 전자와 후자의 구별은 그로티우스 이래로 강제적 수단을 통한 시행인가, 아닌가에 기준을 두었는데 『백과전서』에서도 이러한 전통적 정의에 따라서 완전권리를 가옥임대계약에서와 같이 강제력이 수반되는 경우, 이와 대조적으로 불완전권리를 친절·관용·선심과 같이 자발적인 경우의 권리라고 규정하였다. 완전권리에 입각한 정의는 '완전정의'며 형평에 입각하여 구현되는 것은 '불완전정의'이다. 이 둘 사이의 차이를 살펴보면 다음과 같다.

> 완전정의는(자발적으로 행하지 않을 경우 힘의 행사가 마땅히 요구되는), 완전하고 엄격한 권리 때문에 우리의 이웃에게 주어야 할 것을 모두 갚아버리는 그런 정의이다.……
>
> 불완전정의는 남에게 행해야 할 의무를 행함에 있어서 불완전한

15) "Justice (jurispr.)," *Encyclopédie*, tom. 9.

16) "Juste, Injuste (moral)," *Encyclopédie*, tom. 9.

의무(즉, 엄격하지 않은 의무)를 수행해야 하는 정의이다. 그것은 강제적 수단을 통해 요구될 수 없으나 그 이행은 각개인의 명예와 양심 때문에 포기되지 말아야할 성질의 것이다.[17]

이와 같이 정의와 형평은 내포하고 있는 엄격성에 따라 구별된다. 형평은 흔히 권리와 반대되는 개념이며, 권리는 가장 엄격한 의미의 법에 의해서 주장된다. 그 대신 형평은 모든 법보다 우월하고 편의에 따라 변경될 수 있는 것이다.[16] 그러나 정의와 형평, 권리와 선심을 확연하게 갈라놓는 본질적인 한계는 없다. 예컨대 가장 엄격한 권리조차도 도덕적인 의미를 내포한다. 그리하여 권리에 관한 계율로서 다르지스는 "정직하게 살아라, 누구나 불쾌하게 만들지 말라, 각자에게 귀속되는 것을 주라"는 세 가지를 내세웠는데 여기에 이르러서는 정의와 선심은 하나로 환원된다. 그에 의하면 정의에 관한 제1원칙은 "우리가 남으로부터 당하고 싶지 않은 것을 남에게 하지 말라는 것이다. 이것은 다른 모든 사람들에게 대해서 자연히 하지 말라는 대인관계가 무엇인가를 결정하는 규칙이다."[19]

『백과전서』에 나타난 정부론 가운데 주목되는 점은 국가의 도덕인격설이다. 국가가 유기적인 일체이며, 인격을 소유한다는 견해는 백과전서파에 공통된 특유의 관념이었다. 거기에 의하면 국가는 하나의 윤리적·인격적 존재이며, 그 머리는 주권자이고 그 팔다리와 몸은 시민 각 개인이다. 따라서 국가는 스스로에게 알맞은 행위를 하며 또한 팔다리와 몸인 각 시민의 권리와 구별되는 특유한 권리를 갖고 있으며, 이러한 권리는 각 시민이 침범할 수 없는 성질의 것이다.[20]

17) "Justice (morale)," *Encyclopédie*, tom. 9.
18) "Droit (jurispr.)," *Encyclopédie*, tom. 5.
19) "Bonté (morale)," *Encyclopédie*, tom. 2 (l'AbbéYvon).
20) "État," *Encyclopédie*, tom. 5 (anonym).

이와 같은 도덕인격설은 궁극적으로 사회가 그 자체의 이익, 즉 공익을 갖고 있으며 그것이 모든 개인의 이익에 선행하여야 한다는 주장이 나온다. 백과전서파와 가까운 사이였던 엘베시우스는 인간 행위의 근본을 공리라고 보았으며, 그는 이익을 사리와 공익으로 구별하였다. 그는 정의가 반드시 공익과 일치되어야 하며, 정의로운 사람은 공공복지를 지향하는 사람이라고 말하였다. 『백과전서』의 논조도 엘베시우스의 공익론, 즉 사회복지가 개인과 사회의 유기적 일체를 기반으로 한다는 이론과 일치하고 있다. 『백과전서』의 '국가'의 항목을 직접 인용하면 다음과 같다.

> 각 개인의 의지와 힘의 통합을 통해 조성되는, 단일체 속의 다수인의 이러한 결합은 국가가 단순한 오합지중이 아님을 가리키고 있다. 왜냐하면 오합지중은 각각 자신의 의지를 갖는 많은 사람의 단순한 집합에 불과하다. 이와 대조적으로 국가란 것은 모든 활동을 공익과 관련된 일정불변한 방식에 따라 하는 그 자체의 정신에 의하여 생명이 부여된 하나의 사회이다.[21]

이와 같은 주장은 소급하면 영국의 17세기 법학자인 컴벌랜드까지 올라가겠으나 가까이는 루소의 일반의지론이 그 근원이라고 볼 수 있다. 왜냐하면 루소는 『백과전서』에 기고하였고 디드로와 친분이 두터웠을 뿐 아니라, 『백과전서』의 배경적 사상에 커다란 영향을 끼쳤기 때문이다. 물론 『백과전서』에서는 개인주의적 주장이 다른 한편에 있지만, 그 개인주의는 단순히 개인을 고립시키는 개인주의가 아니라, 사회의 본성상 각자가 서로 의존하지 않을 수 없는 유대와 협동을 기초로 한 개인주의였다. 이러한 개인 간의 상호의존은 개인 스스로뿐만 아니라 사회 전체를 함께 보존하기 위해서

---

21) 같은 곳.

도 필수적이며 실상 국가의 구성목적도 궁극적으로 거기에 있다고 보는 것이 백과전서파의 입장이었다. 단일 집단이 각 개인의 의지와 힘의 합성에 의하여 이루어질 경우, 이것이 곧 국가이며, 그것은 단순히 대중의 집단과는 다르다. 왜냐하면 대중집단은 다수의 단순한 집합에 불과하지만, 국가는 공익과 관련하여 항속적으로 모든 활동을 지휘하는 '자체의 혼에 의해 생동하는 하나의 사회'이기 때문이다. 따라서 국가가 하나의 의지를 갖고 있을 뿐 아니라 항속적인 공익을 목적으로 한다는 공리주의는 백과전서파와 친하게 지낸 엘베시우스에게서 유래한 것이다. 그는 '최대 다수의 최대 행복'이 사회와 정치의 목적이라고 강조하고 후일의 벤담이 내세운 공식을 이미 내놓았다. 공익은 정의의 기초이며, 사회의 행복은 입법의 목적이라고 그는 말하면서 나아가서는 '최대 다수의 정의'를 주장하였다.

돌바크는 기본권의 하나로서 자유를 인정하고 로크와 같이 남의 권리를 침범하지 않는 형평적인 의미의 자유의 한계를 강조하였다. 이러한 자유의 개념은 『백과전서』에서와 같이 프랑스 혁명의 3개의 헌법에서도 잘 표현되고 있다. 볼테르는 자유와 평등의 상호보완적인 관계에 관해 논급하여 "자유롭게 된다는 것은 평등한 사람들 이외에는 아무도 갖지 않는 것"이라고 말하면서 자유로운 생활은 곧 자연스러운 생활과 같다고 단언하였다. 반면에 『백과전서』의 익명의 집필자는 '자유' 항목에서 "자유는 그 자신의 결정과 일치하여 자신이 원하는 것을 합리적으로 행할 수 있는 능력"[22]이라고 적절하게 정의하였다. 그는 계속하여 자연권으로서의 자유를 다음과 같이 규정하였다.

> 자연적 자유(자연권)는 만인이 자신의 행복에 적당하다고 판단한 방법으로 인신과 재산을 처분하도록 자연이 부여한 권리이다. 이때의

22) "Liberté(morale)," *Encyclopédie*, tom. 9. (anonym)

> 제약은 모든 사람이 그 권리를 자연법이란 조건에 의하여 형성한다는 것, 그리고 그들이 그것을 남용하여 남에게 해를 끼치지 않는다는 것이다. 자연법은 이러한 '자유'의 법칙과 규칙이다. 왜냐하면 자연과 같은 원시 상태에서는 서로서로 독립되어 있는 사람이면 누구든지, 자신의 행동을 통제할 자연법에 전적으로 의존하고 있기 때문이다.[23)]

자유와 그 남용을 엄격히 구분하고자 한 사람은 로크였는데 그것은 프랑스에서 볼테르와 같은 계몽사상가들에 의하여 승계되었다. 여러 번 말한 바와 같이 돌바크도 "자유는 우리가 원하는 즐거움과 행복을 얻기 위하여 필요하다고 판단하는 수단을 취하는 힘"이며, 또한 "자유로워진다는 것은 행복을 향해가는 우리의 길에 아무런 방해물을 발견하지 않는다는 것"이라고 홉스의 정의를 따르고 있다. 그러나 그는 이어 "자유의 남용을 '방종'이라 부르며 그것은 사회에 폐단이 될 뿐 아니라 방종하는 사람 자신에게 해로운 것"이라고 경고하였다. 볼테르는 자유를 의지의 힘이라고 말한 로크의 정의에 공명하여 "만일 사람이 자유를 상실했다면, 그 자신이 어떻게 지켜야 하는가를 몰랐기 때문에 상실하였음에 틀림없다"라고 말하였다.

『백과전서』는 자연적 자유와 대조되는 사회적 자유 내지 시민적 자유에 언급하여 자연적 자유가 개인의 자주성에서 유래했음에 비하여 시민적 자유는 사람들에게 "안녕과 재산을 확보해 주는 법률 아래에서 살기 위하여 개인적인 독립과 사회적 복지"를 달성하는 것을 목표로 한다고 강조하였다. '시민적 자유'란 항목에서는 "이와 같은 '시민적 자유'는 동시에 법이 '명하지 않는 것', 시민법의 지배를 받지 않는 것을 행하도록 강요할 수 없다는 사실에서 찾을 수 있다"고 규정하고 있다.[24)]

---

23) "Libertéнaturelle (droit naturel)," *Encyclopédie*, tom. 9 (de Jaucourt).

24) "Libertécivile (Droit des nations)," *Encyclopédie*, tom. 9 (anonym).

자연적 자유와 사회적 자유에 이어 제3의 자유는 정치적 자유이며 그것이 하나의 국가 안에서 삼권분립을 정하는 것 같은 기본법에 의하여 규정되는 자유이다. 『백과전서』는 정치적 자유에 대해서 다음과 같이 주장하고 있다.

> 시민의 '정치적 자유'는 각자가 자신의 안전을 느낌으로써 갖게 되는 정신의 '평온'을 말한다. 이와 같은 안전을 얻기 위해서는 각 시민이 서로를 겁내지 않을 만큼 정부가 확립되어야만 한다. 좋은 시민법 및 정치법에 의하여 이러한 '자유'가 보장된다.[25)]

끝으로 자유의 개념과 밀접한 관계가 있는 평등은 『백과전서』에서 어떻게 표현되고 있는가? 17~18세기의 평등의 개념은 자유보다도 훨씬 더 복잡하다. 이러한 복잡한 성격은 볼테르가 한 말처럼 "평등은 가장 자연스러우면서도 가장 망상적인 것"이라는 말로 표현되고 있다. 비록 많은 사람이 자연적 평등을 필수 전제로 받아들이고 있으나, 이와 대조적으로 항상 절대적 평등을 부인하였다. 이와 같은 절대적 평등의 부인은 17~18세기의 평등사상의 1차적인 한계이며, 더욱이 사회적 기능에 따른 등급의 인정은 2차적인 한계이다. 사람은 출생할 때 평등하도록 태어났으나 다만 평등을 완전히 누리게 되려면 사회생활을 할 수 있는 판단과 결정에 대한 이성의 힘이 성숙하여야 한다. 이러한 로크적 평등의 한계는 다시 각 개인의 자질의 발달이나 사회적 기여 등에 따라 상응하는 대우를 받아도 좋다는 데까지 확대 논의가 된 것도 17~18세기의 현실로 보나 또 이론적 전개로 보나 당연하였다. 『백과전서』에서 정의하고 있는 평등의 내용도 이러한 17~18세기의 보편적인 평등 관념에 매우 가깝다. "자연적 내지 도덕적 평등은 같은 방식으

25) "Libertépolitique," *Encyclopédie*, tom. 9.

로 태어나서, 생각하고, 마시고, 죽는 모든 사람에게 통유하는 인간본성의 구조에 입각하고 있으며", "인간본성이 모든 사람에게 동일한 것이므로, 자연권에 의거하여 각자가 자연적으로 자기와 평등한, 즉 자기와 똑같은 사람인 다른 사람들을 존중하고 대우하여야만 한다는 것은 명백하다."[26]

조쿠르는 '자연적 평등' 항목에서 이상과 같이 공통된 인간본성을 평등의 기원으로 보면서 다음과 같은 네 가지 결론을 도출하였다. 첫째, 모든 사람은 자연적으로 자유이다. 둘째, 통치상의 조건의 차이, 즉 귀족·세도가·부자 등에 의하여 만들어진 모든 불평등에도 불구하고, 남보다 상위에 있는 사람은 하위자를 자연적으로 동등한 존재로서 대우하여야 하며,……그들은 (하위자에게) 불가피하게 요구할 것 이외에는 요구하지 않으며, 인간으로서 아무런 이의가 없는 것을 요구해야 할 것이다. 셋째, 특별한 권리를 갖지 않은 사람이, 약간의 우선권을 요구할 수 있다는 이유로 남보다 더 많은 것을 주장해서는 안 되고 그와 반대로 자기 자신이 주장하는 동일한 권리를 남에게 허용하여야 한다. 넷째, 공유권이 있는 사물은 마땅히 공동으로 향유하거나, 교대로 소유하거나, 혹은 동일 권리를 갖는 사람들 사이에 동일한 부분(몫)을 분할하거나, 혹은 형평하고 규제된 보수에 의하여 분할되거나 하여야 한다.[25] 조쿠르의 결론 가운데서 첫 번째 것은 17~18세기의 공통의 자연권에 관한 주장이 반영된 것이며, 두 번째 것은 컴벌랜드 이래로 돌바크에 이르기까지의 기능적 평등을 반영한 것이다. 세 번째의 것은 그로티우스·홉스·라이프니츠 등이 주장한 교환적 평등이며, 네 번째의 것은 홉스의 완전평등이다. 조쿠르가 집필한 항목만으로써 『백과전서』의 의견이라고 해버릴 수는 없겠으나 그럼에도 이상에서 본 바와 같이 그의 결론은 17~18세기의 사상을 종합적으로 흡수한 느낌이 있다. 절대적 평등에 관

26) "Égaliténaturelle," *Encyclopédie*, tom. 5 (de Jaucourt).

27) 같은 곳.

한 한 조쿠르도 일반적 경향의 예외는 아니었다. 그는 절대적 평등을 반대하여 다음과 같이 경고하였다.

> 그럼에도 누구나 내가 다음과 같이 생각하고 있다고 부당하게 비난해서는 안 된다. 즉, 내가 일종의 광신적 의미의 평등, 즉 이상적인 국가에서조차 힘든 '절대적 평등'이란 환상을 허용하는 것이라고 비난해서는 안 된다. 나는 다만 인간의 '자연적 평등'에 대해서 언급하는 것이다. 계급·등급·명예·특별 대우·특전·예종隸從이 모두 정부 안에서 일반적으로 행해질 필요가 있다 함은 누구나 잘 알고 있다. 그리하여 '자연적' 평등이나 '도덕적' 평등이 이것에 반대되지 않는다고까지 나는 주장하는 바이다.[28)]

자연적 평등이 대전제가 되고 있긴 하지만 계급이나 부의 차가 사회구성에 필요하다고 보는 견해는 마땅히 주목되어야 한다. 17~18세기를 통하여 인간의 자연적 평등이 대단히 강한 설득력을 갖고 있었던 반면에 개인의 사회적 우열을 당연시하는 이론도 함께 강한 설득력을 갖고 있었던 것은 사실이다. 사회적 차별의 기준은 각양각색이었다. 17세기의 해링턴, 18세기의 돌바크나 버크 등은 귀족의 존재 이유를 명확하게 주장하였다. 가장 민주주의적 기질이 짙은 루소조차도 "정부가 하등의 간섭을 하지 않는 경우에도 명성이나 권위의 차가 개인 상호 간에는 불가피하다"고 인정하였다.

모든 역사상의 시대와 같이 18세기도 보수와 진보, 전통과 혁신이라는 양면성이 있는 과도기적 성격을 갖는 시기이다. 『백과전서』는 이러한 양면성을 반영했으며, 거기에 표현된 사상도 또한 신중과 과감의 2원적 방식을 취하게 된 것도 당연하였다. 『백과전서』 안에 내포된 사회사상을 우리는 정

28) 같은 곳.

부·국가·자유·평등·법률·정의 및 형평이란 개념에 따라 극히 제한된 범위 안에서 고찰하여 보았다. 거기에서 우리는 자연법과 실정법, 자연권적 자유·평등과 사회적 차등의 합리성 등과 같은 대립되는 개념이 무리 없이 종합된 것을 볼 수 있다.

『백과전서』의 절충주의적 경향은 그것이 종합적 지식의 창고라는 표방 아래 이루어진 기획이란 점에서, 또한 17세기의 독창성을 전파하는 18세기적인 시대 성격을 반영한 지혜의 집대성이란 점에서 불가피했다고 보아야 할 것이다. 그럼에도 불구하고 이와 같은 절충주의의 전통과 기존 체제를 합리화한 점에서보다도, 차라리 그것이 개혁과 혁신을 지향했다는 점에 『백과전서』의 시대적 의의를 찾을 수 있다. 다가오는 프랑스 혁명에 대한 지적 기초를 마련하고, 도래할 새로운 시대의 방향을 설정하고자 한 『백과전서』의 작업은 디드로의 말과 같이 '철학의 세기'의 업적이라 할 수 있으며, 카시러의 표현을 빌리면 '시대의 내적 힘'을 구현한 것이었다. 『백과전서』가 출간되면서부터 수천 부에 달하는 판매를 보인 사실이라든지, 절대왕정의 탄압에도 불구하고 당국자들의 은밀한 지원과 격려를 받은 사실은 바로 이러한 이유에서였다. 『백과전서』로서 궁극적인 종합을 이룬 계몽사상은 정신과 제도, 관념과 행위와의 관계를 규명하는 지성사적 과제의 전형적인 예라 할 것이다.

V. 결론

근대의 평등사상의 기원은 자연권 개념이 명확히 형성되는 17세기에 있으며 그 이론적 전개가 본격화되고 혁명운동의 바탕이 된 것은 18세기에 이르러서였다. 평등은 대등·동등·균등을 의미하지만 정치적으로 가장 명확한 의미는 1인 1표(one man, one vote)라는 표결 원칙에서 찾을 수 있다. 근대 혁명을 거치는 동안 점차 구현되는 이 원칙은 벤담의 공식, 즉 각자는 하나로 계산되며 하나 이상은 아니라는 것으로 요약된다.

그럼에도 불구하고 17~18세기를 통해 채택되고 널리 사용된 평등이란 용어는 그 자체가 상대적인 의미를 내포하고 있었으며 동시에 정의·자유와 같은 인접 개념에 의하여 제약받는 것이었다. 평등의 복수적 성격 혹은 조건부적 성격은 17~18세기 당대의 여러 저술 속에 반영되고 있을 뿐 아니라, 그 이후의 평등운동의 내용에도 한계를 부여하였다. 결과적으로 17~18세기의 평등 개념은 도덕철학과 광범하게 관련되었으며, 그 목적한 바가 반드시 오늘날의 사회적 평등 원칙과 일치했다고 보기는 어렵다.

평등을 표방한 운동은 대체로 4가지로 구분될 수 있다. 첫째, 정치적 평등이다. 그것은 주로 표결의 평준화 및 참정권의 확대로 표현된다. 둘째, 법적 평등인데 이는 사법상의 평등 및 이른바 '법 앞의 평등'이다. 셋째, 기회의 평등을 들 수 있다. 그것은 자연적 및 후천적 능력의 발휘 및 경쟁의 자유를 가리킨다. 넷째, 사회적 평등인데 이는 재부의 분배상 공평이나 사회정의의 구현을 말한다. 민주주의의 이론적 전개와 그 혁명을 통한 구현의 초기에도 이와 같은 평등의 내용이 주장되었으나 그 결과는 정치적 평등 및 법적 평등을 실현시킨 데 불과하였다. 그러나 그 후의 평등 관념의 역사에는 복수적複數的 상관성이 있다. 사회구조가 복잡해지고 과학기술이 발달하며 생산양식이 변화함에 따라 사람들은 좀 더 넓은 범위에 걸쳐, 더욱더 미세한 국면에 이르기까지 평등을 주장하게 되었다. 19세기의 전환기 이래로 사회구조와 사회세력의 균형을 근본적으로 변환기 이래로 사회구조와 이러한 사회세력의 균형을 근본적으로 변화시킨 산업주의의 영향으로 평등의 의미도 또한 변혁을 겪게 되었다. 산업주의와 과학기술은 부의 격차를 급격히 벌어지게 하였으므로 경제적 평등이나 사회적 평등이 종래의 정치적 평등이나 법적 평등보다 더 강한 호소력을 갖게 되었다. 여기에 덧붙여 국제관계의 복잡성은 민족과 민족, 국가와 국가 사이의 평등을 더욱 어렵게 만들었다. 이와 같은 현상적인 다양성에도 불구하고 평등에 대한 인간의 욕구는 조금도 후퇴하지 않았다. 인간의 존엄성과 국제적 평화는 평등사상에서 확고한 기초를 찾을 수 있으며 그 유래가 17~18세기에 있음은 더 강조할 필요가 없을 것이다.

역사적으로 볼 때 평등운동은 그 단계마다 당시대적인 성격을 반영하고 있을 뿐 아니라 정치적 실정, 사회적 세력, 경제적 여건 등의 요인이 복수적으로 작용했는데 이는 역사상 다른 모든 운동의 경우와 마찬가지이다. 예컨대 르네상스나 자연과학 혁명 혹은 낭만주의 운동 혹은 프랑스 혁명 등은 직선적 인과관계보다도 많은 동시적 요인의 복합물로서 혹은 역사적 격차(historical lag)의 과점에서 설명될 수 있는 바와 같이 근대의 평등운동은 사회적인 요인과 사상적인 명제 사이의 복합적인 상호작용의 과정에서 이해되어야 한다.

17~18세기에 이론상으로 혹은 실제적으로 그 목표를 설정한 평등주의는 19세기를 거쳐 오늘에까지 이르는 사이에 형식적으로 많은 발전이 있었음에도 불구하고 실질적 면에서는 해결보지 못한 문제점들을 많이 남기고 있다. 이러한 미해결의 문제점 가운데 상당한 부분은 이미 17~18세기의 평등사상 자체에 내포되어 있었다. 이와 같이 볼 때 그 본래적인 의미에서 평등을 규명하려는 노력은 아직도 필요하다. 이러한 요청에 부응하는 뜻에서 이 책에서는 17~18세기의 영국과 프랑스의 사회이론에 나타난 평등 개념을 중심으로 근대 평등주의의 이념상의 한계가 어디에 있는가, 그리고 인접 개념인 자유·정의·박애와 어떠한 밀접한 관련이 있는가를 살피는 데 그 주목적을 두었다. 이러한 두 가지 문제는 실상 평등 개념이 프랑스 혁명 전까지 본질적으로 일종의 '현상유지'를 바란 특정 사회 세력의 보수성에 입각하고 있다는 사실을 밝히는데 도움이 될 것이다. 18세기를 통해서 (당시대 기준으로서) 아무리 급진·과격한 민주주의자라 하더라도 입헌계몽군주주의를 넘어선 정치제도가 '현실화'되는 것을 바랐던 일은 드물다. 볼테르·몽테스키외·루소 또는 엘베시우스나 돌바크 등의 프랑스 계몽사상가들은 물론이거니와, 홉스와 로크를 비롯하여 헨리 모어·컴벌랜드·해링턴·버크 등 영국의 사상가들은 오늘날의 자유민주주의 사회의 구현을 다짐한 것은 아니었다.

역사적 자료를 치밀하게 검토하면 조건부 평등은 17~18세기의 지배적인 개념이었다는 점을 분명히 알 수 있다. 거기에 의하면 각자는 보편적인 '자연의 법' 앞에서는 평등하지만 실정법 앞에서는 사실상 반드시 평등하다고 볼 수 없다는 것이다. 프랑스 혁명을 겪은 당시대인의 한 사람이 "사실상의 평등(de facto égalité)은 하나의 환상에 불과하며, 단지 우리는 조건부 평등에 만족하는 것이 좋다."라고 한 자조적인 말에서 엿보이는 견해는 계몽사상가의 거두巨頭 볼테르에게도 분명히 나타나 있다. 그는 『철학사전』에서 추기경과 요리사의 불평등에 관해 강조하였다. 추기경에 대해서 그의 요리사는 요리사로 머물러 있어야 하며, 만일 그가 추기경의 주인이 된다는 것은 전 인류사회가 뒤바뀌지 않는 한 있을 수 없다고 볼테르는 비유하면서 "평등은 있을 수 있는 일 가운데 가장 자연스러우면서도 가장 환상적인 것이라고 하겠다."라고 서슴지 않고 공언하였다. 볼테르는 18세기의 대부분의 이른바 민주주의 원칙을 주창한 사람들의 견해를 대변한데 불과하며 이러한 견해는 곧 다가올 혁명의 방향을 결정하였다. 볼테르가 존경하고 추종하려고 했던 로크는 그보다 이미 1세기 앞서서, 평등은 인간이 자연의 여러 혜택을 '똑같이 갖고' 태어나는 것을 의미하지 않고 그러한 혜택을 '똑같이 요구할 자격을 갖고' 태어나는 것을 의미하는데 불과하다고 설명한 바 있다. 따라서 이 저서에서 제기되는 문제는 17~18세기의 평등 주창자들의 진정한 내심이나 의도를 노출하려고 시도한 것이며, 그 결과 이러한 문제는 한걸음 더나가 극히 일반적인 범위로까지 확대하게 될 계기를 만들 수 있다고 믿는다.

17~18세기의 유럽의 평등사상은 그때까지 사회적으로 제기되어 온 일련의 역사적 문제를 해결해 보려는 당시대적인 노력의 소산이었다. 자연법설과 계약론은 17세기에서 체계적으로 탐구되기 시작하였지만 이와 같은 체계적 논리가 당시 사회의 특권적인 수익계층에 대항하려는 비특권적인 불평등 계층에 의하여 받아들여졌다. 이리하여 근대의 부르주아 혁명은 한편으로는 자유를, 다른 한편으로는 평등을 들고 일어났다. 중세 이래 축적되어 온 사회적 모순과 정치적 미해결점들이 마침내 시민계급의 행동을 혁명으로 구체화하였다. 그러나 다른 한편으로는 17~18세기의 부르주아 계급의 반항은 어디까지나 불공평한 과세로부터 해방되려는 자유, 즉 과세의 평등을 얻고자 한 점에 그 제1차적인 목표를 두었다는 것은 새삼 강조되어

야 한다.

한편 이 저서가 제기하는 의의는 오늘까지 이어지는 서로 용납되지 않는 것으로 보이는 평등의 두 양상이 실상 평등 개념 그 자체 안에 내재한다는 점을 밝히는데 있다. 그것은 바로 로크의 명제인 자유는 방종이 아니며 법 없는 곳에 자유 없다는 말로써 요약될 수 있는 일종의 역설적인 두 양상을 가리킨다. 평등 개념 자체에 내재하는 이러한 본질적인 양상은 제도와 사회 구조가 변화해도 바뀌지 않을 것이 확실하다. 절대적 의미에서의 자유와 평등은 하나의 가공적인 논리구성에 불과하며 사회생활에 적용되는 자유와 평등은 항상 상대적으로만 존재할 뿐이다. 프랑스 혁명이 경과한 1세기 후에 브라이스James Bryce(1838-1922)가 자신 있게 공언한 바는 "계급이 완전히 없어지고, 누구나가 평등을 용인하게 된다고 하더라도 사회에서의 층차(grades)와 차별대우(distinction)의 존속을 막을 수 없다"는 것이었다. 역사적으로는 평등보다 자유가 더 주요한 정치적 투쟁의 목적이었다. 따라서 자연권의 획득과 사회계약론에 입각한 정권 참여의 역사에서 평등은 항상 부수적이며 미숙한 문제로서 남아 있었다. 평등은 사회적인, 또한 경제적인 향상을 위한 것이 아니라 정치적 자유를 전제로 한 평등이었다. 여기에서 또한 자유와 평등이 입각한 철학적 기초가 근본적으로 같다는 점을 지적할 수 있다. 바꾸어 말하면 자유를 달성한다면 평등도 달성할 수 있으리라는 것이다. 실상 자유는 평등뿐 아니라 정의와 상호교환하여 해석될 수 있는 부분을 공유하고 있으며, 특히 자유와 평등은 병렬공존하는 권리 개념이다. 자유는 사고 내지 행위에 대해서 자기외적 장애가 없는 상태이다. 이러한 상태에서 모든 사람은 자기가 하고 싶은 것을 할 수 있는 힘을 갖고 있다. 이에 대해서 평등은 특정의 단서가 없는 한 어느 한 편이 다른 편과 동일한 자유를 동일한 방법에 따라서 향유하는 상태이다. 이와 같이 자유와 평등을 함께 놓고 볼 때에 자기 자신과 마찬가지로 다른 사람도 꼭 같은 평등한 자유를 갖고 있는 것이 된다. 이때 자유는 평등에 의해 규제되고 평등은 자유에 의해 보장된다. A와 B가 평등하다 함은 A와 B가 다 같이 자연적으로 자유롭기 때문이다. 키케로나 로크에 따르면 인간은 다 같이 자연법을 이해하는 힘—즉 이성을 갖고 있으므로 자유와 평등을 향유하는 것이 된다. 그러므로 자유와 평등은 상호보완적이다. 17~18 세기의 정치적 평등은 각자가 그 사회적 기능에 있어서 '수학적 동일치同一値'를 가지고 있다고 전제한 것은 아니었다. 그것은 개인을 두 측면, 즉 도덕적인 존재로서의 동가성同價性과 기능적 존재로서의 상이성을 명확하게 인식하였다. 요점은 루소나 로크가 시사한 바와 같이 자유로운 개성은 그 의지의 결정과 행사에 있어서 각각 완전히 독립되어 있고 대등하지만, 그 사회적 기능에 있어서는 상이하고 다양하며 또한 상호보충적이다. 이와 같은 도덕적 단위로서의 개인의 평등과 기능의 다양성은 개인의 사회적·정치적·법적으로 평준平準이 아무리 철저하게 성취된다 하더라도 바뀌지 않는 평등원리의 이원성이라 할 것이다..

참고문헌

I – 1, 2, 3, 4 형평의 개념

C. Bouglé, *Les idées égalitaires* (1925).
Charles Perelman, *The Idea of Justice and the Problem of Argument*, tr. John Petrie (1963).
Charles W. Bacon and Franklyn S. Morse, *The Reasonableness of Legal Sanctions to the Needs of Society* (1924).
C. J. Friedrich and J. W. Chapman, eds., *Nomos VI: Justice* (1963).
David Miller, *Social Justice* (1976).
David Thomson, *Equality* (1949).
D.D. Raphael, *Problems of Political Philosophy* (1970).
Josef Pieper, *Über die Gerechtigkeit*, Eng. ed. (1955).
D.G. Ritchie, *Natural Rights* (1924).
Eugene Dupréel, *Traité de Morale* (Brussels, 1932), 2 vols.
Ernest Barker, *Principles of Social and Political Theory* (1961).
Frederick A. Olafson, *Justice and Social Policy* (1961).
Hans Kelsen, *What Is Justice?* (1960).
Pierre de Tourtoulon, *Philosophy in the Development of Law*, Eng. tr. (1922).
H.L.A. Hart, *The Concept of Law* (1964).
Henry Sidgwick, *The Methods of Ethics* (1893).
Huntington Cairns, *Legal Philosophy from Plato to Hegel* (1949).
John Rawls, *A Theory of Justice* (1971).
John Rees, *Equality* (1971).
Marshall Cohen, Thomas Nagel, and Thomas Scanlon, eds., *Equality and Preferential Treatment* (1977).
Pierre de Tourtoulon, *Les trois justice* (1932).
R.H. Tawney, *Equality* (1964).
Richard Brandt, ed., *Social Justice* (1962).
Robert Nozick, *Anarchy, State, and Utopia* (1974).
Roscoe Pound, *An Introduction to the Philosophy of Law* (1965).

Sanford A. Lakoff, *Equality in Political Philosophy* (1964).
Scott Gordon, *Welfare, Justice, and Freedom* (1980).
S.I. Benn and R. S. Peters, *The Principles of Political Thought* (1966).
G.L. Abernethy, ed., *The Idea of Equality* (1959).
T.M. Scanlon, "Preference and Urgency," *The Journal of Philosophy*, LXXII, 19 (Nov. 1975).

II-1. 아리스토텔레스의 정의론

The Politics of Aristotle, Eng. tr. Ernest Barker (1964).
Nichomachean Ethics, Eng. tr. H. Rackham (1934).

Ernest Barker, *Principles of Social and Political Theory* (1961).
—, *The Political Thought of Plato and Aristotle* (1959).
Max Hamburger, *Morals and Law: The Growth of Aristotle's Legal Theory* (1951).
—, *The Awakening of Western Legal Thought* (1942).
Paul Moraux, *A la recherche de l'Aristote perdu; de dialogue 'sur la justice'* (Louvain & Paris, 1957).
Henry Sidgwick, *The Methods of Ethics* (1893).
John Rawls, "Justice as Fairness," *The Philosophical Review LXVII* (1958).

II-2. 키케로의 정의와 평등

De Legibus, Eng. tr. Clinton W. Keyes (1928).
De Re Publica, Eng. tr. Clinton W. Keyes (1928).
De Officiis, Eng. tr. Walter Miller (1913).

Ernest Barker, *Principles of Social and Political Theory* (1961).
H.A.L. Hart, *The Humanism of Cicero* (1954).
R.N. Wilkin, *Eternal Lawyer* (1947).
T.A. Dorey, ed., *Cicero* (1965).
Paul E. Sigmund, *Natural Law in Political Thought* (1971).
A.P. d'Entrèves, *Natural Law: A Historical Survey* (1965).
Henry S. Maine, *Ancient Law* (1963).
Fritz Schulz, *History of Roman Legal Science* (1967).

II-3. 중세의 형평이론

R.W. and A.J. Carlye, *A History of Medieval Political Theory in the West* (1903-1936), 6 vols.
Frederick B. Artz, *The Mind of the Middle Ages*, 3rd ed. rev. (1980).
William Dunning, *A History of Political Theories: Ancient and Medieval* (1919).
A.P. d'Entrèves, *Natural Law: An Historical Survey* (1965).
H.F. Jolowicz, *Historical Introduction to the Study of Roman Law* (1932).
Jacques Maritain, *The Rights of Man and Natural Law* (1943).
Heinrich A. Rommen, *The Natural Law*, Eng. tr. Thomas R. Hanley (1964).
Walter Ullman, *Medieval Ideas of Law* (1946).
Frederick Maitland, *Equity* (1949).
Henri Levy-Ullmann, *The English Legal Tradition* (1935).

II-4. 종교개혁 시대의 형평 개념

Johannes Althusius, *The Politics of Johannes Althusius* (1603), Eng. tr. Frederick S. Carney (1964).
Richard Hooker, *Of the Laws of Ecclesiastical Polity*, 8 vols. (1594-7; 1648).

Donald J. Wilcox, *In Search of God and Self* (1975).
Quentin Skinner, *The Foundations of Modern Political Thought*, 2 vols. (1978).
J.W. Allen, *A History of Political Thought in the Sixteenth Century* (1928).
Otto Gierke, *Natural Law and the Theory of Society: 1500 to 1800*, Eng. tr. Ernest Barker (1960).
Sanford Lakoff, *Equality in Political Philosophy* (1964).
J.N. Figgis, *Political Thought from Gerson to Grotius: 1414-1625* (1960).
Reijo Welenius, *The Social and Political Theory of Francisco Suarez* (Helsinki, 1963).
F. John Shirley, *Richard Hooker and Contemporary Ideas* (1949).

III-1. 17세기 사회사상의 특성

Basil Willey, *The Seventeenth Century Background* (1953).
—, *The Eighteenth Century Background* (1961).
G.N. Clark, *The Seventeenth Century* (1961).
D.D. Raphael, *Problems of Political Philosophy* (1970).
Lee C. McDonald, *Western Political Theory* (1968).
C.B. Macpherson, *The Political Theory of Possessive Individualism: Hobbes to Locke* (1962).

J.N. Figgis, *The Theory of the Divine Right of Kings* (1914).
F.J.C. Hearnshaw, ed., *The Social and Political Ideas of Some Great French Thinkers of the Age of Reason* (1930).
G.P. Gooch, *Political Thought in England from Bacon to Halifax* (1914).
Charles Blitzer, *An Immortal Commonwealth: The Political Thought of James Harrington* (1960).
R.H. Tawney, *Equality* (1952).
Howard Warrender, *The Polititical Philosophy of Hobbes* (1957).
David Thomson, *Equality* (1949).

III-2. 그로티우스의 자유론

W.S.M. Knight, *The Life and Works of Hugo Grotius* (1925).
Hugo Grotius, *De jure belli ac pacis libri tres* (1625), Eng. tr. *The Law of War and Peace* from the revised 1646 edition by Francis W. Kelsey (1925).
J.N. Figgis, *Political Thought from Gerson to Grotius: 1414-1625* (1960).
Goerge H. Sabine, and Thomas L. Thorson, *A History of Political Theory*, 4th ed. (1973).
William A. Dunning, *A History of Political Theories: From Luther to Montesquieu* (1910).
A.P. d'Entrèves, *Natural Law: A Historical Survey* (1965).
P.S. Gerbrandym, *National and International Stability: Althusius, Grotius, Van Vollenhoven* (1944).
Otto Gierke, *Natural Law and the Theory of Society, 1500-1800* (1934).
Charles G. Haines, *The Revival of Natural Law Concepts* (1930).
Hamilton Vreeland, *Hugo Grotius* (1917).
D.G. Ritchie, *Natural Rights*, 3rd ed. (1916).
Julius Stone, *The Province and Function of Law* (1946).
Lawrence Stapleton, *Justice and World Society* (1944).

III-3. 양보적 자유와 전위-홉스

The English Works of Thomas Hobbes of Malmesbury, ed. Sir William Molesworth, 11 vols. (1839; 2nd repr. 1966).

Maurice Cranston, ed., *Western Political Philosophers* (1964).
Samuel I. Mintz, *The Hunting of Leviathan* (1962).
Ernst Cassirer, *The Philosophy of the Enlightenment* (1962).
Howard Warrender, *The Political Philosophy of Hobbes* (1957).

C.B. Macpherson, *The Political Theory of Possessive Individualism: Hobbes to Locke* (1962).
F.C. Hood, *The Divine Politics of Thomas Hobbes* (1964).
J.W.N. Watkins, *Hobbes' System of Ideas: A Study in the Political Significance of Philosophical Theories* (1965).
Leo Strauss, *Natural Right and History* (1953).
John Bowle, *Hobbes and His Critics : A Study in Seventeenth Century Constitutionalism* (1952).
Keith C. Brown, ed., *Hobbes Studies* (1965).
M.M. Goldsmith, *Hobbes's Science of Politics* (1966).
Richard Peters, *Hobbes* (1956).

III-4. 케임브리지 플라톤학파-사물본성론

Nathaniel Culverwel, *Of the Light of Nature* (1652), ed. John Brown (1857).
Ralph Cudworth, *The True Intellectual System of the Universe*, tr. John Harrison (1845).
—, *A Sermon Preached Before the House of Commons, March 31, 1647* (1930).
Henry More, *Enchiridion Ethicum*, Eng. tr. *An Account of Virtue: or, Dr. Henr. More's Abridgment of Morals* by Edward Southwell (1690) (1930).
—, *Enthusiasmus Triumphatus* (1966).

Basil Willey, *The Seventeenth Century Background* (1953).
Frederick Powicke, *The Cambridge Platonists* (1926).
Ernest Albee, *A History of English Utilitarianism* (1957).
John Tulloch, *Rational Theology and Christian Philosophy in the Seventeenth Century* (1872).
E.A. Burtt, *The Metaphysical Foundations of Modern Science* (1952).
Geoffrey P.H. Pawson, *The Cambridge Platonists* (1930).
Ernst Cassirer, *The Platonic Renaissance in England*, tr. J.P. Pettegrove (1953).
John A. Passmore, *Ralph Cudworth* (1951).
Charles F. Raven, *Natural Religion and Christian Theology* (1953).
John H. Muirhead, *The Platonic Tradition in Anglo-Saxon Philosophy* (1931).
Eugene M. Austin, *The Ethics of the Cambridge Platonists* (1935).

III-5. 공동선과 형평-컴벌랜드

Richard Cumberland, *A Philosophical Enquiry into the Laws of Nature*, tr. John Towers (Dublin, 1750).

D.D. Raphael, ed., *British Moralists: 1650-1800*, 2 vols. (1969).
Ernest Albee, *A History of English Utilitarianism* (1957).
S. Payne, *Account of Life and Writings of Richard Cumberland* (1720).
F.E. Spaulding, *Richard Cumberland als Begründer der englischen Ethik* (1894).

III-6. 자연적 평등과 사회적 차등-푸펜도르프

Samuel Pufendorf, *De jure naturae et gentium libri octo* (1672), Eng. tr. *On the Law of Nature and Nations* by C. H. Oldfather and W.A. Oldfather from 1688 (Amsterdam) edition (1934).
—, *De Officico homis et civis juxta legum naturalem libri duo* (1673), tr. Frank G. Moore from the 1682 (Cambridge) edition (1927).

Leonard Krieger, *The Politics of Discretion: Pufendorf and the Acceptance of Natural Law* (1965).
Erik Wolf, *Grotius, Pufendorf, Thomasius* (Tubingen, 1927).
Hans Welzel, *Die Socialitas als oberstes Prinzip der Naturrechtslehre Samuel Pufendorfs* (1930).
Carl J. Friedrich, *The Philosophy of Law in Historical Perspective*, 2nd ed. (1963).

III-7. 자유로서의 자유-로크

John Locke, *The Second Treatise of Civil Government, An Essay Concerning the True Original, Extent, and End of Civil Government*, ed. Thomas I. Cook (1947).
—, *John Locke: Essays on the Law of Nature*, ed. W. von Leyden (1957).
—, *Essay Concerning Human Understanding*, 2 vols. ed. A.C. Fraser (1959).

C.B. Macpherson, *The Political Theory of Possessive Individualism: Hobbes to Locke* (1962).
Basil Willey, *The Seventeenth Century Background* (1953).
Julian H. Franklin, *John Locke and the Theory of Sovereignty* (1978).
Maurice Cranston, *John Locke* (1957).
J. W. Gough, *John Locke's Political Philosophy* (1950).
Leo Strauss, *Natural Right and History* (1953).
John Dunn, *The Political Thought of John Locke* (1969).
R.I. Aaron, *John Locke*, 2nd ed. (1955).
A. Hofstadter, *Locke and Scepticism* (1936).

W. Kendall, *John Locke and the Doctrine of Majority-Rule* (1941).
D.J. O'Connor, *John Locke* (1952).
J.W. Yolton, *John Locke and the Way of Ideas* (1956).

III-8. 적합성의 이론-클라크

Samuel Clarke, *Discourse Concerning the Unchangeable Obligations of Natural Religion, and the Truth and Certainty of the Christian Revelation* (1705 Boyle Lecture) (1711).
—, *Demonstration of the Being and Attributes of God* (1704 Boyle Lecture) (1711).
The Leibniz-Clarke Correspondence; together with Extracts from Newton's Principia and Opticks, ed. H.G. Alexander (1956).
The Works of Mrs. Catharine Cockburn, Theological, Moral, Dramatic, and Poetical (1751).
John Balguy, *The Foundation of Moral Goodness: Or, A Further Inquiry into the Original of Our Idea of Virtue* (1733).
John Brown, *Essays on the Characteristics of Lord Shaftesbury* (1751).
William Wollaston, *The Religion of Nature Delineated* (1722) (1759).

Leslie Stephen, *History of English Thought in the Eighteenth Century* (1949).
Erik Wolf, *Das Problem der Naturrechtslehre Versuch einer Orientierung* (1959).
Basil Willey, *The Eighteenth Century Background* (1940).
Paul Hazard, *European Thought in the Eighteenth Century* (1965).

III-9. 공공의식과 애타-샤프츠베리

Benjamin Rand, ed., *The Life, Unpublished Letters and Philosophical Regimen of Anthony, Earl of Shaftesbury* (1900).
Lord Shaftesbury, *The Characteristics of Men, Manners, Opinion, Times* (1757).
Francis Hutcheson, *An Essay on the Nature and Conduct of the Passions and Affections* (1728).
Joseph Butler, *Six Sermons on Moral Subjects, Originally from Fifteen Sermons Preached at Rolls Chapel*, ed. William Whewell (1849).

Basil Willey, *The Eighteenth Century Background* (1940).
R.L. Brett, *The Third Earl of Shaftesbury: A Study in Eighteenth Century Literary Theory* (1951).

Stanley Grean, *Shaftesbury's Philosophy of Religion and Ethics: A Study in Enthusiasm* (1967).
Ernst Cassirer, *The Platonic Renaissance in England*, tr. J.P. Pettegrove (1953).
Dorothy B. Schlegel, *Shaftesbury and the French Deists* (1956).
T. Fowler, *Shaftesbury and Hutcheson* (1882).
A. Lyons, *Shaftesbury's Principle of Adaptation to Universal Harmony* (1909).
J. Bonar, *Moral Sense* (1930)
D.D. Raphael, *The Moral Sense* (1947).
W.R. Scott, *Francis Hutcheson, His Life, Teaching and Position in the History of Philosophy* (1900).
C.D. Broad, *Five Types of Ethical Theory* (1930).
A. Duncan-Jones, *Butler's Moral Philosophy* (1952).
E.C. Mossner, *Bishop Butler and the Age of Reason* (1936).
W.J. Norton, *Bishop Butler, Moralist and Divine* (1940).

III-10. 라이프니츠의 적극선

G.W. Leibniz, *Sämtliche Schriften und Briefe* (1923–).
Gottfried Wilhelm Leibniz: Philosophical Papers and Letters, ed. Leroy E. Loemker 2 vols. (1956).
Leibniz: Selections, ed. Philip P. Wiener (1951).
Leibniz: The Monadology and Other Philosophical Writings, ed. Robert Latta (1898).

Huntington Cairns, *Legal Philosophy from Plato to Hegel* (1949).
Gaston Grua, *La Justice Humaine selon Leibniz* (1956).
H.W.B. Joseph, *Lectures on the Philosophy of Leibniz* (1949).
L. Le Chevalier, *La Morale de Leibniz* (1933).
Gaston Grua, *La Jurisprudence universelle et théodicée selon Leibniz* (1953).
W.H. Barber, *Leibniz in France from Arnauld to Voltaire: A Study in French Reactions to Leibnizianism, 1670-1760* (1955).
R.W. Meyer, *Leiniz and the Seventeenth-Century Revolution*, tr. J.P. Stern (1952).
R.L. Saw, *Leibniz* (1954).
Robert J. Mulvaney, "The Early Development of Leibniz's Concept of Justice," *Journal of the History of Ideas*, XXIX, 1 (1968).

IV-1. 18세기의 정치적 형평

Basil Willey, *The Eighteenth Century Background* (1963).

C.L. Wayper, *Political Thought* (1954).
Earl R. Wasserman, ed., *Aspects of the Eighteenth Century* (1965).
Alfred Cobban, "The Enlightenment and the French Revolutİon," in E.R. Wasserman, ed., *Aspects of the Eighteenth Century* (1965).
Henri Peyre, "The Influence of Eighteenth Century Ideas on the French Revolution," tr. Arthur L. Kurth in Philip P. Wiener and Aaron Noland, eds., *Ideas in Cultural Perspective* (1962).
C.G. Thompson, *The Ethics of William Wollaston* (1922).
Sanford A. Lakoff, *Equality in Political Philosophy* (1964).
Paul Hazard, *European Thought in the Eighteenth Century* (1965).
John Rawls, "Constitutional Liberty and the Concept of Justice," in *Nomos VI: Justice*, eds. C. J. Friedrich and J. W. Chapman (1963).
George L. Abernethy, ed., *The Idea of Equality* (1959).
Jacques Maritain, "Reasoning the Time," G.L. Abernethy, ed., *The Idea of Equality* (1959).
David Ogg, *Europe of the Ancien Régime, 1715-1783* (1964).
George Rudé, *Revolutionary Europe, 1783-1815* (1964).
H. Rotherug, *The Opposition to Louis XIV: The Political Social Origins of the French Enlightenment* (1966).
Ernst Cassirer, *The Philosophy of the Enlightenment* (1951).
R. Mauzi, *Idée du bonheur aux dix-huitième siècle* (1960).
P. Gay, *Voltaire's Politics* (1959).

IV-2. 루소의 평등론

Jean-Jacqes Rousseau, *Du contrat social* (1762).
—, *Émile, ou de l'éducation* (1762).
—, *Confessions* (1782).
—, *Discours sur les sciences et les arts* (1750).
—, *Discours sur l'origine et les fondémens de l'inégalitéparmi les hommes* (1754).

F.C. Green, *Jean-Jacques Rousseau: A Critical Study of His Life and Writings* (1955).
C.W. Hendel, *J.-J. Rousseau Moralist* (1962).
Pierre Burgelin, *La philosophie de l'existence de J.-J. Rousseau* (1952).
Robert Derathé, *La rationalisme de Jean-Jacques Rouesseau* (1948).
Jean Starobinski, *Jean-Jacques Rousseau, la transparence et l'obstacle* (1957).
Alfred Cobban, *Rousseau and the Modern State*, 2nd ed. (1964).
Robert Derathé, *Jean-Jacques Rousseau et la science politique de son temps*

(1950).
Daniel Mornet, *Les origines intellectuelles de la Révolution française, 1715-1787*. sixième éd. (1967).
J.M. Thompson, *Robespierre and the French Revolution* (1962).
E.H. Wright, *The Meaning of Rousseau* (1929).
J.H. Broome, *Rousseau: A Study of His Thought* (1963).
Ernst Cassirer, *The Question of Jean-Jacques Rousseau*, tr. P. Gay (1954).
J.W. Chapman, *Rousseau, Totalitarian or Liberal?* (1956).
Ernst Cassirer, *Rousseau, Kant, Goethe*, trs. J. Gutman, P. O. Kristeller and J. H. Randall, Jr. (1945).
P.-L. Leon, *L'idée de volonté générale chez J.-J. Rousseau et ses antécédents historiques* (1936).
Peter Gay, *The Party of Humanity* (1964).
J.L. Talmon, *Origins of Totalitarian Democracy* (1952).
Gordon Mcneil, "The Cult of Rousseau in the French Revolution," *Journal of the History of Ideas* VI, 2 (1945).

IV-3. 공리적 형평관-엘베시우스

Claude A. Helvetius, *Oeuvres complètes d'Helvétius*
"De l'homme, de ses facultés intellectuelles et de son éducation."
"De l'esprit."

Ian Cumming, *Helvétius: His Life and Place in the History of Educational Thought* (1955).
M. Grossman, *The Philosophy of Helvétius* (1926).
Irving L. Horowitz, *C. Helvétius, Philopopher of Democracy and Enlightenment* (1954).
Albert Keim, *Helvétius, sa vie et son oeuvre* (1907).
D.W. Smith, *Helvétius, A Study in Persecution* (1965).
K. Momdijian, *La Philosophie d'Helvétius* (1959).
Daniel Mornet, *Les orignes intellectuelles de la Révolution française, 1715-1787*. sixième éd. (1967).

IV-4. 돌바크의 형평사회론

Paul Henri Thiry d'Holbach, *Système de la nature, ou les loix du monde moral.*
—, *Système social, ou princips naturels de la morale et de la politique, avec un éxamen de l'influence du gouvernement sur les moeurs.*

—, *Éthocratie, ou le gouvernement fondésur la morale.*
—, *La morale universelle, ou les devoirs de l'homme fondée sur sa nature. Théorie de la morale.*
—, *La politique naturelle, ou discours sur les vrais princips du gouvernement.*

Max p. Cushing, *Baron d'Holbach: A Study of Eighteenth-century Radicalism in France* (1914).
Pierre Naville, *Paul Thiry d'Holbach et la philosophie scientifique au dixhuitième siècle* (1943).
W.H. Wickwar, *Baron d'Holbach, A Prelude to the French Revolution* (1935).
Virgil Topazio, *D'Holbach's Moral Philosophy: Its Background and Development* (1956).
Kingsley Martin, *French Liberal Thought in the Eighteenth Century* (1963).
Alfred Cobban, *In Search of Humanity* (1960).
Paul Hazard, *European Thought in the Eighteenth Century* (1965).
Basil Willey, *The Eighteenth Century Background* (1940).

IV-5. 백과전서파의 사회사상

Encyclopédie, ou Dictionnaire raisonné de sciences, des ars et des métiers, par une Société de Gens de Lettres. Mis en ordre et publié par M. Diderot, de l'Académie Royale des Sciences et des Belles-Lettres de Prusse; et quant à la Partie Mathématique, par M. D'Alembert, de l'Académie Royale des Sciences de Paris, de celle de Prusse, et de la Société Royale de Londres.

L. Ducros, *Les encyclopédistes* (1900).
D.H. Gordon and N.L. Torrey, *The Censoring of Diderot's Encyclopedia* (1949).
Daniel Mornet, *Les origines intellectulles de la Révolution française, 1715-1787* (1967).
Roland Mousnier et Ernest Labrousse, *Le XVIIIe siècle: l'époque des "Lumières" (1715–1815)* (1967).
Peter Gay, *The Englightement: An Interpretation* (1966).
Antoine Adam, *Le Mouvement philosophique dans la premi moitié du XVIIIe siècle* (1967).
P. Grossclaude, *Un audacieux message. l'Encyclopédie* (1951).
Daniel Mornet, *Diderot, l'homme et l'oeuvre* (1941).
J. Le Gras, *Diderot et l'Encyclopédie* (1948).
Norman Hampson, *The Englightenment* (1968).
Jacques Proust, *L'encyclopédie* (1965).

V. 결론

Leo Strauss and Joseph Cropsey, eds, *History of Political Philosophy*. 2nd ed. (1972).

John Plamenatz, *Man and Society*. 2 vols. (1963).

Norman Hampson, *The Enlightenment* (1968).

G.P. Gooch, *English Democratic Ideas in the 17th Century* (1959).

Elie Halévy, *The Growth of Philosophical Radicalism* (1924).

Harold Laski, *The Rise of European Liberalism* (1936).

Guido de Ruggiero, *The History of European Liberalism*, tr. R.G. Collingwood (1959).

W.T. Jones, ed., *Masters of Political Thought*, vol. II (1967).

Peter Gay, "The Enlightenment in the History of Political Theory," *Political Science Quarterley* LXIX, 3 (1954).

Charles Frankel, *The Age of Reason* (1948).

Kingsley Martin, *French Liberal Thought in the Eighteenth Century* (1962).

Lee Cameron McDonald, *History of Western Political Thought* (1965).

Paul Hazard, *European Thought in the Eighteenth Century* (1965).

Preserved Smith, *The Enlightenment, 1687–1776* (1962).

Ernst Cassirer, *The Philosophy of Enlightenment* (1962).

찾아보기

(인명)

개정판

형평의 연구

초판 발행 / 1983년 6월 30일
개정 1판 발행 / 2023년 1월 10일

지은이 / 차하순
펴낸이 / 홍정수
펴낸곳 / 탐구당

등록/1950. 11. 1 서울 제 03-00993호
주소/서울특별시 용산구 한강대로 62 나길 6
대표전화/02-3785-2211
팩시밀리/02-3785-2272
홈페이지/www.tamgudang.co.kr
전자우편/tamgudang@paran.com

값 22,000원

ISBN 978-89-6499-067-4
ISBN 978-89-6499-018-6 (세트)